U0617869

社科文献 **SSAP** 学术文库

| 马克思主义研究系列 |

马克思主义
价值理论研究

RESEARCH ON MARXIST VALUE THEORY

马俊峰　著

社会科学文献出版社

SOCIAL SCIENCES ACADEMIC PRESS (CHINA)

出版说明

社会科学文献出版社成立于 1985 年。三十年来，特别是 1998 年二次创业以来，秉持"创社科经典，出传世文献"的出版理念和"权威、前沿、原创"的产品定位，社科文献人以专业的精神、用心的态度，在学术出版领域辛勤耕耘，将一个员工不过二十、年最高出书百余种的小社，发展为员工超过三百人、年出书近两千种、广受业界和学界关注，并有一定国际知名度的专业学术出版机构。

"旧书不厌百回读，熟读深思子自知。"经典是人类文化思想精粹的积淀，是文化思想传承的重要载体。作为出版者，也许最大的安慰和骄傲，就是经典能出自自己之手。早在 2010 年社会科学文献出版社成立二十五周年之际，我们就开始筹划出版社科文献学术文库，全面梳理已出版的学术著作，希望从中选出精品力作，纳入文库，以此回望我们走过的路，作为对自己成长历程的一种纪念。然工作启动后我们方知这实在不是一件容易的事。对于文库入选图书的具体范围、入选标准以及文库的最终目标等，大家多有分歧，多次讨论也难以一致。慎重起见，我们放缓工作节奏，多方征求学界意见，走访业内同仁，围绕上述文库入选标准等反复研讨，终于达成以下共识：

一、社科文献学术文库是学术精品的传播平台。入选文库的图书必须是出版五年以上、对学科发展有重要影响、得到学界广泛认可的精品力作。

二、社科文献学术文库是一个开放的平台。主要呈现社科文献出版社创立以来长期的学术出版积淀，是对我们以往学术出版发展历程与重要学术成果的集中展示。同时，文库也收录外社出版的学术精品。

三、社科文献学术文库遵从学界认识与判断。在遵循一般学术图书基本要求的前提下，文库将严格以学术价值为取舍，以学界专家意见为准绳，入选文库的书目最终都须通过该学术领域权威学者的审核。

四、社科文献学术文库遵循严格的学术规范。学术规范是学术研究、学术交流和学术传播的基础，只有遵守共同的学术规范才能真正实现学术的交流与传播，学者也才能在此基础上切磋琢磨、砥砺学问，共同推动学术的进步。因而文库要在学术规范上从严要求。

根据以上共识，我们制定了文库操作方案，对入选范围、标准、程序、学术规范等一一做了规定。社科文献学术文库收录当代中国学者的哲学社会科学优秀原创理论著作，分为文史哲、社会政法、经济、国际问题、马克思主义五个系列。文库以基础理论研究为主，包括专著和主题明确的文集，应用对策研究暂不列入。

多年来，海内外学界为社科文献出版社的成长提供了丰富营养，给予了鼎力支持。社科文献也在努力为学者、学界、学术贡献着力量。在此，学术出版者、学人、学界，已经成为一个学术共同体。我们恳切希望学界同仁和我们一道做好文库出版工作，让经典名篇"传之其人，通邑大都"，启迪后学，薪火不灭。

社会科学文献出版社
2015 年 8 月

社会科学文献出版社专家委员会

主　任　赵志敏

副主任　冀祥德

委　员　（按姓氏笔画为序）

丁国旗　卜宪群　马怀德　王延中　叶海林

史　丹　冯仲平　邢广程　朱昌荣　刘作奎

孙壮志　李　林　李正华　李向阳　李国强

李培林　李雪松　杨伯江　杨艳秋　吴志良

何德旭　辛向阳　张　翼　张永生　张宇燕

张志强　张伯江　张树华　张冠梓　张晓晶

陈光金　陈星灿　林　维　郑筱筠　赵忠秀

荆林波　胡正荣　都　阳　莫纪宏　夏春涛

柴　瑜　倪　峰　高培勇　程　巍　魏后凯

目　录

导　论

马克思主义哲学是在吸取、继承了人类全部思想精华的基础上创立的，也是在回答和应对人类发展面临的各种重大现实问题，批判性地审查各种既有理论的合理性及其局限性，进而提出新观点、新方案的过程中不断发展的。在它的发展过程中，一方面是出现新的分支，开拓出新的理论领域；另一方面则是不断地回溯、审查、反思、修正原有的理论、方法和结论，无论是开辟新的领域还是反思修正原有的观点，都离不开与其他哲学理论派别进行对话，回应他们的挑战，彼此辩难相互启发，也离不开自己内部不同观点的争论。马克思主义价值理论①研究就是一个很典型的例证。经过几十年诸多学者的辛勤耕耘和艰苦努力，遭遇了数不清的误解、质疑、反对，甚至可以说是顶着巨大的压力，终于结出了丰硕的成果，获得了多数人的理解和承认，不仅"价值""价值观念""价值观变革""价值体系"等被写

---

① 价值理论或价值论，在英文中本来是同一个词，本书对这个概念，也是在相同或可以互换的意思上使用的。为了照顾上下文语义的顺畅，有的地方使用价值论，有的地方使用价值理论。

进了党中央文件，而且构建社会主义核心价值体系被规定为 21 世纪中国发展的重大战略性任务。马克思主义哲学不仅"应该有"，而且确实建立了自己的价值理论，价值理论不单是马克思主义哲学的一个领域、一个分支，更是马克思主义世界观的基础理论，它提供了人们观察世界、理解问题和解决问题的一种基本方法、一种重要视界。借助价值理论这种新的视界和新的维度，我们可以对人类思想史、文化史上的一些争论及偏颇，对过去理解马克思主义本质方面的一些误解和缺陷，获得一种合理的解释。

一 现代价值论的兴起及其历史背景

价值论（theory of value），顾名思义，是对价值现象、价值问题的研究所形成的理论，确切地说，是关于价值的哲学理论。价值问题老早就存在，人类对价值问题的思考也早就在实际地进行着，反映到哲学上，古代的哲人、思想家，留下了关于价值的一些珍贵的思想。但从总体上说，古代的哲人关于价值的这些思想，还不能算是真正的价值论，这不仅因为这些思想大都还是些吉光片羽式的论断，更关键的是他们并没有达到对"价值一般"的自觉辨析和系统考察。在古代哲学家那里，尽管已经有了"伦理学""诗学"这样的名目，尽管对"善""恶""美""丑""福""祸""利""弊"等概念都进行过相当深入的考察，可他们毕竟对这些现象作为价值现象的共同本质还缺乏真正的理解，也没有将"评价"与"认知"区分开来。一句话，古代哲人还没有达到对价值现象的哲学层面的自觉，没有形成对"价值"这个作为各种价值现象的"共名"或"通名"的概念的哲学理解。所以，按照当今多数学者的理解，价值论是到了现代才出现的学科或学问。

价值问题是任何时代的人们在生活实践中必然遭遇、必须对待的重要问题，人们在现实的实践生活中经过不断试错和学习，也积累了很丰富的价值选择方面的经验，比如"利害相连""祸福相依""两利相权取其重""两害相权取其轻""将欲取之，必先予之""有舍才有得"等。即使在今天，这些道理仍然是普遍适用的一般通则。古希腊哲人苏格拉底有一句格言，"未经省察的人生是没有价值的"[1]，就涉及什么样的人生有价值或没有价值。在苏格拉底看来，人作为有意识的存在物，他应该自觉地反思和审视自己的生活目标，经常检视自己的生活方式和过程，过有意义、有价值的一生，而不应如动物一样只是按着肉体自然的规定来生活。中国的哲人孔子讲"吾日三省吾身"，便于改过迁善，表达的也是类似的意思。

价值问题是人类独有的或特有的问题，只有人才有所谓价值问题。人类从动物发展而来，但动物没有意识和自我意识，它们不可能把自身与环境区分开来，不可能省察和设计自己的生活，它们的存在与它们的生命是直接同一的，都是一种纯粹自然的过程。动物的活动只服从因果规律，而不会有什么"理由"问题，更不存在"理想"。当然，动物，甚至可以说一般的生物有机体，都有一种自我保护的机能和功能机制，在这种机制的作用下，它们的活动遵循着趋利避害的"原则"，表现出某种无目的的合目的性。但动物的趋利避害行为，对动物而言的"利"和"害"，都还不是价值选择的问题，都不算是"价值问题"，至多只是构成了人类价值选择活动的自然前提。

人类最初的活动和行为与其他动物的行为并没有很大的区别，马克思说得好："同这一阶段的社会生活本身一样，带有动物的性质；这是纯粹的畜群意识，这里，人和绵羊不同的地方只是在于：他的意识代替了他的本能，或者说他的本能是被意识到了的本能。由于生产效率的提高，需要的增长以及作为二者基础的人口的增多，这种绵羊

---

[1]　张秀章、谢灵芝选编《柏拉图对话录》，吉林人民出版社，2003，第6页。

意识或部落意识获得了进一步的发展和提高。"① 人类在劳动中并通过劳动实现了"物种的提升",通过意识的发展日益意识到自己和自己的劳动对象的区别,自己的目的和实现目的的条件之间的差别。对象与人的关系,直接的首先的就是一种实践关系,是一种生活关系,一种以有利还是有害、有用还有无用为基本内容的关系。在这个基础上和发展的过程中,日益生长出了审美性的关系,人也"按照美的规律来进行建造"。与此同时,劳动过程中以及劳动产品分配中的人与人的关系,自然也成为人们关注的对象。这种千百万次重复的活动,也是为了辨认这些活动对象、活动要素和活动条件,人们在意识上和语言上对它们进行分类进行规定,一些被分成"有用的""有益的""值得珍惜的""好的",另一些则是"坏的""有害的",等等。意识的进一步发展和社会分工的发展,特别是物质劳动和精神劳动的分离以后,"从这时候起意识才能现实地想象:它是和现存实践的意识不同的某种东西;它不用想象某种现实的东西就能现实地想象某种东西。从这时候起,意识才能摆脱世界而去构造'纯粹的'理论、神学、哲学、道德等等"。② 精神生产的这些产物既丰富了人们的对象世界,又渗透到人们的生产和生活过程中并起着重要的影响作用。人们的价值对象世界在急剧地丰富着、扩大着、膨胀着,人们的生产能力、消费能力、享受能力、欣赏能力都在不断地发展着、提高着。而无论任何时代,人们都得根据当时当地的客观的和主观的情况进行选择,也总得承受自己行为的直接和间接的结果,由此也总会产生和接受各种各样的情感体验,或是高兴、喜悦和满意,或是痛心疾首、抱怨后悔。

能够进行自主的选择,这是人不同于其他存在的一个显著特点,

---

① 《马克思恩格斯选集》第 1 卷,人民出版社,1995,第 82 页。
② 《马克思恩格斯选集》第 1 卷,人民出版社,1995,第 82 页。

人类学意义上的人的自由，在某种意义上说就是指选择的自由，而选择本质上就是价值选择，是根据一定的价值取向和价值评价来进行的选择。价值是人们选择的客观目标和依据，评价则构成人的选择的主观形式和凭借，人们就是依据着自己对一定对象的价值评估、预测、权衡来进行选择、做出决策的。古往今来，概无例外。

我们通过上面的简略考察所得出的结论就是，价值问题是人类自出现以来就存在的问题，也是只有对人来说才存在的问题。对于其他的有机系统、生物和动物来说，由于它们从来没有达到把自身与其他存在物区别开来的水平，不能把自己的存在当作对象来进行反思和设计，所以它们的活动中也就不存在价值问题。换句话说，对于它们的活动和变化，使用因果关系、结构和功能关系来描述、解释就足够了，没有必要再画蛇添足地引进"价值"这个概念，正如没必要用"动机"概念来解释和说明无机物的运动一样。

价值问题是人类与生俱来的问题，但人们对它的认识和反思并不是一开始就很明白的，相反，可以说在相当长的一个时期内是不很明白的甚至是很不明白的。原始先民基于认识的局限，把自然的各种灾害、渔猎和收成的丰歉、战争的胜败、生活中的祸福都看作某种超自然力量有意施为的结果，万物有灵论、自然神论和目的论都是这种观念的表现。随着人类进入文明社会，实践经验大大增加，认识和思维能力有了较大提高，以哲学为母体的各种理论开始摆脱原始神话而产生了出来。一方面人们开始较为理性地看待利害、祸福、生死、善恶、正义非正义这些属于价值论的问题；另一方面也对造成利害、祸福的客观原因进行理性的分析，这即是科学的出现。

当然，由于条件的限制，古代的理论家对这二者的关系还缺乏较为正确的认识。在相当长的一个时期内，价值意识和科学意识是混杂在一起的，价值判断与事实判断是浑然不分的。特别是对社会现象历史现象的理解方面，表现得尤为突出和明显。尽管有这些局限，古代人毕竟开始了对价值问题的研究，古代的伦理学、政治学、诗学中都包含关于善恶、正义非正义、美丑等基本价值范畴的探讨和见解，而关于义利、理欲、德法、王霸关系的讨论，关于利害并存、祸福相依、美丑相对的观点，都为后世讨论价值问题积累了宝贵的思想材料。从总体上看，古代人对于价值的认识属于从个别上升到特殊的阶段，他们的思想大多是对于某种特殊的价值的，他们有所谓的"善论""好论""美论"等关于特殊类别的价值的理论，而没有建立起一般的"价值论"，也缺少从一般价值的高度来讨论价值与非价值、价值判断与事实判断关系的自觉。与中国哲学"以善统真"的传统相反，以古希腊哲学为源头的西方哲学则更多地表现出"以真统善"的倾向，苏格拉底的"美德即知识"的格言一直影响着后世的思想家。

西方近代自然科学的发展以及表现出的强大力量，加深了人们对科学的认识，也加重了"以真统善"的倾向。认为科学能够解决社会和人生中面临的各种问题，成为许多思想家的共识，而自然科学理论的惊人准确的预测力使得人们把它视作科学的典范和蓝本，自然科学方法成为科学方法的代名词。在这种背景下，思想家们不仅积极地、大量地运用自然科学的方法来研究社会现象，而且认为只有弄清了人的心理发生、发展的规律，就可以准确地预见人们的各种行为，心理学成为各种社会历史理论的基础。这便是所谓"科学主义"话语霸权的时代。与这种情况相适应，哲学理论也发生着所谓"认识论转向"，即把认识（认知）活动何以可能、认识如何达到真理、真理的标准是什么的问题当作哲学的中心问题。经验主义与理性主义的争论，就是围绕着认识的发生机制、方法论基础和真理的标准等而展开的。由此形成了强大的认识论中心主义或认知论的哲学传统，即使是对于伦理学、美学、历史学等充满了价值问题的领域，人们也认为主要是如何获得关于"善恶""美丑""正义非正义"的最终真理的问题，是如何用真理性的观念排除那些谬误和歧见的问题。

　　然而，正当许多学者热衷于用自然科学方法即所谓科学方法建立自己的社会人文理论的时刻，休谟却对这种时尚提出了深刻的怀疑。休谟认为，如何从"是"的判断过渡到"应该"的判断，是需要作者做出说明和解释的，否则，这种过渡就具有"独断论"的性质。实际上，休谟的怀疑论具有更为广泛的性质，不单是怀疑以神学为基础的传统伦理道德观念的合理性，也怀疑对当时的科学理论的方法论基础的哲学解释的合理性，比如他认为因果观念的基础并不是客观对象的因果联系，而是出自认识主体的"联想习惯"。休谟提出的"是"如何过渡到"应该"问题，第一次从哲学上指出了事实判断和价值判断的差别，产生了重大的影响，康德就曾说，是休谟把他从"独断论的梦想"中惊醒了。康德哲学的中心议题和重要任务，不仅如同以往我们所强调的那样，是调和经验与理性的矛盾，同时也是在调和事实判断与价值判断的矛盾。康德的实践理性是进行道德选择的理性，判断力则是审美的能力，可由于在此时，价值还没有作为一个普遍的范畴、作为各种具体价值现象的共名或通名来予以对待，所以，在康德那里，理论理性、实践理性与判断力都是分别予以讨论的，真、善、美这几种价值也没有得到统一的理解和处理。

　　还有一点需要指出的是，随着各门实证科学的逐渐壮大，科学方法威力的日益增强，它们都从原来所从属的哲学母体中独立出来了，不仅与哲学分庭抗礼，而且简直是开始滋长着一种蔑视哲学的情绪。哲学自产生以来遇到了最大的挑战，面临着一种危机，这就是需要重新为自己定位的问题。黑格尔的哲学体系作为包罗万象的体系，作为历史上最大的也是最后的哲学体系，也是一种哲学作为"科学之科学"的最后努力。从此之后，除了像杜林这样的青年还试图构造那种包罗万象的体系，再也无人去做这样的徒劳无功的尝试。体系哲学无可避免地衰落了，认识论中心主义走到了自己的尽头，哲学必须重新确定它与科学、与其他知识门类的关系。这也就是近代哲学向现代哲学的转型。从这个角度看，意志主义、情感主义等非理性主义思潮的兴起乃至泛滥，作为对理性主义亦即认识论中心主义的某种反拨，实乃是哲学转型中的一种尝试和突破，至少也是对科学主义和理性主义的一种纠偏。马克思恩格斯在批判传统哲学的过程中走的是另一种路向，即向实践和生活世界的转向，开辟了哲学发展的新的方向。现代价值论就是在这个背景下兴起的。

按照学术界的一般看法，现代价值论之父主要是两个德国人，一个是属于新康德主义的洛采（Rudoif Hermann Lotze，1817—1881）；另一个则是尼采（Nietzsche，1844—1900）。洛采把世界分为三个领域，一是现实事物的领域，二是普遍规律的领域，三是价值的领域。他认为，价值是一个独立的世界，是善、美和圣的世界，在这个世界中，理性和逻辑都是无用的，只有情感才起作用。在洛采看来，我们光是知道什么是必然的并不够，还要知道什么是应该的。价值世界是目的世界，相对而言，现实事物的世界和规律的世界只是手段。方迪启对此评论说："当实证论者想要建立一个不含价值的实在界时，洛慈（另译洛采——笔者注，下同）却使价值脱离实在界而独立。这种构想使得他划出了一块领域，不受自然主义的侵犯……洛慈赋予价值极重要的意义，因此他设法要将逻辑、伦理学及形而上学都化约为价值学。"①

尼采作为一个极端反传统的哲学家，其最闻名于世的就是喊出了"重估一切价值"的口号，从而将价值问题变成当时最重要、最热门的话题。尼采将批判的矛头直指西方世界以基督教道德为主的传统道德，他认为这种道德本质上是奴隶道德，是教人做顺从的逆来顺受的奴隶的道德，但现在"上帝死了"，传统价值观的基础崩塌了，必须站在新的基地上用新的标准来看待一切价值。尼采所主张的新的标

---

① 〔阿根廷〕方迪启：《价值是什么——价值学导论》，黄藿译，台北联经出版事业公司，1986，第29页。

准、新的精神就是强力意志和酒神精神。尼采的功绩在于使价值成为重要的话题的同时，引起了西方世界对传统价值观和文化的深刻反思。

洛采的思想引发了布伦坦诺的"自明性哲学"，也直接地影响了新康德主义的巴登学派，其首领人物就是文德尔班和李凯尔特。布伦坦诺也认为，价值是独立的现象，只有通过情感活动来把握，人只能在爱和恨、适意和不适意中把握价值，肯定评价和否定评价就是它们的表现形式。布伦坦诺在《我们正确和错误知识的起源》（1889 年）这本著作中，探讨了价值判断的起源和价值评价的公理问题。布伦坦诺没有写出价值论的专门著作，倒是他的两个奥地利学生，迈农和艾伦菲尔斯，各自撰写了两部价值论专著，二人之间还引起了关于价值的一场著名争论。艾伦菲尔斯于 1893 年出版了《价值理论与伦理学》，1896 年又出版了《价值论体系》第一卷，次年第二卷出版，迈农在 1894 年出版《价值理论的心理——伦理研究》，1923 年又写了《一般价值论的基础》。他们二人都属于价值主观论者，只不过迈农认为价值植根于情感生活，存在于人们的价值体验和评价中，他指出凡是一个东西使我们喜欢，而且只要达到使我们喜欢的程度，它便是有价值的。而艾伦菲尔斯则主张，在愉快中寻求价值的基础难以成立，应该在欲望或企求的领域去寻找价值。

文德尔班和李凯尔特与布伦坦诺不同，他们一方面坚持自然科学与社会人文学科的划界，认为后者主要是价值的领域，不能照搬自然科学的方法；另一方面则注重从人的先验理性中寻找价值的根源。文德尔班认为，哲学只有以具有普遍价值的那些价值为自己的领域和问题，只有作为价值科学才能有生命力。哲学的任务并不是记述或解释人们所追求的目的和价值，而是要确立具有普遍意义的价值规范，这些规范先验地、普遍地存在于人们的理性之中，规定了人们的行为，是全部文化和文明的组织原则，也是一切特殊价值的组织原则。

在他们之后，价值论发展出现了某种意义的综合，这即是舍勒的现象学价值论。舍勒既不同意自明哲学派把价值仅仅当作个人的情感现象的观点，也不满意康德派的形式主义伦理学，他试图建立一种实质伦理学。他认为价值是一种情感现象（不是理性中的形式规范），只有通过情感和直观才能把握价值，但又不单是个人的情感，而是一种先验地具有客观普遍性的非个人性的存在，各种价值自成一定的等级，是不以人的情感为转移，甚至不以其具体呈现的形式为转移的。舍勒还详细研究了价值的等级秩序和价值选择的依据。第一是持久性，即人们总是倾向于选择哪些具有持久性的价值，最优越的价值就是那些永恒的价值；第二是可分性，越是具有不可分性的价值其等级越高；第三是基础性，越是基础性的价值就越重要；第四是满足的深度，越能引起深刻的满足的价值越大；第五是相对性，价值的相对性越小，其价值就越高。在舍勒的价值等级表中，最低级的是引起感官是否愉悦的价值，然后是生命价值，再次是精神价值，最高的是宗教价值。

在德奥兴起的价值论思潮，由美国哲学家乌尔班于 1906 年出版的《评价，其性质和规则》一书介绍到英语国家，继而有詹姆斯、杜威、培里、怀特海、刘易斯的价值论著作问世，英国则有莱尔德、鲍桑葵、麦肯斋等人参与讨论，形成了一个热点。20 世纪 30 年代，价值论思潮东渐，传到了日本和中国，日本的牧口常三郎创立了"创价学会"，后出版了《价值哲学》。在中国 20 世纪 30 年代著名的"科玄论战"中，一些论者也提出要区分事实判断与价值判断的问题，还提出了价值哲学的概念。第二次世界大战以后，西方许多哲学家和社会学家都涉足价值论研究，发表了大量的价值论著作，如 M. 比内达的《价值论：价值的理论》（1947 年）、培里的《一般价值理论》（1950 年）、L. 拉韦尔的《价值论》（1955 年）、佩伯的《价值源泉》（1958 年）等。价值论的思潮逐渐获得了人们的普遍注意，各种人文科学著作中都涉及价值论思想。①

应该指出的是，西方的价值理论并不是统一的理论体系，而是一个派别林立的"战场"，据我国学者王克千先生的看法，大致可分为四种类型，第一种是以康德主义的理性主义为线索，对价值做理性主义的探索，如新康德主义和现象学派的价值论。第二种是新经验主义的价值论，对价值作经验论或效用论的回答，如新实在论和实用主义的价值论。第三种是力求突破传统理性主义的思路，立足于非理性主义的人本主义来探讨价值问题，存在主义、人格主义和新托马斯主义的价值论都属于此类。第四种是逻辑经验主义，他们基本上是否认价值论能够作为一门学科而存在，如逻辑实证主义和批判理性主义。②他们之间也相互诘难和论战，各自互有长短。他们虽然提出了许多值得我们深思的问题，但从总体上看，在他们对问题的理解和处理上，唯心主义和机械论的倾向是其主导的方面。西方价值论的理论和观念已经深深地渗入社会大众生活和人文学科研究的各个方面。

二　马克思主义价值理论：争论与发展

马克思和恩格斯是直接承续德国古典哲学而开始他们的哲学活动的。尽管马克思和恩格斯更重视黑格尔关于辩证法和历史发展的思想，对黑格尔的评价远高于康德，但康德高扬主体能动性的思想无疑给马克思以重要的影响，这从《1844 年经济学哲学手稿》和《关于费尔巴哈的提纲》中都可以看得出来。马克思和恩格斯活动的年代，现代价值论还处于酝酿的时期，一些有影响的价值论著作基本都是在马克思逝世后出版的，而在马克思逝世后恩格斯把主要精力都放在整理出版马克思未竟的《资本论》遗稿上，这就决定了马克思恩格斯不

① 参见江畅《现代西方价值理论研究》，陕西师范大学出版社，1992。
② 参见王克千《价值是什么——价值哲学引论》，中山大学出版社，1992，第 3 页。

可能对当时正在兴起的价值论思潮有较多的关注。更为重要的是，他们在创立自己的学说之初，工作的重点是论证共产主义学说的科学性，也就是说，他们侧重研究的是历史发展的必然性，或者说是侧重从认知方面研究经济运动和社会历史发展的客观规律。与此相联系，他们曾多次批评空想社会主义者仅仅从道德的角度，亦即从价值的角度角度批判资本主义，而把社会主义当作一种更合乎人类理性的理想社会，是靠人类理性的觉悟就可以实现的社会。马克思在吸取和改造古典政治经济学劳动价值论的基础上创立了剩余价值理论，但马克思对经济学的价值概念有明确的规定，认为这是与商品的使用价值完全不同的东西。任何把价值（经济学意义的价值）与使用价值相等同或把价值当作使用价值的一般抽象的做法都是马克思所坚决反对的。正是由于这种情况，对于马克思主义有没有自己的哲学价值论，应不应该有自己的哲学价值论，在国内和国际学术界一直有着不同的甚至截然相反的看法。

我们知道，在西方理论界，长期以来存在把马克思主义当作对物质决定论和经济决定论的误解或故意歪曲，在这种观点看来，马克思主义根本不重视人和人的价值问题，自然在哲学上也没有自己的价值理论。敌视马克思主义的流派自不待说，就是那些称马克思主义是"不可逾越的"、对马克思表示了相当的尊重的哲学家，如存在主义的萨特，也曾认为马克思主义存在人学的"空场"，需要用人学和价值学说来"补充"马克思主义的"缺陷"。而随着 20 世纪 30 年代马克思一些早期著作尤其是《1844 年经济学哲学手稿》的发表，一些人则声称发现了新的马克思，他们或是制造所谓"早期马克思"和"晚期马克思"的对立，或是干脆否定马克思创立的唯物史观和剩余价值学说的科学性而把马克思扮饰成一个"道德家"、一个伟大的人道主义者，甚至说马克思是一个像耶稣基督那样的道德预言家。"结果，西方世界的当前兴趣便集中在马克思以下几个方面的论述上，即他对人的看法，对异化的人的分析以及要建立一个人人不受剥削的更人道的社会，才能使每个人的全部潜在能力发展得最完满的建议。"①西方马克思主义的主流派别主要是从人道主义、人性论的角度批判现代资本主义造成的各种人的异化现象，他们声称要继承、发展马克思的事业，可他们理解的马克思在很大程度上也是人道主义的马克思。当然也有人对此持反对态度，坚持马克思主义是一种科学的理论，认为马克思早期的人道主义思想是其理论尚未成熟的表现，是受浪漫主义和费尔巴哈人本主义影响的痕迹或结果（阿尔都塞）。他们也主张马克思主义是要发展的，或是通过概念分析使之建立在更科学的基础上，如柯亨等分析的马克思主义，或者结合实际的新发展"重建历史唯物主义"，如哈贝马斯等人，总之是沿着科学化的路子来解释、"保卫"、推进马克思主义。可以这么说，马克思经典作家那里本来就存在的科学与价值的内在差别和紧张，在西方马克思主义这里变成了水火不容、相互对立、相互否定的两种路向，各持一端，相互攻讦。

在苏联，由于长期受直观唯物主义和教条主义的影响，哲学界长期以来一直拒绝对价值论作正面的理解，认为其是主观主义的思潮和唯心主义哲学。在 1960 年出版的《苏联哲学百科全书》的"价值学"词条中还明确声称"辩证唯物主义摈弃价值哲学"。直到 20 世纪 60 年代以后，随着意识形态领域的解禁，苏联哲学界开始反思过去的历史失误，打破以前的僵化理论模式，注意研究国内国际出现的新问题。同时，也是为了改变在国际学术交流中的被动地位，为了在国际学术对话方面提出自己的观点，对价值问题的研究就提到了苏联理论家们的面前。1960 年，图加林诺夫发表了《论生活和文化价值》，标志着苏联哲学界在研究价值理论方面迈出了第一步，后来他又出版了《马克思主义中的价值论》，成为苏联研究价值问题的较早的代表人

---

① 〔美〕L. J. 宾克莱：《理想的冲突——西方社会中变化着的价值观念》，马元德等译，商务印书馆，1983，第 61 页。

物。在 1964 年到 1970 年，苏联理论界关于价值问题召开了几次讨论会，一些主要哲学杂志《哲学问题》《哲学科学》《莫斯科大学学报》《列宁格勒大学学报》等都组织和刊登大量的文章，来讨论有关价值的问题。其中，马克思主义有没有自己的价值论、应不应有自己的价值论，就是一个相当有争议的问题。一些理论家认为，价值论和价值问题是从资产阶级哲学（新康德主义价值哲学）那里侵入我们这里来的，马克思列宁主义中没有西方价值论所说的价值，也不需要这种价值，而且反对资产阶级关于价值的各种理论。图加林诺夫略带讥讽地说，哲学界的老近卫军中有些同志看见"马克思主义价值哲学"这一术语就皱眉头，因为他们的头脑还被以前的教条主义所禁锢。图加林诺夫指出，"价值问题是同马克思列宁主义的最深刻实质、同它的灵魂相联系的。在一些马克思主义者的言论中，似乎马克思列宁主义经典作家不曾研究过价值问题。这很令人费解。……马克思的商品价值理论是价值论的经济学表现，并且给我们提供了详细研究价值理论的全部重要的方法论前提"。"马克思列宁主义把这一问题当作是革命实践活动的哲学根据，从而使之具有特别重大的意义。没有对革命家所反对的那个社会制度之否定性的评价，没有对它做出的'判决'，从另一方面说没有对革命政党为之奋斗的那些目标的肯定态度，就不可能有革命的行动。"① 图加林诺夫认为，一些人把写出以"价值"为标题的大部头著作当作有价值论的标志，这完全是误解。"在马克思列宁主义经典作家的全部著作和全部活动中，在他们的继承者的心里和事业中，饱含对待现实的革命的价值态度"②，"马克思列宁主义思想及其所倡导的价值是整个人类史上最人道、最壮美、最高尚的价

---

① 〔苏〕B. Π. 图加林诺夫：《马克思主义中的价值论》，齐友、王霁、安启念译，中国人民大学出版社，1989，第 3 页。

② 〔苏〕B. Π. 图加林诺夫：《马克思主义中的价值论》，齐友、王霁、安启念译，中国人民大学出版社，1989，第 4 页。

值。阐述、解释、发展和传播这些价值的荣幸落到了我们身上。我们的目的是能够使更多的人认识到这些思想的实际价值"①。

如同苏联当年关于价值问题的讨论与其时的破除迷信、解放思想有着内在的关联一样，20年后，中国价值论的兴起也是与实践标准讨论、恢复了解放思想、实事求是的思想路线和改革开放运动直接相关联的。当中国的思想家们摆脱了个人迷信和教条主义的束缚，力图根据实际来重新理解过去信奉的理论教训及其根源时，我们发现，没有价值论的视野，许多问题是解释不清楚的。人们痛定思痛，发现我们对文化大革命时期的一些现象的沉痛反思，对现实的国际国内许多重大问题的思考和回答，对中国社会的发展目标和道路的定位和审视，全都离不开价值向度和关于价值的理论。而我们过去的作为指导思想的理论基础的哲学理论，最缺乏的正是关于人的价值和尊严的内容，关于现实实践的主体性、合理性和有效性的反思，关于价值问题的论述和讨论。

从总体精神和性质上看，我们过去理解和坚持的马克思主义哲学，基本上是顺承着近代唯物主义和认识论中心主义的路线，没有体现出马克思主义哲学变革的实质和其蕴含的现代精神，尽管我们一再强调马克思主义哲学是科学，是科学的世界观和方法论，可实际上并没有脱出黑格尔式的"科学之科学"的窠臼。正是在这种背景下，中国的价值论研究兴起了，并且很快成为一个理论热点，成为哲学理论发展的一个重要生长点。中国的价值论研究是在马克思主义基本原则的指导下进行的，所要研究的和建立的是马克思主义价值理论。中国的马克思主义价值理论研究基本上没有遇到太大的理论障碍，但这不等于说没有意见的分歧，不等于说没有理论上的阻力。

如前所说，马克思恩格斯活动的年代是现代价值论正处在酝酿和

---

① 〔苏〕B. П. 图加林诺夫：《马克思主义中的价值论》，齐友、王霁、安启念译，中国人民大学出版社，1989，第5页。

萌芽的时期，马克思恩格斯的工作重点也使得他们对价值问题没有作过专门而充分的关注和系统的研究，他们没有写出以价值为标题的专著和专论。这是历史的事实。马克思恩格斯确曾多次反对仅仅从道德的角度对资本主义进行批判，这也是历史的事实。但这只是问题的一个方面。另一方面，马克思恩格斯在揭示历史规律、历史必然性的同时，也时常怀着强烈的无产阶级义愤，从道德上，从价值的角度揭露资本主义制度的不合理，抨击过资本主义对殖民地进行残酷掠夺的野蛮行径。马克思主义经典作家关于历史发展和人的发展、关于人的尺度和物的尺度、关于道德的阶级性和历史性、关于无产阶级的历史地位和使命，特别是关于革命形势和无产阶级政党的斗争策略，都有过诸多论述，在这些文献和著作中，不仅存在许多关于价值论的思想，更为根本和主要的是，马克思主义学说整体上就是无产阶级的价值学说，是关于劳动解放、人的解放、无产阶级和共产主义运动的真正社会历史价值的论证。在这一点上，我们与现代西方马克思主义中的一些思想家的不同在于，他们认为马克思主义主要是价值学说和道德预言，是以否认马克思主义的科学性为前提的，他们的逻辑是，正因为是价值学说，所以它就无科学性可言；我们则认为马克思主义作为科学的理论与作为价值的学说是内在统一的，真理与价值的统一是马克思主义的一个基本原则。①

在我国马克思主义理论界，对于马克思主义价值理论，实际上也存在一些片面的不正确的观点。第一种观点是，马克思主义哲学是关于自然、社会和思维发展的一般规律的学说，马克思主义是一种科学理论，它不仅不需要现代价值论所谓的一般价值，而且是与这种价值理论不相容的。在这种观点看来，价值论是西方的唯心主义哲学的专利，是资产阶级学者用来反对历史唯物主义的东西，我们不仅不应该

① 参见李德顺《价值论》（第2版），中国人民大学出版社，2007。

接受，而且必须毫不让步地坚决反对。这种观点的错误，在于把价值与科学简单地对立起来，否认价值问题的客观普遍性，也否认对价值问题做科学研究的可能性。这些同志不明白，价值问题、价值理论与一些学派对价值的看法是不同的两回事，价值论与某种价值观、某种价值理论也不相同。我们可以不同意和反对西方一些学者对价值的看法，可以反对他们的价值理论，但我们必须以我们对价值问题的看法来反对和批判他们的观点，如果我们不去进行研究，只作简单的拒绝是无济于事的。

第二种观点认为，既然马克思主义经典作家没有专门论述价值问题的著作，所以说马克思主义中有一些关于价值的思想是可以的，说马克思主义有自己的价值论则未免牵强附会，也不符合历史的事实。如果现代的某个学者提出了自己关于价值问题的理论，那么冠上本人的大名就可以了，别人也知道这只是你的理论，不必要强加上"马克思主义"价值论。这种意见看似平实公允，其实大有问题。首先，（暂且不说马克思恩格斯本人确实有过不少关于哲学价值问题的精彩论述）不能把马克思主义封闭为马克思恩格斯说过的东西，或马克思主义经典作家的著作，马克思主义是一个流派，有自己不同于其他派别的基本立场、原则和方法。凡是坚持这种立场、方法和原则的人，就是马克思主义者，他们整理、综合马克思主义经典作家关于某一方面的思想，创造性地研究某一方面的问题，提出来一套理论，当然可以称为是马克思主义某某理论。其次，马克思主义是不断发展的理论，这个发展的过程就是不断地提出新的观点和理论的过程，也是新的分支不断产生的过程。发展马克思主义的权利并非仅为领袖人物所独占，每个马克思主义者都有这种权利，理论工作者更应视此为自己的使命和义务。一个服膺于马克思主义的理论家，把自己提出的某种理论称为马克思主义某某理论，完全是合法的，也是顺理成章的。

第三种观点认为马克思主义不仅有价值论，而且是"原装"的价值论，这就是马克思的关于经济学价值的理论。这些同志认为，马克思主义中只有一种价值概念，这就是经济学的价值概念，任何离开这一点的做法都是"非法"的。而现行的关于一般价值或哲学价值的论述都是以使用价值为原型或基础的，这同马克思严格区分价值与使用价值的思想不一致。这种观点提出来后受到许多同志的反驳。我们认为，说马克思主义只有一种价值概念，这不符合历史的实际，不仅恩格斯、列宁、毛泽东等人，就是马克思本人，除了经济学意义的价值概念之外，也都使用过哲学意义上的价值概念，例如，马克思就曾说过："如果形式不是内容的形式，那么它就没有任何价值了。"① 马克思主义价值理论作为关于一般价值的哲学理论，尽管说与马克思的经济学价值理论有着相当的关联，但它们毕竟不是一回事。经济学的价值只为商品所具有，非商品便没有价值，因此这种价值概念只是在一定的历史时期、在一定的领域才适用的，而哲学意义上的价值则与人类共始终，并遍及于人类生活的各个领域、各个方面；经济学的价值概念是为了揭示商品交换的秘密，澄明了物物交换背后的人与人之间的劳动交换关系，哲学意义上的价值则揭示人的对象性活动中主客体关系的基本内容，表现的是人的主体性存在的性质和处处运用内在尺度于对象之上的特性。它们不在一个层次上，也各有自己的使命和任务，各有自己的语境和使用条件，混淆二者的差别，除了造成新的混乱，实在看不出有什么别的意义。

马克思坚决反对把价值与使用价值相混同的做法，也反对把价值当作使用价值的抽象，但在他的论域和语境中，价值仅仅是经济学意义的价值，而不是哲学的价值。如果我们不是从语录出发而是尊重人类实践和生活的历史事实，如果我们能摆脱马克思主义是一个科学体

---

① 《马克思恩格斯全集》第 1 卷，人民出版社，1995，第 288 页。

系，而科学体系中只能有一个价值概念这种教条的束缚，我们就会发现，各种事物，包括自然物和人工物，包括实物性的形态和精神性的形态，正是其在与人的关系中形成的各种使用价值，其本身结构、关系、功能的丰富性和与人的本质力量相适应而形成的可被利用的无限可能性，以及与不同主体相对而出现的关系的差别性，既是实践生活的无限复杂性和丰富性的实际内容，也构成了哲学意义上的价值的具体表现形态。哲学理论绝不能忽视或回避这种实践生活中存在的普遍现象，而需要对之作出解释和回答，哲学的价值概念就是从各种具体价值中抽象出来的一个一般概念，是为了回答生活实践中的问题而作出的一种合理抽象。这一点都不违反马克思主义哲学的基本原则和方法，相反，是这些基本原则和方法的实际运用的结果，也是我们反对和批判各种唯心主义、主观主义的价值概念、价值理论和价值观的有力武器。

尽管遭受到一定的不理解和反对，尽管研究价值的人们中间还有这样那样的分歧和争论，在中国，马克思主义价值理论毕竟作为马克思主义哲学的一个部分而得到了多数人的认可，取得了相当大的成绩，得到了相当大的发展，对中国当代哲学的发展起到了相当大的作用。在一些国际会议和国际讲坛上，中国的学者依据马克思主义价值理论的原理对一些人类共同问题提出了自己的看法，作出了马克思主义的回答，也引起了国际学人们的充分关注。

三　马克思主义价值理论的基本原则和研究视角

马克思主义价值理论属于马克思主义哲学的一个领域、一个部分，它体现的是马克思主义哲学对于价值问题的基本立场和观点。从这个意义上说，马克思主义价值理论的基本原则和研究方法与马克思主义哲学以及整个马克思主义都是一致的，而相对于其他学派的价值理论，这些基本原则和方法又是马克思主义价值理论独有的特殊的东西。这些基本原则包括理论与实践相统一的原则，真理与价值相统一的原则，个人主体与人民主体相统一的原则等。

理论与实践相统一的原则。这个原则集中体现的是马克思主义的实践唯物主义的立场，是马克思主义哲学区别于其他哲学的重要标志，也是解决许多以前看似无法解决的理论问题的基本路径。众所周知，马克思主义哲学的创立之所以是人类思想史上的一次伟大变革，最主要的原因是由于马克思把科学的实践观引入哲学，从人的现实实践出发，把感性、现实、对象都当作实践去理解。实践是人的感性世界生成的最深刻的基础，是人的基本存在方式，也是各种理论、观念得以形成的基本来源和发展变化的最终动力。正是在现实的实践过程中，在实践活动的世世代代的延续中，人一方面实现着社会与自然、主体与客体、主观与客观、精神与物质的分离和区别，另一方面又实现着它们的转化和统一。但自从出现了精神劳动和物质劳动的分工以及社会分裂为对立的阶级以后，理论意识把自己当作某种与现存实践的意识不同的东西，它不用想象某种真实的东西而能够真实地想象某种东西，从而摆脱世界而去构造"纯粹的"的理论、神学、哲学、道德等，于是一些理论家开始认为，只有理论活动才是真正的活动，只有理论中出现的问题才是真正的问题。

实际上，理论家们之间的对立，他们各自所持的理论观点之间的对立，不过都是各自只抓住现实实践生活中的一个方面、一个环节而造成的，是理论家们试图以一代人的努力来解决整个人类通过时代延续才能解决的问题所造成的。理论家们没有意识到，他们在理论上发现的问题不过是人类实践中出现的问题在观念上的反映，更没有意识到实践在提出这些问题的同时也为解决它们提供了条件，"人类始终只提出自己能够解决的任务，因为只要仔细考察就可以发现，任务本身，只有在解决它的物质条件已经存在或者至少是在生成过程中的时候，才会产生"。① 理论家们脱离了实践，必然导致了理论的神秘化，也陷入了一种迷误，似乎宗教的信念、哲学的概念和普遍的东西"统治着现存世界"，是人们的真正枷锁，是人类社会发展的真正羁绊，只要人们"用人的、批判的或利己的意识代替他们现在的意识"，就能"消除束缚他们的限制"。"这种改变意识的要求，就是要求用另一种方式来解释存在的东西，也就是说，借助于另外的解释来承认它。"② 这就是马克思所说的"哲学家们只是用不同的方式解释世界"的真正含义。马克思主义哲学所实现的伟大变革，就是在对旧哲学各种理论之共同前提实施彻底批判的基础上使哲学向人类实践生活的回归，它认为，"凡是把理论导致神秘主义的神秘东西，都能在人的实践中以及对这个实践的理解中得到合理的解决"，③ 而"只要这样按照事物的真实面目及其产生情况来理解事物，任何深奥的哲学问题……都可以十分简单地归结为某种经验的事实"。④ 马克思主义当然也有解释世界的任务，但它对世界的基础、对解释的前提、对解释世界的目的性旨归都是与旧哲学根本不同的，也是与当代西方的其他哲学有所区别的。

　　价值问题本来就是人类实践和现实生活中"遭遇"到的一个基本问题，是人们在处理人与自然的关系、人与人的关系以及人与自身的关系中无法逃避、必须面对的一个问题。然而，现代西方的许多价值理论却使之神秘化了，或者把价值看作仅仅局限于人的隐秘情感世界的现象，或者把它设定为某种超自然的现象，或者把它当作某种先验的自足的独立王国，都是这种神秘化的表现。马克思主义价值理论坚持理论与实践相统一的基本原则，就是坚持从人类的实践生活出发，

---

① 《马克思恩格斯选集》第 2 卷，人民出版社，1995，第 33 页。
② 《马克思恩格斯选集》第 1 卷，人民出版社，1995，第 66 页。
③ 《马克思恩格斯选集》第 1 卷，人民出版社，1995，第 60 页。
④ 《马克思恩格斯选集》第 1 卷，人民出版社，1995，第 76 页。

按照价值的本来面目及其产生情况来理解价值问题，用经验的事实来讨论和论证价值与评价的关系以及价值观念不断变化等一系列的问题。正是贯彻了这个原则，马克思主义价值理论才表现出了自己的优越性和彻底性，才可能解决一些在非马克思主义价值理论看来是无法解决的问题。

真理与价值相统一的原则。自从休谟提出"是"与"应该"、"事实"与"价值"的区别以来，事实与价值之间是否有一道鸿沟、彼此间能否过渡一直就是一个最困扰人们的问题。这个问题不仅涉及怎样看待价值，也牵扯到价值论作为一门学科能否成立，如果对此作出否定的回答，那么对整个社会历史和人文现象的研究能否成为科学也就都成了有疑问的问题。确实，出于历史的原因，马克思主义经典作家对这个问题没有作出直接而明确的回答，但从他们的基本立场和基本理论倾向、他们处理一些相关问题的基本方法来看，比如马克思恩格斯关于科学社会主义的理论既是建立在历史发展规律基础上的理论同时也是无产阶级利益和革命条件的理论表现的观点，列宁关于对社会现象的研究既要坚持从客观事实出发又要坚持阶级性原则和党性原则的观点，都是反对把事实与价值割裂开来的倾向的，是主张真理与价值相统一的原则的。特别是马克思关于人类活动中两个尺度相统一的观点，为我们正确理解真理与价值的辩证关系提供了指导思想。

马克思在《1844 年经济学哲学手稿》中写道："动物只是按照它所属的那个种的尺度和需要来建造，而人懂得按照任何一个种的尺度来进行生产，并且懂得处处都把内在的尺度运用于对象；因此，人也按照美的规律来构造。"① 这里所说的"内在的尺度"就是人的尺度，是人的现实存在、由人的肉体结构和精神结构所规定的需要，以及人所具有的各种能力的集中的综合的体现。人不同于动物的地方，就在

---

① 《马克思恩格斯选集》第 1 卷，人民出版社，1995，第 47 页。

于他懂得并能够按照自己的尺度和对象的尺度的统一来进行生产。用通俗的语言来表述，就是人不仅只是服从对象的规律、适应环境的要求来生活，更根本的还是通过利用对象、改造环境使之符合自己的需要和目的。人们的生产劳动，就是既服从对象自身的规律又按照人的需要和目的改造对象的活动，是合规律性和合目的性相统一的活动。真理作为事物本来面目和规律的揭示，作为认识和实践中主体客体化方面的内容，体现的是人对各种客观规律的确认、服从和遵循，而价值作为认识和实践中客体主体化方面的内容，表现的则是人按照自己的尺度和要求对劳动对象、劳动工具以及自身力量的利用。正是在人的实践活动中，人的价值期许、目的和要求外化为一定的劳动产品即经过改造了的物品，客观的对象（事实）则变成了与人有关联的具有一定价值一定意义的属人的存在，自在的自然成为人化的自然，成为人的无机的身体。人的现实实践活动，都是既按照真理性知识的指导，又按照自己的价值要求来进行的，实践是真理与价值统一的桥梁，也是检验人们对对象的认识是不是真理、对价值的评价是不是合理的标准。任何把事实与价值、真理与价值绝对对立起来，在二者之间划一条鸿沟的做法，实际上都是理论脱离实践、无视实践中二者相互依赖、相互促进、相互转化的事实的结果，也是囿于形而上学的思维方法而形成的作茧自缚的结果。

个人主体与人民主体相统一的原则。价值作为一种属人的为人的存在，它是一种主体性的、以主体的尺度为尺度的存在现象，因此，对价值的理解在很大程度上取决于对人的理解。在西方的许多思想家那里，他们把人还原主义地抽象地理解为原子式的个人，甚至理解为人的意识，这种方法"把意识看作是有生命的个人"，历史也就成为"想象的主体的想象的活动"。正是这种理论的传统和背景，使得价值主观主义和价值相对主义具有相当的市场，甚至可以说是占据主导地位的思想。马克思主义价值理论主张"从现实的、有生命的个人本身出发，把意识仅仅看作是他们的意识"，① 不仅如此，马克思主义价值理论更看到，现实的人就是生活在一定社会中的人，是与其他人有各种关系、发生各种交往、继承以往的各种文化成果的人。一句话，个人只有在社会中、在集体中才能成为现实的个人。所以，考察人的需要、人的尺度，考察价值的生成和发展，就不能仅仅只从个人的角度去进行，而必须具有更广阔的社会学视角和历史的眼光。具体地说，要坚持个人主体与人民主体相统一的原则。

人民既是一个总体的范畴，又是一个历史的范畴。作为总体的范畴，它是包含无数个人的集合概念，是无数个人的总和，作为历史的范畴，它体现了人在时间上的发展和延续。人民是人类的"健康肌体"，是现实生活中的正常人类，人类利益也就是现实的大多数人民群众的利益。如果说从个人主体的层面对价值的考察属于微观研究的话，那么从人民主体的层面对价值的考察就属于宏观的研究，只有将两方面有机地结合起来，才能更加深刻全面地理解和揭示价值现象的本质和演化的规律。

马克思主义价值理论的研究视角是其基本原则在实际研究过程中的综合应用，也是这些基本原则的具体展开。这种视角是在批判其他哲学派别并与之进行积极对话的基础上形成的，也是反思传统的马克思主义哲学体系的缺失的结果。

第一，它认为价值是人与世界关系、主客体关系的一个重要的内容或侧面，在人的实践和生活中占有重要的地位，因此，如同实践范畴具有世界观的意义一样，价值范畴也具有世界观的意义。哲学作为世界观的理论形态，它所说的世界就是也只能是人生活在其中的世界，这个世界上的一切事物、事件、关系、运动变化及其规律，包括人自身的存在、各种物质的和精神的需要、各种能力和各种活动及其

---

① 《马克思恩格斯选集》第 1 卷，人民出版社，1995，第 73 页。

产物，都是与人的实践相关联并在这种关联中进入人的意识的，所以，只有不仅从客体的角度，也从主体的角度去理解，只有把它们都"当作实践去理解"，才能达到全面的理解和把握。换言之，这些事物、事件、关系和规律，一方面作为这个世界的一个要素、一个部分、一个环节，作为具体的"存在者"而存在；另一方面，它们又作为人的实践活动的基础、环境、对象、条件而存在。人作为对这些"存在者"的把握者、理解者，即作为主客体关系的建立者，都是以他的现实实践发展的水平以及他自己的本质力量为基础的，"对象如何对他来说成为他的对象，这取决于对象的性质以及与之相适应的本质力量的性质"。① 这也就是后来列宁所说的"必须把人的全部实践——作为真理的标准，也作为事物同人所需要它的那一点的联系的实际确定者——包括到事物的完整的'定义'中去"。② 对象之"是什么"与它在人的实践结构中"作为什么"从来就是内在地联系着的，人在对对象的"定义"和规定中从来就不能离开人的内在尺度。如果说科学作为人理论地把握世界即认知活动的典型形式，艺术作为人按照自己的尺度创造性地利用对象塑造合人意的作品的典型活动形式，那么实践就是将二者统一起来的感性的现实社会性活动。科学活动与艺术活动都是从人类最初的实践中分化出去的社会分工形式，反过来又对实践发生着重大的影响。哲学当然要总结概括科学研究的成果，同时也得关注和重视人对世界的艺术把握形式，更得关注它们与实践的内在关系以及未来的走向，关注在它们的这种互动中所体现的人的发展程度。

概要地说，价值作为主体认识、改造客体的认识活动和实践活动的重要内容，作为人在现实生活的选择中时时处处都得与之打交道的一种普遍现象，决定了价值范畴、价值观、价值论不仅与人生观内在

① 《马克思恩格斯全集》第 3 卷，人民出版社，2002，第 304~305 页。
② 《列宁选集》第 4 卷，人民出版社，2012，第 419 页。

相通，而且具有世界观和方法论的意义。如此看来，价值论研究本质上属于哲学基础理论的研究，或者说是哲学基础理论研究的一部分。相对于我们以往的哲学理论主要建立在科学认知或知识论基础上来说，价值论研究为我们打开了观察问题理解问题的另一个窗口，提供了另一种可能性思维空间，使我们的哲学理论更能体现、更能发挥其作为方法论智慧的功能。

第二，它意味着对心理—情感主义视角、认识论主义视角和语言学视角的一种辩证否定和辩证整合。应该承认，从个体心理和情感的角度研究价值问题，如果不是把价值简单而片面地规定为情感现象，而是把价值看作生活实践中与主体情感相关联的重要问题，那么，这对于揭示价值特别是评价和价值意识活动的微观机制，还是具有相当的积极作用的。然而，这种视角的明显缺陷，就是容易遮蔽社会历史实践和文化传统对价值和价值意识的形成发展的作用，也难以从哲学世界观的高度来全面把握人与世界的一般关系，难以揭示价值体系运动和历史更替的一般规律。从认识论主义的视角研究价值，自然也有一定的合理性，因为价值论研究毕竟属于一种理论研究，借助于认识论所揭示的认识发展的一般性规律和方法，当然会有许多便捷之处。问题是在认识论主义的视界中，至少在我们传统理解的认识论的框架中，其理论抽象的原型是科学认知过程，一如经济学将经济活动的主体设定为"经济人"一样，认识论中则将主体设定成为某种"理论人"，它在主体与客体的关系中突出的就只是"理论关系"，因此，认识论的范畴和方法，对于处理和揭示具有非常明显的主体自我相关效应的价值现象，处理以多元主体并存并相互竞争的价值问题，处理直接服务于实践选择的评价活动，就带有相当的局限性和不合宜之处。语言学视角对于分析语言包括价值语言的实际运用过程中的语用效果，揭示包含在语言中的文化内涵和价值意蕴，澄清以往为人们所忽视的诸多误解，揭示历史文化中的价值取向以及传统文化对人们的影响，都是有一定意义的。但价值问题毕竟主要不是一个语言问题，而是实践生活中的基本问题，过分夸大语言分析的作用，自诩并沉迷于所谓的"元理论"研究中，就难免会重蹈西方语言哲学的覆辙，这是我们应该予以警惕和避免的。只有在参考借鉴这些视角并反思其界限和不足的基础上，对之进行辩证的分析和合理的整合，才能有效地避免其片面性，形成对价值问题的合理理解。

第三，从这种视角不仅能够合理地确立价值范畴和价值论在哲学中的地位，而且有利于理解现代西方哲学中科学主义与人本主义、理性主义与非理性主义的分裂和对立的深刻原因，有利于吸取它们各自的理论中具有的合理性的因素，避免它们的偏颇和片面性。理性主义、科学主义强调科学认识在人类社会发展和生活中的重要性，强调理性因素在科学中的作用，拒斥传统的形而上学，在促使近代哲学向现代哲学转变的过程中，是起了积极的作用的。但它把科学认知的维度当作是人与世界关系的唯一的维度，用科学尤其是自然科学的规范来要求和改造哲学，认为现代哲学的工作就是澄清语言的意义；他们把价值只当作一种情感现象，认为价值判断都是仅仅表达了自己的情感，是一种"伪判断""没有意义的判断"，否认研究价值问题的可能性和必要性，这就走向了偏颇和独断，是一种新的片面性。人本主义重视价值问题在人类生活中的意义，强调不同文化和传统中体现的价值和价值观念的多元性，强调主体尺度、主体视界、个人体验在理解和解释活动中的重要性，它们的理论在艺术创作和艺术评论、在揭示人的生活世界的矛盾和文化研究方面都发挥了相当的作用。但它们贬斥理性、轻视科学、过分抬高夸大非理性因素和个人情感体验的作用，导致了相对主义和情感主义的泛滥。它们在各自的领域都实现了某种片面的深刻性，为实现深刻而合理的综合准备了一定的材料和条件，但毕竟还是一种深刻的片面性，距离深刻而合理的综合还有相当的差距。我们还应该看到，近几十年来西方兴起的后现代主义思潮，对西方传统的理性主义进行了猛烈批判，直至彻底颠覆而后快，虽然难以将之简单地划归为非理性主义，但其所暴露的强烈的主观主义、相对主义倾向却与非理性主义殊途同归。如何辨认其中的合理性因素和失误偏颇之处，分析其泛滥即迅速播散的原因，也都不能离开价值论的视角。

第四，通过引入价值论视角，也为我们重新理解中国传统哲学，继承弘扬优秀的传统文化，实现马克思主义哲学与中国文化的有机融合，提供了一个合理的途径。中国传统哲学从总体性质上说贯彻的是一种"以善统真"的致思路向，不仅包含丰富的大量的价值论方面的思想，而且价值论思想对于知识论探索处于一种压倒性的地位。这种"以善统真"的致思倾向，既是对中华民族的实用理性和生存智慧的一个概括和反映，同时对于塑造民族性格又起了十分重要的作用。对于这种特点，我们在过去的研究中是注意不够至少是强调得不够的，这在相当程度上遮蔽了中国传统哲学的独特性，影响了对其内在理路的把握，妨碍了对其蕴含的合理性因素的挖掘和评价，自然也妨碍了马克思主义哲学与中国文化的有机融合。东欧剧变后，国际社会主义运动遭受到极大挫折，中国成为马克思主义和国际社会主义运动的大本营，中国特色社会主义成为全世界同情和拥护社会主义的人们的一面旗帜，改革开放以来中国的快速发展，国家综合实力的增强，使得中国的国际地位大大提升，中国经验、中国智慧获得了世界各国高度重视。合理阐释中国经验、中国智慧，不能离开马克思主义哲学与中国文化、中国实际的有机结合，也不能没有价值论的视角。只有借助于价值论的视角，才能更合理地、深刻地把握马克思主义哲学作为实践的唯物主义的本质特征，深刻地理解实践唯物主义与中国哲学"实用理性"的内在契合之处，也才能深度阐释中国经验、中国智慧所包含的世界历史性意义。

积极开展马克思主义价值理论的研究，至少包括两个相互关联的方面。一个方面是深入挖掘马克思主义创始人和继承者大量的关于价值问题的思想，这些思想，有些是直接讨论价值问题的，更多的是比较间接的，是埋藏在他们关于革命形势的分析和估计、关于革命的主客观条件、关于无产阶级政党斗争的战略和策略以及工作方法的论述中的。挖掘、分析、梳理这些思想，加深对这些思想中所蕴含的立场、观点和方法的理解，对于我们研究现实问题、得出适合新的形势要求的新结论、确定我们在新形势下的新的任务、新的工作方法和策略，无疑是十分重要的。我们通常讲，学习马克思主义理论，主要不是掌握他们得出的现成结论，而是掌握他们研究和分析问题的基本立场和方法，其实这立场和方法，就包含甚至可以说主要是指价值立场和价值分析方法。因为国际国内的情况是不断变化的，革命和建设的具体形势也是不断发展着的，研究这些情况和形势，当然首先是坚持实事求是、运用科学方法，弄清它们的真实面貌，但更为重要更为主要的是根据我们的需要、目的和能力，分析这些情况和形势中各个要素、各个方面对于我们的利害得失，哪些是有利条件，哪些是不利条件，如何使不利条件转化为有利条件，如何尽量减少不利条件的影响。

另一个方面是广泛搜集和了解人类历史上的思想家们关于价值问题的看法，搜集和了解现代各国的理论家们关于各种价值问题的思想和见解，特别是注意在现代科学条件下各个具体领域，如决策学、管理学、经济学、政策学、系统工程、价值工程、优选逻辑等领域关于价值分析、价值比较的新成果、新方法，作出理论的概括，丰富和发展马克思主义关于价值问题的理论。马克思主义不只是关于革命的理论，更还是关于建设的理论，是关于如何建设新的更合理、更公正、更合乎人性、更能促使人的全面发展的社会的理论，也是关于科学、文化、教育、经济、政治、环境各个方面如何协调发展的理论。如果说我们过去更多关注的是它的革命方面的话，那么在当今的时代条件下，我们更宜关注的、着力发展的则应是它关于建设方面的理论。建设，无论是哪一方面的建设，都是与价值选择价值创造分不开的，缺少了价值论方面的指导肯定是不行的。因此，研究和发展马克思主义价值理论，既是一种时代的需要和要求，对于我们各方面的工作也都具有重要的意义。

中国社会当前正处在重要的社会转型时期，改革开放使中国走向了世界。全球化、信息化的浪潮已经在相当程度上冲破了国家之间的地理疆界的局限，各个国家在发展中面临的共同问题使得人类主体变成了一种经验的事实，逼着人们学会用人类的眼光、人类价值的视野来进行思考，近代以来形成的国家主权至高无上的观念受到了极大的冲击，人类共同价值与民族国家的特殊价值、人权与主权、合作性共赢性的共同发展与自利性排他性的独自发展，等等，这些矛盾都成为现代文明发展中的重大问题。在中国向现代化国家转型的过程中：一方面，其他国家特别是西方发达国家的思想文化、生活方式和价值观念大规模、高速度地拥了进来；另一方面，更为重要的是，随着计划经济体制向市场经济体制的转变，国家对社会生活的控制大大放松，人们活动的自主性和自由度加大，社会结构发生了很大变化，主体多元化、利益多元化成为不争的事实。在这种条件下，如果说国外价值观念的大量输入使人们开阔了眼界，提供了观察思考社会问题的多种视角，更为主要的是，人们开始基于自己的利益诉求，开始用自己的头脑进行思考，选择有利于自己发展的各种价值观念。互联网的出现又使得各种观念各种观点都能迅速发布并获得自己的支持者，转化为一种社会性的文化事实。价值观念不仅呈现出多元化的样态，而且各种价值观念的差别、摩擦、冲突也成为诱发人们的行为冲突、激化社会矛盾的重要因素。我们亟须调查研究社会不同阶层、不同地区、不同民族的价值观念变革的情况，亟须在吸取传统价值观念和外来价值观念的基础上整合、建立一套适应社会主义市场经济时代的主流价值观念体系，使价值观、人生观的教育能够较好地适应形势发展的需要。

在所有这些方面，都涉及大量的价值问题，必须借助于马克思主义价值理论的研究成果，从价值的视野和维度上进行思考。改革是一个兴利除弊的过程，各种建设更是一个创造价值的过程，对外对内的各种矛盾、不同地区不同阶层的许多矛盾冲突也都植根于价值的冲突，若是不懂得价值运动、价值观念变化和价值评价的规律，肯定是不利于制定各种政策和方案自觉地进行改革和建设的。马克思主义哲学的发展，是离不开实践、离不开它与社会的相互作用的，马克思主义价值理论恰恰就是马克思主义哲学通向现实实践、通向各种具体科学研究的一个重要途径和环节，在各种理论如何回到实践中，在指导实践的过程中实现自己的价值，并在接受实践检验的过程中丰富和发展自己，这期间都有大量的价值问题需要研究。社会越是发展，人们基本的物质生活需要得到满足之后，对精神生活就会提出更高的要求，对生活质量的追求和讲究就将成为主要的方面，理想信念的问题也会越来越突出。这些都从客观上提出了科学地研究价值问题的重要性。马克思主义价值理论的研究领域是非常广阔的，其发展前景也是不可限量的。

第一章

马克思主义价值理论的出发点

　　价值原本是人们的现实生活中的现实问题，是人在每日每时的现实活动中与之打交道的问题，换句话说，人的存在和实际生活的过程，就是根据具体的情景不断进行选择的过程，而选择的客观根据是价值，主观依据则是评价。人们总是根据自己对一定对象对自己的价值的评估、预测来进行自己的选择，人们按照自己的需要来确定目标，制订达到目标的计划，生产了各种物品，创造出了各种价值，又通过分配和消费来占有和享受这些价值，如此等等。总之，对价值的预测，价值的生产或创造，价值的社会分配，价值的享受，以及其中贯串的各种矛盾和竞争，就构成了人们生活的实际过程和实际内容。但是到了理论家那里，经过他们的抽象再抽象，价值问题逐渐脱离生活的实际，变成了非常深奥的带有相当的神秘意味的问题了。关于价值定义和起源的争论，关于价值与事实的关系的不同见解，关于人道价值的讨论，关于正义，关于美，关于人生意义，都无不具有某种深奥而神秘的味道。因此，马克思主义价值理论研究的首要任务，就是从现实的人和人的现实活动出发，把价值问题还原为人的存在和现实生活中的问题，借以拨开价值理论中的种种迷雾和神秘色彩。

一　现实的人与人的现实活动

马克思创立自己全新的哲学特别是全新的历史观，是以深刻地洞察到以往旧式哲学，包括唯心主义和以费尔巴哈为最高代表的直观唯物主义的根本性缺陷为前提的。马克思说："从前的一切唯物主义（包括费尔巴哈的唯物主义）的主要缺点是：对对象、现实、感性，只是从客体的或者直观的形式去理解，而不是把它们当作感性的人的活动，当作实践去理解，不是从主体方面去理解。"① 实践就是现实的人的现实的活动，不懂得实践，是与他们抽象地看待人直接关联的，反过来说也同样正确，不从现实的人出发，也就不可能弄懂人的现实的实践。正因为如此，马克思在《德意志意识形态》中谈到他自己的观察方法与德国哲学的观察方法的根本区别时，就讲到"前一种考察方法从意识出发，把意识看作是有生命的个人。后一种符合现实生活的考察方法则从现实的、有生命的个人本身出发，把意识仅仅看作是他们的意识"②。可以说，从实践出发和从现实的人出发，二者是直接同一的，不过前者侧重的是现实的人的现实的活动，后者侧重的现实活动的现实主体。

过去的哲学家们抽象地看待人，从抽象的人出发来观察和思考问题，这是一个总的特征，但在不同的哲学家、不同的哲学派别那里，这个"抽象的人"又是不一样的。唯心主义哲学抓住的是人的意识、思维、意志、情感等，他们忘记了人的肉体存在，或是认为肉体存在是低级的、非本质的东西，从而也就忽视了人作为物质性存在而具有

---

① 《马克思恩格斯选集》第 1 卷，人民出版社，1995，第 54 页。
② 《马克思恩格斯选集》第 1 卷，人民出版社，1995，第 73 页。

的受动性的一面。旧唯物主义哲学家看到了人的肉体存在，强调了人的受动性，却忽视了人的受动性与动物的受动性的根本区别。因此，他们都不明白普遍存在的因果必然性在人的活动中所发生的变形和特殊表现，要么坚持因果必然性而贬低了人的能动性，形成机械唯物主义；要么承认并夸大能动性夸大自由意志的作用而又不可避免地陷入了唯心史观。

所谓"抽象的人"，实质上是对人的一种抽象的片面的理解，是对人的一种片面的观念。把人只当作"理性人""意志人""情感人"是片面的，把人只当作"感性的人""肉体的人"同样也是片面的。除此之外，还有一些对人的抽象的片面的看法，比如把人的本质、人性当作超历史的亘古不变的东西，似乎几千年前的人与现代的人在本质上、本性上都是一样的，所谓抽象的人性论其实就是这种观点。再如把人简单地理解为就是个人，理解为原子式的孤立的一个一个的人，把人的活动当作鲁宾孙式的个人活动，割断了个人与社会、与历史的联系，这同样也是片面的观点。

应该指出的是，这种把人理解为个人的观点，看似从感性的实际存在的人出发来反对抽象的人，实际上是以一种"抽象的人"对另一种"抽象的人"，这种观点具有相当的迷惑性。个人主义作为一种哲学理论，其核心就是把人理解为个人，在它看来，个人是整个人类社会的构成原子，理解了个人也就弄懂了社会，它所坚持的就是从个人出发来解释整个社会、历史和文化的思路。无论是从个人的理性还是从个人的经验、情感、无意识来挖掘人的行为动机，还是从个人利益来解释集体利益，从个人幸福来规定社会的福利，都脱离不了这个思路。而反对个人主义的理论家，他们所持的则是一种整体主义的立场，从社会环境决定个人、从集体规定个人的角度来立论，强调社会、集体对于个人的优先性或先位性，驳斥个人主义的荒谬性甚至反动性。尽管后者往往坚持他们的观点才是马克思主义的观点，实际情况却并不尽然。对立的双方都没有意识到，抽象的个人与抽象的社会、抽象的集体都不过是一种抽象化的产物，都不过是片面的观点。同样，夸大阶级差别对人的影响，只强调人的阶级性，或是相反，看不到阶级差别阶级对立对人的影响，或者，只看到人的特点的历史性、暂时性，而否认历史变化中的共性，不同民族、阶级的人们之间的共性，或是只看到共性而否认差异性，都是片面的抽象的观点。

让我们再回到马克思那里。马克思明确地指出，他自己使用的"这种考察方法不是没有前提的。它从现实的前提出发，它一刻也不离开这种前提。它的前提是人，但不是处在某种虚幻的离群索居和固定不变状态中的人，而是处在现实的、可以通过经验观察到的、在一定条件下进行的发展过程中的人"。"符合现实生活的考察方法则从现实的、有生命的个人本身出发，把意识仅仅看作是他们的意识。"①"由此可见，事情是这样的：以一定的方式进行生产活动的一定的个人，发生一定的社会关系和政治关系。经验的观察在任何情况下都应当根据经验来揭示社会结构和政治结构同生产的联系，而不应当带有任何神秘和思辨的色彩。社会结构和国家总是从一定的个人的生活过程中产生的。但是，这里所说的个人不是他们自己或别人想象中的那种个人，而是现实中的个人，也就是说，这些个人是从事活动的，进行物质生产的，因而是在一定的物质的、不受他们任意支配的界限、前提和条件下活动着的。"② 这里我们之所以大段地引用马克思的原话，是因为马克思所说的从现实的人出发，就是从有生命的个人、在一定社会关系中从事着生产活动的个人出发，因为任何人类历史的第一个前提无疑都是有生命的个人的存在，因此第一个需要确定的具体事实就是这些个人的肉体组织，以及受这些肉体组织制约的他们与自然界的关系。人们为了创造历史，首先必须能够生活，因此第一个历

---

① 《马克思恩格斯选集》第 1 卷，人民出版社，1995，第 73 页。
② 《马克思恩格斯选集》第 1 卷，人民出版社，1995，第 71~72 页。

史活动就是生产满足这些需要的资料，即生产物质生活本身。而"人们用以生产自己的生活资料的方式，首先取决于他们已有的和需要再生产的生活资料本身的特性。这种生产方式不应当只从它是个人肉体存在的再生产这方面加以考察。它在更大程度上是这些个人的一定的活动方式，是他们表现自己生活的一定方式、他们的一定的生活方式。个人怎样表现自己的生活，他们自己就是怎样。因此，他们是什么样的，这同他们的生产是一致的——既和他们生产什么一致，又和他们怎样生产一致"。①

从现实的个人出发，从个人的现实的活动出发，就会看到，这些人如何基于自身的生存需要而进行生产，由于自身的生产和生活而组成了家庭，如何由于人口的增加提高了生产力，促进了生产的分工，分工又如何导致了交往，随着分工的发展如何产生了个人利益或单个家庭的利益与所有互相交往的人们的共同利益之间的矛盾，这些矛盾的发展如何产生了阶级和国家。这中间当然有意识活动的参与，但意识总是现实的个人的意识，人们是自己的观念、思想的生产者，意识在任何时候都只能是被意识到了的存在。当现实的分工和交往造成了人们之间的利益矛盾和冲突的时候，人们观念上的矛盾和冲突也就出现了；当分工使物质活动和精神活动、享受和劳动、生产和消费由不同的人来承担，进而出现了剥削阶级和被剥削阶级、统治阶级和被统治阶级的时候，那些由理论家们创造的神学、道德、哲学等中就出现了把统治秩序合理化的倾向，想方设法论证等级制度是天经地义的，而代表着被统治被压迫的阶层和阶级的价值诉求的思想，受着压制，也总是不绝如缕。

总之，一定时期的社会意识总是对那个时期的社会关系状态、社会矛盾的直接的或曲折的反映，是那个社会的实际状况在观念上的折

---

① 《马克思恩格斯选集》第 1 卷，人民出版社，1995，第 67~68 页。

射，同时又作为一定的价值观念反作用于社会现实。正因为这样，在以往的思想家们只看到思想观念的斗争和发展，似乎这些才是人类社会发展的原动力的时候，马克思深刻地揭示了这些观念的东西背后的物质生产的根源和社会分工及利益冲突的原因，揭示了它们作为意识形态即价值观念而发生作用的真实本质。

有人说，马克思所主张的这种从现实的个人出发的观点只适合于观察和描述原初状态的社会，当社会经过了若干代的发展，不仅形成了一定的物质财富和精神文化的积累，而且形成了一定的社会结构和文化结构之后，个人一生下来就首先为他所在的社会和文化所决定，因此就只能用社会来解释个人，用文化来解释个人，而不能再继续坚持从现实的个人出发来理解社会了。这种观点看似更加合理，看似"高于"或"超越"了马克思的从现实的个人出发的观点，实际上是误解了马克思，而且没有到达马克思所达到的水平。

首先，马克思的这种观察方法不只适合于原初状态的社会，而且也适合于此后的和现代的社会。道理很简单，因为这种方法恰恰是从研究现代社会各种矛盾充分发展和成熟状态中得出来的方法。马克思曾经形象地说，"人体解剖对于猴体解剖是一把钥匙，低等动物身上表露的高等动物的征兆，反而只有在高等动物本身已经被认识之后才能理解"。① 把马克思所使用的这种方法，这种新历史观赖以创立的方法局限于仅仅适用于对原初状态的社会，轻点说是对马克思的曲解和误解，重点说是对马克思的精神的某种阉割。

其次，马克思所说的现实的个人，并不是"某一个"现实的个人，而是构成社会主体的无数的个人，相对于这些个人，家庭、集体、群体乃至社会不过是他们存在的一种形式，不过是他们的活动形成的结果。社会，无论是哪一个社会，离开了构成它的那些一个一个

① 《马克思恩格斯全集》第 12 卷，人民出版社，1962，第 756 页。

的个人就什么也不是，就是无。固然，社会是人的社会，人是社会的人，二者本来就是"互文"的，但从逻辑上讲，人、现实的个人毕竟是主体，这种逻辑地位是不能颠倒的。

最后，我们知道，马克思开始自己的哲学活动的时代，恰恰是黑格尔哲学、黑格尔的那一套整体主义、绝对唯心主义的思维方式从鼎盛到解体的时代。黑格尔对待部分与整体关系的看法固然比起机械论的观点来有着巨大的优越性，但具体到社会历史发展的问题上，他把个人，即使是英雄式的个人都当作历史必然性的体现者，是一种无足轻重的符号，却遭到了普遍的反对。马克思强调从现实的个人出发，同样也包含对贬低个人作用的观点的批判，最终的价值诉求则是人的解放，是自由而全面的人和自由人的联合体。"旧唯物主义的立脚点是市民社会，新唯物主义的立脚点则是人类社会或社会的人类。"①

我们并不是说从社会结构、从历史文化入手的视角根本就是错误的，而仅仅是说，如果离开了从现实的个人和人的现实的活动出发这个前提，或是把二者对立起来，那么这个所谓的"社会""社会结构""历史文化"就同样变成了一种抽象的东西。社会是人们活动的总和，社会结构是人们的各种活动及其条件的组合方式，历史文化也不过是前人创造的至今仍在影响着现实的人们的各种观念、经验、规范等。无论是它们的产生还是它们对现在的人们的实际影响，都是首先需要从历史上的人们的活动和现在的人们的活动来予以解释的。还是马克思说得好，"以一定的方式进行生产活动的一定的个人，发生一定的社会关系和政治关系。经验的观察在任何情况下都应当根据经验来揭示社会结构和政治结构同生产的联系，而不应当带有任何神秘和思辨的色彩。社会结构和国家总是从一定的个人的生活过程中产生的"。② 如果说个人与社会之间有了矛盾和冲突，那么这种矛盾和冲突

---

① 《马克思恩格斯选集》第 1 卷，人民出版社，1995，第 57 页。
② 《马克思恩格斯选集》第 1 卷，人民出版社，1995，第 71 页。

是由分工、私人利益与公共利益的分裂而引起的，也表现了人本身的活动对人来说成为一种异己的力量这种现实。只有到消除了旧式分工和异化的时候，国家、社会似乎是人之外的并支配着人的现实力量这种幻象才会消失。

我们费了很大的篇幅强调从现实的个人出发，不是没有意义的。因为在我们不少自称是马克思主义者的同志中，有些人为了避免与个人主义沾边，或者说为了避免个人主义之嫌，宁肯牺牲理论的彻底性和科学性，也不愿正面涉及这个问题。他们沿袭了传统的整体主义思路，只把个人与集体、个人与社会的关系理解为整体与部分、系统与要素的关系，而没有也不会对这种关系从其历史生成的角度，当作人们所建立起来的关系并"从主体方面去理解"。在他们看来，一强调个人、一讲个人的需要就会导致个人主义，就会滑向历史唯心主义。这些东西都构成了正确理解人的价值、人的需要与价值关系的一种观念的、理论的和心理的障碍，如不予以有效地破除，我们的价值论讨论是难以深入下去的。

二 需要是人的现实活动的原驱力

人的生存是人类历史的首要前提，因为所谓历史就是人类生存过程的时间上的延续。用马克思的话说，人们为了能够创造历史，必须能够生活，这就需要衣、食、住以及其他基本的东西，就需要物质生产劳动，人类的第一个历史事实就是生产满足这些需要的生活资料的劳动。第二个历史事实是，已经得到满足的第一个需要本身、满足需要的活动和已经获得的为满足需要用的工具又引起新的需要。"历史发展过程的第三种关系是：每日都在重新生产自己生命的人们开始生产另外一些人，即繁殖。这就是夫妻之间的关系，父母和子女之间的关系，也就是家庭。这种家庭起初是唯一的社会关系，后来，当需要的增长产生了新的社会关系而人口的增多又产生了新的需要的时候，这种家庭便成为从属的关系了（德国除外）。"①

我们看到，马克思在论述社会历史发展的基本要素、基本前提的时候，处处都提到"需要"，不仅如此，他还处处都把"需要"当作一种原动力、一种始因，用以来解释人们的活动。在这里，马克思把需要当作一种经验的事实来对待的，所谓经验的事实，就是某种人人都能感知的无须争辩的事实。马克思把人的肉体需要看作一种"自然的需要"，在一些地方他甚至认为这种自然的需要是人和动物共有的，在《1844年经济学哲学手稿》中，我们可以看到这样的语句："动物只生产它自己或它的幼仔所直接需要的东西……动物只是在直接的肉体需要的支配下生产，而人甚至不受肉体需要的影响也进行生产，并且只有不受这种需要的影响才进行真正的生产……动物只是按照它所属的那个种的尺度和需要来构造，而人懂得按照任何一个种的尺度来进行生产，并且懂得处处都把内在的尺度运用于对象。"② 显然，马克思在强调人的活动与动物的本能式的活动相区别的同时，也包含人的需要与动物的需要相区别的意思。严格说来，讲动物的"需要"和"生产"，只是一种方便的拟人化的说法。后来恩格斯就讲道："动物最多是搜集，而人则能从事生产。仅仅由于这个唯一的然而是基本的区别，就不可能把动物社会的规律直接搬到人类社会中来。"③ 马克思也说过，"凡是有某种关系存在的地方，这种关系都是为我而存在的；动物不对什么东西发生'关系'，而且根本没有'关系'；对于动物说来，它对他物的关系不是作为关系存在的"。④ 动物没有把自身与自身需要的对象区别开来，对象对动物来说就不是它的对象，需要也就

① 《马克思恩格斯选集》第1卷，人民出版社，1995，第80页。
② 《马克思恩格斯全集》第3卷，人民出版社，2002，第273~274页。
③ 《马克思恩格斯选集》第4卷，人民出版社，1995，第623页。
④ 《马克思恩格斯选集》第1卷，人民出版社，1995，第81页。

不作为需要而存在。只有人才区分了自身的需要和需要的对象，只有人的需要才是原本意义的或严格意义的需要。

马克思讲人的肉体需要是一种"自然的需要"，强调的是这种肉体需要的自然性，正是这种自然的也是必然的需要，使人发动起自身的自然力去获取满足需要的对象，进行简单的物质生产。这种需要及生产是重要的，而更为重要的是，已经得到满足的第一个需要本身、满足需要的活动和已经获得的为满足需要而使用的工具，又引起了新的需要。"因此第一个历史活动就是生产满足这些需要的资料，即生产物质生活本身"，① 因为只有不受直接的肉体需要的支配时才进行真正的生产，这才是社会性的生产。也就是说，正是这种在生产中产生的新需要，不仅推动着生产活动的持续进行，而且规定了其发展的方向。随着意识的发展、人口的增加和生产力的提高，出现了进一步分工的需要，物质生产劳动与精神劳动的分工出现了，各种神学、道德、哲学、艺术、理论等也随之出现了。精神生产既是为满足人们的精神需要而进行的生产，也是催发新的精神需要和能力的生产。尤其是科学和艺术，极大地扩展了人类的对象领域，扩展了人类精神生活的空间。

如此说来，人的需要本质上是一种社会性的需要，首先是指人的需要通过劳动得到满足并在社会化的劳动活动和交往活动中得到发展和丰富。在这种丰富和发展的过程中，一方面产生新的需要；另一方面，原来的自然需要也越来越注入社会性的内容，其自然性因素和色彩越来越退居到次要的地位。

其次是指人的需要作为被意识到的需要，它们受到意识的调节，特别是它们得以满足的形式、顺序、程度，都受到社会文化和制度方面的影响。

---

① 《马克思恩格斯文集》第 1 卷，人民出版社，2009，第 531 页。

最后是指人的需要的社会性,还表现在它借助于社会文化的作用,既超越了生物物种的固有域限,又超越了自在的因果联系和功能作用的确定方式。一定的生物物种只同特定的事物发生关系,只以特定的事物为其满足的对象,这种联系和关系本质上属于自然的、自在的因果联系的一种特殊表现形式,因而生物的物种需要的界限是固定的,是它的个体成员难以逾越的。也正是因为如此,生物物种与它的个体之间表现出明显的一致性,物种需要的界限直接就是个体需要的界限,个体需要的界限也直接就是物种的界限。而人则不同,他作为"意识到普遍性的普遍者",作为在一定的文化中成长起来的有意识和自我意识的个人,原则上可以同任何对象发生需要关系。人的需要永远是开放着的,是与社会发展和自己的能力相适应而不断发展着的,不仅不同时代人们的需要会出现很大的差异,人的个体的需要和类的需要之间也会发生较大的差异,个体之间的差异就更为巨大。如果说肉体需要主要是一种生存需要,那么在满足生存需要基础上产生的需要就更多的是享受的需要和发展的需要,如果说生存需要作为基本需要,人们彼此之间表现出较大的共同性,那么,作为享受的需要和发展的需要,不同时代不同民族之间的差异就成为很突出、很明显的事实。这些享受需要的满足,不单体现在生活必需品之外的生产过程中,比如对奢侈品的生产、艺术品的生产,同时也体现在生活必需品的生产过程中,比如使生产的工具越来越精巧,生产过程越来越省力和具有一定的乐趣,产品越来越精致、多样,等等。

享受需要构成生存需要和发展需要的一种中介,它一方面是生存得更好的需要,另一方面在它之中又蕴藏着发展的需要,人在享受的同时就锻炼着、生产着享受和欣赏的能力,在这些能力的基础上又产生了对新的对象、对象的新的方面和新的功能的需要。发展的需要既是一种在生存需要和享受需要基础上的高层次的需要,同时也是对生存需要和享受需要的合理的整合和提升。这种整合和提升,从消极的方面看，意味着人为了实现某种更高的目标、达到某种更高的状态而对某些需要的限制、抑制，或是使其推延性地得到满足；从积极的方面看，它使得一些低层次的生存需要和单纯的享受需要具有了新的意义、新的指向，成为实现更高目标的一个环节或一种手段。同样是对食物的需要，同样是吃饭，在美食家那里，就成为创造饮食文化的一个环节。

无论是生存需要还是享受需要和发展需要，也无论是物质需要还是精神需要，它们都是与个人的生理—心理结构和社会—文化结构相联系的，是人的生理—心理结构和社会—文化结构的一种确证和表征。也即是说，并不是人们想有什么样的需要就有什么样的需要，想怎么变换需要结构就能怎么变化需要结构；一个人有什么样的需要和需要结构，表现了他具有什么样的生理—心理结构和社会—文化结构。人们的生理—心理结构和社会—文化结构当然会发生一定的变化，特别是在心理的和文化的结构的变化过程中，个人的主观努力起着相当的作用，但不管怎么说，这种变化总是自然因素、社会因素和个人因素共同作用的结果，而且只有变化了的结构才能产生出新的需要，新的需要总是同新的结构相匹配的。正是在这个意义上，我们讲人的需要的丰富程度与人的发展程度是一致的。人的发展程度越高，他的本质力量越强大，他就越能与更多的对象建立起需要关系，即他的需要就越丰富多样，需要结构越趋于合理。

需要既与人的生理—心理结构和社会—文化结构相联系，也与一定的对象相联系。需要总是有内容有对象的，任何需要都是对一定对象的需要，是指向一定对象的。需要的对象可以是具体的，如需要一些食物、一件衣服、一所房子、一辆车，也可以是比较抽象的，如需要学习、需要知识、需要安全、需要爱，等等；可以是一件东西，如需要一台电脑、一杯饮料，也可以是一种状态、一个行为，如需要安静、需要休息、需要锻炼；可以是现实的某种存在物，也可以是非现实的某种想象物，等等。一般说来，需要的对象世界原则上无所不包，可以无限扩张，具体地讲，人们需要的对象总是他有所知且有所望的对象，其意识之外的存在不可能成为需要的对象，意识到的对象也不必都成为其需要的对象。

从需要与对象的关系中，我们可以看到，需要所体现的正是人的生理—心理结构和社会—文化结构所构成的人的整体性存在与周围环境的一种关系，是基于人与环境的不平衡而产生的趋于平衡的一种自觉倾向。我们在这里把需要规定为是"基于人与环境的不平衡而产生的趋于平衡的一种自觉倾向"，包含这么两层意思，也是针对两种我们认为是有些片面的需要观的。一种观点认为，需要产生的基础是"匮乏"或"缺乏"，正因为缺乏某种对象，所以才需要某种对象。这是一种非常普遍的观点和观念。它固然反映了一部分事实，有大量的实例作为根据。但它没有看到作为"匮乏"或"缺乏"的对立面，即"充盈"和"满溢"。一个人在能量过剩的时候就需要发泄，在情感丰满而压抑的时候也需要宣泄，有了便意就得排泄，否则就会对人的机体和心理产生伤害。马斯洛和弗洛姆在谈到人的爱的需要的时候，就反对把爱只是理解为"得到爱"，主张更应是"付出爱""去爱"。弗洛姆还专门写了一本《爱的艺术》，就是讲要破除传统上对爱的理解的误区，主动地"去爱""付出爱"。如果仅仅把需要理解为是因为"缺乏"，那么满足需要的行为就只能是"占有"和"攫取"，这显然是大成问题的。我们讲"趋于平衡的倾向"就把"缺乏"和"充盈"两方面的情况都顾及了。

国内学界还有这么一种观点，为了论证需要的客观性，就尽力排斥需要的"自觉"性，或者说把需要看作不能受半点意识因素染指的东西。我们承认需要是客观性的，但同时也认为，如果完全排斥意识因素，那就无法把人的需要与动物的需要区分开来。马克思说，在人类的初期，这个开始和这个阶段上的社会生活也带有同样的动物性质，"这是纯粹的畜群意识，这里，人和绵羊不同的地方只是在于：他的意识代替了他的本能，或者说他的本能是被意识到了的本能"。[①]这里的本能就是生理性需要。只有人才意识到自己和自己的环境的区别，进一步意识到自己的需要和需要对象的区别，所以人才不仅是受动的存在物，也是能动的存在物。我们讲"趋于平衡的自觉倾向"，也就是这个意思。

人的需要是对一定对象性的需要，这体现了人是一种受动性的存在，人总得依赖一定的对象一定的环境而存在，总受着因果关系的制约，所以他的存在是受限制的、受制约的。但同时，需要不仅是"需"，而且是"要"，是意识到了的并经过意识的作用而形成的，这又体现了人是一种能动性的、主动性的存在。正是在需要的驱动下，人才会主动地去寻找对象，去改造对象，去占有和消费对象。不仅如此，在社会性的活动中，在与其他人互动的过程中，人的能力不断发展，视野逐步扩大，新的需要不断产生出来，其需要在范围上在质量上都有了提高。所以马克思说，人们的需要即他们的本性，作为商品生产者，"一方面，他作为独立的私人而生产，自己主动进行生产，只是取决于他本身的需要和他本身的能力，从本身出发并且为了本身"，"但另一方面，他生产交换价值，生产一种产品，这种产品只有经过一定的社会过程，经过一定的形态变化才能成为对他本人有用的产品"。[②] 总之，从自己的需要和能力的实际情况出发去进行生产和交换，推动着他们进行各种交往，生产和交往产生了新的需要，新的需要又进一步推动了新的活动。

需要的对象性，表明需要总有一定的指向，首先是一种"外向性"的指向。需要的指向也即活动的指向，有多少种对象，就有多少种指向。但这些指向又不是离散的、互不连属的，也不是"勇往直

---

① 《马克思恩格斯选集》第 1 卷，人民出版社，1995，第 82 页。
② 《马克思恩格斯全集》第 46 卷（下册），人民出版社，1980，第 466 页。

前"的，它们源于需要的主体，又折返回需要的主体。这就是"内向性"的指向，其中就都有意识和自我意识的作用。这种"内向性"指向，使得各种需要成为一种有机的系统成为可能，也是人的需要整合的内在要求。这就意味着，尽管人的不同需要之间有着差异，有着冲突，但人总可以根据它们各自的性质以及在需要体系中的地位，同时也根据自己的能力和当时的具体情景，确定哪些更为紧急，哪些可以迟缓一些，哪些更加重要，哪些较为次要，由此规定了它们的优先顺序，确定事情的轻重缓急。在有些时候，人面对着自己的相互冲突的需要，必须有所割舍，有所限制。即使这种割舍并非情愿，自知会留下深深的甚至是无可弥补的遗憾，那也是无可奈何的事。之所以会如此，就是因为这些需要构成了一种整体性结构，而且是为主体所自觉到的，为了整体的总体的需要他就必须割舍某些需要，对某些需要有所限制。

三 人的对象性活动的基本特征

马克思曾比较过人的活动与动物的活动的差别，他写道："蜘蛛的活动与织工的活动相似，蜜蜂建筑蜂房的本领使人间的许多建筑师感到惭愧。但是，最蹩脚的建筑师从一开始就比最灵巧的蜜蜂高明的地方，是他在用蜂蜡建筑蜂房以前，已经在自己的头脑中把它建成了。劳动过程结束时得到的结果，在这个过程开始时就已经在劳动者的想象中存在着，即已经观念地存在着。他不仅使自然物发生形式变化，同时他还在自然物中实现自己的目的，这个目的是他所知道的，是作为规律决定着他的活动的方式和方法的，他必须使他的意志服从这个目的。"[①] 正因为这种目的的存在，人的活动才是"自由自觉的

---

① 《马克思恩格斯选集》第 2 卷，人民出版社，1995，第 178 页。

活动"，而动物的活动只是一种本能的活动。

人们现在发现，在一些动物那里，其活动中也表现出某种"目的性"，比如河狸为了获得小型的"港湾"而在小溪上"筑坝"，千辛万苦地从老远的地方搬来石块，没有一定的"目的"和"意志力"怕是不行的；"螳螂捕蝉，黄雀在后"的那个老黄雀，静静地耐心地守候在那里，等待着螳螂的入套，也显见了老黄雀的心机；狐狸用尾巴扫掉自己在雪地上的脚印，免得猎人查出自己的行踪，其中也有"目的性"因素存在。但是从总体上说，这些动物的活动中所体现的一定的"目的性"，在整个动物界还属于某种偶然的而非普遍的东西，甚至可以说就是在该类动物的活动中也是带有偶然性的行为。动物活动中的"目的"最多还是一种"准目的"或"类目的"，是人的活动的目的性的一种不成熟的预演或自然的前提。

在我们上面所引用的马克思的论述中，马克思主要是从目的与活动的关系上来谈论目的的超前性以及目的对活动方式和方法的规定作用的，着重的是目的与它的后继行为的关联。我们在这里更关心的则是目的的内容及其形成，至于目的作为价值标准的作用，我们在后面相应的地方再作讨论。人的活动的目的性，所根据所凭借的是需要和对象的关系，表现了对需要、需要的对象及其关系的自觉性。

我们在前面说过，需要是"趋于平衡的一种自觉倾向"，这种趋于平衡，可以是恢复旧的平衡，或保持既有的平衡，也可以是建立新的平衡，但不管怎样，这种倾向必须是需要的主体能够有所觉察的，有所意识的，即使是下意识中的意识。如果缺少了这个条件，那么它就不能作为人的需要而存在。这一点也适用于需要的对象。换句话说，对需要的意识总是与对所需要的对象的意识相连带的，因为需要总是对一定对象的需要，没有需要的对象，需要也就成为空洞的，也就不再能作为需要。人无论刚开始时对需要对象的意识是多么的朦胧、多么的含糊，毕竟也只是朦胧的意识。确立目的的过程，在一定意义上就是将这种刚开始时还比较朦胧含糊的意识逐渐地清晰化、明晰化的过程，是通过信息的搜集逐渐地排除不确定性、在众多对象构成的对象域中将对象作为观念对象建立起来的过程。

目的作为一种观念对象，它虽然以现实对象为基础，但是与之有着本质的区别。第一，现实对象无论是作为实体性存在还是关系性状态，无论是在人之外的存在还是人自身的存在，都是实存的、既有的，或是将有的，都是具有客观性的现实存在的一种样态，而观念对象则是一种意识性的影像，是现实对象的观念化的结果。第二，现实对象无论是作为一种自然对象还是作为人工物对象，就主体当下的意识而言，它都表现为一种自在性，它的性质、结构、功能都是当下确定的、既有的，而观念对象则是经过头脑加工了的对象，是经过改造过的对象。这里我们所说的"加工"和"改造"，不同于一般意义上的加工和改造，而是特指在头脑中的改造，是事先对实际劳动过程中的加工改造的预演，因而这种经过改造过的对象也就是对劳动结果、结局的一种超前性的反映。就"占有"这个词的广义的含义来说，目的作为观念对象，就是对现实对象的观念占有或观念上的占有。

目的的形成或产生实际上是一个很复杂的过程，至少包含这么几方面的因素。一是对需要的意识。需要作为意识到的需要，以人的本体感觉或内感的形式而存在，表现为"欲望""欲求"。肌体对食物的需要总是以饥饿的形式或面目出现的，而饥饿只有作为"饥饿感"出现时，才是现实的饥饿需要。饥饿感使对食物的需要进入意识的领域，对饥饿感的觉知和注意，则使之成为构成目的的一个因素。

二是对需要对象的意识或一定的知识。如果缺乏一定的意识或知识，那就表明对象还处在人的视野之外，它也就不可能作为人的对象和需要的对象，或者说人还没有建立起与它的对象性关系。人对对象的意识有一个逐渐分化的过程，先是一种比较朦胧比较笼统的意识，是对对象域的直观的意识，或是一种混沌的表象，然后结合特定需要形成对具体对象的意识。这种具体对象，既可以是从众多事物构成的对象域中将某个事物确定为需要对象，也可以是把事物的某个方面、某种状态作为需要对象。

三是对需要与对象的关系的意识。需要作为对一定对象的需要，它与对象的关系是被建立起来的，而且，只有在这种关系被自觉地有意识地建立起来的时候，也就是马克思说的人把自己的尺度运用到对象上去、使人的尺度与物的尺度统一的时候，目的作为观念对象才能够形成或确立起来。需要与对象的关系不仅是多样的，表现为多方面的关系，而且性质也是不同的，有肯定性的相契合的，也有否定性的相悖反的，肯定中有否定，契合中有悖反，如此等等。

对需要与对象的关系的意识，不但在于摸清这种种的关系，还在于把某种关系确定为追求的目标，而对其他关系作出相应的安排，比如防范、避免、维持等。确定目的的过程，既是一个把自己的各种需要及其满足进行排序的过程，也是一个根据现有的能力和手段对目标实现的可能性进行排序的过程。目的从来都不是静态的，而是具有着实现的冲动力和倾向，所以它总是与一定的能力和手段相联系，而且这种联系具有一种不以人的意志为转移的客观性质。能力达不到，手段不具备，这目的就难以作为目的被确立。有些对象是我所需要所欲求的，甚至是我所亟须的，欲求程度很强烈的，但如果实现它的能力和手段不具备，几乎没有实现的可能，那我就只能把它"搁置"起来，等条件具备的时候再行考虑。人越是理性，就越是能合理地进行这两个方面的排序并考虑两个序列的契合性，他所确立的目的也越容易达到。那些比较冲动的人，容易感情用事的人，往往就在于或是只进行了前一方面的排序而没有进行后一方面的排序，或是对这两个序列的契合性缺乏考虑，想得更多的是"我想如何如何，我要如何如何"，而对"我能如何如何"则关注得不够；或者是只考虑到当时当下的需要及其满足，也意识到自己有能力实现这种满足，而对这种行为的后果缺乏较详细的考虑。正因为这样，他的行为就难免莽撞，成功的胜算也要大打折扣，有时还会造成连他自己都不愿意看到的结果。

从上面的讨论中我们可以看到，目的不但是指向对象，更是规定了对象。所谓指向对象，是指人在众多事物中将某种事物挑选出来、选择出来，作为自己施力的对象，在劳动过程中就是自己要加工改造的对象；所谓规定了对象，则是指目的作为活动结果的超前反映，是在观念中事先设计好、并按此设计加工过了的模型，至少也是经过改变了隶属关系或状态的对象的意象，比如拥有了某个对象或自己达到了某种状态。这两个方面是不能分开、不可分割的，如果没有前者，后者就没有根基没有了内容，而如果缺乏了后者，前者也没有意义，实际上也不可能存在。因为它作为后者的准备阶段和一个环节，其作用和意义正是在后者中才得到体现和完成的。

目的一经确立，它就作为一种规律规定着人的活动的方式和方法，规定着活动的基本方向。有目的的活动必然是对象性的活动，是自觉地改造对象、消灭对象的"虚假性"使之服从于人的目的的活动。在这个过程中，活动所采用的方式和方法，包括对手段的选择、计划的安排、方案的确定，都是为着达到这个目的的。同样，一定的手段是否合适，一定的计划是否正确，一定的方法是否恰当，也都是以是否有利于实现目的为转移的。目的不仅规定着活动的方式和方法，也必须使人的意志服从于它。正如马克思所说："这种服从不是孤立的行为。除了从事劳动的那些器官紧张之外，在整个劳动时间内还需要有作为注意力表现出来的有目的的意志，而且，劳动的内容及其方式和方法越是不能吸引劳动者，劳动者越是不能把劳动当作他自己体力和智力的活动来享受，就越需要这种意志。"① 这一点既适合于

---

① 《马克思恩格斯选集》第 2 卷，人民出版社，1995，第 178 页。

具体的一个劳动过程，也适合于某种复杂的由多种活动组合而成的过程。越王勾践为了实现灭吴复仇的目的，靠着坚强的意志，卧薪尝胆，历尽艰辛，积累了足够的力量，最后才一举灭吴。之所以会如此，根本原因就在于这个目的是人为自己制定的，在它之中集中了自己的大利益、大收益，对自己有着巨大的价值。

目的是人在需要的基础上制定的，如前所述，需要一方面是指向对象的，是外向性的；另一方面又是折返回人自身的，是内向性的。目的更加强化了这种内向性。在目的中，对象被人当作一种材料，如同艺术家所面对的石料、泥土、各种颜色一样，是供人驱使的一种"东西"，尽管人必须遵守对象自身变化的规律，但更主要的是利用这种规律，遵守是为了利用，服从也是为了利用。目的是人确立的，也是为了自己而确立的。这便是目的的"为我性"，这种为我性贯穿活动的始终，使活动成为主体性的活动。人从我出发、从我的需要出发制定目的，经过千辛万苦的努力，到最终实现自己的目的，是一刻也不能脱离这种为我性的。有目的的对象性活动，实质上就是为我性的活动。没有为我性，也就等于否定了目的、否定了活动的属人性质。

行文至此，有必要对"为我性"进行一点辩护，确切地说，是有必要作出一些澄清。多少年来，我们受传统观念的遮蔽，总认为马克思主义是反对讲为我性的，这是一个天大的误解。中国传统哲学中有所谓"性善论"和"性恶论"的争论，孟子力主人性善，荀子等则认为人性恶。我们过去说，他们的共同错误在于抽象的人性论。这固然不错，其实除此之外，他们还有一个共同点，就是以利人还是利己为善恶的界标。孟子论证人性善，所举的证据无非说人性中有利他的因素，所以人性是善的。现在的问题是，他们以利人还是利己为善恶的界标，这本身就是一个有待证明的问题。或者说，由孟子、荀子所开启的持续了几千年的这场争论，其前提就是很成问题的。我们虽然批判抽象的人性论，否定人性本善或人性本恶，可由于我们没有从前提上进行批判，所以在许多人的潜意识里，仍然认同着利己就是恶这个标准。顺次推之，马克思主义既然讲要为全人类的解放而奋斗，无产阶级道德自然也必是反利己而主利他的了。这实际上是基于中国传统道德而对马克思的严重误解。

关于这个问题，我们可以从两个层面进行分析。

第一，在历史观层面上，马克思明确地说，正确的符合实际的观察方法是从现实的个人出发，而"在任何情况下，个人总是'从自己出发的'"，"正是个人相互间的这种私人的个人的关系、他们作为个人的相互关系，创立了——并且每天都在重新创立着——现存的关系。他们是以他们曾是的样子而互相交往的，他们是如他们曾是的样子而'从自己'出发的，至于他们曾有什么样子的'人生观'，则是无所谓的。这种'人生观'——即使是被哲学家所曲解的——当然总是由他们的现实生活决定的"。① 一个人的发展取决于与他直接或间接交往的其他一切人的发展，单个人的历史不能脱离他以前的或同时代的个人的历史，但这并不能否定个人从自己出发这个基本的前提。

第二，从道德观的层面看，马克思所坚持的是人们在一定时代的道德观、道德规范都由他们的现实生活所决定，如果一定的道德理论、道德观念与现存的社会关系发生矛盾，那么这仅仅是因为现存的社会关系与现存的生产力发生了矛盾。换言之，当单个人的利益或单个家庭的利益与所有互相交往的人们的共同利益发生了矛盾，当公共利益以国家的形态而采取一种和实际利益（不论是单个人的利益还是共同的利益）脱离的形式，也就是说采取了一种虚幻的共同体的形式，那么在统治阶级那里，在他们所宣扬的道德中必然出现限制个人利益的范畴和规范。正因为如此，马克思认为共产主义既不是以利己主义反对利他主义，也不是用利他主义反对利己主义，它是要消灭造

---

① 《马克思恩格斯全集》第 3 卷，人民出版社，1960，第 515 页。

成这种利己与利他对立的现实社会条件。很显然，把马克思主义的道德观理解为主张利他反对利己的道德观，实际是站在中国传统道德的立场上对马克思的一种误读和误解。

有目的的对象性活动，就是人为了自己的主体性活动，人从自己出发，从自己的需要出发，为自己谋取利益、争取好处，这是一个基本的普遍的事实。承认这个事实并不必然导致利己主义，更不等于主张损人利己是合理的。人是社会性的存在物，是在与他人交往中生存和活动的，是只能在集体中才能生存才能发展的。为了维护集体的和公共的利益，就必须对个人的行为有所限制，这也是一个基本的事实，是社会生活的一种基本需要。问题是当集体成为"虚假的集体"，当某些人、某些集团把自己的特殊利益当作集体的利益和共同的利益，让别人让受压迫受剥削的群众牺牲自己的利益来服从这种共同利益和集体利益，实际上这就是一种欺骗。所以，问题的根本是消灭这种"虚假的集体"，消灭使个人利益与共同利益对立起来、使利己与利他对立起来的社会条件，而不是简单地赞扬利他主义而反对利己主义，不是沿着旧的思路把利己和利他当作善和恶的标准。我们一些同志之所以总是不敢讲主体性，反对讲主体性，甚至把强调主体性的理论看作资产阶级自由化的理论而加以批判，正证明他们的思路是传统的旧思路，而且是马克思主义应该批判的旧思路。

还有一点需要说明的，目的作为一种对活动结果的观念性的提前把握，它本身就包含意动倾向，即引起了活动的动机。由此，一些思想家都把目的或目的意识当作行动的起点，当作行为的决定性力量，从而得出意识决定行为、观念决定存在的结论。其实从我们上面的讨论可以看出，这种观点往往忽略了目的的形成过程，忽略了探讨形成目的的那些客观的和主观的因素，也忽略了考察一定目的能否达到、有目的的实践活动能否成功的原因。很显然，这种观点是一种孤立地看待目的的作用的观点，是一种片面的错误的观点。

四　实践是一切价值的根本源泉

　　有目的的对象性活动就是现实的人的现实的活动，是人们的实践活动。实践构成了人的生命活动的基本形式，是人的基本存在方式。而价值，本来就是人在现实的实践和生活中所"遭遇"到的一个基本问题，是在实践中产生、在实践中解决、在实践中发展的问题。实践是一切价值的根本源泉，也是理解价值问题的根本途径。

　　对于实践，过去的哲学家也有所述及。在中国古人那里，有所谓"践履""践行""行"，在西方，亚里士多德认为"实践是包括了完成目的在内的活动"，在他看来，伦理学、政治学都属于实践的哲学。康德提出了"理论理性"和"实践理性"的概念，认为实践理性是通过规范人的意志而支配人的道德活动。康德著名的《实践理性批判》，就是专门讨论伦理学的著作。

　　可见，在以往的哲学家那里，实践主要都是被看作一种道德行为、道德行动而进行讨论和处理的。黑格尔继承了康德的遗产，赋予"实践理性"以更宽泛的意义，提出了"实践理念"的概念。在黑格尔看来，理论理念的任务是接受存在的世界，使真实有效的客观性作为思想的内容。实践理念则高于理论理念，实践活动的任务在于既扬弃认识的主观性，又扬弃客观世界的片面性，创造出新的现实。黑格尔不仅指出了理论活动和实践活动的区别，而且涉及实践在改造世界、创造人类历史方面的重要意义，具有很大的合理性。但黑格尔把实践看作实现绝对观念的一个环节，本质上还是一种观念的活动，这就是马克思所说的"当然，唯心主义是不知道现实的、感性的活动本身的"。① 费尔巴哈把实践与生活联系了起来，认为理论所不能解决的

————————

① 《马克思恩格斯文集》第 1 卷，人民出版社，2009，第 499 页。

问题，实践会给你解决，把生活、实践看成理论的来源。但费尔巴哈并没有真正理解实践活动，他把生活也主要看作吃喝、消费对象的活动。正如马克思所说，费尔巴哈"仅仅把理论的活动看作是真正人的活动，而对于实践则只是从它的卑污的犹太人的表现形式去理解和确定。因此，他不了解'革命的'、'实践批判的'活动的意义"。①

马克思从现实的人出发，抓住了物质生产或生产物质生活这种最基本的实践形式，揭示了人的需要、目的、对象、手段、对象的合目的改变等实践基本因素之间的关系以及物质生产实践在人类历史中的重要意义，同时也考察了交往实践及其各种形式，从而确立了科学的实践观。马克思在与理论活动相区别的意义上把实践规定为"人的感性的活动"，在与动物的活动相区别的意义上把人的活动看作有意识的生命活动，"人则使自己的生命活动本身变成自己意志的和自己意识的对象"②，所以才是自由的活动。马克思在有些地方还讲到过"现实的生活生产"，"日常生活"，实际也是在实践的意义上使用的。列宁后来讲到"实践、生活的观点是马克思主义认识论的首要的基本的观点"，把实践和生活并列，还提出应该把科学实验与天文学上的观察也纳入实践的范畴；毛泽东则把实践看作"主观见之于客观"的活动，这些都是对马克思创立的实践观的补充和丰富。按国内学界的比较共同的认识，实践的基本形式是生产实践、处理社会关系的实践和科学实验，除此以外还有一些非基本的形式，如政治实践、道德实践、体育锻炼、医疗实践、艺术实践、教育实践等。

实践的本义是实际践行，"做"和"行"，与它相对应并相区别的是"思"和"想"，后者是人的头脑中存在的意识活动，是一种无形的活动，前者则是有形的看得见摸得着的活动，所谓"感性的活

---

① 《马克思恩格斯选集》第 1 卷，人民出版社，1995，第 54 页。
② 《马克思恩格斯文集》第 1 卷，人民出版社，2009，第 162 页。

动"实际就是指的这种性质。就分别的一面说，人的任何种类的活动，都可分为"思"和"想"与"做"和"行"。农民种地，先得想种什么、怎么种，然后才是把这些想法付诸实际行动，按照所想的去"做"；工人做工，也得先弄明图纸的要求，想好工艺上的顺序，然后再去实际地去"操作加工"；学习艺术理论，构想作品属于"想"，把这些构想落实为实际的作品，则属于"做"；在教育工作中，提出一定的教育思想、教育方法属于"想"，把它们落实到实际的教育工作过程中，则属于"做"；如此等等。就统一的一面说，任何"做"，无论是"做人"，还是"做事"，都离不开"想"，都以"想"为前提条件，并且在"做"的过程中就渗透着"想"。"想"是"做"的准备，"做"是"想"的落实和完成。"想"以以前的"做"为基础，又连接着以后的"做"。它们构成了一个环环相扣的链条，任何脱节都会造成活动的中断和生活的停止。

不仅如此，各种不同的活动，各种各样的"想"和"做"还相互交错、相互渗透、相互影响。分工形成了各个不同的社会活动门类，协作和交往又使得它们连结为一个有机的整体。从社会历史运动的宏观角度，我们可以把社会分为经济基础和上层建筑，分为社会经济结构、社会政治结构、社会观念结构，可以将经济活动再细分为农业、工业、商业、交通运输业，将政治分为社区政治、地方政治和国家政治，将精神生产分为科学活动、艺术活动、教育活动，但若是具体地进行考察，就会发现这些区分只具有相对的意义，有时甚至找不出其间的明确界限来。而各种活动都有"想"的方面也有"做"的方面，它们统一于人的现实的活动中，形成了人们的实际生活过程。从人们的意识是对他们的实际生活条件的反映，实践是理论的来源和基础的意义上，对它们进行区分是合理的，也是有意义的，但如果从实践是人的生命活动方式，是人的基本存在方式的角度看，从现实的人的现实活动的角度看，就必须要注意到这种区分的相对性，注意到它们之间的内在统一性。

我们之所以强调"想"与"做"的统一性，把实践广义地理解为就是人们的现实生活过程，是出于这么几个方面的考虑。第一，在我们过去的哲学研究和宣传中，为了反对唯心主义，与唯心主义划清界限——这当然是必要的，即使在现在也仍然是必要的——有时就过分地强调意识的主观性与实践的客观物质性之间的区别。与此相适应，在分析实践的特点时多以物质生产实践作为原型，而对其他的实践形式，比如对道德实践、艺术实践、教育实践等就较少涉及。同时对于精神、意识对实践的能动作用也讲得很克制，一般都不能比较放开地予以分析和发挥，比如对于目的、对于人的意识活动包括人的情感、意志等非理性因素在形成目的和实现目的中的能动作用，一般都讲得很少或干脆不讲，总怕沾染上唯心主义的嫌疑。马克思恩格斯当年为了批判唯心主义哲学忽视和忘记了社会生活的物质基础，特意突出物质生产对于全部社会生活的作用，并用这个基础来解释和说明全部的精神生活、政治生活和社会生活。恩格斯后来还专门对此做过一个解释，认为"青年们有时过分看重经济方面，这有一部分是马克思和我应当负责的"。[①] 但他又说，只要注意到他们对具体问题的分析案例，就会发现马克思和他都是坚持精神与物质、政治与经济、上层建筑与经济基础的相互作用论的。可惜的是，恩格斯的这个极其重要的解释和说明并没有得到后世人们的应有的注意，机械唯物主义的思路仍是一种占主导地位的思路，这就导致了用一种片面反对另一种片面，不能有效地克服和扬弃唯心主义。

第二，"想"和"做"本来就是统一于人们的实际生活的，是现实生活过程的两个不可分割的方面，而且相互作用相互转化。即使在存在脑力劳动和体力劳动对立的时代，脑力劳动者也不是只从事精神

[①] 《马克思恩格斯文集》第 10 卷，人民出版社，2009，第 593 页。

生产，那最多是他的一种工作、一种职业，是他所承担的众多社会角色中的一个角色，在工作之余他还得过现实的生活，还得"做"许多其他的事情。同样，体力劳动者也得在劳动中用脑子进行思考，否则他就成了一架机器。尤其在现代，物质生产过程中渗透了更多的智能化的因素，而信息生产、科研开发、劳动管理、美术装潢设计等原本属于精神生产的活动都成了物质生产过程的不可缺少的部分，脑力劳动和体力劳动的界限越来越变得模糊和不易确定了。还有，随着物质生活条件的改善、基本生活需要的满足，人们对精神生活的追求，对合人性的更加优雅的生活方式的追求，对人生意义的追问，变得更为迫切和突出了。因此，特别是从价值论、价值运动的角度看，再过分强调、坚执"想"和"做"、"思想"和"行动"的区别，就怕是一种不合时宜的思路。只有把实践广义地理解为人的生命存在的方式，理解为人们的现实生活过程，才能够拓宽视野，从多方面理解价值的创造和实现问题。

价值产生于人们日常的每天都在进行的现实生活过程中，人们的现实生活过程就是一个发现价值、创造价值、享受价值、实现价值的过程。平时人们所说的得失、利害、祸福、成败、功过、荣辱、善恶、美丑、是非、好坏，都是对这些价值的具体称谓，人们通常经历的满足不满足、满意不满意、高兴、沮丧、快乐、忧伤、无忧无虑、恐惧不安、自豪、自卑，都是与价值相关联的各种情感体验。

按本来的意义说，价值问题一点都不神秘，因为它就是我们每时每刻都与之打交道的现象，是任何一个正常人都经常接触、经常碰到、经常体验到的现象。造成价值神秘化的是不合理的社会分工及其由此产生的各种异化，神学家们、理论家们、道德家们、艺术家们，各自使用着自己专门的语言，编织着各种各样的理论体系，使本来是每个正常人都能理解的价值问题变成了普通人不敢问津、也难以理解的问题。当然这不仅限于价值问题，在其他问题上也都有同样的情况。马克思说："通常这些德国人总是只关心把既有的一切无意义的论调变为某种别的胡说八道，就是说，他们假定，所有这些无意义的论调都具有某种需要揭示的特殊意义，其实全部问题只在于从现存的现实关系出发来说明这些理论词句。"① 而只要这样按照事物的本来面目及其产生情况来理解事物，任何深奥的哲学问题都会被简单地归结为某种经验的事实。

人们在生活中遇到了各种各样的物、各种各样的人、各种各样的事，这些物、人、事就构成了他的"对象"，这些对象与他有着多种多样的关系，但他首先关注的是这些对象是不是对他有利、有用，以及有什么利、有什么用，或者是对他有什么害、有什么不利之处。在语言上他就把前者称为"有用的""有利的""有好处的"，简单地说是"好的"；把后者则称为"有害的""无用的""不利的"，简单地说就是"坏的"。李德顺在《价值论》中就曾指出："'好坏'问题可以说是'价值'问题的最典型、最通俗的形式"，"'好''坏'乃是生活语言中对'正价值'、'负价值'的判断和表述。"② 中国语言中的"价值"一词，相当于英语的"value"，法语的"valeue"，德语的"wert"，这些词都与古代梵文和拉丁文的"掩盖、保护、加固"有一定的渊源关系，是在该词义派生出来的"尊敬、敬仰、喜爱"的意思的基础上形成的，它们的含义是起掩护和保护作用的、可珍贵的、可尊敬的、可重视的。一些事物之所以可珍贵、可重视，其实也就是因为它们对人有好处，是好的。可见在不同的语言中，"价值"这个词具有相同或相近的含义。

现在我们进一步要问的是，"好"表现了"有利""有用"，那么有利、有用又是什么意思呢？是一种什么样的关系呢？所谓有利、有用，按照通常的理解，就是说某些东西满足了人的需要或能够满足人

---

① 《马克思恩格斯选集》第 1 卷，人民出版社，1995，第 95 页。
② 李德顺：《价值论》，中国人民大学出版社，2007，第 2 页。

的需要。如前所说，需要是由人的肉体生理—心理结构和精神—文化结构规定的，是人的现实存在的一种确证，它作为人的一种内在尺度，实际地执行着衡量各种事物与人的关系的标准。人凭着自己的感受和体验，就能够大致地知道什么东西满足了自己的需要，什么东西没有满足自己的需要。"满足了人的需要"是一种现实的关系和效果，"能够满足人的需要"则是一种可能的关系和效果。生活本身就是连续着的，靠着以前的经验，人就可以推断这种可能的关系和效果的出现。物质生产过程就是建立在这个基础上，人们为了满足自己的基本生活需要，进行物质生活资料的生产，无论是原始先民的狩猎、捕鱼活动，还是后来的种植和养殖活动，都是以人们意识到这些对象能够满足自己的需要、是自己需要的对象为前提的。而对劳动工具的选择和制造，对活动方式的选择和安排，也都以获得能够满足需要的对象为目的、为指归。如果说工具的价值在于其对实现目的的作用，那么目的本身则是为获得满足人的需要的对象，归根结底还是以能否满足需要为尺度的。

毫无疑问，在现实生活的过程中，人们从自己的实际生活体验中，从先前的成功的经验和失败的教训中，形成了一定的价值意识，即关于哪些对象、哪些行动是"好"的，哪些是"坏"的意识，借此评估、预测、算计着各种事物、对象对自己有没有价值、有什么价值、有多大价值，从而指导着自己的价值选择活动。价值通过评价为人们从观念上所把握，通过劳动实践、交往实践、创作实践将这些价值从可能的形态变成现实的形态，又通过消费活动来真正地占有和实现这些价值，从而进一步提升了自己的本质力量和各种能力，使自己得到了发展。这个过程的不断延续和循环，就是人们把自己和自己的生活再生产出来的过程，其中各个环节的差别不过是有机系统的内在差异，是在相互作用和相互过渡中体现的差异。

人们的生活不是单个人的孤立的生活，而是在社会群体中进行的生活，是一种社会性的生活。在社会生活过程中，人会从自己出发，争取对自己有利的机会、条件，获得自己需要的资源、财富等，彼此之间就必然会产生一定的矛盾和冲突。为了维护社会生活的正常秩序，人们设立了各种规矩、规范，制定了处理个人之间、家庭之间纠纷的一些原则，这些原则和规范起初就以风俗、习惯的形式存在，主要是一种道德意义的规范，后来才从中分化出法律的规范和制度。这些规范和原则，本身就是人们维护社会生活秩序的需要的产物，它们的价值也就在于满足了维护一定公共秩序的需要。所以，随着生产力的发展，人们的需要的变化，这些规范和原则有的就变得过时了，没有价值了，被一些更新的规范和原则所代替。无论这些规范和原则后来被罩上了多么神圣的光环，它们的基础和根源、它们变革的根据，都在于人们现实生活实践的需要。除了这些社会性规范外，还有一些技术性规范，包括各种生产的技术性规范、各种艺术活动中的技术性规范、科学研究中形成的各种规范等，它们本质上是对具体方法和程序的规定，是从这些活动中总结、提炼和积累下来的，也是为着人们更好地进行这些活动而发挥作用的。所有这些社会性规范和技术性规范，在一定场合和范围内，起着价值标准的作用，符合它们的行为正确的、对的、好的、有价值的，违反它们的行为，则是错误的、坏的、无价值或有负价值的。不过，这种标准是一种派生的标准，根本的标准还是人们的需要。

人是社会的存在物，亦即是文化的存在物，是在社会生活中受着文化的熏陶和习染而成为人的。儿童只是自然的人，是可能意义上的人，儿童"长大成人"的过程，就是它学习、接受、掌握以往的人们创造的文化成果，包括物质文化、制度文化和观念文化，懂是非、明利害、知好歹的过程。这是一个人与文化互动的过程，一方面，文化本身就是人们在为着满足自己需要的各种活动过程中积累、总结、提炼出来的，是为着更好地进行各种活动和为了更好的生活而创造的；

另一方面，人的需要和能力又是在既有的社会文化的熏陶下形成的，受着文化的规定和塑造。但无论是从文化的起源上，还是从它"化人"的作用上看，文化的根和本都是人，也都要落实到人，它规范和塑造人的需要，不过是为了使人更像人，过更人性的生活。文化的价值，正如各种规范的价值一样，归根结底还是在于它们满足了和能够满足人的发展的需要。还是马克思说的那句话，环境决定人，人又改造环境，"环境的改变和人的活动的一致，只能被看作是并合理地理解为变革的实践"。①

综上所述，价值的根本是与人的需要相联系的，是指那种能够满足人的需要的关系状态，相对于人的需要的满足，社会的规定、文化的规定，都是某种派生的东西，也是为了满足人的实际生活需要和精神需要而起作用的东西。人们在实践中根据自己的需要与对象的关系设立各种目的，创造各种价值，也形成对价值的看法和评价，同时又在实践中印证、修正和改变自己的价值观念。实践作为人的生命的基本存在方式，既是一切价值的根源，是价值世界不断扩大不断发展的动力，也是检验价值观念价值评价是否合理的根本标准。

五　价值的奥秘源于人的既定性和超越性的矛盾

人类自从通过劳动实现了物种的提升以后，便逸出了动物物种的生物遗传的轨道，确切地说，依靠生物遗传而实现的进化便被挤向了边缘或后台，代之而起的是社会遗传和文化遗传，它们成为人类社会的价值积累、递增和增殖的基本渠道，是人类发展的根本性机制。先前人们创造的物质产品、生产工具、各种生活器具及环境条件等作为生活条件构成了后一代人生存和活动的物质基础，前一代人的生产经

---

① 《马克思恩格斯选集》第 1 卷，人民出版社，1995，第 59 页。

验、生活经验、交往经验、管理经验、思维经验、文化产品以及作为
固化这些经验的各种制度、规范则构成了后一代人活动的社会条件和
精神条件，即使是失败的经验、犯错误的教训，对后人也都具有重要
的指导意义。所有这些东西都是作为财富，物质的财富和精神的财富
而存在的。任何一代人都是在前一代人形成的基础上开始自己的活
动，他们从前一代人那里学习、接受了各种成果，学会了对各种器具
的使用，学会了如何进行生产和生活的方法，然后又开始自己的创
造，为自己的后代留下自己的成果，人类就是这么通过一代一代的延
续、一代人又一代人的活动来实现自己的存在和发展的。这种一代又
一代的活动的展开和延续，就是社会，就是历史。

从历时态的角度看，每一代人、每一个人都是一种"中间物"的
存在，他继承着前人，又开启着后人，他是前人和后人之间的中介。
从同时态的角度看，他也是一种"中介性"的存在。这可以从两个方
面来理解，一方面，直观地看，每个人都承担着各种角色，承担着各
种关系。每个人都中介着其他的人，也被其他的人所中介，各种社会
关系就是这种互为中介的关系，在中介中并通过中介而存在的关系。
另一方面，深入地观察，你自己就是自己的中介，你是自己的需要和
需要对象的中介，所以需要才是你的需要，对象才是你的对象；你为
了满足某种需要，就得付诸行动，这样你自己的活动就是需要和需要
满足之间的中介；你确立了一种目的，就得动员起自身的力量、意志
为达到这个目的而活动，于是你就把自己当作一种手段，成为目的和
对象之间的一个中介；你的当下存在也是你的过去存在和未来存在之
间的中介，你的生活就是你作为个体存在和类生活之间的中介。每个
人都是存在和活动的统一，实体和关系的统一，为我的存在和为他的
存在的统一，作为目的和作为手段的统一。康德说，"人是目的"，是
一种目的性存在，因此不应把人当作手段。在反对封建神学把人看作
是神的手段、反对专制制度不把人当人的意义上，在人道主义的意义

上，康德说出了一个重要的甚至是伟大的真理，这句名言也被千百万的人所引用。但实际上，康德只说对了一半，人是目的，同时也是手段，既是别人的手段，也是自己的手段，人是目的和手段的统一。不仅如此，造成这种目的和手段的分裂的，不是别人，不是神，恰恰是人自己，是人们的活动中的社会分工，是分工产生的私有制和阶级对立。一些人之所以只成为手段是另一些人只作为目的的产物，是劳动和享受、生产和消费为不同的人所承担的结果。所以，在马克思看来，这种不合理的存在，不是人们都认识到"人是目的"这个观念这个真理就能消除的；相反，只有在现实中消灭了不合理的分工形式，才能真正消除不把人当人、不把人当目的的各种观念。而消灭不合理分工的条件却是由历史提供的。马克思深刻地指出"人的本质……在其现实性上，它是一切社会关系的总和"，[①] 是这些社会关系、这些关系的性质，才使人成为他曾经所是的那个样子，成为现在的这个样子的。

价值原本就是作为一种关系，一种社会的人的关系，一种人的需要与对象的社会关系和状态而存在的，是存在于人的社会性生活过程中并通过这种生活而存在的，也是随着生活的发展而发展的。人们把价值当作对象的属性而对待而思考，人们普遍地认为占有对象就拥有了价值、占有的对象越多就证明自己越有价值，这固然表明了人没有认识价值的本质，是一种观念上的颠倒，但也正好证明在现实生活中盛行的主导的是人依赖于物、物是人的主人的情况，颠倒的观念不过是颠倒的现实在人的思想上的反映。当一些人把价值看作一种情感、一种情感体验、一种精神的追求的时候，也正证明对他们而言，物质生活的问题早已解决，或者说物质生活已根本不再是他们操心的问题，他们所关心所关注的主要是精神生活需要和追求了。

---

① 《马克思恩格斯选集》第 1 卷，人民出版社，2012，第 135 页。

　　这么说似乎有点简单化，但问题的实质就是如此，一个人的需要、这些需要的分布状态、哪些是优势需要哪些是被忽视了的无足轻重的需要，都是由一定社会关系造成的，是由这个人在社会中的地位决定的。康德一生衣食无虞，埋首于书籍之中，遨游于思想的王国之内，他自然不懂得谋生的艰辛，也不会意识到物质价值的重要性。思想家们靠思想产品名世，以精神生产为自己的职业，他们便自然容易形成只有理论活动才是真正的人的活动，只有对高尚的精神境界的追求才是真正的人的追求；所谓"为天地立心，为生民立命，为往圣继绝学，为万世开太平"，就是说自己的这个行业是天底下最重要的行业，自己的工作具有无限重要的价值。社会分工造成的片面性决定了他们观点的片面性，分工所造成的社会等级规定着价值的等级，规定着人们对于价值等级的思想。

　　总之，只要我们不是仅仅局限于某个人、某些人关于价值的思想和看法，而是用历史的眼光看待一定时代的人们的价值观念和价值取向，考察实际的价值关系和价值体系的历史演变时，我们就会看到，是人们具体地生活在其中的那些社会关系，包括他们所能继承的历史上创造的物质关系和思想文化关系，大致地规定了他们的需要和需要的结构，规定了他们的行为方式、思维方式和价值观念。这些关系构成了人的"定在"，使他们成为如此这般的人。一定时代的人们以什么为正价值、以什么为负价值，追求什么、禁忌什么，一定的民族为什么形成了独具特色的价值观念和价值系统，都是有其历史的成因和现实的根据的，也都是具有一定的合理性的。历史上前人创造的价值、前人进行价值创造的具体形式，一句话，传统的文化，包括它的精华和糟粕，都作为一种既定的东西参与着现实社会关系的形成。历史是割不断的，历史的东西渗透在现实的东西中，现实的关系总这样那样地体现着历史的关系。它们共同地实现着对现实的人们的塑造，形成了现实人们的"既定性"。

另外，任何一代的人们，任何的个人，都既是"既定的"，又是"未定的"。从人的类特性方面看，人的生命存在形式的一个重要特点就在于"不是其所是"，人把自己的生命、意志、活动都当作意识的对象，他就超越了生命的当下存在，超越了生活的当下现实。人是宇宙间唯一的意识到了存在的意义的存在者，是唯一的意识到了普遍性的普遍者，因此，人的存在就是一种向着"未来"的存在，是一种永远向着未来开放着的、永远处于"未定态"的存在，也是一种以"未来"为目标来规定现实事物的意义的存在。作为具体的存在者，人当然服从着时间上从过去到现在再到未来的规律，没有任何人能够违背这一规律，所谓"时光倒转""来自未来的人"，不过都是科幻作品中的东西。但是，在存在的内容上，亦即活动程序的安排和意义的设定上，人却是以"未来"为参照，赋予"现在"以意义，并从"现在"与"未来"的关系上，发现着、挖掘着、解释着"过去"的价值和意义。"一切历史都是当代史"，在克罗齐的这个著名的命题中，阐说的就是这种对历史的意义的解释。

对于人总是"不是其所是"的这个特征，我们可以从以下几个方面来分析。第一，人的需要本身就总带着一定的否定性和超越性。需要的产生，意味着人与环境关系的不平衡，是一种趋向平衡的自觉努力，也就是对这种不平衡关系的现状的一种否定，是要超越这种现状。任何需要，无论是身体的生理方面的需要，情感的心理方面的需要，还是理智的观念方面的需要；也无论是对物质对象的需要，还是对精神对象的需要，总意味着人对生存现状的一种不满足、不满意，即使是维持现状的需要，也处于对其可能消失、会被破坏的一种担心和忧虑之中。这种不满足、不满意，体现的就是一种否定性和超越性。需要一旦满足，便不再作为需要而存在，至少是暂时不再作为需要而存在，而又有新的需要的产生，有新的不满足和不满意出现。俗话说，"人心比天高"，即永远没有一个满足的时候，正是这种永远的不满足，推动人进行着新的活动、新的发明、新的创造，推动人永远产生新的希望、新的追求。

第二，人的需要与人的能力互为前提又相互激发、相互促进。一定的需要总是在一定能力基础上产生，也是要靠着一定的能力来实现的。而需要的满足、满足需要的活动和所使用的工具，又锻炼了、激发了、提升了人的能力。人的能力在活动中不断地增强，开展新的活动的能力不断地产生，由此又促进了新的不满足的产生，促进了新的需要的出现。任何一代人，在接受前人留下来的物质材料和精神材料而形成了自己一定能力的同时，总伴随着对前人解决问题的方式和结果的一定程度的不满足、不满意，总需要对之进行一些改进和革新，在物质生产中是如此，在精神生产中也是如此。他们借助于这种种的改进和革新，在超越了前人的同时也超越了自己模仿、学习前人时的现状，创造了新的现状。

第三，作为人"不是其所是"特征的一个突出表现，作为这种以未来观照现在的一种表现，人总是要为自己创造一种"理想的生活"，一种理想的目标。这种理所当然是在现实的基础上形成的，但它综合了对现实生活的种种不满足、不满意，而在观念中克服了这种种不满足、不满意的表现。理想是建立在对现实的否定和批判的基础上的，是对不满意的现实状况的观念超越。反过来，理想又成为人们观照现实、评判现实的一种尺度和标准。尽管不同的人有不同的理想，各自在内容和形式上有很大差距，有时还正好相反，但理想总是作为人们生活的航标，是激励人们不断超越现实的内在动力，最高的理想甚至成为人的精神的安身立命之所。

这种既定性和超越性构成人生活中的一种矛盾，前者体现了人受社会关系和文化规定的一面，后者体现了人创造文化和改造环境的一面。与人的这种既定性和超越性的矛盾相适应，价值既表现为一种社会的文化的共同性、延续性，又表现为突出的时代差异性和个体差别性；既具有与人的当下存在现实需要直接而密切的相关性，又表现为一种超越当下存在而向着未来的无限开放性；既与人的价值意识和评价活动内在联系总要通过价值意识来显现来澄明，又属于一种评价内容评价对象因而具有不以评价为转移的客观性；如此等等。可以这么说，价值作为一种属人的为人的存在现象，价值的秘密实际就是人的秘密，或者说根源于人自身的秘密，价值现象价值世界中的种种矛盾直接地表现着人的生活中的各种矛盾。因此，只有从人的存在入手，从现实的人和人的现实的活动出发，才可能拨开价值问题上的种种迷雾，洞悉价值问题的奥秘，也才可能建立起关于价值问题的合理理论。

第二章

马克思主义价值理论的基本方法

　　价值是人们现实生活中遇到的现实问题，是一种属人的为人的现象，只有从现实的人的现实活动和实际生活出发，才能拨开笼罩在价值问题上的种种迷雾，看清它的实质。而现实的人就是有着各种需要、怀着各种目的、从事着各种活动的人，是作为各种活动的主体而存在的人，在人的对象性活动中，主体和客体构成了活动结构的最基本要素，因而主客体分析范式也就是作为哲学区别于其他学科的一种基本分析范式。对于价值问题，经济学、政治学、社会学、文化学、教育学、心理学、伦理学、美学等，都可以从自己特定的角度对特定的价值进行研究，而马克思主义价值理论，则需要在广泛借鉴它们研究成果的基础上，必须通过剖析人的活动的基本结构，从主客体关系和相互作用的角度，揭示价值的属人特性或作为主体性现象的本质，为统一地、深刻地理解价值现象的复杂性提供方法论基础和理论自觉。

一　主客体分析方法的合理性

中国价值理论的兴起和发展是与实践标准讨论及其引发的思想解放运动相关联的，由于在当时的哲学理论体系中，确切地说，在通行的权威的哲学教科书体系中，实践、主体和客体都主要被看作认识论的基本范畴，所以对价值的讨论也就首先和主要在认识论的范围内来进行。从事实认识和价值认识的关系到对价值真理概念的争论，都显现出这种从认识论角度进行研究的特征。在现在通行的哲学教科书中，价值问题也是放在认识论部分来讲授的。虽然说后来随着价值理论研究的深入，已经逸出了认识论的范围，但在一些人的理解中，仍然把价值问题当作认识论中的问题，是如何通过对价值这种特殊现象的合理认识而达到价值真理的问题，这就极大地限制了价值理论研究向纵深发展，价值理论研究对于思想解放的意义，对于重新理解哲学形成合理的现代哲学观的意义，就难以得到充分的体现。后来一些研究价值理论的同志，提出应该超越和扬弃主客体分析范式，就是在这个背景下发生的，实际针对的就是从认识论角度研究价值问题的局限性。

我们知道，传统上理解的认识论实质上是一种知识论或认知论，主要讨论认识（知识）如何发生、如何达到真理、如何验证真理的问题。这种认知论或知识论，第一，它不涉及道德和审美关系，因为它自己就定位为与伦理学、美学相区别的，仅限于知识形成过程的学问，如果说它以真为核心范畴，那么这里的真与善和美是相区别并相并列的。康德的三大批判就是这么个框架，实际上传统认识论在很大程度上就是受康德哲学的影响而形成的。

第二，认识论抽象的现实模型是科学认识活动，是科学家们探索自然奥秘的活动过程，面对自然世界，科学家作为人类认识的代表而进行工作，他们的发现就是人类的发现。或许正因为这个缘故，在认识论中认识主体便被抽象被设定为"理论人"，一种脱离了各种社会关系、不受任何实际利益和立场的制约、一门心思要发现真理的人，同样，认识客体则被设定为自在存在的只等着人去认识的客观对象，他们之间的关系就是也只是一种"理论关系"。

第三，在这个基础上，在这种抽象化了的"理论关系"中，认识主体被当成进行认识活动的头脑，是头脑中的意识活动，是"主观"，认识客体认识对象则是"客观"，于是，认识主体和客体的关系便成了"主观"和"客观"的关系、"思维"与"存在"的关系。尽管有着唯物论和唯心论、经验论与唯理论、实在论与观念论的分歧，但争论基本都是在这个框架中进行的。

这种西方近代以来形成的认识论框架被一些人概括为"主客二分"的研究范式，在从近代哲学向现代哲学的转向和转型过程中，受到了诸多批评和攻讦，如情感主义、唯意志论等非理性主义思潮，就都对"主客二分"模式和把抽象的"理论关系"当作基础甚至是唯一关系的设定提出了尖锐的甚至是颠覆性的批判。在现代西方哲学中，许多哲学家在对科学主义和传统理性主义进行反思的同时，对近代形成的机械论色彩浓厚的"主客二分"理论更是非难多多，经验一元论、现象学方法、语言学转向，以至人学本体论、存在主义、诠释学方法、知识社会学等，都包含着对"主客二分"理论模式的批判，包含着试图建立统一的理论图景的努力。在解构"主客二分"理论的过程中，价值论思潮无疑也起了非常重要的作用，而且也渗透到了其他各派的哲学理论之中。在这个过程中，他们确实提出了许多值得重视和深思的问题，所运用的理论方法也有许多合理的因素，使哲学的方法论功能得到了较好的体现，这些都是不容否认的。但是，同样不能否认的是，在现代西方哲学中，在方法论上也仍然有相当明显的形而上学色彩，比如过分夸大某一因素的作用，或是过分强调非理性因素、无意识结构在决定人的行为中的作用，或是把哲学问题简单地归结为是语言问题，等等。确实，西方的哲学理论、心理学理论、文艺批评理论等都比较重视创新性和独特性，新理论迭出，流变性很快，这就不可避免地存在一定的为了强调独特、创新，为了引起注意而故意走极端、用一种片面反对另一种片面、抓住一点不顾其余的倾向。这是我们在研究和吸取西方哲学的成果时应予以充分注意的。

马克思主义哲学的革命性变革建立在其实现的"实践论转向"的基础上，正如刘放桐先生所指出的那样，马克思主义哲学的这种革命性变革是在从近代哲学向现代哲学转向的背景下发生的，并深刻地推动了这种转向，并与其他属于现代哲学的流派有着一些深刻的共同之处。① 这也就意味着，马克思主义哲学对近代哲学的批判是一种整体性的基础性的批判和超越，马克思主义认识论也绝不可能在近代认识论的基本框架中顺向地承继旧唯物主义路线，只是进行一些修补，比如去掉其形而上学性，强调认识过程的辩证法，或增加一两个范畴，如加上实践范畴，就能建立起来的。

我们过去长期受苏联哲学的影响，按照唯心主义与唯物主义两条路线的基本模式来理解哲学发展，我们过去讲马克思主义认识论与旧唯物主义的认识论有根本区别，是建立在实践基础上的能动的革命的反映论，这些都是很对的，但由于没有意识到传统认识论作为认知论的固有局限，所以基本上还是在传统框架内理解主体与客体及其关系。我们虽然强调实践是认识的基础，强调能动性，但一方面把实践当作认识过程中的一个环节来处理，不可能全面揭示实践的丰富内容；另一方面则仍是沿袭着"理论人"假定来看待认识主体和认识过程。

在这种抽象的理论关系中，主体作为实践主体的丰富性不见了，

---

① 参见刘放桐《马克思主义与西方哲学的现当代走向》，人民出版社，2002，序言。

主体与客体的相互作用所造成的主客体双方的变化也不见了。甚至在一个相当长的时期内，我们或多或少地混淆了主体和主观概念，既然主观是第二性的被客观决定的东西，是被派生的后来才有的东西，所以也就不敢承认不敢讲主体和客体的相互规定、互为前提，倒是因袭着旧唯物主义物质决定意识、客体决定主体、主体反作用于客体的思路来理解、讲解主体的能动性，或如一些同志所说，是在机械反映论的基本框架内理解、讲解能动的反映论。新时期以来，实践唯物主义的提出，使实践范畴脱出了既往认识论的范围，成为全部马克思主义哲学的基本的首要的观点，成为带有世界观意义的范畴，对实践主客体、历史主客体的研究，也都极大丰富了马克思主义关于主客体关系的理论。在这个背景下，哲学界对既有认识论的缺陷和不足作过诸多批判，认识论研究一时成为哲学的热点，一些同志提出了"全面反映论""选择论""建构论"等，对既有认识论的不足进行了弥补。

在国内价值理论研究中，大多数研究者承认主客体分析范式的合理性，坚持从主客体关系中来研究价值现象。进入 20 世纪 90 年代以后，有一些同志提出，为了深化价值理论研究，有必要在研究方法上予以创新。他们认为，从主客体关系的框架研究价值问题已经面临穷途，把价值理解为是客体的存在、功能对主体需要的满足关系，只能勉强解释物对人的价值，或者说在分析客体的价值时还差强人意，但无法解释和说明人的价值问题和人道价值问题。因为在分析人的价值时，这种思路必须先把人当作客体，对人先作客体化的处理，认为人的价值就是作为客体的人对作为主体的人的需要的满足，按此逻辑，人的价值就是作为客体的价值，而在人作为主体时就没有价值。他们认为，"主客二分"的方法是近代认识论形成的方法，在现代西方哲学中受到广泛的批判，我们也应该借鉴西方研究者的成果，抛弃至少是限制从主客体关系角度研究价值问题的思路。

我们认为，价值理论研究发展到一定阶段的时候，从方法论角度进行反思，在研究方法上予以创新，这是一种很有见地的观点。但现在的问题是，不能把西方现代哲学对近代认识论的"主客二分"的批判简单地照搬到国内学界，或者说，不能不加分析地把近代认识论对主客体的理解当作对于主客体问题的唯一理解。至少，马克思主义在实现哲学的实践论转向时，对主客体的全面而辩证的理解是不能归诸近代认识论的主客体理论的，相反，马克思主义的主客体理论超出了近代认识论的框架，是对它的全面扬弃。尽管说我们过去的哲学理论受苏联教科书的影响，把主客体主要看作认识论范畴，有一定的片面性，没有达到马克思理解的水平，但这毕竟是对马克思主义哲学的一种误解。在我们已经逐渐地消除了这种误解，从人类实践的高度全面把握主客体关系的丰富内容的时候，再无视我们的这种进步，把我们经过拨乱反正了的马克思主义主客体关系理论混同于或归结为近代认识论的"主客二分"理论，就是一种不符合实际的看法，这种态度也是不太严肃的。

实践的观点不仅是马克思主义认识论的首要的基本的观点，更是整个马克思主义哲学的首要的基本的观点，这也就意味着，在马克思主义哲学中，主客体不再仅仅是认识论的范畴，而是整个哲学的基本范畴，是具有世界观意义的基本范畴。马克思主义哲学实现的革命性变革，是与这一点密切联系并以之作为基础和标志的。

众所周知，西方哲学从古代到近代的发展，一个重要标志是以认识论代替本体论而成为哲学的中心问题，即人们通常说的"认识论转向"。这种"认识论转向"并不是某个或某些哲学家个人努力的结果，而是同哲学与科学的分化过程相适应的，是时代发展的结果。各种科学脱离作为知识总汇的哲学而纷纷独立的同时，也用具体的实证的知识代替以前哲学的种种猜测的想象的看法，哲学的"地盘"被侵蚀，哲学的威信也发生了问题。以往的那些独断性的"真理"，包括哲学的真理和宗教的真理，既然都受到了怀疑，那么认识、判断何以才能成为真理的问题就成为理论家们关心的首要问题。而随着科学的进一步发展和力量的壮大，如何看待哲学与科学的关系，亦即如何重新理解哲学的地位和性质，就成了一个突出的问题，也是至今仍然争论不休的问题。

哲学关注人们的认识活动，认识论成为哲学的中心问题，这个事实本来就彰显出哲学作为方法论而存在的意义，但许多哲学家并不肯轻易放弃原有的那份矜持，或许是对中世纪哲学作为神学的奴婢地位的一种反弹，总想恢复哲学在古希腊时期的那种尊荣，总还想使哲学凌驾于科学之上，哲学是"科学之科学"的观念表现的就是这种情结。不少哲学家受这种观念的影响，喜欢用"宏观叙事"的模式构造一种"世界图景"，所谓"世界观"就是在"世界图景"的意义上来使用的。

这种构造又分两路，一路是"自然哲学"总体论的构造，它"用观念的、幻想的联系来代替尚未知道的现实的联系，用想象来补充缺少的事实，用纯粹的臆想来填补现实的空白"①。它在这样做的时候提出了一些天才的思想，预测到了一些后来的发现，但是也说出了一些不少十分荒唐的见解。另一路是所谓"理论哲学"或"理式哲学"的本质论的构造，它注重的不是感性的"世界图景"，而是世界的"逻辑秩序"，不是具体的存在和事物，而是一般的事理或理式，认为这些才是本质的、能够恒久不变的东西。如果说，随着自然科学的发展，人们能够依靠科学所提供的事实描绘出自然界生成发展的清晰图画的时候，"自然哲学就最终被排除了。任何使它复活的企图不仅是多余的，而且是倒退"②，那么第二种思路却似乎有着更强的自卫能力，因为它把科学看作对具体的事物、特殊的规律的揭示，是对经验现象的把握，因而其结论是有限的、可变的，而哲学把握的那种

① 《马克思恩格斯选集》第4卷，人民出版社，1995，第246页。
② 《马克思恩格斯选集》第4卷，人民出版社，1995，第246页。

"理式"、一般规律，作为本质则是恒久不变的。黑格尔的体系可以说就是这两种思路的大综合，是绝对真理的一种总集成。

值得指出的是，我们前些年论证马克思主义哲学是科学的世界观，沿用的也还是过去的方法。一是说，具体科学只研究世界的具体部分、具体运动，马克思主义哲学则从总体上研究世界；二是说，具体科学研究的是世界上的具体事物和具体规律，是特殊，马克思主义哲学则总结概括了这些具体规律，揭示的是世界最一般的规律。既然如此，那自然就是"科学之科学"了，是"放之四海而皆准"，验之万代而无弊的绝对真理了。这实际上是没有真正弄懂马克思主义哲学革命性变革的意义的表现。

马克思在创立自己的新哲学的时候，一开始就坚决反对"科学之科学"的这种哲学观。马克思说："对现实的描述会使独立的哲学失去生存环境，能够取而代之的充其量不过是从对人类历史发展的考察中抽象出来的最一般的结果的概括。这些抽象本身离开了现实的历史就没有任何价值。它们只能对整理历史资料提供某些方便，指出历史资料的各个层次的顺序。但是这些抽象与哲学不同，它们绝不提供可以适用于各个历史时代的药方或公式。"① 恩格斯后来也说，"这种历史观结束了历史领域内的哲学，正如辩证的自然观使一切自然哲学都成为不必要的和不可能的一样"，② 都表现了他们的这种态度。马克思在这里所说的"对现实的描述"，不是我们通常理解的"对现实对象"的描述，而是对人们在实践中如何产生这些思想、观念，这些思想、观念如何受着人们现实生活条件制约，是对人们的观念历史和现实历史之间的关系的"总体现实"的描述，这也就是他说的"按照事物的本来面目及其产生情况来理解事物"的意思。

以往的唯物主义不懂得把对象、现实当作实践去理解，不从主体

---

① 《马克思恩格斯文集》第1卷，人民出版社，2009，第526页。
② 《马克思恩格斯选集》第4卷，人民出版社，1995，第257页。

方面去理解，唯心主义同样也不懂得实践的意义，表面上是只从主观、思维方面去反思、去理解，实际上却把一代人，甚至一个人的思维抽象地当作全部人类的思维，把只有人类在全部历史发展中才能完成的任务当作一代人或一个人就能承担起的任务。马克思则从实践的同时态结构和历时态变迁来理解一切理论的产生、验证和发展的问题，以实践作为人类思维的现实前提或最具权威性的根据，这就从根本上摧毁了一切关于哲学的绝对真理和永恒真理的臆说。

现实的人的实践、人的现实活动既然都是对象性的活动，活动者与活动对象就成为活动的基本结构要素，主客体结构也就是人的任何活动的共同结构。当然这是最简约的结构。从这种角度去看，哲学与科学的不同，不在于后者只研究世界的一个方面、一种运动，而哲学研究总体的世界，也不在于后者只研究世界上的具体事物和具体规律，而哲学研究隐藏在这些具体规律之后的一般规律，而在于科学只研究、描述自己的对象，提供的是关于对象的实证知识，而哲学则把人与对象、研究者与研究对象的关系，以及这种关系的历史演变当作自己的对象，它提供的是关于方法论方面的智慧。也就是说，在各门科学都得到了充分发展、哲学已经被各种知识充分"中介化"了的时代，哲学只能立足于主客体关系的角度来对各种科学知识的前提进行批判性审查，进行反思性的研究。

马克思主义哲学意识到了这种变化并自觉地适应这种变化，它对哲学对象、任务、视野、主题的理解，对哲学研究方式的理解，也就与近代哲学有了根本的区别，主客体关系的角度也就构成了马克思主义哲学的基本视野，主客体范畴成为马克思主义哲学的基本范畴，成为通贯于实践观、历史观、认识论、价值论的基本考察范式。正因为如此，在马克思主义哲学看来，所谓世界的本体，所谓存在之为存在的最终根据，所谓世界的最一般规律，都不过是一代人在自己的实践和科学条件下所认识到的规律，是这一代人的认识达到的界限而不是世界的界限。我们所说的根据不过是自己的思维的根据和行为的根据，所谓的规律也不过是现实中的人们认识到的事物运动的规律和自己的思维和行为必须遵守的律则。人类在自己的实践中发现了这些根据和律则，也随着实践的发展而扬弃这些根据和律则。人们用新的实践经验和科学的发现超越了旧的实践经验和科学结论，但进行新的实践和新的科学发现的人又受着自己的实践条件和科学条件的限制，人只能在自己的实践条件下说话、提问、反思，而绝不可能超越这些条件。知识和真理的确定性和不确定性，人类思维的至上性和非至上性，这些都是实践过程中主客体矛盾的表现，人类永远无法超越这些矛盾，更不能否认这些矛盾，否认这种矛盾只能陷入更大的矛盾。

二 主体需要—能力与主客体关系的生成

主体和客体作为人类活动的基本结构要素，也并不是因为西方近代认识论提出了这些范畴才存在的，而是在人类社会产生之时就存在了。尽管中国传统哲学没有使用过主体和客体的概念，中国古人的活动中同样存在主体和客体的事实，同样服从着主客体相互规定、相互作用的规律。

主客体的区分、分化是与人成为人的过程相一致的。人作为一个新物种出现的过程，亦即是从古猿的物我不分、客主混一到人的主体地位逐渐确立的过程，是主客体分化和主客体关系形成的过程。动物的采集、觅食活动，虽然也依赖于一定的对象，是指向一定对象的活动，但在动物那里，这种觅食、采集以至消费食物是同动物生命自身的存在直接同一的，动物既没有把自身与自己的活动区分开来，也没有把活动对象与自身区分开来。高等动物身上出现的把玩和探索对象的活动、使用简单"工具"的活动，最多只能看作主客体分化的萌芽因素，是演化为人的主客体关系的预兆。人的劳动从动物的本能活动出发，但它的不断重复和发展，既促进了人的身体的发展，也促成了劳动者与劳动对象的分化意识，催发了劳动者对对象与活动、对象与自己关系的觉察和反思。主体和客体，不管用什么样的语词来表示，最初就是作为"我们"与"我们劳动的对象"、"我们"与"我们劳作的产品"而反映到人们的意识中来的。主客体意识作为劳动结构的内化，一开始就是社会化的产物，是在劳动过程中形成的。

　　劳动者作为主体与劳动对象作为客体分化开来的过程，同时也是劳动者把劳动活动、劳动过程对象化的过程。当人们在意识中把他与他所加工的东西加以区分时或区分后，他或者已经意识到了加工过程与被加工对象的区分，或者是慢慢地意识到这种区分，总之，他把自己的活动、将自己的活动对象与活动的结果一起作为觉察的对象了。活动的对象化，即对活动的反思关系的建立，还包含对活动的效率和效益的思考，表明人建立起了"对关系的关系"，这就进一步深化了人们对主客体关系的意识。活动的对象化还连带地引起了对发动活动和进行活动的人自身的对象化，即人开始把自身也作为意识的对象来对待和反思。这样，就实现了人自身作为主客体的分化。这种人自身二重化的过程，不单是在意识中进行，也不单是意识进行抽象的结果，更是在劳动中进行并不断被重复的。马克思说："正是在改造对象世界中，人才真正地证明自己是类存在物。这种生产是人的能动的类生活。通过这种生产，自然界才表现为他的作品和他的现实。因此，劳动的对象是人的类生活的对象化：人不仅象在意识中那样理智地复现自己，而且能动地、现实地复现自己，从而在他所创造的世界中直观自身。"①

　　人们原来是作为共同主体来进行活动的，但随着分工和交往的发展，随着私有制的出现，家庭与家庭之间、单个家庭与整个部落之间

---

① 《马克思恩格斯全集》第42卷，人民出版社，1979，第97页。

出现了利益上的分化和矛盾，与此相适应，人与人之间原来的共同主体关系在一定程度上也被互为主客体的关系所削弱、所代替。人们都作为主体而交往的主体间关系依然存在，但由于原来作为共同产品、共同财富的东西现在变成了"我的""你的""我家的""你家的"，所以人们之间更为直接更为直观的却成了彼此之间互为主客体的关系。无论是在物物交换的时代还是在出现了货币以后，这种商品交换的实践都强化着人们之间互为主客体的关系，以至在相当一个时期内，人们似乎忘记了共同主体或主体共性的存在，只有在比较偶然的场合，如战争、灾难等出现时，在与另外的民族打交道时，才意识到"我们"作为一个群体成员的一致性。到了现代，生产高度社会化，合作活动或活动中的合作变得越来越重要，共同面临的困境和问题越来越突出，共同主体和主体共性才越来越得到人们的重视。所以，当现在一些人把过去人们之间的对立和冲突看作过分强调主客体概念而造成的自我中心主义的结果，主张应该用共同主体性、主体间性来取代主客体概念进行纠偏时，无论是自觉还是不自觉，他们实际上采取的是一种唯心主义观念论的立场。这并不是在扣帽子，因为这种思路正好就是马克思所批判的那种不是用人们的现实生活来解释他们的意识，而是用他们的意识来解释他们的现实生活的思路。

主客体关系不是自在的关系，而是被建立起来的，是社会性地建立起来的关系。自然界在人类出现之前很久就存在了，但那时它并不是人的客体，不"作为"人的客体而存在，只有在被纳入人的劳动过程、进入人的视野、成为意识到的存在之后，它们才成为人的对象，成为一定主体的"客体"。人的对象世界即客体世界是不断地被建立起来的，也是不断地得到扩大和丰富的。在这个不断扩大的过程中，经验和语言，既是累积和传承既有文化成果的重要中介，也是进一步发展文化成果的工具。前一代人实践的结果，发现的各种客体，客体的各种效用，通过经验和语言传授给后一代的人们，后一代人在没有进行亲自实践之前，就已经掌握了许多关于客体的知识，就已经懂得了自己是一个主体。原始先民用了若干万年才实现和确立的主客体区分，在儿童那里经过几年的时间就实现了，当然刚开始是比较抽象地实现的。儿童学习前人创造的各种知识的过程，在相当程度上就是观念地掌握和了解人类建立的客体世界的过程，也是掌握和了解自身的过程。在这个基础上，他又进行自己的发现和创造。人类关于客体的各种知识、客体的各种意义、使用客体的各种方法，都沉淀和凝结在语言之中，在这个意义上，也仅仅在这个意义上，语言的界限就是人类发现的世界的界限，是人类生活在其中的世界的界限。

现在让我们来看看人的需要—能力在构建客体的过程中的作用。马克思曾经说过："对象如何对他说来成为他的对象，这取决于对象的性质以及与之相适应的本质力量的性质；因为正是这种关系的规定性形成一种特殊的、现实的肯定方式。眼睛对对象的感觉不同于耳朵，眼睛的对象不同于耳朵的对象。每一种本质力量的独特性，恰好就是这种本质力量的独特的本质，因而也是它的对象化的独特方式，它的对象性的、现实的、活生生的存在的独特方式。"[1] 马克思还说过："对于没有音乐感的耳朵来说，最美的音乐也毫无意义。"[2] 马克思所说的人的本质力量，大致地可以理解为由人的生理—心理结构和精神—文化结构所规定的人的需要—能力系统。这个系统当然是劳动和历史的产物，也是随着社会历史条件和活动的变化而变化的，但在一定的时空点上说，它具有一定的确定性，什么对象能够成为人的对象，是直接地与这种需要—能力系统相适应的。关于这一点，我们可以从类生活和个体生活两个方面来分析。

就人类是自然界的一部分，要依赖自然而生存来说，自然界表现出一种先定的存在，具有一种"先位性"。自然界的各种事物，构成

---

① 《马克思恩格斯全集》第 42 卷，人民出版社，1979，第 125 页。
② 《马克思恩格斯文集》第 1 卷，人民出版社，2009，第 191 页。

了人的劳动对象和生活对象的可能性集合，它们原则上都可以成为人的对象。但具体地说，哪些事物实际地成为人的对象，却依赖于人的需要—能力系统，依赖于它与人的需要—能力系统是否适应以及适应的程度。我们在前面已经说过，需要总是对一定对象的需要，而能力构成需要的基础，与需要之间相互促进相互规定。只有那些能够满足需要的对象，才成为人的劳动对象，起先主要是采集和捕获的对象，后来才是劳动加工的对象。随着劳动过程的重复和扩大，需要—能力得到了发展，不仅开辟了新的劳动对象，而且使劳动过程本身、影响劳动效率的各种条件和因素、劳动产品及其分配也都成为人关注的对象，成为人注意调整和调节的对象。除了物的生产，还有人自身的生产，为了得到更健壮的后代和更多的人口，人的生产及其方式如婚姻家庭也都成为人们关注和调节的对象。劳动能力随着劳动的发展而不断得到了发展，生产和生活的需要也随之越来越丰富化、多样化，它们回过头来又促进了活动的开展，接触和发现了更多的对象。

无论这个过程是多么的漫长和曲折，它却始终沿着一个确定的方向在展开着，人的需要—能力日益提高，人的对象世界在日益扩大、日益深化，需要的多样化为自己寻找着更多的对象，对象的更多方面的功能和属性，新的对象、对象的新的用途和效用的发现又引发了需要的多样化，又生产出了需要的多样化。对悦耳的声音的需要推动了对音乐的创作，创造出来的音乐又训练出了懂音乐的耳朵和喜爱音乐的大众；生产为消费提供了新的对象，新的消费需要、消费更多的更好的产品的需要又为生产提供了观念对象。

如此循环不已，使得主体的需要—能力越来越提高和发展，客体领域越来越宽阔、越来越深刻，主客体关系越来越丰富、越来越多样。正如马克思所说："由于人类自然发展的规律，一旦满足了某一范围的需要，［Ⅲ—109］又会游离出、创造出新的需要。因此，资本在促使劳动时间超出为满足工人身体上的需要所决定的限度时，也使社会劳动即社会的总劳动划分得越来越多，生产越来越多样化，社会需要的范围和满足这些需要的资料的范围日益扩大，从而使人的生产能力得到发展，因而使人的才能在新的方面发挥作用。"① 也就是说，在建立更丰富多样的主客体关系、生产出更多更丰富的产品的同时，也培养了社会的人的一切属性，"并且把他作为具有尽可能丰富的属性和联系的人，因而具有尽可能广泛需要的人生产出来——把他作为尽可能完整的和全面的社会产品生产出来（因为要多方面享受，他就必须有享受的能力，因此他必须是具有高度文明的人）。"②

从个体生活方面来说，一个人从一个自然的人、从一个儿童逐渐成长为社会的人的过程，就是他逐渐了解和掌握为人处世的一些基本规则、规矩的过程，其实这个过程也就是他逐渐建立起一些必要的、多方面的主客体关系，学会处理这些主客体关系的必要的方法，掌握与这些客体打交道的基本程序和规则的过程。他的需要在不断地分化，能力在不断地增强，他的客体在不断地增加，他的内心世界和外在世界也都在不断地扩大。尽管在不同时代、不同的民族，对个人作为成年人的要求、标准是不同的，在同一个社会中，不同的个人由于受各种社会关系、地位的限制，其需要—能力的发展和丰富程度也是很不平衡的，但无论如何，个人需要—能力的发展与他所建立的主客体关系的丰富性程度总是相适应，并且是成比例的。

总之，人的现实的生命存在就是他的现实生活、现实活动的过程，这个过程的内容就是他建立、处理各种主客体关系。人的发展程度，人性的丰富程度，都是与他所能实际地和观念地拥有对象的程度相一致的。"这些对象是他的需要的对象，是表现和确证他的本质力量所不可缺少的、重要的对象……这就等于说，人有现实的、感性的对象作为自己的本质即自己的生命表现的对象；或者说，人只有凭借

---

① 《马克思恩格斯全集》第 47 卷，人民出版社，1979，第 260 页。
② 《马克思恩格斯全集》第 46 卷（上册），人民出版社，1979，第 392 页。

现实的、感性的对象才能表现自己的生命。"① 这些对象，包括自然界的各种植物、动物、空气、水，也包括人创造的各种人工物，从理论上说，一方面作为自然科学的对象；另一方面作为艺术的对象，都是人的意识的一部分，是人的精神的无机界；从实践上说，它们作为人的直接的生活资料，作为人的生命活动的材料、对象和工具，构成了人的无机的身体。至于人自身以及人与人的关系，人们在对它们加以反思和控制的时候，实际上也就是将它们当作对象来对待，当作主客体关系来处理了。人越是发展，发展的程度越高，就越是能把自己作为具有全面需要和全面能力的人生产出来，也越是能够从类的高度来对待别人与自己的关系，建立合人性的合理的人际关系或主体间关系。

三　主体需要—能力结构的复杂性

从上面的分析我们可知，人作为主体，其需要是多方面的、多种多样的，而每一种需要都以一定的能力作为基础、前提或支撑。性欲以一定的性能力为前提，食欲以一定的消化能力为基础，没有欣赏音乐的能力，也就不会有欣赏音乐的需要，没有历史学的知识和能力，也不会产生收藏、鉴赏文物的兴趣。总之，需要总是在一定能力基础上产生的需要，而能力也总是形成一定需要并使之得到满足的能力。这是就其一致性的方面来说，就其区别的方面来说，能力具有一定的普泛性，作为一种动力可以施用于多个方面，而需要则针对着特定的对象，使能力发挥朝着特定的目标和方向。人有时有某种需要，形成了某种目标，可实现目标的能力不足，所谓"心有余而力不足"，讲的就是这种情况。

---

① 《马克思恩格斯全集》第42卷，人民出版社，1979，第167~168页。

经济学中讨论需求，多指的是"有效需求"，即有一定的资金支付能力的需求，这意味着还有相当数量的需求，只不过缺乏购买能力而可暂不考虑进来。我们这里的讨论也采取这种策略，主要侧重于需要与能力一致的方面，为了叙述的方便，主要讨论需要问题。

除此之外还有一个原因，就是因为在我们过去的哲学理论研究中，对人的需要的研究几乎处于一种空白的状态，只是在新时期价值理论兴起之后，才开始重视起来，而一些同志又对之多有批评和误解，似乎重视了人的需要，突出了需要范畴对于理解价值问题的重要性，就会削弱、瓦解集体主义道德，甚至导致个人主义和相对主义。有人曾指出，需要有健康的合理的和不健康的不合理的之分，若以需要为价值的尺度，就必然会导致理论混乱。其实，这种观点恰恰是孤立地看待需要的表现，他们不理解需要是一个体系，是一个有机结构，说某种需要不合理，不健康，是病态的，正是相对于这个有机结构而对这个需要的某种评价。

如前所说，人的需要作为其生理—心理结构和精神—文化结构的体现，尽管其多种多样，但又不是呈现出一种离散的无序的状态，相反，这些需要按照一定结构而构成一个有机体系，彼此间不仅有着内在的关联，而且服从着"系统质"的整体规定性。正因为如此，在此需要与彼需要出现冲突之后，主体可根据整体的要求对之进行调整或调节。为了真正地而不是抽象地认识和理解主体的需要，就必须对需要结构作一定的分析。

在对需要的研究中，这些年来人们谈得较多的是美国心理学家马斯洛提出的需要层次论。马斯洛作为西方心理学第三思潮的代表，他反对弗洛伊德过分强调人的潜意识和无意识的作用的观点，特别是反对弗洛伊德主要以病态人格作为研究对象而又将其结论一般化的方法，同时他也反对行为主义心理学把人与对象的关系简单理解为"刺激—反应"的模式，忽视人的能动性的观点。在马斯洛看来，人的需要既提供了人的活动的动机，也提供了人的活动的动力。但人的需要是很复杂的，不仅有层次高低的区别，而且有优势需要和非优势需要的差异。他把需要分为生理需要、爱的需要、安全的需要、尊重的需要和自我实现的需要。低层次的需要是高层次需要的基础，在它得到满足后，高层次的需要才会彰显出来。作为需要体系中之最高层次的自我实现的需要，既是一种将自己的潜在能力、潜在价值实现出来的需要，也是一种贯穿于其他需要之中促使产生更高层次的需要的倾向。在同一层次的各种需要中，其地位也不相同，优势需要就是那种最突出、最强烈的需要，是主体最迫切最优先的需要，它往往会遮蔽或抑制其他的需要，形成一种兴奋中心，使得机体的各种活动都围绕这种需要而旋转，机体甚至都成为满足这种需要的工具。在低层次与高层次的需要之间也存在这种关系，如果低层次的需要没有得到适当满足，它就成为一种优势需要，遮蔽或削弱了高层次的需要，而高层次的需要产生并成为一种优势需要时，它也对低层次的需要形成一定的遮蔽作用。个人在集中思考某个问题或者为某种兴趣所吸引时，会出现"废寝忘食"的情况，这就表现了高层次的需要对低层次的需要的一种遮蔽作用。

马斯洛把他的这种需要理论运用到管理学中，提出了区别于传统的重过程管理的 X 管理理论的 Y 管理理论，即重视目标管理的理论，这一理论取得了相当的成功，这证明他的需要理论具有相当的合理性和可操作性。但是，我们也要看到，马斯洛作为一个心理学家，他主要是从个体心理的角度来研究人的需要的，主要关注的是个人的直接性的需要，对于群体需要和社会需要根本没有涉及，这就显示出了一定的片面性，也限制了其解释力和应用范围。同时，他离开了人的社会关系和社会交往活动来看待需要体系，把它们看作一种既定的人人都如此的抽象共性，这显然也是不合适的。

对于主体的需要结构，马克思恩格斯也曾作过一定的分析，最著名的就是关于生存需要、享受需要和发展需要三个层次的观点。这虽然是一种比较宏观和一般的分析，却为我们分析需要结构提供了一个合理的架构。更为重要的是，马克思对人的需要的分析始终是与人的社会性活动，包括生产活动和交往相联系的，把需要的不断生成发展过程与人的发展过程和社会的发展过程看作同一过程的不同方面，这就为我们研究需要结构提供了有力的指导思想和广阔的空间。

在马克思主义的视野中，人作为主体，不仅有个人主体，而且还存在群体主体、社会主体和类主体等形式，如果说个人是人类的细胞，那么家庭、群体、社会就都是个人存在的具体形式，是若干个人通过交往而形成的共同体的存在方式。因此，分析人的需要，就不仅要注意个人的需要，也得考虑群体的需要、社会的需要。只有对它们作通盘的考虑，才能真正理解人的需要的结构，也才能有效地防止和克服在关于需要问题上的各种片面的观点。

毫无疑问，个人需要是需要的最原初最基本的形式。个人的生理需要和生存需要主要受肉体结构的规定，也主要表现为对物质对象的需要，是个人的物质需要。至于安全需要，原则上也属于生存需要，但从对象上讲，要保障一定的安全，既需要相应的物质条件和设施，也需要一定的社会关系状态。因为威胁到个人的生存安全的，既有来自自然的力量，如野兽、疾病、死亡，也有来自社会的力量，如强盗、小偷、他人或社会机构的伤害，等等。爱的需要和尊重的需要，则属于一种心理—精神的需要，主要是对人际关系状态的需要。尊重，无论是自尊还是他尊，全然属于社会人际关系，这自不待言，就是爱，也首先的根本的是一种同类之爱，是人对人的一种关系、一种情感关系。人对动物和其他自然物类的爱，也不是如一些人所说的是原始情感的一种复活或复兴，而是建立在同类之爱基础上的，是同类之爱的一种衍化物。情感世界是人的内心世界的一个重要组成部分，爱是人的情感需要的一种形式，除此之外，像恨、同情等，也都是情感需要的具体形式。

理智—精神的世界是人的内心世界的另一重要组成部分，也具有多种需要形式，求知需要、追求完善、追求完美、追求自由平等公正等就都是其表现。这些需要之间既有层次高低的区别，又相互渗透相互影响，比如说健康需要，它既是生理性的需要，也是精神性的需要；对异性的需要，既有生理的成分，也有情感的成分；生存需要中有享乐的因素，发展需要中也有生存和享乐的因素，是对更高级的生存方式和享乐方式的需要。

群体需要是一定的人群共同体的需要，又是构成这整体的人们的共同需要。作为整体性需要，它既以各个个体的需要为基础，又有自己的某种特质和特殊规定，不能简单地归结为个体需要，也不是众多个体需要的总和。作为共同需要，它就体现在构成这群体的人们的具体需要之中，是各种具体需要的一种共同性。群体需要也有生存需要、安全需要、尊重需要、发展需要等。群体的形式是多种多样的，有比较稳定比较长期的群体，也有临时性的不稳定的群体，有较小的较单纯的群体，还有较大的较复杂的群体，有在历史的共同生活中形成的群体，如民族，有从社会分工中形成的群体，如阶级、阶层，还有以具有共同兴趣、信念、信仰而形成的群体，如宗教团体、政党，等等。

从哲学的角度看，家庭、阶级和民族是几种比较重要的群体形式。家庭是在血缘关系基础上构成的一种微型群体，也是阶级和民族群体的基础单位。家庭有家庭生产和生活的需要，有对于安全的需要，有维护一定的尊严和体面的需要。这些需要既是家庭成员的共同需要，也是他们的整体性需要。由于家庭群体的特殊性，共同利益比较直接和直观，再加上亲情的作用，家庭成员比较容易认同这种共同利益。所以在家庭需要、家庭利益与个别家庭成员的需要相冲突的时候，一般都以要求个别成员作出牺牲和让步、服从家庭整体的需要为解决方式。

　　民族群体是在长期共同的经济生活、社会生活中形成的，共同的地域、共同的语言、共同的文化、共同的生活方式和宗教，成为民族的几个特征或界标。民族群体的需要在生存需要、安全需要、尊重需要和发展需要这几个层面展开，形成一个需要体系。在马克思主义看来，民族问题与阶级问题密切相关，在现今存在的民族中，除了个别还处于原始社会阶段的民族之外，大多数民族都是由不同的阶级构成的，其中有统治阶级和被统治阶级之分。这样，民族需要、民族利益就不能简单地看作构成这个民族的各个个人、各个家庭的共同需要和共同利益，它首先主要是民族中占统治地位的阶级的需要和利益，是统治阶级的特殊利益采取了一种共同利益的形式。但其中也确实包含全民族的一定的共同需要和共同利益，正因为如此，在一个民族没有外在威胁的时候，其内部不同阶级的矛盾可能处于显化得比较激烈的状态，而一旦遇到了外在威胁，尤其是在面临民族生死存亡的关头，各个阶级的共同需要就会成为一种优势需要，使得他们能够抑制冲突并一致对外。

　　从一方面说，社会当然也是一种群体，在单民族国家，社会与民族群体就是同一的，而在多民族国家，社会则表现为多民族的共同体。社会是人的社会，而人又以一定的群体为具体存在方式，社会就是由多种群体构成的。社会以国家（政府）为其代表，国家就是一定社会的具体化或人格化的表现。社会的存在以一定的物质生产为基础，人口生产和精神生产也是重要的方面，社会的存在就是这几类生产共存并进的过程，是社会经济生活、政治生活和文化生活的不断重复和再生产的过程。

　　从另一方面说，社会也是一个有机体，这既表现在它有类似于神经系统的信息搜集-传播系统和管理-指挥系统，有类似于行动系统的各种生产部门，有类似于消化系统的各种消费活动，更表现为它的各个部分、各个行业、各个子系统之间有一种有机的联系。这种联系就意味着它们之间是彼此需要的，同时又服从于社会有机整体生存和发展的需要。工业的发展需要有一定的商业机构、金融机构来为之服务，需要一定的教育机构为其培养人才，需要一定的科学研究机构为其开发新产品，需要一定的运输系统来转运产品、原料等，需要人口的集中化、都市化；教育的发展需要有工商业的发展为其提供财政支持，也需要这些部门消化吸收它培养出的各种人才；科技的发展需要有经济发展为其后盾，需要教育为其提供人才，需要有一定的市场来吸纳它的成果；国家为了安全，需要建立军队，需要发展军事力量，国家为了维护一定的社会秩序，需要制定法律、建立法庭和监狱，需要有一定的道德规范和各种纪律；如此等等。这些都是社会需要，是社会生存和发展的客观需要，它们既是整体的需要，长远的需要，也是一些普遍的共同的需要。

但是在存在阶级和剥削的社会中，整体需要中掺进了非整体的因素，统治阶级和集团把本来只属于他们自己的需要和利益说成是社会整体的需要和利益，把自己的特殊利益当作共同利益。按照马克思的说法，个人与社会的对立，个人需要与社会需要的对立，最根本的就是由这种"虚假集体"的存在而造成的。

群体、社会终究是人的存在方式，社会需要、群体需要说到底也还是人的需要，是构成群体和社会的人们的需要，不管它们在现实生活中采取了何种脱离了人的形式，甚至表现出与大多数人的需要对立的形式，它实质上还是人的需要，不过不再是人们的共同需要，而是少数人的特殊需要，是把这种特殊需要和利益伪装成社会需要和利益。造成这种"虚幻化"的根源并不是意识和观念，而是现实生活条件，是在这种条件下形成的分工和交往方式，这就像宗教虽然采取了一种远离尘世的非人间的形式，采取了与人对立的形式，而它的根源仍是人们的现实生活和活动方式一样。

　　我们再简单讨论一下"人类需要"。人类这个概念向来是从两种不同的维度而规定和理解的，一方面作为"人"这个族类的概念；另一方面是作为全世界各个民族共同体的总和的概念。作为前者，它相对的是个人，所表现的所要突出的是人的一般，同时又区别于其他类的存在（比如狗），人类需要就是人的需要，是人们的一些最基本、最共同的需要。作为后者，它强调和突出的是整体，是人类共同体的整体需要，区别的是各个民族共同的个别需要或特殊需要。在世界历史形成之前，各个民族都在孤立地发展着，相互没有什么往来，甚至相互不知道其存在，人们经常把自己的"族类"（民族）当作"人类"，以自己的民族文明为"人类文明"，不同于自己的即是"野蛮"，是"蛮人"。这种观念在世界历史形成的初期，也即以殖民地形式来强行进行世界性联系的时期，为种族灭绝式的血腥杀戮提供了道德上的一种辩护，至少是减低其道德负罪感的一个重要因素，因为杀"野蛮人"似乎可以不算是杀"人"。随着世界历史的进一步形成和发展，这种观念普遍被否定和抛弃，逐渐确立了各个民族一律平等、都是人类的一个部分的观念。在现代文明条件下，"人权"更侧重于从人的一般、共同的方面来体现不同民族、国家、人们的基本权利和需要；"全人类利益"则侧重从整体性角度来强调人类共同体的基本需要。环境价值或生态价值这些概念，实际上都是从后一方面来讲的对人类整体的价值，而在这些价值方面的争执其实是与各个民族国家相对于人类整体而言所具有的权利和责任问题联系在一起的。

　　人的需要本来具有原生的和派生的、直接的和间接的形式的区别，比如，人为了维持自己的生命存在必须有一定的生活资料，这是一种直接的也是原生的需要，但为了获得这些生活资料就得进行生产，生产又需要一定的工具，相对于获得生活资料来说，获取一定的工具的需要就带有了某种间接性，也是派生的需要。派生的需要还可以再派生出新的需要，比如，为了获得一定的工具，就得生产这些工具，或是购买这些工具，而生产这些工具，又需要借助于一定的工具，付出一定的体力和时间，要是体力不够，还得补充一定的体力，如此等等，形成一个一个的环节。截开地看，任何两个环节，后一个总是为着前一个的，前一个是目的，后一个就是手段；综合地看，这些环节都可以说既是目的又是手段，它们之间完全是一种辩证的关系。

人们在社会中生活，社会有着各种分工，有着各种各样的角色安排，人们就承担着各种分工的工作，承担着各式各样的角色。每个人都有自己的需要，按照自己的需要确定自己的目的，形成一定的动机，展开一定的活动，而社会整体为了维护一定的秩序，保障一定的安全，调节各种角色的关系，维持各种生产的关系，也有一定的非个人性的社会需要。这些需要归根结底还是构成社会的人们的需要，但它们采取了共同需要、一般需要、长远需要、整体需要的形式，就这一点说，它们不是某个人的需要，甚至不是"人"的需要。换句话说，通过上面所说的派生再派生的关系，它们已经变得与人们直接的需要有了相当的距离，似乎成了一种"独立的""非人的"需要，比如，生产的扩大需要市场的扩大，经济的发展要求政治的变革和法制的完善，科学发展需要教育的普及，等等。直观地看，这些需要似乎就成了生产发展自身的要求，是经济活动自身和科学发展自身的一种内在要求。只有经过一定的分析或"还原"，才能发现它们与人的存在和发展需要之间的关系。

由于各种需要构成了一种体系、一种系统，而一些需要与其他的需要又会出现一定的冲突，这就需要对之进行调整和整合。特别是在个人需要与社会需要的关系上，这种差别和冲突就更带有一定的经常性和普遍性。片面地强调个人需要的原始和基础地位，否定社会需要的相对独立性，这显然是不对的，同样，片面地强调社会需要的整体性性质，甚至把社会需要看作离开无数的个人需要而独立存在的东西，而简单地以社会需要作为规定个人需要合理与否的标准，这也是不对的。群体的发展、社会的发展总是以牺牲一定个人的发展为代价，如果个人为了整体利益而自觉地牺牲自己，那是一种高尚；如果社会必须付出这种代价，那这是一种无奈；无论怎样，牺牲一定的个人是难以避免的，但不能因此就认为社会需要是个人需要合理与否的最终标准和根据，更不能因此就无视个人作为主体的权利，片面地要求个人需要应该无条件地服从整体需要。当一个社会坚持绝对的集体主义原则，在道德上、理论上都想方设法为这种原则辩护的时候，恰恰说明这个社会已经成为一种"虚假集体"，是一种无视人甚至敌视人的专制社会，是统治集团只把自己当目的而把别人当作手段的社会。

无论是个人主体还是群体主体、社会主体，都需要根据现实的情况和自己的能力、个别需要与整体需要、眼前需要与长远需要的关系适时地对自己的需要和需要体系作出调整，压抑一些需要，排斥一些需要，推延一些需要的满足或使之得到替代性的满足。社会为了维护一定的秩序和整体的发展也总是确立一定的规范、建立一定的理论来对个人的需要作出规定，特别是对个人满足自己需要的行为作出规定，对那些反社会的行为、妨碍和侵害别人的权利的行为进行一定的制裁。但不管是个人主体对自己需要的调整，社会主体对它的需要的调整，还是社会对它的成员即个人需要的规定，或是足够多数的个人依靠联合起来的力量对社会需要的重新界定和调整，都是根据一定的需要来作出的，是以一定的需要来衡定、评价另一些需要的结果。因此，这种情况的存在并不是否定了需要是价值的尺度，而是在更高的层次上确证了人们只能以需要作为价值的尺度。还是马克思说得好，人们的需要就是他们的本性，他们总是从自己出发，也即从自己的需要出发，来建立各种规范、进行各种活动的。离开了需要，就等于离开了人自身，离开了从现实的人出发的观察原则。

四　主客体相互作用、主体间性

需要是人的本性，人在一定需要和能力的推动下发动了活动，使一定的事物成为他的对象，成为他的客体，而他也就成为这对象的主体。人们生活的过程，实践的过程，就是他作为主体与各种客体打交道的过程，是处理各种主客体关系的过程，也就是主客体相互作用的过程。

由于我们过去多从认识论的角度去理解主客体范畴，主要考察认识的发生和发展对实践的依赖关系，因此，我们把主客体主要理解为实践主体和实践客体、认识主体和认识客体，把主客体关系的形式划分为认识关系和实践关系。20 世纪 80 年代价值论研究兴起之后，提出了一系列的相关概念，如价值主体和价值客体，评价主体和评价客体，所以，一些研究者便在原来的认识主客体和实践主客体的基础上又加上价值主客体，认为主客体关系有三种形式，即实践关系、认识关系和价值关系。李德顺在《价值论》中对于这种理解曾作过一定的批判，认为认识关系与实践关系是主客体相互作用的两种形式，价值则是认识关系和实践关系的内容方面，因为无论在认识中还是在实践中都要涉及价值问题，都以价值为一方面的内容（另一方面是真理），因此，把价值关系与认识和实践关系并列是一种肤浅的不合理的看法。①

现在看来，仅从认识论的角度理解主客体范畴确实是有相当问题的，如本章开头我们所指出的那样，应该从哲学总体的高度，从哲学与人类实践活动结构的关系的角度，从哲学与科学区别的角度来理解主客体范畴，把主客体范畴从认识论中提拔出来，只有这样，才能在

---

① 参见李德顺《价值论》，中国人民大学出版社，1987，第77页。

自然观、历史观、认识论、辩证法等各个方面贯彻马克思所说的对对象要"当作实践去理解，从主体方面去理解"的基本原则。同时我们也必须注意到，我们所使用的这些范畴，都是从现实的人的活动中抽绎出来的，是对统一的活动过程的一个方面的概念规定，也是我们把握现实的人的活动过程的一种工具，只有综合地运用它们，使思维过程从抽象回复到思维具体，才能达到对现实的全面把握。因此，我们也不能期望主客体范畴能够把人的活动的一切方面都包罗无遗，这是不可能的，它们只是为分析现实的人的活动提供了一个逻辑起点和坚实的基础。没有这个基础是不行的，仅有这个基础又是不够的，必须借助于一系列的范畴，才能揭示人的活动的丰富内容。

通常把主客体关系区分为认识关系和实践关系，这是有其现实的根据和原型的，也是合理的，但这两种形式并没有穷尽主客体关系的类型，在此之外至少还有一种类型，这就是审美关系。马克思说："从理论领域说来，植物、动物、石头、空气、光等等，一方面作为自然科学的对象，一方面作为艺术的对象，都是人的意识的一部分，是人的精神的无机界，是人必须事先进行加工以便享用和消化的精神食粮。"[1] 尽管马克思在这里提到"从理论领域说来"，后面又接着说"从实践领域说来"，把理论和实践作为两大领域来看待，但他把自然科学与艺术相提并论，明显地认为作为科学的对象与作为艺术的对象是有区别的。也可以这么说，作为认识关系的主客体关系与作为审美关系的主客体关系是不同的。

我们知道，德国古典哲学的奠基人康德曾有三大批判，这就是《纯粹理性批判》、《实践理性批判》和《判断力批判》，各自处理的是认识问题、道德问题和审美问题，形成了真、善、美三个领域。康德所讲的实践主要是道德实践，但他关于实践的核心问题是善的问

---

[1] 《马克思恩格斯全集》第 42 卷，人民出版社，1979，第 95 页。

题，却有着普遍的意义。黑格尔就继承了康德的这个观点，认为实践解决的主要是善的问题，是通过改造对象使对象符合人的目的的问题，并且也接受了真、善、美的划分。马克思显然受到了康德和黑格尔的影响。他改造了二人的实践观念，确立了科学的实践观，并把真、善、美的问题统一到实践的基础上来理解，从而加深了对真、善、美的认识。马克思虽然没有写出美学的专著，但他具有丰富的美学思想，这却是为美学界所公认的。但是，在我们过去通行的认识与实践二分天下的框架中，并没有容下马克思关于美学、关于人也是按照美的规律建造的思想，这显然是不合理的。现在我们引入审美关系，把它看作主客体关系的一种形式，与认识关系、实践关系相并列的一种形式，真、善、美就都有了自己的着落，真、善、美的统一作为人的活动的一种理想，也就比较好讲，比较顺理成章了。

主客体关系实质上就是主客体的相互规定、相互作用的互动性关系，这种互动性关系是对各种具体的主客体实践关系、认识关系和审美关系的抽象和概括，正如主体和客体本身就是对各种具体的主体和各种具体的客体的抽象一样。这包含两层意思，一方面是说主体和客体在其现实性上都是具体的，在具体的条件下被规定的，而且是相互规定的关系性存在，是在一定关系中的存在。主体是人，但人只有在一定的对象性关系中才成为主体，在与一定的对象相对时才作为主体，并非无条件地就是主体。人在一定的关系中也可能是客体，在他被当作别人的对象或自己的对象时他就是客体。不仅如此，说一个人是主体，总意味着他相对于某个客体是主体，是这个客体的主体，是在哪一方面、哪一种关系上成为这个客体的主体。同样，说一个事物、东西是客体，也意味着要指明它是哪一个主体的客体，是什么样什么类型的客体。人们在日常交往和语言中由于有具体的语境，不作特殊指明其意思也是清楚的，但在理论研究中，有时就可能忘记了这一点，这就容易把问题抽象化了。所谓"主体的固着"，即把某个人所拥有或曾经拥有的某种主体"身份""角色"当作他的一种固定化的属性和规定，就是这种抽象化的结果。另一方面是说，实践关系、认识关系和审美关系是现实存在的三种主客体关系类型，它们既有区别，又往往是交织地存在，存在于同一个人的活动之中，是同一活动的不同侧面。讲主客体相互作用不能离开这些方面，要注意在不同方面这种相互作用是有差别的，否则就会陷入一种抽象的议论。同时也得注意，实践关系、认识关系和审美关系的区分也只具有相对的意义，主体作为实践主体或认识主体或审美主体都只是他的一个方面的规定，他实际上是在实践过程中就同时在进行认识进行审美，把这个统一的过程人为地割裂开来，也是抽象化思维的结果。

主客体之间首先的直接的是一种实践关系。所谓实践关系，是说主体作为现实的人，有着各种物质需要的人，他首先是从这个角度这种视野来看待对象，从实际利害和功利的层面来对待他的对象；而客体呈现在主体面前的则首先是它的有用性、可利用性，是作为一种有用物（或有害物）来引起主体的注意和关注的。这是从基础层面看，从进一步的动态的层面看，主体与客体是一种改造和被改造、要改造和可改造的关系。客体的现状不能满足主体的需要，主体便生出改造它的动机和念头，但这种念头又以对象的可改造性和可利用性为前提，以把对象改造得合乎需要为目的。

再进一步来说，主体动员起自身的力量，运用一定的工具，根据自己的目的来改造对象，亦即调整主客体之间的关系。主体改造客体，而客体有自己的结构、自己内在和外在的各种联系、各种规律。主体改造客体，是主体能动地作用于客体，要客体服从自己，而客体则抵抗着主体对它的改造，反作用于主体。实践进行的过程，就是这么一种主客体相互作用的过程。作为结果，主体付出了一定的体力和智力，而客体则由于主体的作用发生了合乎主体目的的变化，成为主体的生活资料或生产资料；主体的劳动以一种流动的状态渗入客体身上，变成了凝固的状态，主体的力量客体化了，而客体成为产品，成为主体的消费对象，或是生活的消费对象，或是生产的消费对象，成为主体的有机的或无机的身体。这就是马克思所说的主体客体化和客体主体化。主体和客体的相互作用，使得主客体双方都发生了变化，主体通过劳动过程和消费过程增强了自己的经验、技能和能力，产生了更新的需要，成为新的主体；客体则改变了自己的形式、形态和功能，成为产品和消费品。

主体改造客体的过程，同时也是主体通过"接触"客体而不断地揭示出客体的属性、习性、规律的过程，是主体获得感觉、经验从而认识客体的过程。认识就是在实践的过程中来进行的，也是随着实践的深化不断得到深化的。实践验证着主体先前获得的对客体的认识，也验证着主体的目的、方法的可行性，从而不断地矫正着、扩大着、深化着主体的认识，锻炼着增强着主体的认识能力，促进着认识向深度和广度发展。

当我们把注意的焦点放在认识过程本身，把认识当作一种相对独立的过程来考察的时候，我们发现认识关系同样也是一种主客体相互作用的过程，不过这种相互作用与实践关系中的相互作用又有所不同，这是一种能知与所知、探索与被探索、反映和被反映的关系。认识主体要尽力探索客体的规律、奥秘，根据实践中获得的经验、信息在头脑中再现客体的真实面目，而客体则"抗拒"着主体的探索，"要求"主体的探索方式、认识方式与它的运动方式、发展程度、特点具有一定的匹配性，反抗着主体的片面性和主观性。

认识关系主要是一种信息过程，在认识主体一方主要体现为如何接受来自客体的信息、加工这些信息的过程，但客体在一定的实践和实验的扰动下发出了什么信息、"隐瞒"了什么信息，都对认识主体形成一定的限制和制约。因此，主体在实践过程中形成的认识，实现的主观与客观的统一只能是具体的历史的统一，必须根据客体的新变化，根据主体的新要求，不断地变化和深化自己的认识，以求实现新的条件下的新统一。任何将认识成果僵化、凝固化的做法，都必然导致认识与对象、主观与客观、理论与实践的脱节和不统一。

主体改造客体的过程，用马克思的话说也就是"人却懂得按照任何一个种的尺度来进行生产，并且懂得处处都把固有的尺度运用于对象；因此，人也按照美的规律来构造"①。劳动者在劳动过程中就进行着审美活动，在欣赏对象的同时训练着自己的审美能力，培养着自己的审美情趣，然后再运用这种能力为自己塑造出新的观念对象，促使主体寻找符合自己审美情趣的对象。审美活动是一种更突出更集中地体现了主体能动性和自由性的活动，是将实践经验、技能和认识成果统一地综合地运用于塑造观念对象的活动，也是更人性化地设立目的、确立方法的过程。审美增加了劳动实践和认识活动的乐趣，强化和突出了它们作为人的自由自觉活动的特征，当劳动者把自己的活动当作审美对象来观照、用心体验这些活动给自己带来的乐趣时，马斯洛所讲的自我实现的需要就成为一种优势需要而起作用了。

审美活动本质上是一种人对自身的关系，是人自己的本质力量的对象化，对象化的结果，是人的自由心灵对自己的自由活动的关系。直观地看，审美客体是一种外在的东西，或是自然物，或是人工产品、艺术品，深入地看，审美客体是人的本质力量的对象化和对象化的结果，它们是人的本质力量的一种确证，人在这些对象中欣赏到的是自己的智慧、能力和自己的创造性。人们发现了所谓美的自然物体，感受到了它们对自己心灵的震撼，体验到了它们在自己身上引起的强烈的愉悦，便经验地、非批判地认为是自然物体引起了这种审美感受。

实际上，第一，人们是以自己的创造物、以人工产品为参照物来

---

① 《马克思恩格斯文集》第 1 卷，人民出版社，2009，第 163 页。

欣赏这些自然物体的美的，拟人化地移情地往往是下意识地把这些物体看作"造化之功"，感叹的是造物主的伟大。第二，人们的审美感觉、审美能力是在社会化的活动中形成和培育起来的，是活动的结果，是全部历史的产物。人们在对自然物体的感叹中所肯定的与其说是自然物能引起如此强烈的审美愉悦，不如说感叹的是自己竟然有如此精妙的审美感觉、审美能力。如此说来，审美关系中主客体的相互作用就是一个人的本质力量的对象化与人自身能力的关系问题。

无论是哪一种形式的主客体相互作用，主体都是作为能动的一方来发起、组织和调控着这个过程的，也是抱着一定的目的即使客体能够满足自己的需要来进行这种活动的。主体作为主体，这个"主"，既是主动的"主"，又是主要的"主"，更是主人的"主"。主体与客体相对，正显示了主体作为主人的地位。所以说，在主客体的相互作用中，主客双方的地位是不同的，主体客体化和客体主体化既是一种双向的运动，同时又具有某种手段和目的的关系，主体客体化是为了客体主体化，主体在活动中所付出的体力、脑力、时间等，主体在活动中所经受的种种艰辛，都是作为自己拥有客体、享受客体的成本和代价而存在的。无论社会分工如何使这个过程发生变形，如何使劳动发生了异化，从总体上从人类发展的总过程上看，这种关系都是普遍的无法遮蔽的带有必然性的。正因为如此，人才有使不合理的社会分工合理化的历史性需要，扬弃异化才作为一种历史的必然性要求而存在。当我们说价值是体现了主客体相互作用中客体主体化的实质内容的时候，当我们说价值是一种目的性存在的时候，就是从这个角度着眼来立论的。

主客体是人的实践和生活活动的基本结构要素，无论是在生产实践还是在生活实践中都不能离开主客体关系，这是问题的一个方面。另一方面，人作为社会的人，总是与其他人一起生活的，总要结成一定的社会关系，或是合作或是竞争。按照马克思的观点，人与自然的关系制约着人与人的关系，而人与人的关系反过来也影响着人与自然的关系。从物质生产的层面看，前者表现为生产力，后者就表现为生产关系，生产关系就是人们互相交换其劳动的关系，它是生产活动得以进行的社会形式，也构成了人的全部社会关系的基础。在这种人与人的关系中，除了主客体关系，即彼此都作为主体而以对方为客体的关系外，同时还有主体间关系。在生产实践中，人们结合成一定的组织共同地进行生产活动，这时他们形成了一种共同主体，共同地对待他们面临的客体，完成共同的任务；在交往中，彼此以对方为自己的对象，这是一种主客体关系，是互为主客体的关系，但同时彼此也都意识到对方也是一个人，与自己一样也是一个主体。如此，在交往中他们之间就有一种主体间的关系。正因为彼此都是主体，都有主体的规定性，所以大家就要按照主体的形式而彼此对待，在坚持自己的主体性的时候，把他人也当作主体来对待。

一定的群体是在人们的共同生活和共同生产中形成的，群体的最简单的形式就是家庭，家庭是以人的自然生产为纽带而形成的一种利益共同体，家庭一出现，就有了各个家庭之间的交往关系，同时也出现了个别家庭的利益与所有参与交往的人们的共同利益的矛盾，于是这种由许多家庭构成的共同体便以一种超越个别家庭的形式、以共同利益的代表而存在了。在一个共同体内部，个人主体与其他个人主体的交往，一个家庭与其他家庭的交往，个人和家庭与整个共同体之间的交往，构成了一种纵横交错的社会关系体系。

在对外的关系上，不同的共同体之间也有交往，经济的、政治的、文化的、军事的交流都是交往。无论是内部的交往还是外部的交往，都需要一定的规范，在一定意义上说，许多社会规范就是以这种主体间性作为基础的，是作为主体的人们在交往中自然形成的或共同约定的规范。一定的社会制度就是交往关系和交往规范的固化和凝结物，一定的规则包括度量尺度和规则、货币及其换算规则、道德规则、礼仪规则、语言规则、逻辑规则等都是交往的产物，也是为了更好的交往而设立的。这些规范实际上也是主体进行交换和交往的共同需要的反映，是维护一定的社会交往秩序的共同需要的反映。同时又作为众多的主体约束和评价自己的需要、自己满足需要的行为及其结果的一种尺度，是人们确定一定的言论、行为等合法不合法、合理不合理的尺度。

主体间性也是一种历史性的存在，随着人与自然关系的发展，随着社会历史的发展而发展，也伴随着人们的主体性意识的普遍觉醒而突出出来。在野蛮社会，虽然不同部落的人们都是人，但彼此往往却并不把对方当作主体、当作人来对待。在奴隶社会，奴隶主也只是把奴隶当作会说话的工具，是一种特殊的客体。在封建社会，人获得了基本的做人的资格，杀人偿命成了一种基本的法律规范，但人们囿于自己的小圈子，总是站在一定的"圈子"立场来看待其他的人，缺乏普遍的人的意识，即把任何人都当作一个人来看待的意识。只有到了现代社会，随着商品交换和交往的频繁化和范围的扩大，人走出了家庭的樊篱而成为一种社会化的人，人们的主体意识普遍地觉醒了，"人道"意识才成为一种显化的意识。人道主义可以说就是这种现实在理论上的反映，同时又促进了人们的主体性意识的深化和发展，促进了基本的人权观念的出现。所谓"人道价值"，其实就是以这些观念为尺度而形成的规范价值。

从上面的讨论我们可以看出，无论是从理论和逻辑上还是从现实关系上，主体间性都不是对主客体关系的一种否定，最多只是形成了对主客体关系的一种限制和补充。主客体关系是人的所有活动中都存在的一种基本关系，主体间关系则主要限于人与人交往的过程中，而即使在交往的过程中，主客体关系也仍然是一种基本的关系，人们首先从自己的需要和利益出发把交往的对方当作自己的客体和对象而看待的，首先是从主客体关系的角度来考虑、来进行交往活动的。只是这种主客体与物质生产过程中的主客体不同，对方不单是一种客体，或者说，在交往中，不能仅把对方当作客体来看待，还要看到他也是一个主体，也是一个人，要求按照人的方式来对待。只有从这个角度、从这个意义上，我们才可以对主体间性有一个合理的定位和理解，也才能对规范价值有一个合理的理解。

五　价值作为一种主体性现象

通过上面的讨论，我们可以得出几点简单的结论。第一，主客体范畴不单是认识论的范畴，更是具有世界观意义的一对范畴，主客体分析方法，即从主客体相互区分又相互联系、相互作用的角度来看待、观察和分析人的活动以及感性世界的方法，就是哲学区别于其他具体科学的一种独特的视角和方法。

第二，主客体关系是历史地建立起来的，人的需要—能力在其中起着重要的作用，一定的事物只有进入人的实践领域成为需要的对象，才能为人关注并成为人的客体。一定时代的人们、一定的个人所能建立的主客体关系的丰富程度和深刻程度就表现着、确证着人发展的程度。

第三，人作为主体，既以个人主体为其基本的形式，同时还有群体主体、社会主体、人类主体等形式。各种主体的需要都是人的需要。直接的需要和间接的需要、原生的需要和派生的需要，构成了需要的不同形态，那些初看起来与个人没有多少关系、纯属于社会有机体存在的发展的需要，归根结底也都是人的需要。

第四，价值不是主客体关系的形式，不是与认识关系、实践关系、审美关系相并列的一种形式，它是主客体关系中的一个方面的内容，主客体关系内容的一个方面，它就存在于主客体相互作用的过程之中。主体间性不是对主客体关系的否定，而是人在发展的过程中、在发展的高级阶段对共同主体性的一种确认和肯定。

价值作为一种主体性现象，它就存在于主客体相互作用的过程之中，是以主体的需要为尺度而形成、并随着主体需要的变化而变化的一种现象，是客体的存在、结构、功能和变化趋向与主体生存发展需要的一致性和统一，是客体对主体的意义。"价值是主客体之间的一种统一状态。但是仅仅理解到此，还不能真正地把握价值的特性。因为，主客体的统一不仅仅是价值，还有非价值。例如，主体服从于客体，受客体支配，也是一种统一，但不是我们所说的价值。价值的特点在于：这种统一必须是符合主体需要和内在尺度的，是客体为主体服务，是主体性占主导地位的统一。"①

如此看来，价值固然不能离开客体及其属性，但客体及其他所具有的属性和功能只是价值的负载物，它们只有相对于主体的需要，在主体需要的这个"天平"、这个"衡器"上，才能显现出自己的"分量"和意义，才被看作有益的或有害的、有用的或无用的、好的或坏的。人们在实际生活中直接以自己的需要作为尺度去衡量对象，把对象分为有用的和无用的、有益的和有害的，然后以语言的形式把这种结果固定下来。当下一代人通过语言来掌握上一代人的经验时，就容易把语言与语言所指的对象之间的关系固定化，似乎有用与无用、有害与有益是这些对象自身的属性。

比如，我们把昆虫分为"益虫"和"害虫"，把一些不利于健康的气体称为"有害气体"，把一些能导致人畜死亡的物质称为"毒药"，等等，全都是把我们的尺度外化的结果。久而久之，我们反倒忘记了自己的尺度，把这种"益"和"害"、"好"和"坏"看作对象自身的一种属性了。马克思对此曾作过十分精辟的分析。他说，有些人曾指出，"价值"这个词"表示物的属性"，"的确，它们最初无

---

① 李德顺：《价值论》，中国人民大学出版社，1987，第 125 页。

非是表示物对于人的使用价值，表示物的对人有用或使人愉快等等的属性"①，但是，这不过是物被"赋予价值"。"他们赋予物以有用的性质，好像这种有用性是物本身所固有的，虽然羊未必想得到，它的'有用'性之一，是可作人的食物。"② 马克思还说，人们"可能把这些物叫做'财物'，或者叫做别的什么，用来表明，他们在实际地利用这些产品……"③ 使用价值这个概念，实际上是表示物为人而存在。

使用价值是物的价值的一种最直接、最通常、最普遍的形式，实际上也是最典型的价值作为主体性现象的实例。所谓主体性现象，就是指以主体的尺度为尺度的现象，是随着主体不同而不同、随主体尺度的变化而变化的现象。古希腊哲人普罗泰格拉认为，人是万物的尺度，是存在者存在的尺度，也是不存在者不存在的尺度。过去多把这句话看作相对主义和主观唯心主义的命题，如果从非价值的角度看，以人作为存在或不存在的尺度，显然是有问题的。但若是把这句话放在价值问题上，那就是正确的。不仅对于整个人类是正确的，而且对于个人也是正确的。一幅名画，一首名曲，对于一个不懂得绘画和音乐的人来讲，就是没有任何价值的，他的需要和能力，决定了他与这些艺术品建立不起对象关系，他欣赏不了这些对象，体验不到这些对象所带来的那种愉悦。他的尺度就是这些价值存在与不存在的尺度。

价值的主体性特性表现在如下几个方面。

第一是价值的个体性或独特性。"价值关系是一种以主体尺度为尺度的关系内容，它依主体的不同层次而表现出每一主体的特殊性、个性。""要言之：以人类作为主体的价值，具有人类性或社会性；以一定历史阶段上的社会为主体的价值，具有时代性；以民族为主体的价值，具有民族性；以阶级为主体的价值，具有阶级性；以个人为主

---

① 《马克思恩格斯全集》第 26 卷（第 3 册），人民出版社，1974，第 326 页。
② 《马克思恩格斯全集》第 19 卷，人民出版社，1963，第 406 页。
③ 《马克思恩格斯全集》第 19 卷，人民出版社，1963，第 406 页。

体的价值，具有个人性。这是价值的一种普遍现象，即我们所说的价值关系的个体性或独特性。"① 这里，弄清主体的层次、范围，是理解价值的个体性的关键。一个人、一个群体、一个民族，都可以而且必然是一定层次上相对独立和相对完整的主体。在这个意义上，它们也都是一个个体，其所发生的各种价值关系，都具有这个个体的特性即个体性。当然，不同层次的主体因其范围的不同，其个体性也相异，这些都是应该加以注意的。

人们在关于价值的日常交谈说话中，往往是把主体予以省略或隐没，有时这种省略借助于具体语境不会造成语义的丢失或失真，但是在相当不少的情况下，因为省略了主体就会造成所指层次或范围的扩大，尤其在理论研究中，忽视、忘记了价值主体的不同层次就容易引起许多不必要的麻烦，为了一些虚假的问题而进行争论。比如，某件事情对于群体是正价值，而对于个人是负价值，这本来是两种不同的价值问题，它们可以同时存在而并不矛盾，但由于人们忽视了主体的不同层次，或是站在个人的立场认为这件事是坏事，或是站在群体的立场上认为这件事是好事，"这件事是好事"与"这件事是坏事"似乎就构成了一对矛盾判断，彼此可能就争论不休。这就是一个虚假问题。同样，不同的民族具有不同的价值标准和评价标准，如果不把民族主体突出出来，各自以自己的标准为唯一的价值标准，当作客观的普遍的价值标准，总觉得对方不同意自己的判断，是不通情理、不可理喻，民族间的许多冲突就是由此而引起的。

由于价值具有主体的个体性的特点，而主体又是多层次、多种多样的，每个主体都有自己的一套价值坐标体系，不同的主体之间在价值标准方面可能重合，却不能相互取代。所以，在现实的社会生活中，价值的标准和表现也就是多种多样的，是多层的、异向的、异质

---

① 李德顺：《价值论》，中国人民大学出版社，1987，第145页。

的。对一些人是好的，可能对另一些人就是坏的，对一些人是有利的，可能对另一些人就是有害的；对一个民族有利的，不一定直接就对这个民族的每个人都有利；如此等等。只要这些主体仍然存在并没有根本改变，别人就无法用对别人的价值来取代对他的价值；对他没有价值的，无论你怎么解释、怎么说他愚昧无知，那对他还是没有价值。这一点不仅不以别人的意志为转移，甚至也不以他自己的意志为转移。

我们在这里强调主体的特殊性，并不是不承认不同主体之间也有共同性，相反，特殊性正是在共同性基础上的特殊性，是以共同性作为底色而显现出来的特殊性。人作为社会的人，作为文化的人，共同的社会生活和共同的文化背景，总会造成一定的共同性。而且在不同层次的主体之间，每一个低层次的主体都被高层次的主体所包含，通过共性和个性的关系与高层次的主体相联系。

以个人为例，每一个个人都具有双重甚至多重的主体身份，一方面他是个人，是独立的完整的主体；另一方面他又是一定集体、一定阶级、一定民族的分子，是更高主体的一部分。在后一个层次上，个人就不是作为个人，而是作为一个更大的主体的一个细胞参与到这个主体的活动中，比如阶级的或民族的活动中，在他身上就体现着这个更大的主体的特性，也即是所有阶级成员或民族成员的共性。这种双重的身份之间是互为前提、互相包含的关系，但作为不同层次的主体，两者的个体性和价值就不完全重合或一致，它们之间也不能相互代替。理解这一点具有非常重要的意义，我们过去在一个很长的时期内，就是由于不理解这一点，在强调集体主体的时候，总是这样那样地否认个人主体的独立性，所谓"个人需要只有符合集体需要才是合理的"，就是以否认个人主体的独立性和个人需要的独立性为前提的。由于不承认个人主体的独立性，忽视个人的权利，而片面地强调个人的责任，表面上看似乎是加强了对集体的向心力，实际上阻碍了个人主体的发育，从而削弱了作为集体的每个细胞的活力，造成了各个细胞对于集体的离心力。

主体不仅是多层次的，在每一层次也往往是多个主体共存的，在个人层次有无数个个人主体，在阶级层次也会有多个阶级，在民族层次则有多种民族。这就是主体的多元性。主体的多元性，势必造成价值的多样性和多元性。所谓多元性，就是说这些价值无法相互归约，也不能彼此替代。

第二是价值的多维性。任何一个层次的主体对外都表现为一定的整体性，他内部的各个要素、各个部分形成了一个有机的整体，服从于整体的规定性。但这个主体作为整体，在其内部，由其结构所决定，又会形成不同的规定性，具有不同方面的需要，因此，它所形成的价值关系也就是多方面的、多维的或全方位的。"所谓价值的'多维性'是指，主体是活生生的个人或个人的社会共同体，它自身结构和规定性的每一点、每一方面和每一过程，都产生对客体的需要，都可能形成一定的价值关系。"①

我们在前面分析主体的需要结构时就曾指出，主体的需要不仅是多层次的，而且每一层次的需要也都是多方面的。马克思说："人同世界的任何一种人的关系——视觉、听觉、嗅觉、味觉、触觉、思维、直观、感觉、愿望、活动、爱，——总之，他的个体的一切器官……通过自己的对象性关系，即通过自己同对象的关系而占有对象。"② 这些器官作为人同外界联系的通道，它们都是主体的需要和能力，是主体的本质力量在多方面的表现，从而使人可能从多方面与多种客体建立起多样性的对象性关系，建立起多样的、多维的价值关系。个人是如此，社会也是如此。社会作为一个主体，他既有生产的需要，也有分配的需要，既有经济生活方面的需要，也有政治生活和

---

① 李德顺：《价值论》，中国人民大学出版社，1987，第 150 页。
② 《马克思恩格斯全集》第 42 卷，人民出版社，1979，第 123~124 页。

文化生活方面的需要。单是文化生活方面的需要，就有教育、科学、艺术、哲学、宗教等多个方面，每个方面又可再分为多个方面。

人的需要的这种多维性、多面性，表现的是人的本质力量的丰富性，人越是发展，发展的程度越高，其需要以及与之相适应的能力也就越是丰富和全面。这就使得人类生活有这么一个特点，不仅从外延的扩大方面使越来越多的事物成为自己的对象，获得越来越多的价值对象，而且可以从内涵的方面越来越全面地利用对象，对于所遇到的任何一个客体事物，主体都能够从不同的角度、用不同的价值尺度去衡量它，懂得想方设法使它对自己有利，尽量使它对自己无害或减少危害。客体事物的属性和功能是无限多样的，主体的需要也是无限多样的，因此，主体利用外物的可能性也就是无限多样的。当然，这种无限性又通过具体的有限性来表现，每个主体面对某个客体或某些客体，他只能根据自己的需要、能力、知识、各种条件来现实地利用客体，只能建立起有限的价值关系。价值的具体实现总是有限的，而其发展的前景则是无限的。

第三是价值的时效性。价值的时效性是从历时态的角度考察价值的结果。"价值的时效性是指，每一种具体的价值都具有主体的时间性，随着主体的每一变化和发展，一定客体对主体的价值或者在性质和方向上，或者在程度上，都会随之改变。"[①] 主体和客体都是在时间中存在的，时效性当然与客体的变化有关，客体属性和功能作为价值的负载，对于价值的存在和变化并不是无关紧要的，一定功能的丧失，便意味着一定价值的消失，这是毫无问题的。比如，食物由于存放时间过久而腐烂了，其对人的营养价值也就消失了，甚至会变成对人有害的东西。但客体一定功能的丧失，之所以造成价值的消失，还是因为这丧失了一定功能的客体已经不能满足主体的需要，所以价值

---

① 李德顺：《价值论》，中国人民大学出版社，1987，第154页。

才消失了。因此，这种情况不是对价值主体性的否定，倒毋宁说是从反面对价值主体性的肯定。主体需要的变化，则意味着价值尺度或根据的变化，才是更具有实质意义的东西。

价值的时效性有两种表现形式，一种是价值的即时性或及时性。某些价值只能在一定的时间内形成，过了这段时间就不是这种价值或不再是价值。比如某些情报信息，在主体需要这种信息以作出决断和选择时，获得它具有很重要的价值，如果过了这段时间，它就可能完全没有什么价值了。另一种是价值的持续性或恒久性。主体的有些需要是持久的、终身性的，能够满足这些需要的价值就具有持久性。有些需要是许多主体的共同的需要，不仅这一代人需要，下一代人、下几代人也都有这种需要，能够满足这种需要而形成的价值就具有恒久性。一些人格理想、一些艺术品，之所以具有恒久的价值，根本上还是由于它能够满足不同时代的人们的共同需要。

价值的即时性和持续性也是一种辩证统一的关系。我们不能把它们的区别绝对化。价值的时效性实质上表现的是价值的时间差异性，而差异中就存在共同性，共同性中又有差异性。《红楼梦》作为一部伟大的、不朽的作品，为不同时代的人们所共同欣赏，具有恒久的价值，但不同时代的人们对《红楼梦》的理解、《红楼梦》对不同时代的人们的价值又有一定的不同。只见同不见异，或只见异而不见同，都是不符合实际的。

价值的主体性是价值的一种本质属性，是我们理解价值的客观性、社会历史性的基础，也是我们讨论事实与价值关系的一个关键性环节。可以这么说，在价值问题上的许多争论、许多混乱，都是因为没有理解价值的主体性而引起的。

第三章

马克思主义哲学视野中的价值与事实

现代价值论的兴起，在很大程度上可以说是与对价值与事实的区分相关联的。所谓"价值王国"的发现，实质上就是发现了价值具有不同于平时所说"事实"的特点，发现由这些价值构成的"价值世界"是与科学的"物理世界"不能等同而论之的。而由此引出的对价值的共同特点和不同类价值的探讨，对价值与事实关系的讨论，都形成了推动价值论研究深入的动力。据我们接触到的材料看，即使在现代西方哲学界，价值与事实的关系问题仍然可以说是一个十分困扰人的、争论不休的问题。马克思主义价值理论自然不能回避这个问题，并且必须作出自己的回答，这既是构筑自己的价值理论体系的需要，也是积极回应西方价值论挑战的需要。

一 一个多重性的问题及不同回答

现代研究价值论的学者大多认为，价值与事实的区别是英国哲学家休谟最先提出来的，在一些文献中这个问题也就被称作"休谟问题"。其实这种观点并不很确切。因为这个问题具有多重性或多方面的内容，休谟主要是提出了事实判断和价值判断能否过渡、从以"是"为连系词的判断过渡到以"应该"为连系词的判断是否具有合法性。休谟在《人性论》中指出："在我所遇到的每一个道德学体系中，我一向注意到，作者在一个时期中是照平常的推理方式进行的，确定了上帝的存在，或是对人事作了一番议论，可是突然之间，我却大吃一惊地发现，我所遇到的不再是命题中通常的'是'与'不是'等连系词，而是没有一个命题不是由一个'应该'或一个'不应该'联系起来的。这个变化虽是不知不觉的，却是有极其重大的关系的。"① 休谟认为，如何从"是"的判断过渡到"应该"的判断，是需要作者做出说明和解释的，可是以往的著作家们都没有注意到这一点。"我相信，这样一点点的注意就会推翻一切通俗的道德学体系，并使我们看到，恶和德的区别不是单单建立在对象的关系上，也不是被理性所察知的。"②

我们知道，休谟属于英国经验论派的哲学家，以怀疑论和不可知论而著称于世。在休谟看来，我们只知道自己的经验，经验之外有什么、什么引起了如此这般的经验，都是不可知的，甚至也是不可问的。后来列宁对此有一段评论，说经验本来是人与外部世界联系的桥梁，可在这些经验论者这里，经验成了隔绝人和世界的屏障。休谟的怀疑论首先是针对神学的各种教条的，是以怀疑的方式来否定上帝的存在。在道德和价值判断问题上，他提出的问题主要是价值判断的根据问题。如果从以"是"为连系词的判断不能过渡到以"应该"为连系词的判断，从事实判断无法推出价值判断，价值判断就被悬空了，这也就是他说的"就会推翻一切通俗的道德学体系"。这些通俗

① 〔英〕休谟:《人性论》(下册)，关文运译，商务印书馆，1980，第509页。
② 〔英〕休谟:《人性论》(下册)，关文运译，商务印书馆，1980，第510页。

的道德学体系就是以基督教戒条为基础的道德体系。休谟以怀疑论和不可知论变相而曲折地否定了上帝存在的真实性，否定了宗教伦理和一切通俗的道德学体系，这是他的革命性所在。从这个意义上说，休谟其实已经开了尼采的"重估一切价值"的先河。

休谟提出这个问题除了否定神学道德之外，还有另一方面的意义，这就是否定理性在道德中的作用。按照休谟的观点，事实判断是理性整理经验材料而作出的，是理性根据类似关系、相反关系、性质程度关系和数量比例关系而作出的，这些事实判断是科学判断，是科学根据经验作出的判断。而这些关系显然不包括功与过、善与恶，这说明道德并不在这些关系之中。善和恶不是理性的对象，只是道德情感的对象。对于一个具体的行为，人们无论从什么角度去观察，发现的都只是一些情感、动机、意志，绝不能从事实中发现善和恶。所以他认为，善和恶"不是对象的性质，而是心中的知觉"①。在理性与情感的关系上，他认为"理性是并且也应该是情感的奴隶，除了服务和服从情感之外，再不能有任何其他的职务"②。

休谟确实把价值判断的根据问题引向了人的情感领域，引向人的内心，但从他的经验论以及怀疑论的根本前提来说，他并不注重探讨作为对象的价值本身与事实有什么区别的问题。这个任务是后来思想家们在深入探索价值判断的对象性根据时提出来的。洛采把世界分为事实、普遍规律和价值三大领域，但他认为价值才是目的，经验事实与因果必然规律都是手段，在洛采这里，事实与价值的区别表现为手段和目的的区别。在新康德主义那里，事实是自然科学的对象，价值则是文化科学的对象，价值是自然和文化区别的关键。"通过与价值的这种联系（这种联系或者存在或者不存在），我们能够有把握地把两类对象区别开，而且我们只有通过这种方法才能做到这一点，因为

---

① 〔英〕休谟：《人性论》（下册），关文运译，商务印书馆，1980，第509页。
② 〔英〕休谟：《人性论》（下册），关文运译，商务印书馆，1980，第453页。

撇开文化现象所有的价值，每个文化现象都可以被看作是与自然有联系的，而且甚至必然被看作是自然。"① 他们认为，具有价值的历史和文化领域与不具有价值的自然领域是两个不同的世界，前者是超验的价值世界，后者是经验的实在世界；前者是应当的世界，后者是实存的世界。文德尔班强调："必须区分应当与存在，价值与实在。规范与实在如果合一，则一切价值将终止。"② 摩尔则继承了休谟的余绪，从直觉主义立场反对传统伦理学的"自然主义谬误"，他认为，传统伦理学借助于自然性质或非自然性质来定义"善"，以为对善的事物的特征冠以名称就是定义了善，但他们的这种方法是错误的，因为善的性质与善的事物并不相等。善是一种单纯的自明的质，只能直观、直觉而不能描述和推理，也无须借助于其他事物或性质来证明。列举事实和描述事实是一回事，而什么是应当做的和什么是善的则是另一回事。

真正使价值与事实不能相容的是 20 世纪前半期兴起的逻辑实证主义。或许这么说更加符合实际，此前的思想家们多是从为价值和价值论争一席之地的角度来看待价值与事实的关系及其差别的，无论是持价值主观主义还是持价值客观主义的观点，大抵都认为价值是一种重要现象，是与事实不同的另一类现象。而逻辑实证主义则从科学主义的角度竭力否定价值的存在。在他们看来，无论是传统哲学中的形而上学命题，还是伦理学和美学中的价值命题，都是既不能用逻辑分析的方法，也不能通过经验加以证实的，所以都是没有意义的命题，都是应予以拒斥的。罗素说："当我们断言这个或那个具有'价值'时，我们是在表达我们自己的感情，而不是在表达一个即使我们个人

---

① 〔德〕李凯尔特：《文化科学与自然科学》，商务印书馆，1986，第21页。
② 杜任之主编《现代西方著名哲学家述评（续集）》，生活·读书·新知三联书店，1983，第38页。

的情感各不相同却仍然是可靠的事实。"① 艾耶尔则说，价值命题不是真正的命题，"纯粹是情感的表达"，正如一声痛苦的叫喊不表达真正的命题一样。他们认为，价值词都没有与之相对应的对象事实，所以都是一些妄概念、假概念，用这些价值词所作出的价值判断都是一些虚假判断、虚假命题。由于根本没有价值这种东西、这种对象，所以价值论就不可能作为一种学科而存在。正是由于逻辑实证主义的兴起并产生了广泛的影响，价值与事实之间有一道鸿沟才成为一种比较流行的观点，在某种意义上可以说已成为当前西方哲学中的一种基本信念。②

西方的规范价值理论和元理论是两种不同的研究范式，规范价值理论主要探讨什么是有价值的，或什么是善的、美的、正当的，并给出一套关于价值判断的标准、根据、准则，以论证自己的这套理论。元价值理论则注重对价值词、价值句子的分析，它的任务不是告诉人们什么是有价值的，什么是无价值的，也不提供关于价值判断的标准和规则，而是分析价值术语和价值命题的功能和意义，研究这些命题能否证明的问题。元价值理论是随着逻辑实证主义的语言分析哲学的出现而出现的，所以，在 20 世纪 30 年代之前，除少数人之外，讨论价值问题的大多是沿着规范价值论的路子进行的。无论是把价值看作情感现象还是看作先验的客观对象，或者看作事物的属性，大抵都认为价值是存在的，是一种与事实有所区别的现象，都试图给出一套关于如何把握这些现象、如何作出合理的评价和价值判断的规则。与他们相反，元价值理论由于受逻辑实证主义的立场和原则的影响，坚持经验证实的意义标准，他们分析各种价值词、价值句子的用法，得出的结论是这些词和句子都是没有 "意义" 的，即无法为经验所证实

---

① 〔英〕罗素：《宗教与科学》，徐奕春、林国夫译，商务印书馆，1982，第 123 页。
② 参见江畅《现代西方价值理论研究》，陕西师范大学出版社，1992，第 285 页。

的。在他们看来，价值根本就不是一种对象性或事实性存在，价值判断只是个人情感、爱好的表达，完全是主观的，没有任何可靠的根据和公准，所以，建立价值论的努力本身就是在做一件不可能的事情。

当然，在现代西方哲学界，反对逻辑实证主义观点的也大有人在。许多人都认为他们的观点过于极端，一些论者指出，把道德判断看作纯粹是个人情感的表达，只是个人的一种态度和情感，这样就消解了道德判断的社会意义和严肃性，与其说是澄清道德中的问题，不如说是败坏了道德。芬德莱指出："我们认为似乎确实存在着一个有秩序的价值和反面价值的构架，实践决断必须在它的范围内作出，哲学家也必须对该构架及其建构原则作出某种解释。""无论我们对这一根本问题的决断是什么，价值领域的建构都是一个有价值的且并非不能实现的哲学任务。"① 20 世纪 70 年代后期出现的"道德实在论"也对逻辑实证主义否定价值存在的观点提出了有力的挑战，洛韦邦德认为，价值标准是社会的、客观的，而不是个人的、主观的，价值正是通过共同体遵循一定的一致规则的行为而内在于世界之中的，正如事实在世界中一样。事实和价值之间并没有区别，被看作事实的东西依赖于一套语言规则的一致运用，被看作价值的东西依赖于一套次一级的语言规则的一致运用。② 正是这些反对意见，促使了逻辑实证主义的极端情感主义价值观向温和的方向发生转变。比如在斯蒂文森和黑尔那里，就在一定程度上承认价值判断也具有一定的描述（事实）意义，承认价值判断之间存在一定的逻辑推理关系。

总体来看，意识到价值判断和事实判断的区别，是一件有着重要意义的事情。正如罗素曾经指出的那样，人类思想史上的许多不必要的争论，都是由没有把价值判断和事实判断区分开来造成的。意识到了这种区别，人们就可以防止思想和判断的"越界"，从这个意义上

① 〔美〕J. N. 芬德莱:《价值论伦理学》，刘继译，中国人民大学出版社，1989，第98页。
② 参见江畅《现代西方价值理论研究》，陕西师范大学出版社，1992，第295页。

说，自觉到这种区别，无论如何也是一种思维的进步。但是，另外，究竟应如何看待这种区别？这种区别是否仅仅是基于判断对象方面即价值和事实的区别，还是同时也涉及主体方面和研究方法方面的区别？承认价值与事实的区别是否就意味着它们之间有一道不可逾越的鸿沟？如果它们之间有联系，那这是什么样的联系？事实判断果然就推不出价值判断吗？如果价值判断不能从事实判断方面得到支持和论证，是否就意味着它就不可能得到论证和证明？建立价值论到底是否可能？所有这些问题没有一个是简单的问题，没有一个不是具有基础性、根本性的问题。我们在后面将渐次讨论这些问题。

二　问题的症结及出路

西方哲学界关于价值与事实关系的讨论，或直接或间接，或直白或隐晦，始终是围绕着价值客观性的问题而进行的。这又有两种情况，一种是站在价值论之外，带着价值论能否成立的怀疑眼光来看待价值与事实的关系，他们得出的结论是，价值判断只是情感的表达，找不到类似于事实判断那样的对象，所以价值是主观的，价值论是不能成立的。另一种是在价值论内部的争论，即先都承认了有价值这种存在，价值论就是以价值为研究对象的，争论的是这种对象的实质是什么，是主观的还是客观的。当然这种内与外的区分只是相对的，但明于这种区分，就可以明白，虽然都是价值主观论，其实他们的目的和作用是不相同的。在我们看来，认为价值是主观的故而价值论无法成立的观点更具有颠覆性，所以也主要以这种观点为辩驳对象。

方迪启在《价值是什么——价值学导论》中说，虽然今日价值学所关心的问题很难用简单的话语来涵盖，但是价值学的核心问题还是可以归结为下面的问题：价值是客观的还是主观的？如果价值的存在和本质都与主体无关，价值便是客观的；反之，如果价值的存在、意义或有效性等都得基于主体的感觉或态度时，价值便是主观的。① 方氏的这段话是抓住了问题的关键的，而且他关于主观和客观的界定也反映了西方学者的基本观点，虽然说这本身就是相当成问题的。可以说，怎么理解客观性以及价值是否具有客观性，就是价值与事实关系问题的一个关键，也是问题的症结所在。怎么理解客观性，又不单是价值论的问题，而是涉及哲学的研究方法、思维方式和总体视界的问题。这么来看，可能会使得我们的讨论显得有点离题，但是，问题本身的联系就是如此，我们也只能循着问题本身的逻辑来进行讨论。

张岱年先生曾指出西洋哲学的本旨是爱智，以求真为目的②。至少从柏拉图开始，就有一种将现实分为现象与现象背后的实在的基本倾向。他们认为现象是不真实的，现象背后的实在才是真实的，对现象的认识只是"意见"，只有对这实在的认识才能算得上是"知识"和"真理"。在宇宙本根的认识上，唯物主义认为本根是构成万物的原子，唯心主义则认为本根是精神性的理念，尽管所认不同，但都以自己的确认为最终的实在，对此实在的认识则为永恒的真理。后世认识论兴起，虽把研究重点放在如何获得真理的问题上，但仍不脱这种框架。唯理论一派，认普遍必然的知识为真理，为客观的知识，它们的对象才是实在、才是真实、才是客观的；经验论一派，则以经验中的"所与"为根据，以能被普遍的经验证实的认识为真理，为客观的知识，只有这些知识揭示的东西才是实在、才是客观的。唯心主义的经验论则认为经验就是实在。近代认识论以自然科学为依傍，只不过唯理论更侧重于数学，经验论更侧重于物理学等实验科学。逻辑实证主义拒斥形而上学，欲用科学方法来改造哲学，他们追求的是"哲学科学化"。大致说来，逻辑经验主义者和一些科学实在论者特别关心

① 〔阿根廷〕方迪启：《价值是什么——价值学导论》，黄藿译，（台北）经联出版事业公司，1986，第13页。
② 参见张岱年《张岱年全集》第2卷，河北人民出版社，1996，第8页。

科学性的哲学。他们把自己的目标规定为使哲学成为科学的，或者认为自己的哲学是科学的。就像赖欣巴哈在《科学哲学的兴起》一书中曾明确指出的那样，哲学思辨是一种过渡阶段的产物，发生在哲学问题被提出、但还不具备逻辑手段来解答它们的时候①，而到了现在，哲学已从思辨而进展为科学。而他们所说的科学，主要指的是自然科学，在他们眼里，用他们关于科学的标准来衡量，我们平常所说的许多社会科学都不够科学的资格，甚至可以说要成为科学是不可能的。

科学哲学派的哲学观，甚至他们的科学观，受到了人们的反对，特别是人本主义哲学一派的反对。而他们否定价值的客观性，其实也包含着反对人本主义哲学的意思。科学哲学的兴起对促进现代哲学的发展，有相当的功绩，其拒斥形而上学的主张，也并非全无道理，但他们把哲学科学化的基本目标恐怕是有相当问题的。他们追求客观性的知识当然不错，可他们关于客观性的标准却未必精当和合适。

黑格尔曾经指出："客观与主观乃是人人习用的方便的名词，在用这些名词时，自易引起混淆。根据上面的讨论，便知客观性一词实具有三个意义。第一为外在事物的意义，以示有别于只是主观的、梦想的东西。第二为康德所确认的意义，指普遍性与必然性，以示有别于属于我们感觉的偶然、特殊和主观的东西。第三为刚才所提出的意义，客观性是指思想所把握的事物自身，以示有别于只是我们的思想，与事物的实质或事物的自身有区别的主观思想。"② 黑格尔批评说，通常意义总以为那与自己对立、感官可以察觉的东西，是本身存在，独立不依的，反过来又以为思想是依赖他物，没有独立存在的。但真正讲来，只有感官可以察觉之物才是真正附属的，无独立存在的③，而思想倒是原始的，真正独立自存的。感官所知觉的事物无疑

① 〔德〕H. 赖欣巴哈：《科学哲学的兴起》，伯尼译，商务印书馆，1991，第3页。
② 〔德〕黑格尔：《小逻辑》，贺麟译，商务印书馆，1980，第120页。
③ 〔德〕黑格尔：《小逻辑》，商务印书馆，1980，第119页。

是主观的，因为它们本身没有固定性，只是漂浮的和转瞬即逝的，而思想则具有永久性和内在持存性。康德把符合思想规律的东西，即具有普遍性和必然性的东西叫作客观的，在这个意义上他完全是对的。但康德所谓的思维的客观性，在某种意义上仍然是主观的，因为它只是我们的思想，与物自体之间有一道鸿沟。只有把握了事物本质的思想才是真正客观的思想，也是唯一客观的东西。由此可见，无论是康德还是黑格尔，都明显地继承了柏拉图主义的传统，不仅将存在分为现象与实体，而且认为只有实体性的东西、只有把握了这实体的思想才是真实的，才是客观的。这一点其实也是传统理性主义的共同特点。

逻辑实证主义虽然重视经验和经验证实的问题，但他们实际上也还是走的传统理性主义的路子。他们认为，有意义的命题只有两类，一类是像数学、逻辑等形式的分析命题，这类命题的真假可以通过是否符合公理及演算规则来证明；另一类是像自然科学那样的综合命题，它们表达经验事实，以是否符合经验事实来证实。在他们看来，只有数学和经验命题才有意义，而其他一切命题都是没有意义的。而他们所说的"经验事实"，或罗素所说的"可靠的事实"，则是人人都能经验的普遍性事实。按照他们的这种标准，不仅对于带有不可重复性的社会现象的许多命题，就是对于自然界中一些偶然现象的命题，也都是无法证实的，没有意义的。这种观点由于违反人们的常识，受到了许多人的反对，以至于他们也不得不放弃这种观点，用"可证实性"来代替"证实"。"可证实性"的标准固然是更宽松了一些，但他们的基本思路并没有改变。现在的问题是，他们的这种基本思路本身就是很成问题的。

首先，他们用一定的命题是否陈述了事实，以及这个命题是否被普遍经验所证实来作为客观性的含义及标准，这一点就难以成立。一个命题被证实固然说明了它所陈述的事实是客观的，但一个命题未被证实或被证伪则只说明人们未能达到对事实的正确认识，并不是说事实本身就是主观的。比如我说"喜马拉雅山高 600 米"。懂地理知识的人可以说我讲得不对，我说的不是事实，只是我的主观臆测，但喜马拉雅山的存在并有着一定高度却是一个客观的事实。

其次，许多不可重复的社会现象和偶然的自然现象，即使对这些现象的陈述难以得到普遍的经验证实，也不能简单地就认为这些现象不是客观的事实。对于与主体相关的一些行为、活动和现象，即使只为主体一个人所意识到，也不能把它们排除到事实之外，认为它们不是客观的。

最后，人类的生活是丰富多样的，不能把丰富的生活内容都压缩到一个平面来处理，并且把这个讲究真伪的认识论平面看作唯一的平面。罗素曾说，价值问题根本不可能用理智来解决，它们不属于真伪的范围，即使我们承认罗素的这个意见是正确的，也不能因此就说根本不存在价值问题，价值只是主观的。

逻辑实证主义，也包括否定价值的客观性的另外一些人，在他们的心目中，客观性就是一种与主体全然无干的意思，既然价值不能与主体无干，那就一定是主观的了。这实际上就是把自然科学研究对象的那种客观性、把自然事实的那种客观性，当作客观性的一般标准，又坚执着主观与客观的对立，不懂得主观和客观的区分也是相对的，在一定意义上为主观的东西，在别的场合、别的意义上也可以是客观的。人的心理、情感、思维在与它们的对象相对待、相比较的意义上，我们说它们是主观的，但作为心理学的对象、思维科学的对象，它们也是客观的。人的思想、判断相对于它们描述的外在的事实，当然可以说是主观的，但这些判断如果揭示了这些事实的本来面目，这些思想也是客观的，是客观的真理。

总之，客观总是与主观相对而言的，是具有多种多样的具体表现的，把某一种客观性的表现当作客观性一般，当作唯一的客观性，这就是一种不合实际的观点。具体到价值问题上来说，价值的客观性有它不同于事实的客观性的地方和特点，特别是不同于自然科学所说的事实的客观性，如果用后者作为客观性的标准，那自然就会把这种本来属于不同的客观性的区别看作客观性和非客观性的区别，看作客观和主观的区别了。这些人的思想方法的毛病实质上就在这里。

逻辑实证主义认为根本没有什么价值存在，主要论据是，价值判断只是情感的表达，不描述任何事实，尽管说他们比较极端，但他们的这个论据与先前那些把价值当作情感现象来看待的理论家们是一致的。不过后者以此来证明价值的存在，前者则以此来否定价值的存在。从这个意义上说，他们都属于价值主观主义。他们所表现出的这种一致性，根源于哲学立场和视界的一致性，这就是都没有超出认识论中心主义的立场，而且离开了现实实践和人的社会性来看待认识问题和价值问题。他们都把人看作是一个个的原子式的人，只从个人的心理和意识层面来着眼，用马克思的话说，是"把意识看做是有生命的个人"①，而不是把意识看作是现实的人的意识。在这种视野中，必然忽视人们的物质生活和社会交往，忽视各种社会规则，首先是实际交往的各种规则；其次是运用语言的共同规则的现实性和客观性。因此也就不可能看到和理解价值这种社会性存在和主体性现象的真实面目及其性质，只把它们当作情感现象来处理。换句话说，从个人的意识入手，看到了人的情感、偏好、态度和理智、知识的区别，但这最多是人的价值意识和非价值意识的区别，并非直接就是价值与非价值的界标。把情感和理智与价值和事实直接对应，把情感和理智当作两分的现象，既不符合实际，也是形而上学思维方式的一种表现。

如果不是抽象地看待人，而是从现实的人们的现实的社会生活实际出发来看待价值现象，从人们实际生活过程来理解价值现象的起源

---

① 《马克思恩格斯文集》第 1 卷，人民出版社，2009，第 525 页。

及其性质，那么，正像马克思所说的那样，任何深奥的哲学问题都会被归结为某种经验的事实，价值问题也就可以根据人们的实际经验来予以讨论了。

三　实践思维方式视野中的事实及其意义

传统的哲学思维，无论是唯理论的还是经验论的，也无论是唯心论的还是唯物论的，都表现为一种实体性的思维。这种思维方式的基本特点，是把对象、事物预设为或看作一个一个的实体所构成的，所谓发现事物的本质，也就是通过揭开它的属性等各种"现象"，找到其实体的过程。而这些具体的实体又归属于更深层的实体，它们后面还有更基本的实体，最后是一个最终的实体。这最终的实体既是一切之根、之源、之母，也是最终的原因。哲学的任务就是揭示这最终的原因，只有找到了这个最终的原因、最终的根据，才能解释一切，所以形成的乃是一种绝对的永恒的真理。

所谓还原论，就是这种思维方式的具体表现形式，所谓寻找确定性，也是这种思维方式的目标所在。这种思维方式不是哲学家们设计或创造出来的，而是人类思维发展到一定阶段的产物，是与当时的科学发展水平、科学家们的思维方式相适应的。科学研究一定的具体事物，每个事物都是有限的，有自己的起源、发展和消亡的过程，具体事物的结构有着层次上的区别，所以，寻找事物的起源、挖掘事物的深层结构，确实可以起到合理地解释其发展现状和表层现象的作用。

也就是说，还原论在科学上是有自己一定的合理性的。寻求确定性，在一定的程度上可以说是科学的任务和使命。问题不在这里。问题是事物本身就是相对独立和相互依赖、自因和他因、内因和外因的对立统一，事物的发展就是必然性和偶然性的对立统一，所以确定性与不确定性本身也就是对立的统一。而当在哲学上把科学家们寻找起源、寻找确定性的信念和方法无批判地接受下来，并不适当地加以无限外推，当作一种绝对性的东西确立起来的时候，其不合理的一面就得到了放大和显化，甚至导向了荒谬。比如，世界本来就无始无终，就没有一个起源，哲学家却要强定一个起源，一个本根，一个始因，岂不就导向了荒谬？确定性本来就是人根据自己所获得的知识为自己确定的一种前提，必然是随着知识的扩展而变动着的，哲学家却要把它胶固起来成为一个永恒的前提，岂不就是荒谬？

实体性思维方式也是线形思维方式，或是向前溯因，或是向后预果，都是"一直往前面走，不要往两边看"式的，因为在这种思维方式看来，因果就是呈线性排列的，径直前行，就可找到最终的原因，也就达到了最确定的、最完满的解释。而一旦找到了这个最终原因——其实这是不可能的，说找到了最终原因，只不过是自以为找到了最终原因，只不过是把自己确认的那个原因当作最终原因，或是自己认同的某种理论、某种理论所预设的那个最终原因——就相信能够解释一切，不仅是现存的一切，而且包括几千几万年以后的一切。所谓"放之四海而皆准，推之万世而不移"，就是建立在上述的基础上的。这就是绝对化、简单化和片面性。尽管说在实际生活中表现得没有这么绝对、这么典型、这么突出，可路子就是这个路子，根子就是这个根子。

这种实体性思维方式也很注重主观与客观的区别，但对于"主观"和"客观"，它坚执着意识、思想、观念是主观的，只有那些不依任何人的意识和意志的影响而存在的东西才是客观的。人作为主体，其行动受着自己观念的支配，是主观的，凡是与意识、观念有牵连并受其影响的就都是主观的，所以在他们眼里，主体就是主观，就等于主观。他们根本不明白，主体与主观是不同的，主观和客观只有在相互对待的场合，在具体的对象性关系中才是有意义的，才是能够具体地加以确定的，随着关系的不同和条件的变化，它们可以相互转化，它们的关系是灵活的而不是僵死的。

现代科学的发展，特别是 20 世纪中期以来科学的发展，更加充分地揭示了事物运动变化的辩证特征、科学发展的内在逻辑，促使科学思维从实体性思维向关系思维转变，或者说进入了以关系思维为主的阶段。这种关系思维也叫作系统思维方式，它的基本特点，就是从事物的各种关系中揭示事物的存在状态及其特征。相对论使得传统的绝对时空的概念变得不适用了。时间和空间的具体特性是随着物质运动的状态而变化的，在不同的物质运动状态下时空具有不同的特征和形式；量子力学揭示了微观粒子只有在一定的相互作用下包括干扰仪器和观察仪器的作用下才显示出一定的存在和特征；测不准原理沉重地打击甚至瓦解了追求绝对确定性的信念，物理学上关于光是粒子还是波的长期争论为光的波粒二象性所扬弃，原来粒子的特征和波的特征都是光子在不同关系条件下的表征；系统理论揭示了系统质是一种不同于任何构成要素的新质，宣告了机械还原论的破产；混沌理论揭示了系统演化发展中的非线性因果规律，揭示了事物发展的多向性和多种可能性。

这一切都表明，传统的实体性思维方式已经过时，一定的事物、一定的存在物，都是在关系中存在的，其特征也是在关系中显现的，事物的内部要素及其结构关系规定着该事物的特征和属性，而此事物与周围其他事物的关系、相互作用又影响着这些属性和特征的表现，规定了它们呈现的具体形式。无论是事物的内部关系还是外部关系，都是在不断变动的，一个系统与其他系统不断进行着的质量、能量和信息的交换，使得它的内在关系和外在关系总处于一种动态的过程。总之，只有在这些关系中，只有从这些关系中，人们才能近似地把握住事物的存在状态，事物的存在状态也就是由这些关系的总和构成的。

其实，从哲学的层面上看，马克思对近代直观唯物主义和形而上学思维方法的批判，主张要把对象、事物、现实、感性都当作实践去理解，放在主客体关系中既从客体方面也从主体方面去理解，特别是马克思把这种观点贯彻到他对社会历史现象的研究和经济运动的研究中，贯彻到对人的活动和本质的研究中，实质上倡导的就是这种关系思维方式、系统思维方式，确切地说应称作实践思维方式。系统论的创始人贝塔朗菲曾把马克思看作系统论思想的先驱，说他在政治经济学研究中使用的就是系统论方法，这确实是很有见地的。实践思维方式不仅意味着对于对象要从它的历时态的联系和同时态的联系中去把握它，而且意味着要把它放在人的实践的动态结构中去理解和把握，从主体的方面去理解。恩格斯和列宁也都从不同的角度强调过这种思维方式，比如恩格斯讲，"世界不是既成事物的集合体"①，相互作用是事物运动的最终原因，列宁说："要真正地认识事物，就必须把握住、研究清楚它的一切方面、一切联系和'中介'。"② 列宁还特别讲道："必须把人的全部实践——作为真理的标准，也作为事物同人所需要它的那一点的联系的实际确定者——包括到事物的完整的'定义'中去。"③ 这里就显现出了实践思维方式比一般关系思维更为优越的地方，突出了主体能动性的选择和建构的作用。

同样都是关系思维、系统思维，却有着两种不同的侧重，第一种是"外观"的方式，即是说主要侧重的是对象自身的关系和系统，我们平时说事物都是一个系统，大都指的事物自身的关系系统，人、研究者、观察者，是从这个系统外面来观察、研究这个系统，实事求是地描述和刻画这个系统。无论是自然科学还是社会科学，作为一种理论研究，主要是一种认知活动，所采用的就是这种"外观"的方式。第二种则是"内观"的方式，所谓"内观"，是指观察者、研究者把

① 《马克思恩格斯选集》第4卷，人民出版社，2012，第250页。
② 《列宁全集》第40卷，人民出版社，1986，第291页。
③ 《列宁选集》第4卷，人民出版社，2012，第419页。

自己也看作系统中的一个部分。换言之，这个系统是包括了对象系统、主体系统和中介系统的大系统，主体自觉到这个大系统的背景，是在这个大系统里面，根据对象系统通过中介与主体系统的相互作用来描述、刻画对象系统的状态以及揭示、评价对象对自己的意义。用一个形象的比喻，前一种方式类似于人们通常的观察天象，把自己设定为一个不动的观察点，看到的只是天体的运动和联系。后一种方式则类似于天文学的观察和研究，它懂得观察者与观察对象都是处在相对的运动中，通过一定的仪器而发生着相互作用，观察的结果就是这种相互作用的结果，而不单是对象自身的运动。这种"内观"的方式就是马克思主义哲学所主张的思维方式，是实践思维方式。它把实践、实践过程中的主体与客体的相互作用，先前的历史实践对对象的作用和对主体的作用，作为现实的主体和客体关系的基础，作为主体认识客体的一种前提条件，它把认识过程看作认知和评价的一种辩证统一，是揭示对象的实际状态和对人的意义的一种辩证统一。

在这种实践思维方式的视野中，对象不再是一种单纯的外在对象，它就是主体实践大系统中的一个子系统，是进入实践结构中的一种要素，是主客体相互作用中的一个方面。它所关注的主要不是对象"是什么"，而是"作为什么"。这个"作为什么"有两方面的意思，其一是这个对象在对象系统中"作为什么"而存在，即它的地位、作用、功能、趋向；其二是相对于主体和主体的实践来说它"作为什么"而存在，它的存在方式、发展趋向对主体的生存和发展具有什么意义，主体把它当作什么来对待、来看待。这种思维方式并不是如某些人所说的消解了事物的客观性，消解了对象的自身结构和各种自在联系，削弱了认知活动的地位和作用，而是突出了在实践和认识活动中主体与客体的内在关联性，突出了主体能动地选择、设计、建构和创造的作用及其基础和背景。它扬弃了在实体性思维方式中主客体的互为外在性和僵硬对立，克服了片面地从客体方面寻找认识根据的倾向，揭示了人类活动中的内在矛盾。它所昭示的是，每一代人的思维，包括我们的思维，都是历史的思维，是在一定的历史条件和实践条件下进行的思维，是根据自己的实践所达到的水平和要求、根据主客体相互作用中客体显现给主体的样子而实现的对对象的把握。我们所说的一切，我们所意识到的一切，都是在我们的现实条件下所实现的主客体的统一，我们没有任何理由把自己的认识结果绝对化。

另外，思维总是我们的思维，认识总是我们在认识，我们永远也不可能离开人的立场去进行认识，也永远不能离开历史和实践所规定的语境去理解事物理解对象，所谓"理解"，就是按照人自己认同的"理"去"解"去"释"对象，按照自己的尺度去观照和同化对象。我们所说的客观事物，总是与我们发生了一定关联、与我们有一定关系的事物，是对我们具有一定意义引起了我们注意的事物。平时所说的没有意义只是指没有某种意义，在某个方面没有意义，而不是完全没有意义。这就是马克思所说的"植物、动物、石头、空气、光等等，一方面作为自然科学的对象，一方面作为艺术的对象，都是人的意识的一部分，是人的精神的无机界，是人必须事先进行加工以便享用和消化的精神食粮；同样，从实践领域说来，这些东西也是人的生活和人的活动的一部分。人在肉体上只有靠这些自然产品才能生活，不管这些产品是以食物、燃料、衣着的形式还是以住房等等的形式表现出来。在实践上，人的普遍性正表现在把整个自然界——首先作为人的直接的生活资料，其次作为人的生命活动的材料、对象和工具——变成人的无机的身体。"① 按照这种思维方式，事实与事实的意义、事实与价值并不是在空间上分开的两个"领域"，而是人和事物、主体和客体关系中的两个方面，我们可以从不同的方面、把它们当作

---

① 《马克思恩格斯全集》第42卷，人民出版社，1979，第95页。

是不同的对象去进行研究，但绝不能由此就认为它们是完全对立的两种"东西"。把价值当作一种实体性的"东西"，占有空间具有质量和形状的"东西"，或者是附属于实体的某种属性，恰恰是实体性思维的产物。只有脱出这种实体性思维的樊篱，并时时注意不要受这种思维方式的影响，我们才能合理地讨论价值问题。

四　价值是一种特殊的关系性存在

实体性思维作为人类在一定发展阶段上的思维方式，具有相当的普遍性，也就是说，在相当一段时间内，人们大多是运用这种思维方式来看待问题、思考问题的。过去自不用说，现代价值论兴起，人们意识到价值是一种不同于事实的存在，对价值的把握不同于对事实的认知。但是，无论是承认价值和价值论的思想家，还是认为价值只是主观的、反对能够建立价值论的思想家，他们中一些人的思维方式却还是沿着实体性思维方式的轨道和视野来看待价值问题，至少是没有明确认识到这种思维方式的缺陷，未能自觉地彻底地摆脱这种思维方式的根深蒂固的影响。

在承认价值的思想家当中，有不少径直认为价值就是一种属性，是人们认为有价值的那些事物的一种属性，正是这种"价值性"使得这些事物成为"有价值"的事物。当他们不能经验地发现这种属性的时候，便认为这是一种超自然的属性，或是不能用理智来分析、不能靠感官来发现，而只能靠情感和直觉来把握的属性。

摩尔批评以前的伦理学家犯了"自然主义谬误"，用指证和定义事物属性的办法来"定义"善，他认为价值与一般事物的属性不同，是一种单纯的无法用以前的办法定义的东西，只能靠直觉来把握。舍勒则认为，价值不仅不依赖于价值对象物而且也不依赖于人的感觉知觉，是一种先验而客观的存在，只能靠情感和爱来接近和发现。培里则认为价值就是兴趣所指向的那个东西，是兴趣所在的那个对象。杜威认为，价值就是效用和效应。尽管他们的说法不同，但都共同认定价值也是一种"东西"、一种属性，或是把它归结为对象的某种功能、某种结果。

而反对价值是一种客观性的存在的思想家，也恰恰抓住的就是这一点。在这些反对者看来，既然价值是一种事物的类似于重量、色彩那样的属性，那它就一定能通过经验来被感知到，必须要能被证实才算数，否则就不能认为它们是存在的，是客观的。既然这种属性是事物所固有的，那它就不会因为人们的不同而不同，就应该对所有人都具有同等的效应。罗素就明确指出："根本不可能找到任何可以证明这个或那个具有内在价值的论据"，所以只能认为价值是主观的，"如果两个人在价值问题上意见不一，那么他们不是对任何一种真理有不同的看法，而是一种口味的不同"，正如一个人说牡蛎好吃，而另一个人说牡蛎不好吃，他们的分歧是一种各自口味的不同一样。"既然解决关于价值的分歧的方法甚至是不可想象的，我们就不得不得出下述结论：这是个口味的分歧，而不是关于任何客观真理的分歧。"① 应该说，罗素对价值属性说的这种驳难是十分有力的，甚至是价值属性论所无法克服的。但这不是说明罗素的正确，而是说明他们都局限于实体性思维方式的视野中，都是把价值当作一种属性来看待的。

站在实践思维方式的角度来看待价值问题，就可以看出，价值问题作为人们实践生活的一个基本问题，虽然说非常复杂，但原本并没有什么神秘色彩，即使人们在理解价值时会出现某些误解或曲解，若根据现实实践生活予以合理的分析和解释，也不是多么难以澄清的事情。倒是理论家们在使这个问题复杂化的同时也使之神秘化了，是理论家们的实体性思维方式把问题引向了一条死胡同，以至变得难以说

---

① 〔英〕罗素：《宗教与科学》，徐奕春、林国夫译，商务印书馆，1982，第 127 页。

明难以澄清了。

顺便说一句，各种理论，包括哲学理论、经济理论、道德理论、艺术理论、宗教理论等，都是从人们的现实生活中发源的，但它们一旦脱离了现实生活，成为理论家的一种专项，在专门化的同时就存在一种使之复杂化和神秘化的倾向。理论研究确有着见微知著的作用，但当专家们创造着使用一套专门的语言（有人讥之为"行话"），来解释说明自己的发现的时候，这种理论就变得不仅一般老百姓理解不了，就是其他专业的理论家们也难以理解了。就像生产分工在促进生产力发展的同时也导致了社会关系的异化一样，理论分工在促进理论发展的同时也导致了理论的异化、精神生活的异化。各种理论借语言文字而存在，语言文字本是人们思想交流的工具和中介，异化了之后，语言似乎成了最真实的实在，成了有生命的东西，人的生命、研究者的生命倒成了语言为了维持自己的生命所必需的养料和摄取物。在我们研究价值问题的时候，实在是需要时刻提防，不要陷入这种异化了的话语圈套。

实践思维方式就是一种防止陷入话语圈套的防护器。在实践思维方式的视野里，第一，价值不是一种实体，也不是实体的属性，而是一种关系性存在。关系与属性的不同，在于它不是依赖于、依附于某个事物，而是存在于不同的事物之间。但关系也是一种实实在在的存在，尽管它没有实体和属性那样的外观。

第二，价值是一种关系，但不是任何两个事物之间的关系，甚至也不是一般所说的事物与人的关系，而是特指一定的对象物与人的需要的关系。从最原始的情况看，这对象物首先是指能够满足人的生存需要的自然物，是对人的生活和生产有用、有利的自然物，所以它们才被人看作使用价值，看作珍贵的东西。在其后的发展过程中，一方面是人的新需要的不断产生，同时从人的一定的直接需要、基本需要又派生和分化出众多间接的需要，特别是派生出了社会生活不同部门、不同方面的需要；另一方面则是产生了众多的人工物，包括物质性的各种器物、各种工具，一定的规范、制度、方法，各种各样的精神产品等，发现了更多更广泛的自然对象。需要在复杂化，对象也在复杂化，它们的关系当然也就复杂化了。一切价值都是对人的价值，而人又有人的价值，人的价值也是人对人自己的价值，如此等等，这就使得价值关系呈现出非常复杂而且是日益复杂的情况。

第三，价值作为一定对象的存在、属性和功能与人的生存和发展需要的关系，不是静态的存在，也不是简单的、对应的关系，相反，是一种交错的、重叠的、相互包含的、相互作用的关系，是处于不断地变化中的动态的现象。同一种对象可以与多种需要发生关系，于是形成了多方面的价值，一种植物，既可以作为观赏对象对人具有审美价值，也可以作为药材具有药用价值，还可以净化空气对人的健康有利，如此等等。同一种需要也可以与多种对象发生关系，同是对食物的需要，小麦、大米、玉米、大豆、土豆、甘薯等都可以成为满足这种需要的对象，它们之间可以相互替代，于是有经济学所说的"需求弹性"现象。对象的结构、属性和功能的变化，自然会引起价值关系的变化，而人的需要的变化更会导致价值关系的变化。

第四，人作为主体，可以有不同的存在方式，有不同的层次，每一层次的主体、每一个主体，都是一种相对独立、相对完整的存在，都可以与种种对象发生价值关系。主体需要的共同性，形成了共同的价值，主体需要的差异性，形成了不同的价值。一定事物对一定群体的价值，尽管可能也包含着对构成这个群体的一定个体的价值，但这毕竟是对群体的价值，不能替代它对某个个体主体的价值。这是两种不同的关系，虽然说事物是同一个事物，事物的结构、功能都是原封不动的。

价值的存在绝对不能缺少价值客体，即价值关系的负载物，但更不能缺少价值主体，即具有一定需要和能力的人。人作为价值主体，作为需要者，既根源于人的肉体存在及其所规定的各种需要，更由于人的社会性存在，他接受了一定的语言、文化、社会规则和规范，认同了一定的理想、信仰以及由此派生的各种礼仪、各种要求，虽然这些东西相对于个人似乎是一种先在的"先验的"的东西，是个人成为社会化的个人的前提，但它们毕竟是人们相互交往的产物，是前代的人们总结提炼了各种社会需要的结果，是交往活动能够顺利进行的条件。用马克思的话说就是："动物只是在直接的肉体需要的支配下生产，而人甚至不受肉体需要的支配也进行生产，并且只有不受这种需要的支配时才进行真正的生产；动物只生产自身，而人再生产整个自然界；动物的产品直接同它的肉体相联系，而人则自由地对待自己的产品。"①

人的这种生产就是人的能动的类生活，人使自己的需要越来越丰富，使自己的世界越来越多样化，他不仅创造了各种物品，而且赋予了各种物品以不同的意义，使它们成为文化产品或文化的表现形式。同样，人作为社会性的人，他的需要，他对需要的意识，他对待需要的态度，他满足需要的方式，都是社会化了的，是经过文化的熏陶渐染的。任何个人，无论他自己是否自觉地意识到这一点，他始终是作为一定民族、一定社会、一定时代的个人而存在的，因此他的各种需要和能力，包括物质需要和精神需要以及满足这些需要的能力，就都带有这个民族、社会和时代的特征，并且是由此而限定的。任何个人，他作为如此这般的个人，有着如此这般的需要，与一定的对象建立起一定的关系，他在意识中认为这些对象具有如此这般的价值，在行为中有着如此这般的选择，所有这些都是可以通过经验来加以确定的。

价值作为价值客体与价值主体之间的关系，缺乏了任何一项，都

① 《马克思恩格斯全集》第42卷，人民出版社，1979，第97页。

不能构成价值关系，但从本质上说，价值是一种主体性现象，是一种主体性存在或主体性"事实"。也就是说，作为承担价值关系的双方，地位并不平等，作用并不相同，客体的存在、结构、属性、功能是一种必要条件，主体的需要才是价值关系的根据，既是价值关系作为价值关系的根据，也是价值关系变化的主要的决定性的因素。只有从主体需要的形成、性质及其变化这个角度入手，从主体这方面入手，才可能发现价值现象的秘密。主体的需要及满足是价值的尺度，是衡量一定对象到底有没有价值、有什么价值、有多大价值的尺度。一定的主体，作为能动的进行着选择活动的主体，他当然受着自己的意识的支配，受着评价的指导，他总是选择那些他认为有价值的对象，但对象是否真像他所认为的那样，具有他所以为的那些价值，却不是以他的意志和评价为转移的，而是以是否确实满足了他的需要，产生了预期的效果和效应为根据的。价值的客观性，说到底就是指不以主体的评价为转移的这么一种属性，这么一种特点。

确定价值是一种主体性现象，是以承认各种主体都是一种相对独立的主体、各种主体的需要都是一定事物对他的价值的实际确定者为前提的。强调这一点是为了解决这样一个在一些人看来是无法解决的难题，即如果一事物能够满足群体主体的需要，对群体是有利的、有用的、好的，而在某个人来说，却不能满足他个人的需要，甚至妨害了他的需要的满足，对他来讲就是不利的、有害的，或者相反，在个人是有利的、好的，对群体却是有害的、坏的。对于这个问题，一些人认为如果承认群体的需要是合理的，对群体的价值是客观的，那就得否认个人需要的合理性和对个人的价值的客观性；反过来，如果承认个人需要是合理的，对个人的价值具有客观性，那就势必导致否定统一的价值标准和尺度，就势必会引起社会生活的无序和混乱。

其实这恰恰是对问题的误解而造成的。社会群体作为主体与个人作为主体，是两种不同的主体，他们的需要发生一定的差异甚至冲突，这是难免的，也是一个客观的事实，由此所造成的价值冲突也是不能诉诸承认一方的客观性而否认另一方的客观性的办法来解决，而只能通过一定的妥协和规范来解决。这妥协和规范的前提，就是承认个人的那些与群体不同乃至冲突的需要也具有一定的合理性，承认个人的合法利益和权利。社会通过规范、法律等所禁止的只是某些危害社会秩序的行为，即个人满足其需要的方式，并不简单地否定这些需要的合理性。进一步说，社会禁止某些行为，是因为这些行为对社会的负价值大于对个人的正价值，甚至对个人的负价值大于对个人的正价值，这是一种在承认其价值的基础上进行价值权衡的结果，而不是否定这些行为对个人的价值。

五　事实与价值的统一是马克思主义的重要原则

通过上面的讨论，我们得出的结论是，价值范畴是一种关系范畴，它所揭示、所表征的是一种客体与主体的特殊关系，是客体的存在、属性和运动变化与主体需要的一致性或接近的可能性和现实性，主体的需要是价值关系得以成为价值关系的根据，能否满足主体需要是判定一定事物对主体究竟有没有价值的尺度或标准。价值是一种主体性现象，是一种主体性"事实"，一定的对象、事物对一定的主体是否具有价值，既不以其他人的评价为依据，也不以这个主体自己的评价为依据，而是以这事物是否满足了主体的需要为依据。价值的客观性正表现在这里。这种客观性虽然不同于自然事物的客观性，不同于真理的客观性，它因人而异、因事而异、因时而异，但它同样也是一种客观性，是一种作为社会历史现象的客观性。

如果承认了上述的结论，那么，进一步说，把价值与事实对应起来对立起来的这种做法本身就成了问题，因为价值也是一种事实，虽然它具有不同于平时人们平常所说的事实即科学事实、客体性事实的特点。这样，事实与价值就不构成一种事实与非事实的对立，最多只是一种事实与另一种事实的区别。正如我们时常把人与动物对应，以示二者的区别，其实这区别不过是人这种特殊的动物与其他动物的区别，无论这区别有多大，总也大不到人不是动物这个程度。当然，只要我们承认了、弄清了价值是一种主体性现象、主体性事实，是一种以主体的需要为标准但不是以人们对它的评价为转移的存在，同样具有自己的客观性，那么为了作为区别，用价值和事实这两个概念也未尝不可以，用其他的概念如科学事实与价值、客体性事实与主体性事实、客体性现象与主体性现象，同样也都是可以的。

在作了如上澄清的前提下，人们仍然可以问，价值与事实既然还是有差别的，那么它们之间到底是什么关系呢？如果说统一，那么是怎样的统一？在那些思维受形而上学统治的人那里，往往是看见了同就否定异，看到了异则否定同。在他们看来，既然价值与事实不同，那它们就是决然对立的，若先承认二者不同又说它们是统一的，那就使判断失去了确定性，就是不合理的。而在我们看来，对立统一乃是一种客观的普遍的规律，是唯物辩证法的实质和核心。

具体到价值与事实的关系时，首先它们是有区别的、对立着的，看不到它们的区别和对立，把它们同样对待，就会造成思想的混乱。只有把价值和事实看作不同的存在、不同的现象，才能自觉防止对概念和判断的"越界"使用，避免出现不必要的混乱。从积极的意义上说，承认它们二者的不同，才可能发现它们各自运动的不同规律，有利于人们更好地进行既合目的又合规律的活动。

其次，它们又是统一的。这个统一可以从两个层面来理解。第一个层面，是说它们尽管具有不同的特点和不同的规律，但都是一种客观存在的现象，因此，对它们都可以进行科学的研究，价值论作为一门科学是能够成立的。第二个层面，是说价值与事实相互依赖、相互作用、在实践中还相互过渡。任何价值关系，都必须以一定的事物

（事实）为一方的承担者，以主体需要为另一方的承担者，而主体在特定条件下有什么需要也是一个事实，没有事实，价值就被架空了，实际上也不可能存在。一定的事实，总是在人的实践生活结构中作为某种对象而存在，这种"作为"什么，其中就意味着和包含着它具有对人的某种意义和价值。

人们认识世界和改造世界，是基于追求价值、创造价值的目的，而为了实现这个目的，就必须对事实、客体及其运动的规律有符合实际的认识。追求价值的动机带动了对新的事实、事实的新的属性、新的用途的探索，而对新的事实、新的规律、事物的新用途的发现，又使人与对象建立新的价值关系成为可能。人们的实践活动，就是具体地现实地实现物的尺度与人的尺度的统一的过程。

在实践的目的中，既有事实的因素也有价值的因素，这是两方面的有机合一；在实践进行中，以目的为标准，相关的各种条件、各种工具、各种计划方案等，都被作为价值客体来进行评价，分为有利的和不利的，合适的或不合适的，对的或错的；实践的结果，无论是作为生产资料还是作为生活资料，无论是物质产品还是精神产品，都是通过改变对象的现状，包括结构、形态、形式等，而创造出来的合乎人的需要、合乎人的目的的东西，并最终成为财富，成为有用的物品。实践在制造着新的客体、新的事实，创造着合乎人的需要的具有价值的新事实，人们消费着这些产品，又激发了催生了新的需要，刺激着人们进行新的认识和实践。如此循环不已，每一次的循环都使人们达到一种新的状态、新的境界，都使对象世界更加丰富多样。总之，只要不是抽象地而是具体地进行观察，就可以发现事实和价值总是纠合在一起，总是实际地相互包含着、过渡着、转化着的。

当然，价值与事实的相互包含和转化远比上述的概括要复杂得多，形式也是各种各样的。一部人类的发展史，从一定意义上说，就是不断地从事实到价值，从价值到事实的相互转化和过渡的历史，也是事实判断和价值判断不断转化和相互过渡的历史。原始先民打制的第一个石器，就意味着把自然的石头转化为对人有用的工具；原始的洞穴，自从其被人们发现可以防风避雨可以作栖身之地，它就不再是纯粹的事实性存在，而是成了对人有着重要价值的存在物。日出日落，春夏秋冬，是自然的节奏、自然的事实，可当人们懂得了这种时令变化的规律，就使之变成了农事活动的指导，成为对人有价值的存在。星空、弯月、朝霞、夕阳，都是自然现象，但它们可以作为人的审美对象，承担着美的价值，给人以美的享受。青松、翠竹、蜡梅，都是植物，可人们将之比作不惧严寒、具有气节的君子，赋予其一定的道德意义。

人们创造了各种物质器具、规范制度、文化艺术产品，它们都负载着一定的价值内涵，不仅成为当时人们的价值对象，具有实用的价值、教化的价值和维护社会秩序的价值，而且对于后来的人们也具有认识的价值、启发和借鉴的价值。人类的文化和文明就是通过一代又一代人的不断创造、不断发现、不断发明而积累起来的。在这个过程中，外在自然被人化，自然的事实被变成社会化的事实、历史的事实，人的内在自然被文化、人与人的自然的关系成为社会的人的关系，人的自然的需要被变成社会的人的需要。正如马克思所说的那样，"整个所谓世界历史不外是人通过人的劳动而诞生的过程，是自然界对人说来的生成过程"①。男女之间的关系是人和人之间最自然的关系，是人的自然需要和自然关系，在社会化的过程中，在经过文明的熏陶后，这种关系就表现出人的整个教养程度，从个人如何对待这种关系可显现出他在何种程度上把自己理解为类存在物、按照人的方式来对待这种关系。人的感觉能力、思维能力、劳动能力、享受能力，都是历史的产物，它们既是人认识、辨别客观事物的手段，也是

---

① 《马克思恩格斯全集》第 42 卷，人民出版社，1979，第 131 页。

人创造、鉴别、评价、实现价值的手段。人的存在是一个事实，可人既是一切价值的主体，也是一切价值的创造者和评价者，他同时也是价值客体，是他人的价值客体和自己的价值客体。所有这一切都说明，事实和价值是内在地关联着的，在实践的过程中不断地实现着转化和过渡的，任何把它们当作两种截然分离的存在、两种不能相容的现象的观点，都是丝毫没有根据的，是形而上学的思维方式造出的一种虚幻的假象。

　　既然在现实生活过程中事实与价值是内在联系着的、相互过渡和转化的，那么表现在人们的思维中、表现在逻辑上，认知和评价、事实判断和价值判断就不可能是绝然相分、不可过渡的。思维永远不能也不应该跟实际作对；逻辑的格式原本就是由无数次实践的重复而形成的带有公理性质的东西，它也不能与实践作对。关于认知与评价的区别与联系，关于价值判断与评价的关系，我们在后面讨论评价问题时会有较详细的交代，这里只就价值判断和事实判断能否过渡，事实判断是否也是价值判断的一种根据简略地谈一点意见。

　　在本章的开头，我们就指出休谟提出的问题实质上是追问价值判断的根据何在的问题，在许多西方思想家那里，价值被看作情感问题，是通过情感才能揭示和把握的问题，所以，价值与事实、价值判断和事实判断的关系问题有时又被当作情感与理智、非理性与理性的关系问题。理论上的辩难和困境，使得这种思路越来越遭到怀疑和挑战，在近年来的研究中，一些学者，如黑尔、塞森斯格等也开始承认价值判断有描述意义，承认价值推理是形成价值判断的基础。在他们看来，从完全是事实判断的前提中推不出价值判断，要得出价值判断，在作为前提的几个判断中至少有一个是价值判断，这便是所谓的"实践推理"或"混合推理"。他们考察的主要是演绎推理，应该说，在演绎推理方面，他们的这种观点是能够成立的，只有在前提中把价值判断和事实判断结合起来，才能够推出一个价值判断。推理不只是演绎推理，还有归纳推理、类比推理。在这些推理中，实际上也都存在同样的情况，前提中都须既有事实判断也有价值判断，才能得出价值判断来。有人认为在类比推理中，从一个价值判断就能直接得出另一个价值判断，比如，某一本书我读了后受益匪浅，所以推荐给你，相信你也会有所受益。似乎是直接得出了另一个价值判断，实际上这里省略了一个事实判断，即我们两人的情况类似，如无这个前提，就无法得出你也会有所受益的结论来。对于归纳推理，无论前提是多少个价值判断，总得有一个事实判断，指出这些前提中所列的价值客体是同类型的，或者是指出价值主体有着共同的需要，才能得出这类事物是有价值的结论。

这种事实判断与价值判断相结合才能得出价值判断的结论，所证明的、所表现的正是价值与事实之间有着内在的联系，证明它们之间没有一道所谓的"鸿沟"。至于说这个价值判断的结论是不是正确，从逻辑证明的角度看，就得看前提中的事实判断是不是真实可靠，前提中的价值判断是不是合理恰当，而最终的证明还是人们的实践，人们是在实践中确证着这些事实判断和价值判断各自的正确性，也确证着对它们之间关系认识的正确性的。尽管说这个证明过程很复杂曲折，但无论多么复杂，实践作为检验事实判断的标准和作为检验价值判断的标准都是确定的，没有疑义的。相反，如果脱离了实践，单纯从理论上来求解，就会把这些问题变成如同经院哲学讨论的那些问题，使这个很现实的问题神秘化。在马克思主义价值理论看来，一些哲学家之所以觉得这是个难解的问题，甚至是一个无解的问题，就是因为他们从来就只是把它当作一个理论的问题，而没有把它当作实践的问题。

第四章

价值的复杂多样的形态

    "价值"是一个总称谓，是对多种多样的形态各异的价值现象的概括和抽象。因此，要了解价值，就不能仅仅停留在一般的价值概念上，而必须对各种具体的价值形态展开分析。然而，价值的分类问题又是一个非常繁难的问题，从不同的角度、以不同的标准可以作出不同的分类。比如，从主体的需要是物质需要还是精神需要，可以分出物质价值和精神价值；从价值客体是物质的现象还是精神的现象，可以分出物质的价值和精神的价值；从人和物的区别出发，可以分为人的价值和物的价值；从人们活动的领域出发可以分出政治价值、经济价值、文化价值、科学价值、生活价值、宗教价值；从主体的不同层次来看，又可以把价值分成对个人的价值、对群体的价值、对民族的价值、对社会的价值、对人类的价值；如此等等。从原则上说，这些分类都是可以成立的，都是合理的，并不存在只有哪一种分类是唯一正确的问题。不过，从揭示价值的本质这个角度看，并不是所有的价值分类都具有同等的意义，并且，如何处理各种分类的交叉重复的问题，也是比较繁难的。因此，我们在本章不从分类的角度来讨论价值的各种形态，而采取一种举例式的策略，拣取一些比较基本的或是带有争论的价值类型来进行讨论。

一　价值世界中的一和多的矛盾

一和多的问题可以说是辩证法中最深层、最难厘清但又最重要的问题，毛泽东在《矛盾论》中把矛盾的普遍性和特殊性、一般和个别、绝对和相对的关系问题看作辩证法的精髓，说不懂得这个道理"就等于抛弃了辩证法"。[1] 在这里，普遍性是一，特殊性是多，一般是一，个别是多，共性是一，个性是多，绝对着重的是一，相对着重的就是多。现代系统论以系统和要素的关系为最基本，这里也有一和多的问题，系统作为整体就是一，而要素就是多。从人类思想发展史看，理论上的许多争论，以及出现的许多虚假问题，都是与没有厘清一和多、一般和个别的关系问题有着密切联系的。在现代价值论中，特别是在关于价值概念、价值的本质和具体存在形式的讨论中，在价值的一元性和多元性的争论中，在"普世价值"和民族价值的争论中，一多问题也常常是最迷惑人的问题，稍不注意就可能笔走偏锋，陷入了一种片面性，落入了形而上学思维方式的窠臼。

一和多，具有多方面的含义，最基本的是这么几个方面。其一是构成性方面，表现为整体和部分的关系，整体是一，是一个统一的整体，部分是多，整体总是由许多个部分构成的。其二是性质方面，侧重的是一般和个别、共性和个性的关系。一般是一，个别就是多，共性是一，个性就是多。其三是源起方面的意义，一母生九子，母是一，子是多，源是一，流是多。其四是价值方面，全局和局部、目的

---

[1] 《毛泽东选集》第 1 卷，人民出版社，1991，第 320 页。

和手段，就都是侧重从价值方面考虑的。这里的全局是全局利益、总体利益，局部则是某一个方面的利益，全局是一，局部就是多，这与整体和部分的关系有重合，但还不完全是一回事。目的是一，手段是多；根本目的、总目的是一，具体目的又是多，这里也有一和多的关系问题。人们在思想理论上出现的一些混乱，往往就是由于没有注意到这几个方面的差异，没有厘清它们之间的关系。

目前在价值理论研究中，无论是国内还是国外，一个重大的也是争论不休的问题就是价值是一元的还是多元的这个问题，形成了两派对立的观点。多元论认为各种价值在质上是不同的，因为主体不同、需要不同，价值的尺度也不同，所以这些价值不可比较，也无法还原为一种最基本的价值，所以价值是多元的。一元论则认为，各种价值虽然有区别，但它们又是能够统一的，如果否认这种统一性，坚持价值的多元论，那么就会导致相对主义，这也就等于否定了价值的客观性。还有一些人主张多元和一元是统一的，价值既是多元的又是一元的，是多元性的统一。但在论证上却颇多漏洞，对多元和多样的差别也语焉不详，甚至混而不论，当作同一个概念来使用，受到了多元论和一元论双方的夹击。我们认为，必须从立足于一多关系的辩证性，从厘清概念入手，这样或许可以找到解决问题的途径。

如同其他领域一样，在价值世界也存在一和多的辩证法。依据上述的一和多的几种用法，分述如此。

第一，价值世界是由多种价值构成的，从总体上看，价值世界是一，从构成因素上看，则是多。价值世界就是这种一和多的统一。无多便无一，一又统摄着多。多种价值，各个不同，都有自己的特殊性和个性，是多，但无论多么特殊，总还是价值，正是这众多的无数的各种价值，构成了一个价值世界。从价值的共性个性关系上看，每种价值都有自己的特殊性，个性，这是多，但同时它们之间又有一定的共同性，有一些共同的一般的特点，这又是一。一般存在于个别之中，共性存在于个性之中，一寓于多，多中有一。

第二，从名与实的关系上看，价值是一个总名、通名、共名，所指便是价值的共性和总和，总不离分，整体离不开部分；共不离殊，共性离不开殊性，所以它是包含和统摄了各种个别、部分和殊性在内的。只有深刻地把握这种种的带有殊性的价值，才可能理解价值概念的丰富内涵。以此类推，功利价值、道德价值、审美价值、学术价值、理想价值，或者物的价值、人的价值，等等，都是价值的一些门类，其概念名称也都是类概念和类名。其中任何一个，比如说道德价值，作为类概念，所指是这一类价值的共性，也是这类价值区别于其他类价值的特性，同时也是指这个门类所包含的各种不同的价值的总体、总和，要真正地把握道德价值概念的内涵，就必须了解这个门类中各种特殊的道德价值。还可以再往下分，无论分到哪个层次，道理总是这个道理。任何名称、概念，全都是一般和特殊的统一、共性和个性的统一，而作为对整体和总和的名称，总是包含所属的各个部分和个体的。就是说，它们是不可以割裂地看待的，是具有统一性的。

第三，从源起方面看，各种价值是不是有一个共同的起源，是不是从一个根上生发出来的？所有的价值能不能归结为一种最简单、最基本的价值？抑或说，根本就不能这样来提出问题，这种提出问题的思路本身就是有问题的。我们认为，对宇宙和物质不能理解为它们有一个总起源，也不能把物质归结为构成万物的一种基元，这已经为思想史所证明。但对于宇宙概念和物质概念却肯定有一个起源问题，至于怎么看，那是另一个问题。价值作为属于统一的世界中的一种现象，当然是有它的起源的。一般地说，我们可以讲价值起源于人类的实践活动，是发源于实践的，在这个意义上可以说，有一个统一的起源。但从另一种意义上说，人类的实践本来就是一个杂多，是不同的种族在不同地域不同时间的各种实践构成的，即使坚持人类起源问题上的一元论，即人类是从一个地方发源然后再分散迁移到各个地区的，那这个实践也是一个杂多，因为这个人类总的始祖不会只从事一种实践，而是从事多种实践。实践本身就是一和多的统一，所以价值的起源也是一和多的统一。这似乎是一个矛盾，但这是现实的矛盾，想排除这个矛盾只会导致更大的矛盾。所有的价值能不能归结为一种最简单、最基本的价值，我们以为是不能归结和化约的，价值问题上的还原论，至少彻底的还原论是一种错误的思维方法。但这不等于说，各种价值之间完全不存在层次关系和类属关系，在一定的层次和种类中，在一定的具体场合和条件下，又可能存在一种相对的可比较可化约的关系。

多元还是一元的争议，从理论和逻辑的角度看，是一个各种价值有无统一的根和源，是否能够从这个根和源上找到一种最基本、最原始、最简单的价值，用它作为基本尺度来化约各种价值的问题。所谓的"元"，就是这个意思。从实践应用和技术的层面上看，则是不同的价值可不可以比较、可不可以换算，以及如何比较、如何换算的问题。一般说来，前者是后者的前提，后者是前者的应用，有如科学与技术的关系那样。但实际情况又比较复杂，所以需要作具体的分析。

大致说来，坚持一元论的学者，都是主张价值客观论的，但也有两种观点，一种是客观唯心主义者的观点，认为价值起源于上帝，根据也在上帝那里，上帝依据统一的标准，规划了一个客观的价值等级，价值比较的问题也就是找到上帝给出的标准，或找到这个客观的价值"等级图式"的问题。比如，在舍勒那里，人把握价值就是通过情感和爱通向这个客观的价值等级世界的问题。

另一种是一些唯物论者的观点，他们虽然不一定坚持各种价值都可以化约为一种最简单的价值，因为在理论上要论证这一点是非常繁难的，但是认为有一种最终的标准，如历史发展规律，或人类进步，或人的全面发展，这种标准构成了不同阶级、不同集团、不同个人所持的价值标准的元标准。不难看出，这种观点是用一种主体来否定其他主体的，甚至可以说是脱离开价值的主体性来看待各种价值的关系的。它把某种事物对于人类的价值、对社会进步的价值当作真正的价值，凡是与此不同的相反的价值，比如说，这种事物对于剥削阶级的价值，或是对于某个人的价值，就都是虚假的价值，或是自己认为有价值而实际上并无价值的价值。这种观点遭到了众多的非难，包括来自唯物主义阵营内部的非难，被看作独断论在价值领域的表现。

坚持多元论的学者，大致也有两种，一种认为价值就是主观的，公说公有理，婆说婆有理，这根本就不是一个到底是公有理还是婆有理的问题，趣味无争辩，非要在这里争出个是非对错，那是不可能的。另一种则是所谓客观价值论的多元论，认为价值因主体的不同而不同，对一个民族是有价值的，对另一个民族就无价值，在一个时代是有价值的，在另一个时代则没有价值，对一个阶级是有正价值的，对敌对的阶级就是负价值，这不是价值判断谁真谁假的问题，而是一个客观的事实。主体既然是多元的，因此价值也就是多元的，不可比较的，不可能把众多的主体化约为某一个主体，也不能把众多的不同质的价值化约为一种价值，不可能找到一个统一的对任何主体都适用的标准。多元论维护了主体的独立性，说明了一部分价值现象，得到了许多人的赞同。但同时也遇到一些问题：如果不同的价值都无法比较，主体对价值的选择如何进行？岂不都带有随意性，或者如非理性主义讲的那样，主要是情感的偏好决定了选择行为？如此，价值论岂不就否定了历史决定论和唯物史观？这些问题确实也都是致命性的。

我们认为，价值是一和多的统一，是一般和特殊的统一，也是多样性的统一。但是，如果在上述所说的"元"的意义上，价值不能说是一元和多元的统一，只能说价值是客观的多元的。根据就是主体的多元性。各种主体都是相对独立的相对完整的存在，彼此之间有联系，有重叠，但不能相互替代。对于同一主体来说，尽管其有各种需要，但这些需要之间有着内在的联系，形成一个有机的体系，这就使得同一主体对于他所面临的各种价值，能够进行一定的比较。即使不能进行量化的精确的比较，也可以进行定性的大致的比较，至少可以根据自己的不同需要在自己的需要体系中的地位和在当时具体条件下的迫切程度，对不同价值进行一种排序，列出一个轻重缓急的次序，但对于不同的主体，不同的需要体系，各自的价值则是无法通约的，也是不能相互替代的。不同主体有共同的需要，这样形成的价值是共同的价值，这成为人们交流、交往、交换和相互理解的基础，但这种共同的价值并不能成为衡量其他价值的尺度，最多只能成为不同主体在价值冲突时相互妥协的一种背景。社会可以根据社会的整体需要制定出一定的规范，但这些社会规范本身就是多样的，也是不能相互替代的，这些规范最多只是在外延上规定了人们自由选择的范围，并不是为人们的选择提供统一的标准，更不会是唯一的标准。

不同的使用价值具有不可比性，因为它们不能化约为同质的东西，而只有在质上相同的东西才可以进行量的比较。在严格意义上，不可化约的东西就是不可比较的。但是在实际生活中，不同质的东西也是可以进行比较的，这是一种定性的大致的比较。所谓两利相权取其大，两害相权取其轻，这个权，就是比较。

在现实的实践中，当一个人面临着价值选择的时候，尤其是在两种相互冲突的价值中进行选择的时候，他可以根据自己的需要状态，根据自己的总目和全局利益，在它们之间作出定性的比较和判定，从而作出自己的选择。一个人如此，一个国家、一个民族也是如此。而在不同的主体之间，各自的价值是不能相互替代的，但有时也是可以比较的。这分两种情况，一种是同一层次的两个主体，比如两个人、两个民族，在遇到利益冲突时，经过协商，各自都做一些让步，所谓让步，就是割舍一些利益，放弃一些价值，从而获得另外的一些利益和价值。杀人者偿命，伤人者赔偿，甲打伤了乙，造成了乙的身体残疾，对乙就是负价值，法院根据伤残的程度判处甲付给乙若干赔偿，获得赔偿对乙就是一种正价值，这里也是一种比较。另一种情况是具有隶属关系的两个主体，比如个人与他所属的群体，彼此的价值虽然有重叠交叉，对群体有利的，总是这样那样地对个人也有利，有利于个人发展的，一般也总是这样那样地有利于群体的发展，但它们之间不可替代，有时还会出现冲突，这时就需要进行协商。但一般说来，群体的利益较之个人的利益，具有一定的优先性，而优先性就是一种比较，或是建立在比较的基础上的。

从总体上看，人类越是发展，需要越是多样化，纳入人类实践和视野中的事物越多，价值的数量和种类也就越多。而人类发展的程度越高，个人的主体意识越是强烈，个人权利越是受到普遍重视，价值的多样性、多元化也就越是明显。相应地，如何协调个人与群体、个人与个人之间的关系的问题也越显得重要。承认并合理地理解价值的多元化，并不会如一些人所说的必然导致相对主义和主观主义，相反，强调价值的一元性，试图用一种标准、一种模式来框定丰富的社会生活，不仅不符合价值运动的实际情况，也与人类发展的方向相背反，而且还容易为专制主义、霸权主义所利用。还是列宁说得好，辩证法包含相对主义，但不归结为相对主义，这对于我们理解价值的多元性和相对性，确实是具有指导性意义的。

二　人的价值是价值世界的中心

在众多的价值类型中，人的价值也是一种价值，是价值的一种类型。任何研究价值问题的理论，都不能缺少了对于人的价值的讨论，原因无他，就是人的价值在整个价值世界中处于一种核心的地位。因为一切价值归根结底都是对人的价值，人是一切价值活动的出发点，也是一切价值运动的归宿。无论价值现象多么复杂，多么变异不定，多么扑朔迷离，它的源、它的根、它的本就在人这里，抓住了人也就是抓住了价值问题的根本，只有抓住了人才可能找到和猜对价值之谜的谜底。这不过是"价值是一种主体性现象"这个命题的题中应有之义。

一般说来，至少在现代，对于"一切价值归根结底都是对人的价值"这个命题，人们大抵是都能理解都能接受的，但对于它的深层含义，不少人却未能破解。这也就是屡屡引起争端的一个重要原因。一切价值都是对人的价值，从逻辑上看，它作为一个全称判断，既适合于人之外的、人创造的各种物的价值，这里的物包括自然物和人工物，包括器具性的物和精神性的"物"（因为任何精神性的产品都需要一个物质性的外壳，要诉诸语言、文字、符号等感性的东西，所以把它们也可以看作一种"物"），也适合于人的价值。人的价值当然是人对人的价值，也只能是人对人的价值，因为只有人才能作为价值主体，其他一切存在物都是没有资格充任价值主体的。人的价值就是人的存在、活动及其结果对于人自身的生存和发展需要的满足关系，是人的存在、活动及其结果对于自己和自己的群体、社会的生存和发展的意义和影响。

对于人的价值，历史上曾经把它看作伦理学研究的专门，似乎只有伦理学才研究人的价值。这在一定意义上说也是合理的，因为伦理学讨论的各种道德规范，都植根于人的价值，都是以如何看待人的价值、如何规定人的价值和如何实现人的价值为基本前提和目的的。大概也是出于这么一种原因，在今天的一些人看来，价值论也属于伦理学，或者说实质上归属于伦理学。但是，严格说来，这种理解是不对的。道德价值无论多么重要，它毕竟是价值的一种形态，伦理学作为研究道德价值的学科，它隶属于哲学价值论，是哲学价值论的一种应用学科，或者说是哲学价值论的一个分支。伦理学固然要研究人的价值，但对人的价值的研究不是伦理学的专门，更不是它的专利和禁裔。美学、经济学、教育学、法学等都涉及对人的价值的研究，而且只有建立在对人的价值研究的基础上，才能避免流于一般的技术层面的讨论，才能有更深沉博大的内涵和意义。价值论作为研究价值的一般哲学理论，更不能缺失了对人的价值的研究，不仅不能缺失，而且必须以它作为重点和核心。

人类自从自我意识觉醒之后，就开始了对人的价值的思索和追问。在古代，中国的哲人们曾提出过"人与天地参""天大、地大、人亦大""天地之间人为贵"的命题，荀子还提出过"明天人之分""人能胜天"的命题。如果说这些思想还都主要是从人类角度着眼的话，庄子的"人役物而不役于物"的观点，杨朱派的"贵己""全生"的思想，则就是从个体人的角度来着眼了。与他们不同，儒家和墨家的思想则更强调的是个人的以天下为己任的社会责任感。这些都表现了中国古人对人的价值的重要性的朴素理解。在西方，柏拉图派强调个人的义务，而伊壁鸠鲁派则突出的是个人的享受和幸福。

从总体上看，历史上影响较大的是这么几种观点。第一种是把人的价值当作人的存在和活动对上帝、神灵的意义，是为了证明上帝的伟大的。这是一种宗教神学的观点，以欧洲中世纪的基督教神学最为突出。但时过境迁，特别是经过了文艺复兴的洗礼和人道主义对宗教的批判，在现代社会，除了极个别的人之外，恐怕没有多少人信奉这种教条了。即使是那些宗教哲学家，他们也改变了传统的观点，不再把上帝当作人之外的居住在天国的某种人格化存在，而是认为上帝就存在于人的心中，是一种非人格化的精神力量。按照马克思主义的看法，宗教是人的一种异化，是人对于那些奴役人的社会力量和自然力量的颠倒的虚幻的反映。把人的价值理解为人对上帝的价值，把上帝当作一切价值的源泉和保障，把上帝的启示和宗教的教条当作价值的标准，这恰恰是对人的价值的一种颠倒的看法。实际的情况是，不是上帝创造了人，而是人创造出了上帝，是人们把自己的某种理想、自己想要但又不具备的某些能力、品德等投射到了上帝或圣人身上，以他们作为价值的标杆或极致。

第二种是认为人的价值就在于为国家作出的贡献，为皇帝尽忠，为国家尽力。在封建社会，朕即国家，"普天之下，莫非王土；率土之滨，莫非王臣"，只有皇帝才是国家的代表，是国家的人格化，也只有他才能作为价值主体，他的臣民只有相对于皇帝，只有为了皇帝和国家，其生存和活动才有意义，才有价值。也就是说，在封建社会中，臣民虽然在形式上摆脱了奴隶的地位，是作为一个人而存在的，但在实质上，他们仍然是皇帝的奴仆，相对于皇帝的主体地位，他们仍然是一种单纯的客体性的、工具性的存在。这不仅仅是一种价值观念，也是实际的社会生活中的活生生的现实，是一种无情的但非常现实的社会价值关系。如此，人的价值也就只能是一种工具性的价值。当人道主义者喊出"人是目的"的口号的时候，这就既是对神权的反抗，也是对皇权的一种批判。

第三种是认为人的价值在于人占有的社会财富的多少，所居的社会地位的高低。这种观点可以说是对第二种观点的一种反动，但同时也是对它的一种补充。作为一种反动，是说它直接对抗着把人当作工具和手段的观点，它是以自己为目的，以自己的占有和享受为中心。这种思想在封建社会就存在，不过不是占主导地位的观点。作为一种补充，是说它客观上起到了一种矫正和纠偏的作用。人在任何时候都不会只是工具性的存在，如果没有消费和享受，势必泯灭人的一切主动性和积极性，势必使人成为一种非人的物一样的存在。所以，当社会不把个人当目的的时候，个人就只把自己当目的；当社会只把个人当客体的时候，个人就只把自己当主体。或者形式上承认自己是奴才、是客体，但在心里却把自己当主体、当主人，或者对上是一个奴才，而对下则就变成了主人。总之，人作为手段和目的、主体和客体是分裂的、对立的。资本主义破除了封建的等级制，至少在法理上承认了人人平等的原则，而在人的价值观念上，原先作为在封建社会中被压抑的非主导的思想，就成为主导性的观念。资本主义生产方式在促进生产发展的同时，也使得人成为一种经济动物，使得人的异化达到了历史的高峰。与此相适应，人的价值的大小就主要是看他占有的财富的多少，金钱成为一切价值的标准，也是人的价值的尺度。一个人的价值就是以他拥有的金钱的多少来衡量的。资本主义使人摆脱了作为上帝和皇帝的奴仆的命运，却使金钱成为人的上帝，使人成为金钱的奴隶。

我们可以看出，这几种关于人的价值的观点都是建立在主客体分离和分裂的基础上的，而造成这种观念的根本原因恰恰就是马克思所说的现实生活中由于不合理的分工带来的生产与消费、创造与享受的分离。一些人成为消费者和享受者正是以另一些人作为生产者、劳动者为前提的，前者是剥削者和压迫者，后者是被剥削者和被压迫者。那些剥削者和压迫者构成了社会的统治阶级和优势集团，他们也是意识形态的生产者和控制者，他们的思想就是社会上占统治地位的思想。经过长期的宣传，这些思想已经渗透到人们的下意识中，具有相当的顽固性。这是我们应该予以特别注意的。

马克思主义价值理论从"社会化的人类"的角度，坚持人是主客体的统一，是目的和手段的统一、为己与为他的统一。人一方面是主体，是一种目的性存在物，他改造客体是为了使之符合自己的要求和需要，这才是人进行生产实践的根本原因和动力。而在另一方面，人也把自己当作客体和手段，人不仅在观念中把自己一分为二，把自己当作自己的对象，对自己的思想、需要和行为进行反思，进行调整，进行训练，进行限制，而且在现实实践中也把自己当作手段，他的生产活动，就是发动自身的自然力、利用自己的智慧来改造自然对象，从而实现自己的目的。在社会交往和人与人的关系中，人们彼此之间又互为主客体关系，互为目的和手段关系，人们互相交换其活动的过程，本身就是一个相互利用的过程，人们进行合作的过程，也是一个相互利用共同得利的过程。人们从来就是互相利用着的，正因为利用着前人和别人创造的经验、知识、技术和工具，人才是一种社会存在物，才是类存在物，人类也因此才能加速度地发展。

马克思曾经特别讲到人对自己和人与人之间的这种互为主客体的关系，互为目的和手段的关系，他认为一个人正因为是目的，所以才必须是手段；他使自己成为实现自己的目的的手段；一个人只有把自己、自己的活动当作手段，把自己当作客体，为他人提供产品和服务，即以别人作为主体和目的，才能实现自己的目的。每个人都是一个中介，是一种"中间物"，每一代人也都是前代人和后代人的中介。而正是这种普遍的中介性关系中，在普遍的交往中，在这种互为手段又互为目的、互为主体又互为客体的过程中，人才既作为个人又作为类存在物而存在，才有人的普遍的发展。把人只当作手段或只当作目的，只当作主体或只当作客体，都是片面的。人就是主客体的统一，是个体和类的统一，是目的和手段的统一。

这样来理解人的价值，就可以明白，人的价值与物的价值的最大的区别，主要在于两点。第一，人的价值本质上是一种能够创造价值的价值。只有人才是能动的存在物，是创造性的存在物。人固然也有受动性的一面，但这是人与物共同的地方，能动性才是人区别于物的地方。毛泽东就认为这种主观能动性是人所特有的，也是人区别于动物的根本特征。这种能动性表现在许多方面，但从最根本的意义上说，就是能够创造价值，为了自己和自己的群体的需要而创造各种价值。

第二，在于人的价值具有一种自反性，物不能作为主体，物的价值只是物对人的价值，物对自身没有价值关系；而人的价值无论怎样都是对自己的价值，对自己个人、对自己的群类、对自己的社会的价值。人不会是纯粹的价值客体，他同时也是价值主体，而且必然是价值主体，只有作为价值主体，他才作为价值客体。从这个意义上说，人的价值是自我价值和社会价值的统一，是为己的价值与为人的价值的统一。但是历史上不合理的社会分工，使得一些人主要作为价值客体，另一些人则主要作为价值主体，一些人把自己的尊严、自由、发展建立在另一些人的失去尊严、不自由和不发展之上。尽管说这种情况的出现具有一定的历史必然性，但毕竟只是历史发展到一定阶段的产物，也是必然要得到扬弃的。人类的发展过程，就是一个逐渐地从主客体分裂达到实现这种主客体统一的过程，是把人的异化了的本质还给人的过程。自由、平等、人格尊严这些作为人道价值，都是在这个过程中获得普遍的认同和肯定的。

人的价值与物的价值有区别，但同时又密切联系，自然物的价值是这些物对人的价值，人工物的价值则是人自己创造的价值。自然物对人的价值，也可以说是有利于人的价值增长、有利于人实现自己价值的价值。人工物的价值直接就是人的价值的一种外在表现形式，人就是通过自己的创造物来显现自己的价值的。一个人创造的价值越多，他的价值就越大，这一点是绝对的，至于他创造的价值在何种程度上为自己所享受，他在何种程度上受到社会的认同和尊重，这则取决于他所处社会的制度和关系，是具有相对性的。

对于人的价值的具体内容，目前国内学者有两种不同的思考路向。一种是从外延性的角度去研究，将之分为人生的价值和人格的价值，生命的价值、劳动的价值和能力的价值，个人的价值和社会的价值。① 另一种则是从其性质上进行梳理，将之分为自我价值和社会价值，着重从自我价值与社会价值的辩证关系上考察人的价值问题。我们采取的是后一种思考路向。

人的存在形式可分为个人、家庭、阶级、民族、国家、人类等，

---

① 参见袁贵仁《价值学引论》，北京师范大学出版社，1991，第105-113页。

个人和人类构成两个极点，而除了人类只具有自我价值之外，其他几种形式都可以放在一定关系中来对待。比如，民族，一方面它是一个整体，另一方面它又是国家（这里主要指多民族国家）的一部分；一个国家，一方面它是一个整体，另一方面也是人类的一部分；等等。个人是人的细胞形态和典型形式，个人的价值也是人的价值的典型形态。所以，文艺复兴以来，讨论人的价值问题，往往也都是以个人的价值为主要内容和聚焦点的。这尽管存在不全面性的诟病，但从逻辑上讲，对个人的价值的解剖，确实具有典型研究的意义。其结果，也是适用于阶级主体、民族主体和国家主体的。

个人的价值含有两个方面：一方面是他的生命存在、他的各种素质、各种活动及其结果对于他所属的社会和他人的需要的关系，这构成他的社会价值；另一方面则是他的生命存在、他的各种素质、各种能力、各种活动及其结果对于他自己的生存和发展需要的关系，这是他的自我价值。任何人的存在和活动都离不开这两个向度，都必然地要考虑到这两个方面，都要顾及在这两个方面的影响。

这两个方面、这两种价值的不同不单是思维进行抽象而划分的，它们各有自己的实际存在领域，尽管说这两个领域有交叉和渗透。一般说来，属于私生活领域的活动，直接形成的就是自我价值，而属于社会生活领域的，则主要是形成社会价值，同时也具有自我价值。比如说，在自己的家里，到底应该如何布置房间，采取什么样的生活情调，喜欢安静一些还是喜欢热闹一些，更愿意看画展还是更喜欢听音乐，等等，这些就都是个人的私事，主要形成自我价值，以自己的满足和满意为尺度，同时也间接地具有社会价值。而在社会生活领域，比如在工作中，在公共场合，那就得要符合社会公共规范和职业的要求，主要形成的是社会价值，尺度也是社会的尺度而非个人的尺度。因为在这个范围内，个人是价值客体，社会是价值主体。

当然，个人相对于社会成为价值客体，这只是相对的，一是说他同时仍然是作为活动主体；二是说他是把自己看作社会的一部分，是社会主体的一分子，所以才把自己作为价值客体的。也就是说，他为社会工作也同时就是为自己工作，他工作的结果是为社会提供了一定的产品，而社会也回馈给他一定的生活资料，满足了他生存和发展的需要。一个人之所以肯为社会工作或作出牺牲，比如说为了工作而牺牲自己的休息、娱乐、家庭生活、健康，无非这么几种原因：一是因为他把社会当作是自己的社会，是自己这个小我的放大，是一个大我，他懂得这个工作对社会的重大意义，所以才不惜牺牲其他方面来从事工作；二是因为工作本身的乐趣、工作对他本人的吸引力超出了其他方面的吸引力，所以为从事工作而牺牲其他方面、压抑其他方面实在就不算是一种牺牲，只是乐趣的侧重点与别人有所不同而已；三是他为了追求一定的荣誉、地位、更多的物质报酬等，而暂时地作出牺牲。在这三种情况中，只有第一种才算是严格意义的牺牲。假如社会完全把他当作客体，他便产生这个社会不是我的社会，我只是给别人在工作的想法，他所作出的贡献总也得不到应有的回报，他便不会有更多的积极性，更不肯为社会作出牺牲。

无论是个人的自我价值还是个人的社会价值，都离不开个人的创造性活动，个人为社会作出的贡献，是个人的社会价值，社会把这贡献中的一部分直接回馈给个人，也形成个人的自我价值；社会所扣除的那一部分，用于建立一些公共设施，用于福利保险、医疗卫生，也是间接地为个人创造了生活必需条件，是个人们的公共利益。总之，只要社会是作为真实的集体而不是虚假的集体，个人贡献给社会的，社会以另一种形式还给了个人。在这个意义上说，社会价值同时就是个人的自我价值。而个人的生活需要、精神需要的满足，带来的是个人素质和能力的提高，其发挥作用的过程同时也就是为社会创造价值的过程。个人的自我价值也同时就是他的社会价值，自我价值的增长这样那样地总会带来其社会价值的增长。一个良性运行的社会，也就是个人把社会当作自己的社会，社会充分关心和尊重个人的社会，是一个使个人的自我价值和社会价值能够相互促进共同增长的社会，是个人的个体生活和类生活相互协调的社会。这是人类发展的一种理想目标，也是人的发展的一种必然趋势。

按照马克思主义的观点，只有在生产力充分发展的基础上，消除旧式分工以及作为它的结果的私有制和阶级，集体成为真实的集体，这种个人需要与社会需要、个体生活和类生活、自我价值和社会价值之间的对立才能真正消除，片面要求个人为社会作贡献和片面要求占有和享受的两极对立才能根本消除。这就是扬弃了资本主义的一切积极成果以后的共产主义社会，是人的自由全面发展的社会，是自由人的联合体的社会。只有到了这个时候，每个人的自由全面发展是一切人自由全面发展的条件①，而一切人的自由全面发展又是每个人自由全面发展的条件，个人的自我价值与社会价值、价值创造和价值实现达到了完全和谐的状态。这也才是真正的人类社会历史的开始，相比较而言，此前的社会历史只不过是一种人类的"史前史"。这是人类发展的一种理想，也是人类发展的一种必然结果。

三 规范性价值和实在性价值

所谓实在性价值，是指根据一定的对象，无论这对象是实在的事、物，还是一定的观念、思想、方法、理想等，是否直接满足了人们的需要而形成的价值。实在性价值不限于功利价值、经济价值，也不限于对个人的价值，一些科学成果对社会发展的价值，一种理论、一种研究方法对于推进学术进步的作用，都属于实在性价值。前面我们讨论人的价值，包括自我价值和社会价值，也都主要是实在性价

---

① 〔德〕马克思，恩格斯：《共产党宣言》，人民出版社，1997，第50页。

值。通常我们讨论价值，或者说这些年来国内研究者理解价值问题，多是从人的需要的角度去着眼，把价值当作主客体关系的一种特殊状态来理解。这对于克服传统的将价值理解为客体的某种属性的观点，对于以外在的某种存在如上帝、圣人、帝王等作为价值的标准的观点，对于看到了价值因人而异因时而异的特点就否定价值客观性的观点，都具有非常重要的意义，是批驳这些不合理的观念的最有力的思路和依据，也是理解价值现象的复杂本质的重要途径和基本理论支撑点。

然而，正如一些批评者所指出的那样，诉诸人的需要对于各种物的价值，也就是物对人的价值，能够获得很好的理解，但对于人的价值，尤其是关于人的价值如生命的价值、人格的价值、人品的价值以及人的一些行为所具有的某些非功利的价值等，就会显得比较牵强，无法得到合理的令人信服的解释。如果我们坚持人的价值在于其对社会需要的满足，对社会的贡献，那么人们的能力等是不同的，所以其社会价值自然也就不同，可以划出一定的等级，有的大一些，有的小一些，有的高一些，有的低一些，人的价值自然也就是不相等、不平等的。

可从另一方面说，人的生命价值、人格价值应该都是平等的，人格都是同等的独立的，尊严都是不容侵犯的。所以，社会贡献大社会地位高的人不能因其贡献大地位高就歧视蔑视贡献小地位低的人，势力大力量强的人也不能欺侮势力小力量弱的人，即使现实中常发生这类现象，但我们要批评说，这是不对的，不道德的，不合理的。之所以能如此批评，原因就在于，存在一个人人平等的信念和尺度。实际上，这里就涉及了规范性价值的问题，涉及了规范性价值与实在性价值的关系问题。我们过去的研究中过多地注意实在性价值，而忽略了规范性价值这个价值类型，以致不能很好地揭示价值的复杂性情况。

我们知道，人们受着自然禀赋的限制，或者出于后天的缘故，有的人健康，有的人残疾，有的人聪明，有的人愚钝，所以在社会活动中的能力就有着巨大的差异，对社会的贡献也很不相同，有的人贡献较大，有的人贡献较小。从这一方面说，人们的社会价值确实是有差别的，但从另一方面说，我们都是人，无论能力大小、地位高低，彼此都作为一个人而存在，在人格上都是平等的。在人格价值的天平上，称量的不是人们的贡献大小、地位高低、能力强弱，而是人们是否保持了自己做人的尊严，是否有良心，是否有正义感，等等。人格高尚的，不一定贡献很大、能力很强，地位很高的可能人格卑劣，为人所不齿。每个人都是人类的一个分子，生命对任何人都只有一次，生命作为一个人的活动载体，是一切创造、生产、感受、欣赏、领略、享受的基础，生命的价值是无价的，是任何其他财富、金钱所不能替代的。

所以，应该爱惜每个人的生命，不能因为他这个人无能，就认为他的生命不如别人的生命宝贵，就可以随便剥夺他生存的权利。以尊重和重视生命的价值为基础，以维护人格的平等和尊严为内容，形成了人道主义的原则和规范，这些原则和规范是现代社会公认的文明原则，不仅适用于战争中如何限制杀伤手段、如何对待妇女儿童、如何对待俘虏，适用于如何对待暴力和罪犯，而且适用于同情、救援、扶助灾民、难民、社会中的各种弱势人群，如残疾人、孤儿等。

这些人们通常说的"人格价值""生命价值""人道价值"，应该都属于规范性价值。如何看待这些规范性价值，国内外价值论学界有两种解释模式。一种模式是认为人格、生命、人品、尊严等具有内在价值，诚实、谦虚、正义感、人格高尚等自在地就是道德的。生命本身自在地内在地就具有价值，而不是因为什么其他原因才具有价值的。在持这种观点的人看来，从主客体关系的角度、从满足主体需要的角度是无法说明这些价值的，由此证明从主客体关系的角度、从主体需要的角度规定价值是有缺陷的，应该超越主客体的二元对立的思维模式。但他们也无法说明为什么这些东西自在地就是具有价值的，就是道德的，而他们所使用的"内在地"这个词，其实不过是一种遁词，是无法解释也不用解释的另一种说法。而对于那些承认价值是一种关系的论者，这种解释又是自相矛盾的，是不自觉地滑向了价值属性论。另一种模式是坚持用效用来解释，比如说生命的价值是因为每个人的生命是人类延续的一个环节，诚实之所以有价值是由于它有利于人际关系的和谐，人格尊严的价值是在于其满足了个人的精神需要，等等。这些解释有一些道理，但总的说来比较牵强，难以令人满意。在我们看来，这些价值实际就是规范性价值，是人们所规定的价值。为了合理地解释和理解规范性价值，必须着重讨论规范的价值问题，通过规范的价值来理解规范性价值。

规范性价值与规范的价值虽然只有一字之差，可内涵大不相同，性质也不一样。规范性价值是指一定对象、现象合乎社会确立的规范而具有的价值，在这里，规范就是价值尺度和标准，也是评价的尺度和标准，二者在一定程度上是重合的。而规范的价值则是指这些规范对人和人的社会有什么价值，在这里，规范变成了价值客体，人和人的社会需要是价值标准。规范的价值本质上也是一种实在性价值，一定的规范是否合理，这个规范为什么比那个规范更有价值，都是以是否满足人和社会的需要来衡量的。一定的道德规范、法律规范等，一方面，它们作为衡量一定的行为是非对错的社会标准，合乎这些规范的行为就是道德的，合法的，反之就是不道德的，不合法的。而另一方面，人们又可以追问这些道德规范、法律规定是否合理，是否有利于形成较好的社会秩序，是否有利于人的发展，等等。前一方面形成的价值就是规范性价值；后一方面涉及的则是这些规范的价值，是这些规范的实在性价值。规范性价值当然依照规范如何规定而形成，但这些规定不是哪个人的规定，而是一种社会性的规定，是与历史和文化传统内在关联形成的规定，提供了一种区别于并超越于不同个人、不同主体的社会性的共同标准。

我们在前面讨论主客体关系的时候曾经就指出过,主客体是人的活动结构中的基本要素,除了主客体关系,人们之间还有主体间关系,后者是对前者的一种补充和限制,而不是对前者的否定。人们在交往活动中,一方面是互为主客体的关系;另一方面则是彼此都意识到对方也是一个主体,是一种按照共同都是主体的方式相互对待的关系。交往就需要规范,语言规范确定了语词的用法和语言的意义,使得彼此能够理解和沟通。行为规范确定了交往的基本规则,使得交往能够减少纠纷和摩擦,或是把彼此的矛盾限制在一定范围内。法律规范规定了人们的权利和义务,在保障自由的同时又明确了自由行动的界限,明确了合法和非法的标准。道德规范是根据人们的行为习惯、习俗、禁忌而确立的,它是人们认同的一些评价一定行为及其动机的标准,规定了什么行为是光荣的,什么行为是可耻的,哪些行为是值得赞扬的,哪些行为是要受到谴责的。总之,正是借助于这些规范,人们在相互交往的过程中才能有章可循,有法可依,才能够对交往对方、对交往活动形成一定的预期,这样,人们的交往活动才能够顺利进行,一定的礼仪制度才能得到有效的维护,才能保障一定的社会秩序。这些规范的价值也就在这里。

我们必须看到,这些规范的形成和确立是根据人们社会交往的需要而产生的,是因为能够形成和维护一定的社会秩序才得到人们的肯定的。随着经济的发展,交往的扩大,当交往中问题增多和矛盾普遍化尖锐化的时候,也就是说原有的规范由于不能适应新的情况,人们无法遵循或不愿遵循,因而不再能够很好地发挥作用的时候,它们就退出了历史舞台,成为历史的陈迹,而新的更能够适应交往需要的规范就代替了它们。一定的旧规范的消失和一定的新规范的产生,原因就在于它们是否能够适应社会交往的需要,是否能够满足人们增长了的变化了的社会生活的需要。只有那些能够满足这些需要的规范,才具有存在的必要性，才能得到人们的认同和遵守。当然，社会统治阶级的宣传、推广、教育，他们利用自己掌握的社会资源、在分配政策和奖惩措施方面的侧重，当然对确立和维护一定的规范起着重要的作用，所谓软硬兼施、恩威并用，无非是要确立一定规范的权威性，维护这些规范的稳定性，但他们终究不能完全左右这些规范的兴废嬗替，因为生产和交往有着自己运行的客观规律，是不以统治阶级的意志为转移的，以社会交往为基础的这些规范也有着自己兴衰更替的规律，是任何人也不能拂逆的。

规范主要是用来规范人们的行为的，也只有人们的行为动机、行为方式是可以规范也需要规范的。因此，规范性价值主要限于人们的一定行为、品质，是对这些特殊的对象的价值的规定、评定。规范性价值就是由人们根据一定的规范而赋予的价值，是一定时代的人们根据生活和交往的规范而规定的价值。当人们不了解这些规范的本质的时候，人们就认为这些行为、品质的价值是自然的自在的，似乎是它们本身的一种"固有性质"和"内在价值"，正如把非法和合法看作一定行为的固有性质一样。这是长期以来人们没有觉察到的一个误区，也是统治阶级的宣传所预期要达到的一种结果，因为唯其如此，人们才会觉得这些价值具有了自然性，是确定无疑的东西。

基于此，我们也就可以质疑这些所谓的"内在价值"了。生命的价值是无价的，是至高无上的，这是现代人达到的对生命的看法，是现代文明的规范所规定或确定的，古代的人们就并不这么认为，也没有这样的规范。且不说远古社会，就是在奴隶社会，奴隶的生命就根本没有受到社会的重视，主人有权力买卖自己的奴隶，也可以处死自己的奴隶，并且大家都认为这是很自然的，是合法的行为。难道说古代人、奴隶的生命就没有内在价值，只是现代人的生命才有内在价值？封建社会的道德规定了男尊女卑是天理伦常，女人只有遵照三从四德才会得到社会的赞赏，树旌表立牌坊，现代社会的道德则倡导男女平等，难道那时的女人的人格尊严就没有内在价值，只是到了现代社会女人的人格尊严才有了内在价值？如果能这么理解，那不恰恰证明这些价值不是内在的吗？在我们看来，规范性价值与规范的价值一样，都只有放在一定的主客体关系和主体间关系之中，放在人们的社会实践和交往的背景中，只有结合一定的文化传统，才能够得到合理的理解和解释。

规范是人们之间交往活动的产物，也是为了维护交往各方的共同利益而起作用的。马克思说："随着分工的发展也产生了单个人的利益或单个家庭的利益与所有互相交往的个人的共同利益之间的矛盾；而且这种共同利益不是仅仅作为一种'普遍的东西'存在于观念之中，而首先是作为彼此有了分工的个人之间的相互依存关系存在于现实之中。"① 正是这样的个人利益、特殊利益与共同利益的矛盾，共同利益才采取国家的形式，同时采取虚幻的共同体的形式。

总之，规范作为社会性的规范，作为社会确立的规范或国家以一定形式颁布的规范，如法律，所以它表现出一种非个人的具有普遍性的特性。确立规范是社会主体维护一定秩序的需要，规范就是社会主体的需要或人们的交往实践的共同需要的表现形式和反映。规范性价值首先的根本的是社会价值，是个人的存在、品质和行为对于社会的价值，是满足了社会需要的表现。当这些规范被人们内化为自己的一种信念时，当遵守规范成为人们的一种精神需要和自律的律条时，规范性价值才成为一种个人价值和个人的自我价值。

无论是在前一种情况下还是在后一种情况下，个人的生命存在、某些品质和行为都是作为价值客体，是以这些规范即社会主体的需要作为价值尺度的。同样是这些品质和行为，如果规范不同，为之赋予的价值也就不同，所以在一些时代一些民族是有价值的、道德的，在

---

① 《马克思恩格斯选集》第 1 卷，人民出版社，1995，第 84 页。

另一些时代和民族就没有价值，一定时代一定民族倡导和赞扬的品质行为，在另一些时代和民族就受到贬抑，这些都说明这些对象的价值并不是内在的固有的，也是在一定的主客体关系中存在的。

有些人虽然也讲主客体关系，但有时却把主体固化为个人主体，忘记了社会主体也是主体，或忘记了社会主体的需要也是多方面多层次的，更不懂得社会需要归根结底还是人的需要。所以，当不能用个人主体的需要来解释这些价值现象时，就认为它们不是存在于主客体关系中的，是主客体关系无法解释的，而离开了关系，他们自然也就无法说明这些价值，于是就只有拿"内在价值"之类的概念来搪塞了。

实际上，人们在现实生活中，一方面是处理主客体关系，这是对象性活动的主要任务；另一方面则是处理人与人之间的交往关系，也就是主体间关系，这两个方面都是不可缺少的。主体间关系，顾名思义，就是各种主体之间的关系，是相互承认对方是主体、都以一种主体的身份进行交往而形成的关系。从这个意义上说，主体间关系同人与人之间的关系还是有差别的，不能等同的，在处理人与人之间的关系时，有相当一个时期内相当一部分人首先是将之作为主客体关系对待的。把每个人都当作一个人，一个主体，一个有自己的目的和权利的主体来对待，这本身就是现代文明的一种"规定"，是现代文明的"规范"和理念。而自由作为"平等的自由"，作为每个人每个公民都具有的基本权利，恰恰是现代文明的观念和规范，而并非什么人生来就具有的不可剥夺的"内在价值"。

四　功利价值和超功利价值

当我们从人道的角度看待生命的价值的时候，生命的价值是相等的，是无价的，而要是换个角度，比如说，一个老农民，患了癌症，又没有医疗保险，于是他拒绝治疗，因为在他看来，花许多钱还看不好病，自己老了，也没什么用了，白花这些钱干什么，不值得。一个年轻的农妇，孩子很小却患了重病，要看病就得花一大笔钱，于是她干脆就不去医院，让孩子在家里等死，因为她觉得，与其花那么多钱让这个孩子活下来，还不如自己重新生一个孩子来得划算。

著名作家张平写过一本《孤儿泪》，描写了山西大同一个孤儿院本着人道主义精神，怀着同情心，克服经费的困窘和各种困难，想方设法救治和抚育了许多被亲生父母狠心抛弃的小生命，其中大部分就是有着严重疾患的病儿。作者谴责了那些狠心的父母，这当然是对的，可问题是这种现实——不仅是大同的这个孤儿院，其他的孤儿院也同样如此，不仅是孤儿院等社会福利机构，就是在各地区的医院也可以经常遇到这种情况，还有那些根本就不去医院，让孩子在家里等死的——绝不是靠道德谴责就能改变的，也不能简单地说这些父母就都是全无心肝的坏人。他们的逻辑就那么简单，甚至可以说非常严谨，结论就是"不划算"。同样是对待生命，在前一种场合突出的是生命的超功利价值，在后一种场合表现的则是对生命的功利态度，亦即从功利价值的角度进行的选择。

功利价值是价值的一大类型，也是一种基础性的价值，人们在现实生活中遇到的有相当一部分都是功利价值。功利价值不是指特定的某些对象的价值，也不是指某个活动领域的价值，而是遍布于人的活动的各个领域，渗透于任何对象与人的关系中，它着眼的是价值的一种性质，指的是具有这种性质的价值。理解这一点很重要，因为有许多误解就是由此而产生的。界定功利价值"是什么"很不容易，所以我们先从它"不是什么"说起。用冯友兰先生的话说，这种办法就叫作"负的方法"。

西方的功利主义把一切价值都当作功利价值，或者说都可还原为功利价值，他们所说的功利，就是功效、功用，是引起人的快乐或痛苦的作用，引起的快乐多，就是功效大，功用强；引起了痛苦，那就是负效用，总的价值的大小就是快乐和痛苦的加和。功利主义看到了功利价值的基础性和普遍性，这是有合理性的，马克思也曾肯定它有一个优点，即表明了社会的一切现存关系和经济基础之间的联系，①但它把一切都看作功利价值，这就否定了价值的多样性及其不同价值的质的不同，是一种还原论的思路，而且，把功利看作引起人的快乐或痛苦的作用，也是有问题的。

国内有的学者也承认功利主要就是功用、效用的意思，因此把功利价值看作"客体满足人的物质需要的意义"，是物质性价值，实物性价值，突出表现为物质利益。说物质利益、物质性价值是功利价值，这大致并不错，但如果倒过来说功利价值就是物质利益，恐怕不能成立。因为功效、功用、效用的范围比物质利益、物质性价值的范围要大得多。比如说，某种教育方法对于学生有效地掌握某种知识是很有用的，能提高学习的效率，这就不是一个物质利益和物质性价值的问题。科学和真理对于破除迷信是很有用的，这也不是一个物质利益和物质性价值的问题。把功利价值当作物质价值这种观点的一个潜台词，是说功利价值是低层次的价值，而精神价值具有非功利性或超功利性，是高层次的价值，从我们上面举的这两个例子看，其实这样的例子还可以举出很多，证明精神价值并非就是至少不都是超功利的，有许多就直接是功利价值。

功利主义将功利价值的范围规定得太宽泛，物质利益说又规定得太狭窄，关键还不是外延的宽窄问题，而是如何把握住功利价值的本质特征的问题。这里，我们觉得可以从描述性的角度入手，以求得对功利价值有一个合理的理解和界定。一般说来，对于功利价值，人们多用"有利于"或"有害于"、"有助于"、"有益于"、"有用"或"无用"等这些词来描述，用"更有利""更有害""更有效""更

---

① 〔德〕马克思，恩格斯:《马克思恩格斯全集》第3卷，人民出版社，2002，第484页。

好""更坏""利大于弊""弊大于利"来比较，用"划得来""划不
来""值得""不值得"这样的词语来作结论。而每当人们这么说话
的时候，总是有一个相对确定的语境，相对于一定的目的或目标，指
的是一定事物的存在或运动倾向，一定的关系状态，一定的理论、言
论或行为，一定的方案、方法、工具、手段等，对于实现和达到这个
目的的作用、效用、效益。功利价值的核心是利害问题，或通常所说
的利益问题。人与自然物的关系中有利害和利益问题，人与人的关系
中首先也是一个利害和利益问题，国家与国家之间、民族与民族之
间、家庭与家庭之间、群体与个人之间、个人与个人之间，都是以物
质利益为基础的关系，但除了物质利益，还有精神利益，除了经济利
益，还有政治利益，即使是同一个人，同一个主体，他的利益也有眼
前利益和长远利益、局部利益和整体利益、这一方面的利益与那一方
面的利益的区分。无论是从自然性还是从社会性方面看，人都是有着
一种趋利避害的倾向的，任何群体、阶级、民族、国家，也都服从着
这种趋利避害的规律。动物的趋利避害行为是人的趋利避害行为的生
物学基础，人作为社会性的存在物，他所理解的利害、对他而言的利
害，与相对于动物的利害，不仅是一种量的区别，更还是一种质的差
异。人的理性在选择中的基本作用，就是区别利害和权衡利害。这是
一种自然的必然性，也是一种历史的必然性。任何全然违反这种必然
性的制度、规范、原则都是短命的。制度、规范作为社会交往的产
物，当然要对人们普遍存在的这种趋利避害倾向作出一定的限制，但
这是为了整体的利益和长远的利益而作出的限制，正因此才可能得到
人们的认同和遵守。而这些都是建立在功利价值比较的前提上的，人
们在实际生活中是遵守这些规范遵守这些规定，还是违反这些规范和
规定，也总是基于这种的功利价值比较。

功利价值是一切价值的基础，但不能因此就把一切价值都归结为
功利价值。人的生活是丰富多彩的，人的需要是多种多样的，不可能

都压缩到一个平面予以简单化的处理。也就是说，除了功利价值，还有非功利价值或超功利价值。当然这种超功利性是相对的，而不是绝对的。这种相对性，就表现在它总是具体地相对于某种具体的功利而言。所以，我们不能简单地说某种价值完全是绝对和超功利的，只能说某种价值在某种意义上是超功利的，或者在某方面具有超功利性。这种区分非常重要，在这个问题上，许多混乱都是由把这种本来是相对的东西当成绝对的东西造成的。让我们从下面几个例子来说明这个问题。

先说道德价值。道德价值是一定的行为动机和行为自身是否符合一定的道德规范而被规定被认定的价值，它属于一种规范性价值。道德规范原本就是植根于调整人们之间的利益冲突而产生的，无论它的历史多么悠久、显得多么具有先验性，实际上它仍然与经济基础和物质利益有着一定的联系。但作为调整利益的规范，它本身就要具有超出具体利益层面的特性，否则就无法作为社会性的公共规范而存在。这些规范往往用一种命令式的或劝导性的语言来表述，如不能撒谎，要诚实守信，应该言行一致，己所不欲勿施于人，等等，合乎这些规范的就是道德的，否则就是不道德的。它对道德行为主体的要求，就是在进行道德思考的时候，只能看自己的行为动机和行为本身是否符合这些规范，自己是否按照这些规范去约束自己的行为，不能够再考虑其他的方面。应该言行一致、诚实守信，如果彼此先前有约在先，即使自己在利益上吃亏也得这么做，否则就是不道德的。当一个人将某种道德和道德型人格作为自己的理想时，他就会自觉地遵循有关规范，并自觉地维护这些规范，弘扬这种理想，所谓正其义不谋其利，明其道不计其功，甚至明知其不可为而为之，以自己的生命去殉这种理想。

在这个意义上，也仅仅是在这个意义上，道德价值具有超功利性，是一种超功利的价值。如果超出了这个范围，把道德价值的这种超功利性夸大为绝对的，像康德那样，那就割断了道德规范与功利价值现实利益的联系，就只能从意识的先验结构中去寻找道德规范的起源了。按中国古人的说法，德，得也；义，得之宜也。道德规范的设立以及其能得到人们的认同和遵守，恰恰在于它在限制利益思考的同时，又从整体上保护了人们的共同利益的实现，或是有利于人们的共同利益和长远利益在某种程度上的实现。

另外，做一个有道德的人、诚实守信的人，既是个人发展的理想的要求，对于其他方面的发展也有积极的意义，有利于个人的事业发展，有利于得到他人的尊重，这些"有利于"也都表现了道德的功利价值的一面。

总之，道德价值的非功利性是相对的，而不是绝对的。将道德价值的非功利性一面绝对化，就是割断了道德价值与其他价值的联系，将道德理想化，直接地看是确立了一种高尚无比的标准和境界，实际上却是多数人无法达到无法做到的，结果就是变成了一种道德高调主义，使许多人形成了一种口是心非、言行不一的双重人格。

再看审美价值。审美活动是人的一种基本活动样式，体现在生活过程、劳动实践过程、艺术创作过程、艺术欣赏过程和艺术鉴赏过程中，是人们对一定对象的感性形式，包括线条、比例、节奏、韵律、形象、意蕴等在自己内心引起的一种特殊的愉悦的感受和体验。审美价值，有时人们就直接称作美，就是指对象的感性形式与人的自由心灵的一种契合、一致和共鸣，是在对象中借助于对象而对自己的本质力量的一种直观。

审美活动中有一个重要的规律，这就是所谓的"距离"，只有在审美主体与客体之间保持一定的"距离"或间距，才能引起美的感受。这种"距离"主要不是指空间上的距离，而是一种心理意义上的距离，即心灵摆脱了功利的考虑，甚至摆脱了道德方面的考虑，作为自由心灵而活动时，才能比较充分地感受和体验对象所引起的那种愉悦。一个人在荒山野岭中看见了一只老虎，是无法把它作为审美对象而加以欣赏的，即使欣赏也无法充分感受到愉悦感，因为这时老虎可能会威胁人的生命。只有保持了一定距离，比如说在动物园里，或者现在时兴的在野生动物园人坐在汽车里的时候，在自己的安全没有受到威胁的时候，才能观赏和欣赏到老虎的美。一个道学家无法欣赏裸体模特或裸体艺术品，因为他的心灵受着道德戒条的束缚，一脑子的男女之大防，一脑子的非礼勿视的念头，只有摆脱了这种束缚，才可能感受到人体之美。

人们的审美趣味有高下之分，审美能力有强弱之别，但爱美之心人皆有之，人们都能在自己的那个层次、自己具有的审美能力的范围内感受到美，获得一定的审美愉悦。保持一定的距离作为一个规律，体现的就是审美价值在欣赏过程中的超功利性。至于艺术创作，也有这个问题，创作者本人如果满脑子的功利思想或道德教化的念头，他的艺术感受力就一定会受到影响，他创作出的作品就难以成为高水平的艺术品，甚至根本就不能称之为艺术品。所以，人们都同意说审美价值是超功利的。但是，如果把这一点绝对化，搞所谓为艺术而艺术，脱离了社会和人生，完全否定艺术的教化功能和社会意义，那就走向了偏颇。

实际上，人作为社会的人，艺术家作为一定时代的一定民族的艺术家，他并不能脱离社会和民族文化的环境，任何欣赏者也都受着自己的教养水平和内容的制约，无论是艺术创作还是艺术欣赏，都会受到一定的道德的和功利的因素的影响，只不过所持的道德观念有所差别，对这方面重视和强调的程度有所不同而已。而一定的艺术品一旦被生产出来，作为一种审美价值对象，其产生的影响就不是艺术家个人所能左右的，其价值也必然是多方面的。当一定的艺术品在市场上被炒买炒卖的时候，当一些人几乎全然是从商业的观点来购买和收藏这些艺术品的时候，其功利价值就是他们主要考虑的维度，其艺术价值反倒成了其功利价值的一种支撑。所以说，纯粹的超功利性是没有的，也是不可能存在的。

还有学术价值。学术价值是指一定的学术著作、观点、方法和材料等对于促进学术研究的意义，亦即对于人类求得真理的作用。一定学术观点和著作的学术价值不同于其社会价值，后者是其对于社会经济、政治、管理、教育、文化发展等方面的意义，无论是促进了经济的发展，还是有利于政治的稳定，或者是在文化方面为国家争得了荣誉，这些都主要是功利性的价值。即使是危害了或不利于社会安定，说的也是功利价值。学术价值的超功利性，是指它有自己的不同于社会功利的特殊标准，这是一种超越着现实的阶级利益、党派利益和个人恩怨，代表人类认知水平和促进人类认知的价值。它表现为学术的尊严，为追求真理而无私无畏的品格。

一般有两方面的要求，一是指学术研究者要出于自己的学术良心和理论兴趣、理论责任感来进行研究，只问真不真，不论其有用还是没用，也不管自己得出的理论结论是否能为社会统治阶级所接受，是否对权威不敬，是否能够为大众和同行所认同。二是说在评价一本著作、一种观点、一种方法的学术价值的时候，只论其在学术上的意义，而不能掺杂进对研究者其他方面的考虑，比如说他是一个领导，是一个权威，是自己的门生故旧，或是自己的论敌，是自己对某个职位的竞争者，所以就照顾面子、顾及感情而说一些违心的好话或故意说一些坏话。

学术价值的超功利性，有时也称为学术的纯洁性，所以，这种纯洁也就只能是相对的，而不是也不可能是绝对的。原因无他，就是因为学术研究作为一种社会性的分工门类，研究者、评价者都作为现实的有着各种利益要求和情感好恶的人，作为有着各种局限的人，总会表现出一定的偏见、一定的倾向，即使刻意注意克服偏见也在所难免。正如列宁所说的，如果几何公理违反了人们的利益，人们也会不承认和反对它的。一些真理之所以得不到公认，甚至会遭到禁止，对发现、提出这些真理的人和相信、宣传这些真理的人进行迫害，就是因为这个缘故。现代社会把言论自由规定为一种基本的人权，就是为了防止这种悲剧。

还有理想价值。理想价值是指合乎人们一定理想标准的价值。理想是人们将现实中未能实现的各种价值加以想象和聚合而成的，而且往往是把各种想象的终极价值聚合而成的，理想之作为理想，就在于它往往是对于真善美的统一的追求，是尽善尽美的观念性存在。理想是信仰的内容和信仰的对象，理想是人造的，是人造出来供人信仰的。信仰是人的一种普遍存在的精神需要，是一种高级的精神需要，从人类发展的各个历史阶段看，虽然不同民族、不同时代人们所信仰的对象、所信仰的内容即所抱有的理想不同，但无论在哪一个民族、在哪一个阶段，都有自己的信仰，都有自己的理想。理想是人们的精神家园，是心灵的安身立命之处。无论理想的内容如何，有了理想，有了信仰，人们心里就有了一个支柱，生活的意义就因此而得到了诠释，就感到了一种充实，生活似乎也就明确了方向，情感就有了皈依。理想的价值就在于此。理想原本就是从现实生活提炼出来的，是具有现实功利方面的内容的，但一旦作为信仰的对象，与信仰合而为一，就把现实的内容以一种非现实的超现实的形式表现出来。所以理想价值的超功利性超现实性也不是绝对的。顺便提一下，人们常常把信仰与宗教混为一谈，其实，宗教信仰只是信仰的一种具体形式，宗教理想也只是理想的一种形式，宗教随着历史的发展是终究要消失的，但理想和信仰却不会消失。

综上所述，功利价值和超功利价值一方面具有区别，不能把它们混为一谈，更不能简单地进行归结和还原；另一方面，它们的区别又是相对的，简单地把功利价值看作低级，超功利价值才是高级的，甚至才是真正的价值，这也是不对的。功利价值和超功利价值相互依赖，相互作用，看不到这一点，就容易在思维方式上犯形而上学的错误。

五　直接价值和间接价值

平时人们讨论价值，一般都多在直接价值的意义上着眼，即多从客体直接满足主体需要的意义上来讨论。比如，我们讲水的价值，就说水是人的生命存在所需要的一种基本元素，没有了水，人就活不了；我们讲煤的价值，首先想到的就是它作为一种燃料，为人提供了温暖，是人们御寒所需要的，是人们做饭所需要的，等等。确实，这些直接的价值太多了，能够直接满足人的需要的东西太多了，用它们来说明价值形态的多样性就足够了，列举都列举不过来呢。而且，举直接价值的例子，比较直观，人们也容易理解和明白。这些都是人们更多地注意直接价值，更愿意举直接价值的例子的理由和原因。但带来的问题是，老讲直接的价值，举的都是直接价值的例子，有时候就会形成一种误解和遮蔽，似乎价值就是指直接的价值，在论者和读者双方都可能会发生这种误解。事实上，这种误解确实是发生了的，不只是可能，而且是现实。至少在一些反对以人的需要作为价值尺度的人那里，从他们对价值需要论所提出的非难和反诘来看，证明这种误解还是很严重的。

另外，人类的实践活动发展到现代，已经成为巨系统的活动，由于人类实践活动能力的提高，对自然界扰动的层次加深，扰动的规模增大，其对自然和社会的影响也都日益深远，有些影响甚至到了难以预测的程度。之所以难以预测，是因为它是通过无数个中介、无数次转化而形成的。

比如，我们利用现代的科学技术，已经能够在分子层次上研究生命，能够进行基因嫁接、重组来复制生命和形成新的物种，对人类基因图谱绘制工作的完成，使得克隆技术和基因工程更有了用武之地。后来就有消息说，已经有人在从事克隆人的实验，并且说不久这种克隆人就会出现，由此引起了许多国家和科学家的强烈抨击。如何合理地运用这些新的科技成果，防止和减少不利于人类的后果，已经成为整个人类所严重关注的问题。生态危机的出现并日益严重，使得人类逐渐从现代科技发展和大规模运用所产生的负面效应中觉醒了，我们再也不能只看到只想到这种运用所带来的直接的有利的结果，不能只注意眼前的利益和价值，而且必须充分考虑它可能会带来的长远的间接的负面的影响。可以说，现代实践已经把研究和关注长远的间接的价值的问题提到了重要的地位，甚至可以说成为关注的中心。这种新的情况应引起价值论研究者们的足够的注意。

对于间接价值，可以从价值主体和价值客体两个方面来进行考察。先看价值客体的方面。一定的事物被纳入了人的实践过程中，成为了客体，它的结构、功能、属性一方面作为认知的对象；另一方面又作为人的需要的对象、作为与人的价值关系的承担者。这时它们的价值就是直接的价值，根据满足了或未满足主体的需要，与主体需要的一致还是不一致，被看作有利的或有害的、有用的或无用的。主体改造客体，使之产生新的结构、新的属性和功能，从而变得更加合乎主体的需要，这就是创造价值的过程。这里的价值仍然属于直接满足主体需要的价值，属于直接价值。但任何事物，都与其他的事物相互联系着，对它的改造，既是对它自身的结构、形态的改变，同时也意味着对原有联系的一种改变，或是增加了某些联系，或是打断了某些联系，这种改变，就作为一种人为的原因而加入整个因果链条之中，产生了一些新的结果。这些结果也对人具有影响，具有正面的价值或负面的价值。这种价值则是一种间接的价值。

我们曾经把麻雀看作"四害"中的一种，因为它每年要吃掉相当数量的粮食，可是当我们发动全民战争消灭了许多麻雀时，我们发现犯了一个严重的错误。因为麻雀固然消耗掉许多粮食，可它还是许多害虫的天敌，每年要消灭许多害虫，消灭了麻雀，引起了这些害虫的泛滥，造成了更大的损失。实际上，各种生物都是自然形成的食物链的一个环节，是保持生态平衡中的一个因素，我们根据某种生物与我们的直接关系，把它看作是有害的或有益的，叫作害虫或益虫，可如果消灭了这些害虫，所引起的食物链的变化和生态环境的变化对人会有什么样的影响，往往就是我们所无法预料的。现代的生态危机、环境污染等在相当程度上就是由人类的急功近利的行为所造成的，是由没有充分认识到生态系统和环境系统与人的间接的价值关系引起的。环境价值概念的提出和现代生态意识的普遍化，保护环境就是保护人类自己，这些都是对人类反思以往急功近利行为带来的负价值的一种反映。

再从价值主体的方面看。价值主体可以说就是需要主体，需要是事物对人的价值的确定者。人为了满足自己的需要就得进行生产，生产需要分工，分工又引起了合作和交换的需要，引起了各种生产之间平衡发展的需要。物质生产、精神生产和人的生产，构成了人类社会的三大生产序列，每个序列都由一系列的环节所构成，比如物质生产有生产、分配、流通、消费各个环节，它们构成一个有机的系统，哪个环节出了问题都会影响生产的顺利进行。物质生产又分为农业、工业两大门类，它们之间也要求平衡，否则就会造成严重的社会问题。人的生产既是种的繁衍的需要，又是为各种生产提供劳动力的需要，但人口生产不是孤立进行的，它需要有一定的医疗卫生系统、教育机构、人才管理和交流机构、生活服务机构等，也要与其他生产相适应，与社会经济和文化发展的程度相适应。精神生产更是如此，它需要物质生产提供的基础性支持，没有物质生产力的发展，人们的生活问题都难以解决，这个社会的精神生产，其从事精神生产的人数，其生产的规模，其消费的规模，肯定就都是很狭小的。

　　总之，三大生产之间必须保持一定的比例关系，各种生产的各个环节之间需要衔接起来，为此就需要有各种管理机构，对人的管理、对物的管理、对财务的管理、对交通的管理、对文化教育的管理、对社会安全问题的管理等，只有这样才能使之维持一定的平衡，才能使社会有机体顺利地运行。这各种各样的社会需要，有许多就并不是每个个人的直接需要，甚至不是每个家庭的直接需要，而是社会整体维持其必要的秩序、必要的平衡的需要，是人的一种间接的需要、维护共同利益的需要、获得长远利益的需要。

　　社会整体作为一个主体，它的需要对个人来说可能就是一种间接的需要，而社会主体的需要也有直接和间接的区别，有当下的眼前的需要和长远的需要的区别。一个民族国家，为了保持自己的生存，就需要发展经济，为了自己的安全，就需要有强大的国防，这些是直接的需要。而发展经济就需要与别的民族进行交流，需要学习发达民族的先进的技术和经验，需要派出留学生到国外去学习，需要制定相应的优惠政策使这些留学生愿意学成归国，等等。发展工业需要采掘大量的自然资源，排出大量的生产废料和垃圾，这些垃圾污染了环境，所以又需要治理污染，为了治理污染又得研究开发治污的技术，组织治污设备的生产。社会为了形成有机系统，使各个方面协调起来，就需要大量的管理人员，需要一定的官僚机构，需要给予它们各种管理的权力，而权力就往往会伴生腐败。为了治理腐败，就需要进行监督，需要成立一定的检察机构，需要制定一定的纪律和法律，检察机构也会出现腐败，于是又得防止和治理司法腐败的问题，如此等等。所以，社会主体也必须从直接需要和间接需要、眼前价值和长远价值相结合的角度来审视自己的需要，来进行价值选择。

　　因此，看待和理解价值，就不能仅仅从个人的直接需要的角度，甚至不能只从群体的、社会的直接需要的角度，还必须把这些派生的间接的需要也考虑进去，并且要注意到直接需要和间接需要的关系。

这不单是一个理论上如何全面理解的问题，更是实践中如何权重的问题。因为这些需要之间是会出现冲突的，而每一种需要的满足都需要一定的资源，需要一定的活动，都需要付出一定的成本。而任何主体都面临着资源有限的约束，不可能同时地满足这些需要，所以必须进行比较，进行权衡，分出轻重缓急，排列出一定的顺序。

把这两个方面综合起来，我们就可以看到，直接价值多种多样，间接价值更是多种多样的，并且都是非常复杂的。作为价值客体的事物与其他事物之间有着各种各样的联系，并通过众多的中介，经过千万次的转化和相互作用而形成系统性的存在，主体的各种需要之间也存在种种联系，价值就是事物的结构、属性、功能以及它与其他事物的这些众多联系对人的需要的关系，对人的各种需要的关系。如果说，在直接价值的方面，主体的情感因素、价值观念、文化教养等作为主体精神结构的一部分，对主体的需要起着相当的作用，使得价值似乎是带有着"主观性"的话，那么在间接的价值这个方面这个领域，就更能表现出价值的客观性，表现出决策科学化的必要性，同时也表明正确评价和决策必须依靠对客体系统的各种联系和主体的各种需要的科学的认识，依靠理性的作用。对客观事物相互联系的规律认识得越是深刻全面，对社会的各种需要及其关系了解得越清楚，对价值系统才能把握得越准确越合理，决策才越有科学的客观的依据。

在这个题目下，也是与这个题目有关，我们再讨论两个问题。

一是生产性价值和消费性价值。说到需要，人们首先想到的就是消费需要，能满足消费需要的就是有价值的，就是利益。实际上，生产性需要也是人的需要的极其重要的一部分，但相对于消费需要，生产性需要具有一定的间接性。人们需要各种食物满足生活消费，需要各种材料来建造房子，需要车马来方便出行，这些消费需要都是直接的，食物、材料、车马满足这些需要而形成的价值也都是直接价值。如果只限于这个领域，那么机器、厂房、电缆等，就不是人们所需要的，就没有什么价值，因为它们不是直接的消费资料，不能用于直接的消费。但这些生产资料是进行生产所必需的，只不过它们的价值不是消费性价值而是生产性价值而已。

在现实生活中，人们比较关心的是那些能够用于生活消费的物品，经常去逛的是百货商场，对于生产资料市场，那多是工厂的采购员们光顾的地方。这是很自然的，也是很正常的。但在对价值的理解中，在价值理论的研究中，则就不能囿于日常生活的直观的经验。在文化生活方面，人们喜欢购买的书籍是文学作品，文学书籍的发行量最大，销售量最大，因为它们是直接满足文化消费需要的，也是人们能够欣赏的，对于文学评论的书籍，文学史方面的书籍，除了专业人士，一般人购买的就比较少，看文学批评的文章的也比较少，但如果认为这些书籍价值不大，那就错了。这些都属于文学的"生产资料"，主要是用于提高文学创作和鉴赏的能力的。同是文学作品，有的属于普及性的，比较照顾到读者和受众的欣赏水平和习惯，更多是面向着图书市场，有的则属于前卫性探索性的，或是积聚了相当的文化内涵志在提升文学的品位和艺术价值的，前者即所谓的"通俗文学"、大众文学，后者则是"高雅文学"、纯文学，前者的价值更多的是消费性价值，后者的价值则表现为生产性价值。

多少年来关于雅和俗的争论，或是持雅贬俗，或是以俗为贴近生活而将雅视之为象牙之塔中的脱离生活的东西，彼此都是片面的。从个人的角度看，更喜欢通俗文学，还是更偏爱高雅文学，自然是无须多作争辩，确实是一个欣赏趣味的问题，但在一个国家、一个民族，如何看待更具有消费性价值的文化门类和更侧重于生产性价值方面的文化门类之间的关系，却是涉及制定文化政策的一个大问题。若不懂得这种消费性价值和生产性价值的区别，忽视了那些主要是具有文化生产性价值的部门，如哲学、历史、考古、数学、物理、化学等基础学科，不在政策上予以相应的倾斜，这就是急功近利的短视行为，从长期的结果看，是会影响到一个民族的精神生产力的发展的，也会使这个民族成为文化上浅薄的民族。

二是生态价值。生态问题的出现本质上是现代人类不合理地运用科学技术、对自己行为的长远影响缺乏预见的结果，为了直接的价值、眼前的价值而忽略间接的价值、长远的价值的结果。生态价值概念的提出，生态意识的增强，无论如何是人类的一种巨大的进步。所谓生态价值，就是指人们的行为及其结果对于维护生态平衡的意义，是以生态平衡作为一种尺度，来看待和衡量人类的许多行为的价值。积极地宣传生态意识，强调生态价值的重要性，这些都是很有意义的，也是非常必要的。但一些人士在宣传和张扬生态价值意识的时候，直观地理解生态价值问题，似乎在这里人已经不再是主体，而是单纯的客体，相当一部分人士还提出要破除"人类中心主义"，认为一切生态危机都是人类中心主义的后果。我们认为这样做就是一种偏颇了。生态价值、环境价值，直观地看，是以生态和环境为"价值主体"，以生态平衡的需要为价值尺度，但如果深入地看，就会发现，这种主体是一种拟人化的说法，是一种借用，维护生态平衡不过是人的一种间接的长远的需要。

按照马克思的说法，生态系统并不是一种纯自然的系统，它就是人的"无机的身体"，维护生态平衡的需要本质上还是人的维护自己的机体的需要。人仍然是生态价值的主体，生态价值仍然是人的行为对于人自身的价值，只不过增加了生态环境这个中介而已。至于说要破除"人类中心主义"，提倡什么其他动物和植物也有自己的生存权利，应该尊重它们的这种权利，这不过是古代人"民胞物与"的观念用现代术语进行的表述，也是对平等观念的一种滥用。自然界的生态系统由一系列的生物链构成，草食性动物自然地就是肉食性动物的食物，这里有什么平等？如果人尊重一切生物的生存权利，那人就只有饿死这一条路了。

　　建立生态伦理当然有其必要性，但这种伦理的基础归根结底仍然是人与人的关系，是这部分人与那部分人的关系，是这一代人与下一代人和下几代人的关系，而不是人类与其他动物、植物的关系。离开了现实的人与人的关系，离开一些国家与另一些国家的关系，而讲生态问题，而提倡人与动物的平等权利，必然会陷入马克思早就批判过的抽象地看待人的理论泥潭中而不能自拔。在理论界一些人非批判地看待西方的一些环境哲学理论，热衷于兜售西方的一些理论观点以为时髦时，指出这一点不是没有意义的。

第五章

价值意识的产生及本质

意识在任何时候都是被意识到了的存在。价值作为人们在生存和生产过程中、在社会实践中经常遭遇的现象，直接关联着行动的成功和失败，在一些情况下甚至与人的生死联系在一起。自然而必然地，人们老早就产生了关于价值的意识，并在其指导下进行着价值选择。由于价值与事实既有差别又内在联系，由于价值的种类繁多、关系复杂，人们的价值意识也必然有着非常复杂的内容和层次结构，并随着人自身的发展、社会实践的发展而不断丰富和不断发展。

一 价值意识本质上是一种实践意识

意识是对社会存在的反映，这是一切意识的共同的本质和一般的特征，当然这也适用于价值意识。在理解价值意识与现实的价值运动的关系的时候，必须自觉地坚持这一点，否则就可能会滑向唯心主义。但当我们要考察价值意识与其他意识的区别时，就不能仅仅停留在这一点上，而应该注意价值意识的特殊的、独有的特征，尤其是它的本质特征。

在西方价值论研究中，有相当多的学者把主要的甚至是全部注意力放在价值意识方面。这一点并不奇怪，因为在他们那里，价值问题根本上就是一个价值意识的问题，是人们如何看待、如何评价的问题，是价值观念和评价标准的问题。他们结合心理学对价值意识尤其是对情感方面进行了比较细致的研究，为我们提供了许多有益的材料，即使是一些失误，也是具有借鉴意义的。

前面说过，现代价值论的兴起具有一种反抗科学主义话语霸权的意义，科学是理性和认知活动的典型形式，所以许多倡导价值论的学者便从情感入手，把价值看作情感现象或非理性的问题。在他们看来，价值意识就是人的意识中的情感部分，是以情感为中心的、与情感相关联的意识。也就是说，他们依据心理学关于知、情、意的划分，认为理智、认知、知识是科学意识，而情感和意志则是价值意识。这种观点在西方具有相当的普遍性，即使是为科学主义辩护而反对价值论的理论家，如逻辑实证主义也是赞同这种观点的。在我们看来，就他们看到了情感、意志等心理现象更突出地体现了主体自身的感受、体验、倾向这个方面来说，确实是揭示了价值意识的特点的，但这种划分所带来的问题是把理智或理性排除到价值意识之外，似乎在价值意识中没有理智和理性的地位，这显然是有问题的。

新康德主义一派，走的倒是理性主义的路子，他们更关注的是人的规范意识或标准意识。文德尔班也承认价值与情感等分不开，他说："价值（无论是正的还是负的）决不能作为对象本身的特性，它是相对于一个估价的心灵而言的……如果取消了意志和情感，也就不再有价值了。"① 但他并不认为价值是主观的，在他看来，"正如自在

---

① 转引自杜任之主编《现代西方著名哲学家述评（续集）》，生活·读书·新知三联书店，1983，第 35 页。

之物一样，也存在着自在价值。我们必须探索它，以便显示出各具体价值的相对性，而且，如果价值只存在于对于进行评价的意识的关系中，那么自在价值就意味着同一种规范意识。"①在他看来，除了特殊的评价主体的特殊意识以及与之相对应的特殊价值之外，还存在作为一般评价主体的普遍意识即标准意识以及普遍价值。普遍价值就是具有永恒正当性和普遍正当性的规范，是各种具体价值所共有并使之成为具体价值的东西。他认为，前者是心理学研究的对象，后者才是哲学研究的对象。他所说的哲学只有作为具有普遍意义的价值科学才有生命力，才能继续存在下去，都是这个意思。就他看到价值意识是一种规范性的意识，并且有普遍性的规范意识和特殊性的价值意识的区别来说，无疑是抓住了价值意识一个方面的特点，他反对把价值当作个人主观的、任意的东西，反对仅仅从个人情感的角度理解价值意识，也都具有积极的意义。但他割裂特殊和一般的关系，把普遍规范意识当作先验的永恒的范畴，这就堵死了探索这些规范意识形成的途径，也颠倒了特殊价值和普遍价值的关系。

马克思曾经从意识活动方式方面讲到过人对世界的观念掌握，他说，"整体，当它在头脑中作为思想整体而出现时，是思维着的头脑的产物，这个头脑用它所专有的方式掌握世界，而这种方式是不同于对于世界的艺术精神的，宗教精神的，实践精神的掌握的。"②在这里，马克思把理论的掌握方式与艺术的、宗教的和实践精神的掌握方式相提并论，为我们指出了理解价值意识的一条重要途径。理论的掌握方式可以说就是科学的方式，其目的和任务是理解世界的本来面目和规律。与这种方式不同，艺术的掌握是人从审美的角度、以美的尺

---

① 转引自杜任之主编《现代西方著名哲学家述评（续集）》，生活·读书·新知三联书店，1983，第35~36页。

② 《马克思恩格斯选集》第2卷，人民出版社，1995，第19页。

度来对世界的掌握，是人用自己的尺度衡量、剪裁、取舍、加工对象的自由表现形式，它是物服从人、人利用物的最为突出的表现，也是人的自由精神的最为典型的表现。艺术家的活动是高层次的艺术的掌握活动，艺术活动的目的在于给人提供一个充满了美好的想象和愿望的世界，提供一个源于现实又高于现实的美的世界。宗教的掌握即是用信仰的方式对世界的掌握，其特点不在于对象的真实性，而在于它与心灵的合意性，在于它的理想性和神圣性。从原始的神话到后来的宗教，其创造的世界都是一个超现实的、理想的世界，它可以是幻想的、颠倒的，但不必是幻想的、颠倒的。它着重于人的那些带有终极性意义的理想，目的在于为尘世生活的各种规范提供一个终极性的前提和根据，为人的心灵提供了一种归属、一种慰藉。实践精神的掌握在于以现实的主客体统一、以现实的具体的真善美统一的形式对未来对象的观念塑造，对实践结果的超前把握，它为人的实践提供具体的目的、方案、计划等，具有极强的综合性、创造性和实践指向性。艺术的、宗教的和实践精神的掌握这几种形式，当然各有自己的侧重和自己的特点，但它们区别于理论的掌握形式的共同特点，在于它们都是一种体现了主体的需要、要求、愿望、意志的意识，是突出了主体尺度的作用、把主体尺度应用于对象上的意识。

我们讨论价值意识的特征，主要是针对和区别于科学意识而言的。科学意识以理性为主，也包含情感和意志的因素，而价值意识与情感和意志密切联系，但同样也包含理性，同样也是知情意的统一，所以说，以理性还是非理性来作为科学意识与价值意识的区分标准显然是不合适的。价值意识包含规范意识，同时又融合了人的要求、爱好、愿望等因素，把价值意识等同于规范意识，逻辑上也不周延。价值意识是一种与主体的身份、地位、立场密切相关并直接受其制约的意识，是一种体现着主体尺度、主体态度的意识。毛泽东曾说："在阶级社会中，每一个人都在一定的阶级地位中生活，各种思想无不打上阶级的烙印"①，这在一定程度上反映了价值意识的特点。

价值意识反映的是价值现象，其内容是价值方面的内容，同时也是人们把握价值、评价价值时的主观条件。从主体的方面看，价值意识作为主体性的意识，总是一种"为我的"的意识，欲望、要求、爱好、兴趣、意志等，都从"我"出发，并围绕着"我"这个核心来旋转。从客体的方面看，价值意识不是平时所说的描述性的意识，而是一种意动性或意向性的意识，是欲使对象如何、觉得对象应该如何、"最好"如何的意识，也是关于对象的意义的意识。价值意识的最突出的功能，是服务于人的选择的，是面向着实践、直接为实践选择服务的。这里的实践当然是广义的实践，就是人的实际生活过程。正是在这个意义上，我们说价值意识本质上是一种实践意识。

马克思说："全部社会生活在本质上是实践的。"② 人与事物、对象之间首先是一种实践的关系，人与人之间也首先是一种实践的关系。这里所说的实践的关系，主要就是一种价值的关系，是一种以利害为基本内容的关系。价值意识就是在处理这种关系中生成的，也是为了进一步处理这种关系服务的。中国古人讲"利用厚生"，价值意识可以说就是以"利用厚生"为主导方面的意识。实际上，不仅在人与物的关系中，利用是一个基本的方面和内容；在人与人的关系中，利用也是一个基本的方面和内容。人正是懂得如何利用外物，才成为了万物之灵；人与人之间进行交往，并且不断地扩大交往，也正是因为交往有利于彼此的发展，有利可用，有利可图。利用意识的核心是手段—目的的意识，它所关注的重点，就是以人的生存和发展的需要为尺度，看哪些物有用，能够利用，如何有效地利用，以及利用的合理限度。从这个角度说，人是目的，而且是唯一的目的，其余的存在物都是手段，都是作为人的手段、条件而具有意义的。无论人们是否

---

① 《毛泽东选集》第 1 卷，人民出版社，1991，第 283 页。
② 《马克思恩格斯文集》第 1 卷，人民出版社，2009，第 501 页。

自觉到这一点，在一开始就都是这么做的，直到现在也都是这么处理着人与世界的关系的。现代的生态危机，并不是如某些人所说，是人类总是以自己为中心、总想着利用外物的结果，而是利用得不太合理、很不合理以致造成了对人有害的效应。至于在人与人的关系方面，人是目的的命题，就包含大家都是目的的意思，所以不应该把别人仅仅当成自己的手段，这就是一种规范，是社会性确立的规范。规范是在人们的交往实践中确立的，也是为了更好地进行交往而服务的。人们的各种规范意识，包括道德意识、法律意识等，同样是一种实践的意识。所以说，价值意识本质上是一种实践意识，是在社会生活实践中形成的、直接地为了实践并服务于实践的意识。

价值意识作为一种主体性的意识，作为实践的意识，它最为突出、最为集中地体现了主体的人格、品质等，一个人是什么样的人，就看他如何行动，如何待人接物，但他作为一个主体，是他的意识支配着他的行动的。他有什么样的价值意识，他如何看待自己，如何看待自己与别人的关系，如何看待各种价值的关系，就决定了他如何行动，如何选择，决定了他就是什么样的人。一个人的科学知识很丰富，不一定就是一个高尚的、值得人们尊重的人，但一个人是一个高尚的、值得人们尊重的人，一定是因为他具有合理的、健康的价值意识。

二　价值意识和科学意识的关系

我们一般地承认，价值意识是对价值现象的反映，价值构成了价值意识的对象和内容，科学意识则是对事实的反映，以一定对象的现状、规律为内容。这是对二者的一般的规定，是它们的一般的区别。但是，如果抽象地固守着这种规定，只是从对象的角度理解这个差别，把二者的区别主要当作对象方面的区别，凡是关于价值的意识就都是价值意识，而凡是关于事实的意识则就是科学意识或非价值意识，看似概念明确，指谓分明，实际上这样的概念还是相当抽象的。正像只从意识本身不同因素的分别，如以知、情、意的分别来规定价值意识和科学意识是不合理的一样，只从对象方面来理解这种区别也有很严重的不足或缺陷。因为，对象作为什么对象，既以对象自身的结构和性质为根据，也以主体从什么角度、以什么方式看待它，以它对主体来说"作为什么"为前提。价值是主体与客体之间的一种特殊关系，但如果把这种特殊关系当作科学认知的对象，以揭示它的现状和规律为任务，那么形成的就是科学认识和科学意识，同样地，如果是从科学的角度研究和揭示人们的价值意识形成和发展的规律，那么形成的也是科学认识而不是价值意识。

如此看来，仅仅把价值意识看作对价值现象的反映，还是不够的，应进一步把它规定为评价性的意识、态度性的意识、规范性的意识，或如一些人所说的那样，是一种"意动性"的意识，而科学意识相应的就是认知性的意识。换言之，科学意识无论其内容多么复杂多样，本质上都是关于对象"是什么""为什么""会怎么样"方面的意识内容，而价值意识则是一定对象对主体"有没有价值""有什么价值""有多大价值"方面的意识，是关于"应该如何""最好如何""我希望能如何"的意识。总之，价值意识和科学意识是从意识的内容性质方面作出的分别，说它们是两种不同的意识，这个"种"是从意识的内容性质方面着眼的，而不是简单地从各自对象的不同方面立论的。

正如不能把价值和事实看作空间上各自独立的两个"领域"一样，也不能把价值意识和科学意识看作在思维空间上互不搭界的两种意识。只有在这个前提下，我们才好理解价值意识和科学意识的辩证关系。

价值意识是一种实践性意识，是直接服务于选择和行动的意识；

科学意识则是一种以弄清对象的真实情况和规律为目的的意识，但它们之间又有着密切的联系，是无法截然分开的。这是因为，一定的事物之作为客体，它与主体的关系，本身就是在人的实践过程中被建立起来的，是以它的结构、性质、属性和人的本质力量共同作为基础和前提的。所以，客体的"是什么""怎么样"就与它相对于主体而"作为什么"直接相关联，并受着后者的制约。它一方面是一种客观的存在物；另一方面是对主体有着一定意义的存在物。由此决定，主体对客体的认识就总是受着自己的立场和态度的影响，受着价值意识的影响。纯客观的感觉、观察和认识不仅是难以做到的，甚至是不可能的。主体作为社会性的人，他看待事物的时候头脑并不是一张白纸，而是接受传统的、既有的各种知识、各种观念，再经过自己生活经验的整合和融化，形成了一定的知识结构和理论视野，有着一定的倾向和立场。他就是站在这样的立场上，以这样的知识结构作为背景，使用一定的方法进行观察、理解和认识的。任何人都不可能脱离他的社会环境和教育环境对他的影响来进行认识，任何人都不能摆脱一定的思维方式和知识结构对他形成的理论视野和"偏见"进行认识，任何人都无法克服自己的生理的和心理的局限性。

另外，人们的价值意识又总以一定的知识及科学性认识为基础。人们的态度和情感绝不是无缘无故地产生的，既以对对象的当下感知为基础，也以先前获得的对此对象的印象和认识为基础。如果对对象一无所知，那就证明对象处在人的视野之外，与之发生一定的情感性联系，或是喜欢，或是厌恶，就是不可能的。进一步说，对一定对象的利弊、优劣、好坏的评价，都是以对该对象的一定认知为前提的，认知的失误一般总要导致评价的失误，导致不合理的价值意识。

价值意识以评价作为自己的活动方式或动态性形式。人们不仅评价着一定的自然物、社会现象，也对一定的科学知识、科学理论，一定的思维方式和方法进行评价，也就是说，价值意识同样可以以科学意识作为自己的评价对象。反过来，科学认识也不仅只是指对自然事物、社会事物进行认识，它也可以以价值意识作为自己的对象，揭示它们的本质、特点、形成、发展规律等。这就是它们的相互交叉。它们就是这样错综复杂地交织在一起，互相包含地纠缠在一起。研究者只能对它们进行相对的剥离，突出它们之间的区别，掌握它们各自的特点和特殊作用，但要想把它们完全彻底地分开实在是不可能的，这就像要把人的自然性和社会性完全地分开是不可能的一样。

价值意识和非价值意识的纠缠更表现在彼此相互作用、相互影响的过程中。合理的价值意识、合理的评价，对科学意识的发展起着积极的作用；不合理的价值意识和评价则对科学意识的发展起着阻碍的作用。对对象的结构、功能、作用和发展趋势认识得越清楚、越正确，对主体的需要认识得越正确，就越有利于作出合理的评价，有利于形成合理的价值意识，而错误的认识则容易导致错误的价值意识。在近代以前，科学还处于相对不发达的状态，人们对许多自然现象和社会现象的本质都认识得不清楚，人类的知识中还存在许多想象的、幻想的成分，相应地，人们的价值意识中也就存在许多迷信的甚至野蛮的东西，许多规范礼仪、许多价值观念都是没有什么道理的，甚至是毫无道理可言的。科学的发展、教育的普及，使人们破除了许多迷信，抛弃了许多没有道理的、野蛮的习俗和观念，使人们的生活方式和价值意识逐步趋向合理化，以致人们提出要建立科学的生活方式。

20世纪30年代我国曾发生过著名的"科学与玄学"的论战，就是以科学能否解决人生观的问题为题目的。从我们现在的观点看，科学派强调科学的作用，特别在当时的那种社会背景下，用科学的精神破除传统的许多迷信的观念，具有合理性，也具有相当积极的社会作用，玄学派的落败也是必然的，但认为科学能够完全解决人生观的问题，这就夸大了科学的作用。人类现代遇到的许多问题，包括生态问题、文化问题、信仰问题等，都说明仅仅依靠科学是不够的，如何合理地运用科学技术的成果，如何正确地将高科技与人的发展结合起来，如何解决当代人遇到的许多困惑的问题，都必须要有价值意识的参与。科学只能为解决人生观和信仰问题提供必要的基础，还需要有正确的价值观的指导才能解决这些本质上属于价值意识的问题。

合理地理解价值意识和科学意识的关系问题，对于我们正确地看待自然科学和社会科学的关系，看待意识形态和文化问题的性质及发展，都有着重要的指导性意义。许多人有这么一种看法，认为自然科学以自然事物及其规律作为对象，这些对象没有价值问题，所以自然科学是"价值中立"的，而社会历史现象是人的活动的产物，是包含价值因素或者主要是价值问题，所以对社会现象的研究不可能实现价值中立，因此也就没有科学性可言。至少在对社会历史问题的研究中不服从自然科学研究的那些规范，也不可能发现什么规律。

这种观点的源头可以追溯到新康德主义那里。文德尔班把科学分为自然科学和历史科学[1]，李凯尔特则称为自然科学和文化科学[2]，认为后者涉及价值问题，与前者在研究方法和任务方面都是不相同的。他们毕竟还承认对社会历史现象、文化现象的研究也是科学，后来的一些人更为极端，认为对社会历史的研究无法成为科学，只不过是研究者自己基于一定的价值观而作的一种对社会历史的解释。克罗齐说一切历史都是当代史[3]，就表示了这种意思，在他看来，历史就是当代人根据自己的历史观和价值观对历史的解释体系。他们的这些观点，都直接或间接地包含着反对马克思主义唯物史观是科学的历史观的意思。在我国理论界，虽然没有人明确承认上述的这些观点，但在对社会科学的性质的看法上，也存在诸多含混之处。比如说，我们

---

① Wilhelm Windelband, "History and the Natural Science," trans. James T. Lamiell, in Theory and Psychology, vol. 8 (1): 5-22, 1998, pp. 13.
② 〔德〕李凯尔特：《文化科学和自然科学》，商务印书馆，1986，第20页。
③ 〔意大利〕克罗齐：《历史学的理论和实际》，商务印书馆，1982，第2页。

说自然科学没有阶级性，社会科学有阶级性，社会科学中除了逻辑学、语言学、思维科学等少数学科外，都属于上层建筑，属于意识形态。在我们的哲学教科书中，就把意识形态规定为建立在经济基础之上的观念形态，包括政治法律思想、哲学、宗教、艺术、道德以及大部分的社会科学。按照通常的理解，意识形态主要是价值观念，是一定阶级的即社会统治阶级的价值意识。正是基于这么一种理解，所以社会科学作为科学的地位始终就难以得到确立和尊重。所谓分不清学术问题和政治问题的界限，把学术问题当作政治问题来对待，最根本的原因就在这里。

其实，说自然科学是价值中立的，这个命题只是在相当有限的意义上才能够成立。也就是说，自然科学由于它的对象的明显的可重复性，自然规律能够通过一定的科学实验得到有效的确认，自然科学研究得出的结论无论哪个阶级都是必须承认的，在这个意义上，我们说自然科学没有阶级性。但并不是说自然科学研究中完全不存在价值问题，比如说学术价值问题就是在自然科学研究中，特别是在科学成果的鉴定中非常重要的一个问题。现代科学哲学关于科学范式的讨论，表明范式问题就与科学家群体或流派的价值观念有着密切的联系。一个科学家对科研题目的确定，对研究方案的制定和选择，对研究人员的配备，都存在价值评价的问题。在现代条件下，科学研究与技术开发的一体化倾向越来越突出和明显，在科学技术作为第一生产力越来越具有重要的经济效益的时候，科研选题就更是不仅要考虑到学术价值，也得涉及社会经济价值的问题。

所以，说自然科学中不存在价值问题，就明显地不符合实际了。社会历史科学的对象是人的活动，涉及更多的价值问题，但从科学的角度看，主要还不是这个问题，而是对象发展的不可逆性的问题，是无法在实验室中将对象隔离起来而在理想的条件下进行研究的问题。至于社会科学研究得出的结论和成果难以像自然科学的结论那样得到各个阶级的共同认可，这既是因为这些结论容易与一定阶级的利益发生冲突，也是因为这些结论难以如自然科学那样得到直观有效的证实。

当然，在研究过程中，作为研究者也更加容易受到主体自我相关效应的影响，至少是比自然科学研究者更难以摆脱或克服社会关系、社会地位和立场的制约。但这些因素并不能构成，也没有构成社会科学与自然科学的本质区别，作为科学，它们都是以揭示对象的规律为其根本任务的。如果动摇了这一点，就等于取消了、瓦解了社会科学的科学性，它可以是别的什么，但绝不是科学。

由此可见，无论是在自然科学还是社会科学中，都存在价值问题，都渗透着价值意识，尽管渗透的情况和程度有所不同。因此，不能把价值意识与科学意识的区别简单当作自然科学与社会科学的界标，更不能否认对社会历史现象的研究成为科学的可能性。把某个阶级的价值意识当作普遍的科学的东西，强行要人们相信这是科学的谁都不能怀疑的东西，这种所谓科学则必然就是一种伪科学，是随着历史的发展必然要被抛弃的东西。不尊重社会科学的科学性，只能导致社会评价、社会决策方面的主观主义和唯意志主义，我们过去吃这方面的亏太多、太大了，一定要认真吸取这个教训。

三　价值意识的层次和形式

价值意识与科学意识纠结夹缠在一起，互相影响，难以截然分离，任何把它们当作"两块""两个部分"的思想都是不符合实际情况的，但这并不等于说不能把价值意识看作相对独立的现象，研究者不能将眼光聚焦在它身上进行研究。实际上，无论是对于何种复杂的现象，人们都可以借助于思维的抽象力，将需要研究的那个方面从原来的联系中抽离出来，或是把其他的方面遮蔽起来而将需要研究的那个方面突出出来，从而对它进行研究。我们对价值意识的研究也只能如此，必须如此。当我们把科学意识或非价值意识遮蔽起来而看待价值意识的时候，我们就发现，价值意识也是具有一定的层次的、复杂的现象，了解价值意识的复杂性，首先得明白这些层次。大致说来，这些层次有：下意识的层次、情感—心理的层次和理智—观念的层次，并且各自都有一些不同的形式。

发现人的下意识的存在，是弗洛伊德的一大功绩，也由此奠定了弗氏在现代心理学中的地位。按照弗洛伊德的意见，人的显意识，即人们自觉到的意识，只是整个意识的一小部分，犹如一座冰山浮出海面的部分，更大的部分还浸在海水中，这便是以前不为人知的下意识或潜意识。照弗氏的看法，这一部分才是真正决定人的行为动机的最基本的力量和原因，而且也是决定着显意识的基础。尽管由于他的泛性论、机械决定论和主要是从病态人格的扭曲心理中得出一般的结论，受到后世的批评，但自他之后，下意识的存在及其重要作用，作为一个基本的事实，是没有人能够否定的了。

下意识与人的本能活动直接联系，是本能性的意识或对本能的直接意识。我们在前面说过，动物的趋利避害行为构成了人的活动的自然基础和生物学前提，尽管对人而言的利害远远超出动物的利害，但趋利避害也是人的活动的基本模式。恩格斯就曾经说过："人来源于动物界这一事实已经决定人永远不能完全摆脱兽性，所以问题永远只能在于摆脱得多些或少些，在于兽性或人性的程度上的差异。"① 现实的个人无一不受着自己的肉体结构和生命本能的制约，其活动的动机往往也就是受着下意识层面原因的影响，在一些情况下甚至就是受其决定的。来自本能的一些原始冲动，一些与个人所受的教育和所接受的规范相冲突的、连自己都觉得羞耻害臊的一些念头，遭到显意识的

① 《马克思恩格斯选集》第 3 卷，人民出版社，1995，第 442 页。

压抑和禁止，似乎是克服了这些念头，其实是将它们压到了下意识的层面。

形成下意识的另一个来源，是意识本身的遗忘和沉淀机制。婴儿和儿童的早期的活动经验，被后来的意识所堆积压迫，便自然地予以遗忘，即使是成年人，也会发生这种情况。实际上这并不是完全遗忘，而是被压到了下意识的仓库中，只是为主体觉察不到、记忆不起来了。下意识活动遵循着快乐原则，总是倾向于发动和引起那些能够使主体感到快乐的冲动和行为动机，总是想冲破各种社会的禁忌和规范。下意识往往表现为种种的意动倾向，体现着主体的种种欲望，尽管主体未能明确地察知和自觉到这些欲望，它对主体仍具有驱动作用或吸引作用，并且能够持久地存在。如果主体过分地压抑这些欲望和意动倾向，它的能量就会逐渐积累，到了一定程度甚至会引起精神障碍。如果能使之得到升华和替代性的满足，或是使之得到一定的宣泄，就能使主体避免其引起的负面作用，还会带来相当的满足感和快慰体验。按照现代的艺术理论，一些艺术作品之所以能够引起读者、观众的情感共鸣，给他们带来很大的艺术快感，就是因为使下意识的冲动得到了宣泄或替代性满足的缘故。

下意识不单表现在个体心理中，也形成一定的集体无意识，表现为一种社会性的共同意识。所谓集体无意识，其实也就是群体的下意识，它是一种无形的氛围，作为这个群体的个体都没有意识到它的存在，但它却制约着人们的心理活动，使之表现出心理倾向的一定的共同性和一致性。集体无意识不仅在古代社会存在，在现代社会也同样存在，不过由于理论家们已经知道了集体无意识现象的存在，所以能够比较自觉地用集体无意识概念分析一些社会心理问题而已。

价值意识的情感—心理的层面属于显意识的领域，能够为主体所明确地察知和自觉到，过去的许多研究价值问题的学者之所以不约而同地把价值看作一种情感现象，就是因为情感—心理层面的一些价值性体验既与一定价值客体密切关联，又能为主体所迅速觉知的缘故。这个层面的价值意识表现为烦恼、厌恶、恐惧、同情、兴趣、爱好、意愿、欲望、动机、意志等形式。烦恼、厌恶和恐惧是对负价值的情绪体验或表现，同情、兴趣、爱好、意愿是由正价值引起的；欲望、动机和意志则就不单是情感，而且与行为倾向联系了起来，往往直接引起了行动。

烦恼的情绪多是由主体与环境的不适引起的，是对这种不适的心理表现。这里的环境，既可以是当下的环境，也可以是对先前的环境、际遇、经历的表象再现，有时候烦恼有明确的对象，主体知道是什么引起了自己的烦恼，有时候就没有明确的对象，主体只知道自己很烦，却不明白引起烦恼的具体原因，不明白为什么烦。但不管怎么说，烦恼总是与某种不适、某种不痛快联系在一起，而这种不适、不痛快就是一种负价值的表现。

与烦恼相比，厌恶与对象的联系就比较明确化了。厌恶总是对什么对象的厌恶，这对象可以是外在的对象，也可以是自己的某种状态，人们有时说"我讨厌我自己"，就是以自己为对象的。厌恶有了较明确的对象，在程度上也较烦恼要更加强烈一些。轻一些的厌恶表现为厌烦，再重一点就是生气，最重的则是愤怒，是对某些情况、某些状态、某些事物的不满进而变成受不了的心理倾向。恐惧以自己感到"受不了"的心理情绪为前提，同时又意识到这种力量过于强大，它对自己有着重大的负价值，而自己又没有能力改变这种状态，甚至无法逃避，感到了自己的无力、无助和无望而形成的一种情绪和情感。恐惧与主体的意志状态有相当的关联，意志较弱的人更容易产生恐惧感，而恐惧的情绪发展到非常严重的程度时，就可能引起意志崩溃。

同情是人们普遍具有的一种情感现象，孟子所谓的"恻隐之心"，其实就是同情心。同情是人对别人的遭遇，一般多指悲惨遭遇产生的一种情感。在动物那里就可以看到同情这种情感的存在，所谓"兔死狐悲，物伤其类"即是。但人的同情比之动物的同情具有更广泛的内容，甚至还可以扩展到非同类的一些存在物身上，比如对一些动物的同情。这是一般意义的同情，作为类意识的同情，在这个基础上，人们根据彼此间关系的远近，形成程度不同的同情感，对关系比较亲近的人的不幸遭遇，比之对关系比较远的人的不幸遭遇，其心情就是不相同的。不幸是一种负价值，在这个意义上，同情可以说是对负价值的一种反映。

同情也可以是对正价值的反映，比如对于朋友的成功，自己也分享着他的喜悦，感到一种自豪。如此看来，同情处于一种情感的中间状态，既可以是对负价值的反映也可以是对正价值的反映。与之相比，兴趣则落到了正价值的领域，它总是对某种正价值的积极反映，凡是主体感兴趣的，往往总是能给主体带来愉悦的对象，尽管这种愉悦或快感是暂时的，甚至会带来一定的不利的后果。不论任何对象，如果它的存在和对主体的作用一点都引不起主体的快感，不能使主体愉悦，那主体一般是不会对它感兴趣的。兴趣常常不很稳定，容易发生转移，如果能够稳定下来，那就成为一种爱好。

爱好就是比较稳定、能够持续较久的兴趣。爱好以兴趣为基础，同时也是意识到了引起兴趣的对象性关系具有更进一步的积极意义。如果说兴趣的自发性色彩更突出一些的话，那么在爱好中自觉性的因素就占据着主导的地位。而且，兴趣和爱好一旦固定了下来并经多次反复，就会形成一种心理定式，成为一种心理需要，能够满足这种需要的，直接就是有价值的。

意愿是在兴趣和爱好的基础上出现的对某种对象、某种对象性关系的预期、想望。愿望扬弃了爱好对象的当下性，往往是对合心意的未来状态的期望，是对主客体关系的一种预设性的期盼。愿望可以一定的合理预测为基础，也可以不以这种预测为前提，此时它就是一种幻想。但无论如何，愿望的内容总是一种正价值，或者是对某种负价值状态的摆脱。愿望是"愿"和"望"的统一，"愿"的是合意，"望"的是未来，如果不是未来，而是合意的现实状态，那就不会是愿望。若是不愿，即不合意，那也没有望的必要。所以，在愿望中就包含理想的种子和萌芽。

愿望之所以是愿望，之所以停留在"望"的状态，是因为主体知道眼下还缺乏实现的条件，知道只能放到未来去实现，甚至很可能无法实现，所以愿望只是一种心理倾向、意动倾向。欲望则不同，它源于主体的优势需要，是一种要求当下实现的心理、冲动，是一种心理动能和动力。就这一点论，欲望和动机是相同的，正因为如此，一些人就把欲望和动机看作一回事。在我们看来，它们之间还有着一定的差别。欲望更侧重的是主体自身的原因，是一种单纯的冲动，而动机往往结合了对行为条件的考虑，甚至以对行为结果的一定自觉为前提。动机和目的往往是联系在一起的，目的的最初形态就是对行为结果的超前反映、超前意识，但目的更融入了理性的因素。也许这么讲更为合理，形成动机有两种情况，一种是直接来源于欲望的，是把欲望和条件结合起来的产物，这种动机具有更强烈更明显的情感色彩，落在情感—心理的层面。另一种是直接来源于目的的。目的当然也要以欲望为基础，但它是经过了理性的考虑而形成的，从目的形成了动机，这种动机的理性色彩就更浓厚一些，属于价值意识的理智—观念的层面。

一个人的欲望是多方面的，动机也有多种，有的很强烈，直接引起了行动，有的则热烈程度差一些，被主体推迟或延缓，有的因条件变动、时间久远而甚至被忘却，压到下意识的层面。意志是一种自觉地支配情感和行动通过克服某些困难以实现预定目的的努力。每个人都有意志，其思想和行为也都受意志的支配，不过在许多情况下人们没有感到这种支配作用，这主要是因为欲望、动机和爱好、兴趣在方向上相一致的缘故，自己要做的正是自己喜欢做的，不用意志的努力也就完成了行为。只有在它们之间有了一定的差异和冲突之时，没有了兴趣但还必须坚持下去，或者根本没有兴趣可为了某种目的必须如此去做，这时意志的作用就显现出来了。意志有强弱之分，有的人意志坚强，所谓钢铁般的意志，决定了的、认准了的就一定坚持下去，不管遇到多大的困难也不回头。有的人则意志比较薄弱，一遇到困难和挫折，就动摇起来，就放弃了原来的目标。意志坚强的人，对自己的情感有较强的控制力，心中痛苦、悲伤或者非常高兴、非常愤怒，但能够喜怒不形于色，表面上显得很平静，思维也不为这些情感所左右。

在心理—情感层面的价值意识中，还有一些社会性情感，如光荣、耻辱、自尊、失落、自卑、羞愧、内疚、骄傲、自豪、责任感、使命感等，这些情感多与对人的行为，尤其是对自己的行为、身份、地位、能力的价值评价有关联，也是社会思想道德教育中着重要培养、塑造的一些情感。

理智—观念层面的价值意识，是与认知、思维活动联系在一起的，是通过一定的价值判断、价值推理而形成的。在这个层面上，知识的因素起着基础的作用，这里的知识既包括对于客体、事实的知识，也包括对于主体、各种价值的知识，对于社会规范、社会价值观念的知识，还包括对于思维和逻辑推理的一些知识。通过思维对这些材料的加工，形成人们对于社会发展的信念、理想，确定了明确的人生理想和人生目标，并以此为坐标，形成一整套的价值观念，用以评价各种现象和事物包括自己的行为及其结果的价值，指导着人们的社会性选择和活动。对于这些问题，我们在后面讨论价值评价的时候要较详细地涉及，故这里就不赘述了。

价值意识有上述的种种形式和层次，但这些形式又互相交叉互相渗透，层次之间也没有一个决然明确的界限，有些形式可能还横跨几个层次，包含着几个层次的内容。因此，在看待价值意识及其形式的时候，也必须防止形而上学的那种见同不见异、见异不见同的观点。

四 价值意识的产生和发展

价值意识是价值现象在人们头脑中的反映，这是我们始终坚持的一个基本观点，但这并不是说一定要先有价值而后才有对价值的意识。价值对价值意识的先在性只是逻辑意义上的先在性，而不能理解为时间意义上的先在性。从时间上说，它们不存在绝对的谁先谁后的问题，至少争论这个谁绝对在先谁绝对在后没有太大的意义。从现实的活动过程看，可以是先存在了价值然后人们才意识到这种关系，也可以是人们在观念中先设想出某种价值，而后再在实践中创造出这种价值来。价值和价值意识都是在人们的实践和社会生活中产生的，实践是价值的源泉，也是价值意识产生的根源。

价值和价值意识都以实践中主客体的分化，以人的主体地位的确立为前提。主客体的分化过程是一个相当漫长的过程，这其实也就是从动物的本能活动转化为人有目的的活动的过程。动物的趋利避害的行为模式，是动物本能的一种表现，而这种行为模式以及在动物心理上的内化，却是人的价值意识的一种前提。原始先民的活动，是一种与动物的活动没有多少差别的活动，按照马克思的说法，"同这一阶段的社会生活本身一样，带有动物的性质；这是纯粹的畜群意识，这里，人和绵羊不同的地方只是在于：他的意识代替了他的本能，或者说他的本能是被意识到了的本能。"① 但正是这种对本能的意识，使得本能以及本能式的趋利避害行为对象化了，不仅使之受到了一定的有意识的调节和控制，更主要的还是形成了日益扩大日益丰富的属人的

---

① 《马克思恩格斯选集》第 1 卷，人民出版社，1995，第 82 页。

精神世界。对动物而言的利害变成了对人的价值现象，人的行为成为人实现自己的目的的手段，不但是对象对人的直接性利害关系，而且还有行为的效益、效率即行为本身及其结果对人的价值关系，都成为意识的内容。人不仅在意识中而且在现实的活动中把自己当作主体，当作目的性存在，而把一切其他的存在都当作客体和手段，是供人使用和利用的对象。这种关于手段和目的的意识，关于对象之有用无用、有利有害的意识就是最基本最原始的价值意识。

价值意识一产生，就参与到了动机和目的的形成过程中。目的从本质上说也是一种价值意识，是人对行动所造成的结果，即新的价值关系、价值状态的一种超前把握。目的是人设立的，也是为了人自己设立的，目的的设立当然离不了事实意识或科学意识，离不了对事物存在、结构和性能的知识，但目的中核心的东西则是对将有的价值关系、价值状态的超前把握，是人为了获得这些价值而设立的。无论人对事实认识得如何，是否准确、是否全面，他总要为自己的行动设立一个目的，总要根据哪怕是臆想的认识来建立对未来价值关系的观念。

人类先产生的是关于事物的效益和效用的意识，尔后才有关于制约这些效益的规律的意识，价值意识就是关于效益的意识，科学意识则是关于制约这些效益的规律和根据的认识，它们总是相互依赖、相互包含的。人类认识每发展一步，都扩大了人类的对象领域，使人们与更多的对象建立起了价值关系，使价值关系向深度和广度扩展；人类对世界的各种联系认识得越清楚，就越有利于形成合理的价值意识，越有利于将目的建立在可靠的基础上。从人类历史上看，价值意识一直是与科学意识相互促进、共同发展的。

再就是技术。技术与科学不同，它本质上属于人利用外物的技巧和经验，它以科学意识为基础，直接就体现为人利用、役使外物的现实能力。技术发明以创造新的价值对象、价值关系，满足人的需要为目的，人们通过技术发明创造出了新的人工物、新的工艺、新的工具、新的材料等，每一次技术发明都现实地改变着人们的生活和生产，也改变着、丰富着人们的价值意识。

价值意识形成的最切近的基础是生产和生活的经验及其体验。人们的活动总是有一定目的的，人们也总是通过意志的努力将自身的各种力量组织起来克服各种困难来实现目的，可目的的实现绝不仅取决于主体的努力，也要看客观的条件是否具备。每一次的实践，无论其是成功还是失败，都对人的价值意识产生一定的影响，成功的实践、主体目的的实现，起了一种正强化的作用，将主体实践前所持的价值意识连同科学意识巩固了起来，失败的实践，则作为教训，对人起一种负强化的作用，改变了以前的那些错误的认识，也改变了不合理的价值意识，改变了不合理的思维方式。任何民族都是从实际的生产经验和生活经验中进行学习的，这些不断重复、不断更新着的实践成为推动价值意识发展的动力，这些经验的内容也都被纳入价值意识中来。

分工既是生产发展的需要，也是生产发展的结果。马克思说，真正的分工是物质生产和精神生产的分工，它的出现，使得一部分人专门从事精神生产的活动，意识活动的巨大能力、巨大潜力就被大大地解放了。"从这时候起意识才能现实地想象：它是和现存实践的意识不同的某种东西；它不用想象某种现实的东西就能现实地想象某种东西。从这时候起，意识才能摆脱世界而去构造'纯粹的'理论、神学、哲学、道德等等。"① 构造出来的这些意识形态的门类，又按照自身的一定规律，以不断分化的形式而扩展着，形成了人类的精神世界，它们培养着、磨炼着、促进着人的各种精神活动能力，使他们的想象力越来越发达，审美感觉越来越精致，思维水平越来越提高，

---

① 《马克思恩格斯选集》第 1 卷，人民出版社，1995，第 82 页。

等等。

总之，这些意识形态固然首先是为着维护一定的统治秩序服务的，但同时也为社会大众提供了各种精神食粮，促进了人类精神生产能力和消费能力的发展，促进了价值意识的发展。分工引起了交换、交往和协作的需要，在交往活动中又出现了个别家庭的利益和其他所有参加交往的家庭利益即整体利益的矛盾，为了减少、缓和、协调这些矛盾，各种禁忌、礼仪、规则、纪律和规范出现了，神学、道德等理论原本就是作为这些规范或制定这些规范的理论基础而存在的。这些规范既作为一种精神的力量制约着人们的动机，同时也作为一种社会力量、物质力量制约着人们的行为，因为在它们背后，与它们同时总有着一定的物质利益刺激存在，国家统治阶级通过各种形式奖励那些服从规范的行为，惩罚那些违反规范的行为，强化着这些规范的作用。

"神道设教"，这些神道原本都是出于某种十分功利的目的而被建立而被推广的，随着时间的推移，它们与现实经济生活的联系变得越来越模糊，越来越成为一种似乎是天经地义的东西，形成了人们的思维定式和行为定式，好像成了一种带有先验性的存在，"理在事先"，这些"理"倒似乎更符合现实的经验了。一方面是交往中产生的各种社会规范；另一方面是语言的含义以及使用语言的各种意义规范，它们共同地规定着人们的思想和行动，什么是对的、好的、美的、合理的、道德的、光荣的、正义的，什么是错的、坏的、丑的、不合理的、不道德的、羞耻的、非正义的，都有了一定的规定，有了一定的标准。

在有阶级存在的时代，占统治地位的思想是统治阶级的思想，这些标准经过统治阶级的反复宣传和诱导，经过理论家的反复论证，变成了具有普遍合理性的观念，从而构成了人们的价值意识特别是价值观念的主体构架，成为价值意识的主要内容。人越是依赖于群体，越是缺乏自己的主体性，越是不懂得这些标准产生和发展的秘密，就越是把它们当作某种神圣的东西来看待。按照社会规定的这些标准去思维和行动，就越缺乏自主性。当然，随着生产力的发展和交往活动范围的扩大，随着现实交往新的交往主体和矛盾的产生，一些规范就变得过时了，不能很好地适应交往的需要，为了维护这些旧规范，就必须付出更大的成本和代价。随着形势的变化，一些旧规范越来越不被人们重视，越来越遭到违反或受到践踏，就这样，旧规范的威力在削弱，直到最后被人们所遗忘，被送进了历史博物馆。旧规范的消失与新规范的产生是同时进行的，是新规范逐渐代替旧规范的过程，也是新的规范意识代替旧的规范意识的过程，于是表现出价值意识更替的时代性。

以往有些学者不懂得这个道理，总是把这些规范和规范意识当作某种独立于经济生活和社会的东西，似乎它们只是按照真理替代谬误的逻辑在发展，只要从人性中发现了真理，便能够获得一种永恒的性质。只有马克思主义才第一次揭穿了意识形态的秘密，把它们看作对各种社会经济关系的反映，是随着经济基础的变化而变化的。马克思曾经讲过，商品经济时代、资本主义时代不同于以往时代的一个最大特征，就是经济关系在不断地飞快地变动，一种新的东西还没有站稳脚跟就被另一种更新的东西所替代，由此造成的是社会关系不断地变动，一切神圣的东西都被亵渎了，一切稳固不变的观念都烟消云散了，人们只能以一种非常现实的理性的眼光来看待一切，看待自己的社会地位和各种社会关系。这就是个体普遍自觉到自己的主体地位的时代，是人摆脱了自然的依赖状态而进入人的独立发展的时代。人道主义、人权、人是目的、民主、平等、自由，这些观念都是这个时代的产物，是历史发展的产物，并不是什么自来如此永恒存在的东西。

现在让我们再从个体意识的角度来看价值意识的产生和发展。

有不少研究者从认识论的视野看待价值意识问题，依傍于认识论的感觉、知觉、表象、概念、判断、推理等概念来讨论价值意识的产生。我们以为，这种思路是有问题的，价值意识的产生固然与科学意识相关联，与对对象的感觉经验相关联，但毕竟又不相同，它主要更依赖于个体的本体感觉即体验。体验在本质上当然也是一种反映，但它不是对外在对象的反映，至少不是直接对这种对象的反映，而是对主客体关系运动后果的一种反映。一定的事物、客体对主体的作用，在主体身上引起了某种快乐或痛苦，愉悦或难受，兴奋或压抑，主体的体验就是把这些效果、后果转化为意识，变成了经验，这种本体感觉或体验性感觉才是价值意识的源头。这种体验性经验的重复，使得人把那些能够引起快乐体验的事物和那些引起了痛苦体验的事物区分了开来，前者被认为是好的、有用的，后者是坏的、有害的。趋利避害，就是建立在这种体验性经验的基础上的。

同样，在实践活动和社会生活中，这种体验性经验也一直起着基础的作用。实践的成功意味着预期目的的实现，在主体方面引起的是快乐的体验，失败引起的则是沮丧、懊恼的体验，是这些体验促使着人寻找造成了成功和失败的原因，肯定某些东西而否定某些东西。行为主义心理学把人的心理过程看作一个刺激—反应的过程，当然是过于简单化了。但决不能否认，刺激—反应是人的心理活动的一种基本机制，主体对某些东西持肯定的态度，认为是好的、有利的，对某些东西持否定的态度，认为是坏的、有害的，总与这种刺激-反应机制分不开，是这种体验性的经验在其中起了重要的作用。

社会生活的过程也是个人接受以往人类创造出来的各种经验和知识的过程，是接受各种社会性规范的过程。一般说来，这些社会化的知识、规范构成了人的价值意识的重要内容，但我们千万不要忘记，个人接受哪些规范、哪些经验，拒绝哪些规范和经验，总是以一定的体验性经验为基础、为前提的。在这里，家庭教育、社会教育都是建立在通过一定刺激，或是正面的激励、表扬、奖励，或是反面的批评、呵斥甚至肉体体罚而起到作用的。即使是在个人认同了某些规范之后，如果遵守这些规范总是给他带来负面的否定性的体验，除了个别人之外，一般人都会怀疑这些规范的合理性，从而放弃这些规范，或是变得阳奉阴违，嘴上承认这些规范的合理性和正确性，实际行为中如果不被别人发现、如果不会受到惩罚，那他就不会自觉地按照这些规范办事。人们的各种情感，都是与这些体验性经验联系着，是从这种体验中分化出来的，理智和意志具有控制情感的作用，但理智的作用首先在于分清长远的利害和眼前的利害，寻找事物运动的规律在相当程度上说也是为分清利害服务的。所以，理智活动同样受着体验性经验的制约，是为了获得更大的利益，为了获得更持久的正面体验而减少负面的体验。

体验或体验性经验也是很复杂的，有肉体性的体验和精神性的体验，后者是精神需要得到满足而引起的，是对精神价值的一种肯定。平时我们讲助人为乐，这种乐就不同于肉体的快乐，而是一种精神性的快乐。同样，人们为自己的某些行为、某些成就感到自豪，感到光荣，这也是一种精神性的快乐。肉体性体验与精神性体验具有一定的差别，甚至具有一定的矛盾和冲突，一些精神性的快乐是以肉体的痛苦为前提的，为了成功就必须付出努力，这努力就包括克服各种困难；意味着要放弃许多享受，要经受许多痛苦，但为了获得精神性的快乐，个人会认为这是值得的，社会也鼓励这种艰苦奋斗的精神。但如果把二者完全对立起来，认为为了获得精神享受就必须放弃肉体快乐，像一些宗教把禁绝肉体快乐当作获得精神享受的条件，像宋明理学家那样搞"存天理，灭人欲"，那就大错特错了。这种以"理"杀人，以道德杀人的把戏，迟早是要遭到抛弃的，不管社会统治者用多大的力量去维持它。人是要有一点精神的，精神的追求永远都是重要的，是提高人的境界的一种内在动力，但不能把精神的追求变成与物质利益、物质享受决然对立的东西。邓小平说得好："革命是在物质利益的基础上产生的，如果只讲牺牲精神，不讲物质利益，那就是唯心论。""不讲多劳多得，不重视物质利益，对少数先进分子可以，对广大群众不行，一段时间可以，长期不行。"① 懂得这个道理，对于我们的价值观教育是具有重要意义的。

五　文化传统在价值意识形成发展中的作用

文化有广义和狭义之分，广义的指文化的全部结果，包括物质文化、制度文化和精神文化，狭义的则只是指精神文化。我们这里指狭义的文化。民族文化是一个民族世世代代的活动在精神层面上的积累和积淀，相对于物质生产和物质生活，它是一种第二性的东西。在历史还主要是民族的、地域的历史的时候，各个民族在孤立的地点上发展着，一方水土养一方人，受具体的地理环境、生产方式和生活方式的制约，形成了不同的民族文化。即使在历史进入世界历史的现代，在各个民族都被卷入世界性交往的时代，文化的民族性特点也是十分突出的现象，并且构成了民族交往中必须谨慎处理的一个重要问题。

文化的民族性实质上是民族主体性的一种表现形式，是民族主体长期的实践和社会生活的产物和反映，反过来又对该民族成员具有重要的影响，使他们具有一定的民族凝聚力和向心力，顺利实现自己的身份认同和文化认同，形成具有民族特色的生活方式。文化的民族性对于该民族是一种共性，相对于人类文化则是一种个性和特色，众多的民族文化构成了人类文化的大花园，每种民族文化都是人类文化大

---

① 《邓小平文选》第 2 卷，人民出版社，1994，第 146 页。

花园中的一朵奇葩。世界历史的形成，经济出现一体化的趋势，使各个民族都卷入这种普遍性交往之中，使各个民族的文化出现了空前的大交流、大碰撞，也使得它们都在一定程度上改变着自己的本来特色，但由此认为文化的趋同将会使文化的民族性消失，那恐怕就失之偏颇了。文化的融合性、趋同性和特异性、民族性是文化发展的两个不可或缺的方面和倾向，正如个人的社会化和个性化是两个不可或缺的倾向一样，它们相互影响，但决不会相互取代。

民族文化传统或传统民族文化是从一个民族文化的历史发展角度而着眼的，是从现代的角度、现今的立场理解和看待以往的文化的，它不是指既有文化的总和，而是指流传下来的还活着的东西。文化犹如一条流动着的河，它在自己的流动过程中损失掉一些水分，又获得一些水分，有一些文化因素消失了、消亡了，为人们所遗忘了，同时又有一些新生的文化因素增添了进来，总是借助于这些新生的文化分子，文化才维持着、发展着。每一代人都有自己的文化传统，每一代人创造的文化都融入文化的长河中成为后一代人的传统文化。为了研究的方便，学者们将文化划分为远古文化、古代文化、中古文化、近代文化和现代文化，但必须注意，这些概念只具有极其相对的意义，都具有一定的灵活性和弹性，把它们僵化、凝固化，似乎确实存在这么一些确定不变的明确的界限，这就犹如胶柱鼓瑟，完全不对了。

如前所述，任何一代人一生下来就遇到现成的文化传统，这构成了他们活动的一种背景。他们长大成人的过程，就是一个学习、理解、接受文化中的各种知识、语言规范、礼仪规范、交往规范及其所包含的各种意义等，学会如何作为一个社会的人而待人接物的过程，也是掌握先前的知识而形成自己的精神世界和精神生产能力的过程。一个人的感觉能力、想象能力、辨别能力、思维能力以及各种情感、兴趣爱好、意志对情感的控制能力，都是在这个学习的过程中被训练和塑造出来的。学习与教育是一个过程的两个方面，在社会、在施教者而言是教育，在受教者个人而言就是学习，上一代人是教育者，下一代人就是学习者，社会是教育者，个人就是学习者。这是一个全面的教育—学习的过程，是一个人从一出生就开始的教育—学习的过程，是从各个方面进行教育—学习的过程。每个人都既是教育者又是受教育者，这既是说他先前是受教育者现在成了教育者，所谓先当学生后当先生，也是说在教育别人的同时自己也从别人那里学到了东西，相互影响的过程就是相互教育—学习的过程。从社会文化的层面看，其传承、其创新、其替代、其发展，都是在这个统一的过程中完成的。文化造就了人，人也造就了文化，传播了文化，发展了文化。

分别地说，文化传统对一代人价值意识形成和发展的影响，是通过以下几个方面或几个渠道来进行的。

首先是通过语言符号系统。语言，包括言语和文字，都是一种符号，是一种特殊的符号，除此之外，还有大量的其他人造符号，比如交通标志符号、行为动作符号，以及在等级社会中标志人们身份区别的各种符号，如衣服的样式颜色、建筑的形式尺寸、轿子的大小，等等，这些符号，构成了一个意义的世界，只有了解它们的规则才能懂得它们的意义。这些意义，从总体上讲分两种，一种是指代性意义；另一种是规范性意义。前者主要是指明某个存在、某种事实，属于知识性的；后者则表现了某种规矩、某种要求，是关于价值的。它们有时候又融合在一起，一个语词，既具有指代性意义，也具有规范性意义。所谓的褒义词、贬义词，所谓的好话、坏话，都是这种情况的表现。传统文化的内容，宗教的、哲学的、艺术的、道德的、经验的和理论的等，就通过这些语言符号而表现出来，并通过人们的活动而获得自己的生命。因此，社会在使得它的成员掌握语言符号系统的过程中，就使传统文化的内容渗入进了个人的意识中，影响着个人的价值意识的形成。

其次是行为习惯系统。习惯与风俗往往并称连用，叫作风俗习惯，其实它们之间还是有一定的差别的。习惯可以是个人性的，每个人都有自己的生活习惯，这种习惯就不是风俗，风俗则是一种社会化了的习惯，是一种群体性的习惯。这些风俗习惯是通过行为表现的意义系统，它们都代表着一定的意义，并且是一种群体认同了的意义。违反了这些风俗习惯，就是不懂规矩的表现。各种礼节、各种礼仪，都属于风俗习惯的范畴。任何一个民族都是一定的人群在一定空间领域上的存在，同一个民族的不同部分，也会有着不同的风俗习惯，所谓十里不同俗，百里不同音，连语言声调都会有所不同。但在这些不同的风俗中，又有着一定的共同的东西，正是这种共同的东西才构成了一个民族的民族性。这是一些经过长久的历史风雨而保留下来的东西，是贯穿、渗透在各种生活实践中的构成了集体无意识的东西，它们对一代人价值意识的形成具有重要的作用。

最后是社会制度系统。社会制度系统一般是指经过国家的法令而正式建立起来的行为规范系统，与风俗习惯不同，风俗习惯更突出地表现为一种自然性，是自然而然地形成的，也是自然而然地起作用的，违反了它们只是受到人们的非议和批评，而社会制度则明显是人为的产物，是统治阶级意志和价值观念的表现，违反了它们就不单受到非议，更主要是要受到追究和惩罚的问题，所以这是一种强规范强制约。社会制度作为"制"作为"度"，都意味着它是某种标准和尺度。秦始皇统一天下，书同文，车同轨，统一度量衡，统一货币，这些就都是一种制度。至于财产分配制度、官员的任命和选拔制度、权力的分配和制衡制度，也都是如此。一方面，社会规定，符合制度的才是合法的、合理的，违反了制度的则就是不合法、不合理的；另一方面，只有合乎了制度，才能获得人们在观念上的认可、认同。这些制度体现的就是价值意识，作为一种标准又影响了人们的价值意识。不仅如此，任何社会，为了维护这些标准，总要在理论上竭力论证这些标准的普遍合理性，想方设法寻找一些根据，让人们不仅懂得它是合法的，承认它是合理的，而且还要觉得它是唯一合理的。也即是说，社会总要通过意识形态的宣传，通过各种教育途径，把这种意识和观念灌输到人们的头脑中去。

还有就是道德伦理规范系统。任何社会都有自己的道德系统，从活动的各个方面规范着人们的行为和思想。道德系统主要诉诸人们的荣誉和耻辱的心理，借助于社会舆论的力量而发挥作用。如果说行为规范、制度系统等是外在的具体的形而下的东西，那么这些道德观念就是一种抽象的形而上的东西，它渗透到语言符号、风俗习惯、行为规范、社会制度等之中，并论证着、确认着它们的合理性。应该指出的是，宗教、哲学等与道德有密切联系，共同塑造着人生的理想、信念，为人生、社会提供着价值理念和价值观念。

这几个方面相比，语言符号是最基本的，它渗透在风俗习惯中，维护风俗习惯也要依赖它。它与社会制度相关联，因为一定社会制度的建立需要依赖对先前制度的沿革，需要一定的价值观念，这就离不了语言符号，宣传这些制度的合理性更需要语言符号。而风俗和制度也反作用于语言符号，形成新的约定俗成，使它的意义、使用规则等发生一定的变化。它们共同作用，使民族文化传统渗入人们的意识中，并通过现实人们的活动而活化起来。

在人们分裂为阶级的社会中，社会制度以及与之相适应的意识形态都具有强烈的阶级性，是一定统治阶级的利益、观念和意志的表现，随着经济基础的变更和新的统治阶级的上台，它们就要发生较大变动。这种变动是生产方式和生活方式变动的结果，反过来又反作用于生产方式和生活方式，使之发生一定的变动，引起语言和风俗的变化。这种变化就形成了民族文化的时代性的实质内容。民族文化的时代性差异，总是与其阶级性相联系的。但阶级性是民族性的一种特殊情况，民族性是本民族的各种阶级性中的一种共性。混淆它们之间特殊和一般的关系，或是把特殊变成一般，把阶级性当成是民族性，或是用一般代替特殊，以民族性否定阶级性，都犯了形而上学的错误。这些错误表现在现实实践中，就容易导致错误的文化政策，对民族文化的发展起不利的作用。

当今世界，任何一个民族都面临着如何既吸取其他民族的先进经验和文化又要保持自己文化的民族特色的问题，在中国还有一个如何继承传统的文化又要实现民族文化现代化的问题。这是 100 多年来中华民族一直面临着的也是没有得到很好处理的一个大问题，也是我们在今天要严肃对待的一个大问题。建设有中国特色的新文化，建设有中国特色的价值观念，就必须处理好古和今、中和外的关系。冯友兰先生曾云，传统文化现代化，核心还是古今中外的问题。古和今，即是如何从今看古，以古为今，古为今用；中和外，实际上也是以我们的"今"为主，如何看外，如何用外，外为中用。

有着几千年历史的中国传统文化，从其时代性质上看，属于古代文化，是农耕时代的文化，是以人的血缘依赖关系以及相应的等级制度为基础的文化，这是它的底色和基调。但它已经融入了中国人的血肉之中，形成了体现在中国人的生活方式、情感方式、思维方式中的一种共同的民族性，形成了一种巨大的民族凝聚力。西方各国是率先实现了现代化的国家，他们的民族文化也是属于现代化了的文化。中华民族要现代化，要向先进的民族学习，要吸取他们的一切积极的有用的东西，但一定不要忘记，这个积极，这个有用，是对我们有用，对我们实现现代化有用。因此，我们的学习和吸取，不是要抛弃我们的传统，而是借现代化的别的民族的文化实现对我们传统文化的扬弃，实现一种创造性的转换。

在我们建设有中国特色的新文化的时候，还有一点是要注意的，这就是如何理解这种特色，是否需要刻意突出这种特色？在世界历史时代，在经济全球一体化的今天，由于交往和交流的频繁、深入，文化的互渗、趋同是必然的，是不以谁的意志为转移的。这是一种倾向。但与此相反，为害怕失去自己民族文化的特点，许多民族特别是落后民族都在刻意保留和突出自己文化的传统特点，以对抗、抵御先进民族的文化霸权主义。

我们以为，这里关键的问题是民族主体的主体性问题，是我们的主体性问题。对于其他民族而言，我们民族不仅只是"我们"，还包括我们的先人祖宗、我们的子孙后代，我们只是我们民族的一部分。在我们民族内部而言，"我们"就是我们民族的现实，是我们民族的代表。我们要对得住先人祖宗，更要对得住子孙后代。但要做到"对得住"，首先的、根本的就是把我们现在要做的事情做好，把我们的民族搞得发达起来。只要把握住了这一点，我们就不必有太多的顾虑。

我们不必刻意去突出传统文化的特点，因为我们知道，在我们身上已经融入了传统的许多东西，我们无论怎么搞，无论搞什么，都消除不了我们身上的这种民族性，搞出来的自然就是带有中华民族特点的东西。民族性绝不是一成不变的，我们所处的时代正是大变革的时代，是中华民族从农耕社会转化为现代工业社会的时代，我们肩负着文化民族性转变的任务和使命，刻意保留、坚持传统，就会裹足不前并影响到这种转变。文化霸权主义当然是要反对的，但我们只能站在现今时代的高度，站在人类文化发展的高度，而不是站在民族文化本位的高度，来理解和实行这种反对。我们不能消极地从保守的角度去反对文化霸权主义，而是应该从积极和进取的角度去反对文化霸权主义。吸取一切对我们有用的东西，无论这东西是传统的、本民族的，还是外民族的，包括那些搞文化霸权主义的民族的，不要一开始就心存芥蒂，而是要虚怀若谷，冷静分析，以我为主，为我所用。鲁迅当年倡导的"拿来主义"，也就是这个意思。

第六章

价值观念的结构和历史变迁

价值意识是一个总体的笼统的说法，一般多在与科学意识或非价值意识相对应的意义上使用这个概念，人们平时使用得更多、更经常的是价值观念这个概念，进行调查和研究的也主要是一定社会的价值观念。欧洲还成立过几个国家共同参与的组织，进行跨国界的关于价值观念的追踪调查，美国的一些学者也从价值观念的角度进行过关于现代化的人与传统的人的比较研究。近年来中国的一些学者和机构也开展了这方面的研究。价值观念的调查总是建立在对价值观念有相当的理论理解的基础上的，以对价值观念各种构成要素、结构和功能的理论研究作为前提，否则，调查提纲就无法形成，调查工作就无法开展，对搜集来的各种数据也无法进行合理的分析。我们在这一章所讨论的就是关于价值观念的一般理论。

一 价值观念是价值评价标准的体系

前面我们说过，价值意识可以分成不同的层面，有下意识的层面、情感—心理的层面和理智—观念的层面。下意识层面和情感—心理层面的价值意识，具有很突出的个人主体性和个性特征，非理性的色彩比较浓厚，而理智—观念层面的价值意识，则一般对知识有较强的依赖性，往往借一定的价值判断而表现出来。大致说来，价值观念就可看作理智—观念层面的价值意识，是建立在一定知识基础上的具有相当的理性色彩的价值意识。简言之，是一种理性化的价值意识。

价值观念以一定的知识作为基础，因而也具有较为确定的形式。价值观念的这些形式就是各种评价的标准，这些标准按照一定的结构而形成价值观念的体系或系统。任何人的价值观念、任何社会的价值观念都表现为一种系统性的存在，是一种观念体系。之所以如此，是因为主体所遇到的价值是多种多样的，他要从各个方面评价这些价值，就必须依靠多种评价标准。一种价值观念体系与另一种价值观念体系的差别，往往不在于其构成要素的不同，而在于这些要素的结构不同，即它们的排列顺序或优先顺序不同。这种排列顺序或优先顺序集中体现在信念和理想之中，因此，信念和理想就成为一种价值观念的核心。宾克莱写过一本著名的书，叫《理想的冲突》，副标题是"西方社会中变化着的价值观念"，是抓住了价值观念的实质的。

信念是一个非常复杂的、人们在理解上有着很大分歧的概念，同时又是一个具有重要理论意义的概念。罗素认为，信念是"有机体的一种状态"，他把信念分为两种，一种是精神状态，这是"静止的信念"；另一种是用行动表现出来的状态，是"动态的信念"。用他的说法，"静止的信念是由一个观念或意象加上一种感到对的情感所构成的"。① 罗素讨论和论述问题有一个突出的特点，就是喜欢从常识出发，他所说的信念也是平常人们所说的信念，相信某种观念或意象是对的，相信这观念所指陈的对象是存在的，或者是会出现的，这就是

---

① 〔英〕罗素：《人类的知识——其范围与限度》，张金言译，商务印书馆，1983，第183页。

信念。在他那里，不仅是人，就是一些动物，如狗和狐狸，也是有这种信念的，所以他说信念是有机体的一种状态。而在其他的许多理论家那里，一般不采取这种含义，往往把信念看作是对于一种具有重大价值的未来状态的确信。或者说，这"信"不是一般的相信，而是一种确信不疑的坚信，"念"也不是一般的观念、意象，而是对一种具有重大价值的未来状态的意念、想念、理念。如科普宁就认为，"信念是理念客体化的主观手段"①，把信念与信仰当作一回事。一些心理学著作也把信念定义为"人对于在生活上所遵循的原则和理想的深刻而有根据的信仰"②，也把信念和信仰当作同一。

其实信念和信仰基本上是属于同一序列的范畴。动物没有什么信念，平常的相信也不是信念，信念总是与有价值的而且是有重大价值的相信和祈愿联系在一起的。对一些极高或最高的价值的信念、对终极的价值的信念就是信仰。这是从内容方面说，从形式方面说，信仰之信比起信念之信，要更加多了一些非理性的、神圣性的因素，是一种生死予之的信。"砍头不要紧，只要主义真"，可以用生命来殉自己的信仰。

信念、信仰与理想是联系在一起的，甚至可以说它们是同一事物的两面。信念、信仰主要是从主体精神状态、从怎么相信这个方面着眼的，而理想则主要是从信的内容方面着眼。任何信念和信仰都是对一定理想的信念和信仰，而任何理想，如果没有主体的坚信作支撑，那它就不是理想，就起不到理想的作用。一般说来，理想总是对未来的美好的存在状态的一种描画，是主体自己描画出的一种境界，它包含主体希望的各种价值的实现，是这些价值的满意的协调状态。理想也有层次之分。如果说信仰是信念的最高级，那么最高级的理想也就

---

① 〔苏〕科普宁:《马克思主义认识论导论》，马讯、章云译，求实出版社，1982，第268页。

② 曹日昌:《普通心理学》，人民教育出版社，1987，第80页。

与信仰相对应，是信仰的内容，是主体描画出的实现了最高价值、终极价值的一种境界、一种状态。较低层次的理想则与信念相对应，是这些信念的内容方面。理想是主体所想要达到的一种境界，也是主体相信、自信、坚信能够实现的一种境界，至少是主体确信可以接近的一种境界，即所谓的"虽不能至，心向往之"，所谓的"明知不可为而为之"，以此获得一种心灵的平衡、精神的慰藉。

理想有社会理想和个人理想，前者是一个社会所欲实现的境界和状态，也是一种美好的社会状态；后者则是个人所欲实现的境界和状态。二者可以交叉和重叠。以身殉国，以天下为己任，以实现社会理想为自己的最高理想，历来的仁人志士就是如此，他们坚信这种美好的社会是一定能够实现的，即使自己无法看到它的实现，后人们也一定会实现它的，所以他们才不惜以生命去殉这种理想，去殉这种事业。这种人格、这种精神从来都被许之为一种崇高的人格、崇高的精神。这就是将个人理想与社会理想合一的情况。也有不合一的情况，并且在多数人来说，是把个人理想与社会理想相区别而对待的。个人更主要地追求的是自己的幸福、生活的美好、人格的完善。每个人的境界不同，高低差别或许还很大，但无论怎样，一个人确立了自己的理想，就会为之而努力、而奋斗。个人的理想与个人的实践阅历、社会地位、知识层次、个性等直接相关，并受着它们的决定，因而必然是多种多样的，具有相当的离散性的。正是这种多样性和离散性，规定了人们的价值观念的个体区别和多元性，形成了各个个人活动的"力"的方向的不一致。

宗教作为一种社会意识，作为信仰的一种内容，无论在政教合一的时代还是在政教分离的时代，一般都是主要以个人信仰、个人理想的形式而存在的。在阶级社会，宗教是统治阶级用来麻醉人民的精神鸦片，而它之所以能获得那么普遍的市场、那么持久的力量，一个重要原因，就是它直接作用的是个人，是为个人提供了一种信仰的内容，为个人描画了一种理想境界，并且又是与个人的生命意识、个人生活幸福、个人解除精神困惑直接相关联的一种教义。个人受着自然的和社会的力量的压迫，生老病死，命运无常，精神上感到种种的困惑、无助、空虚，宗教就给他们提供了精神上的支持，让他们有了一定的精神依靠，让他们看到了获救的希望。宗教理想当然是虚幻的，但它从反面证明了理想在价值观念中的核心地位和作用，它成为各种具体的评价标准的总标准、元标准或总原则，起着一种整合各种标准的作用。

在一些宗教徒那里，那些戒律和规范，往往也是作为一些道德行为规范而存在的，之所以能够那么渗入意识的深处，成为笃信不疑的人生信条，恰恰就是因为宗教理想的支撑作用。按照马克思主义的观点，宗教最终是要消亡的，但这是一个长期的过程。宗教消亡了，信仰还存在，理想还存在，人们总是需要有一定的理想和信仰的，即使他不认同社会宣传的流行的某种理想，不相信某种社会理想，他肯定也有自己的个人理想。从思想和精神层面上说，人们总是根据自己的理想而确立自己的价值观念的。

个人也有关于理想社会的观念，这种观念是根据个人理想而外推出来的，是能够更好地实现自己关于理想的生活和人生的。社会理想不是所有个人关于社会理想的总和，而是由思想家们提出、论证而由统治阶级认同并加以宣扬的理想。如果这种理想与大多数人的个人理想以及他们关于理想社会的观念比较契合，那就容易得到认同，反之，则就会脱离当时的实际生活。在这种社会理想中，当然也包括了理想的个人生活和个人应该达到的思想境界，但这是以社会理想为根本的一种设想，是为更好地实现社会理想而服务的，也是受之决定的。经过反复的宣传和论证，它可以得到一些人的相信，使之成为人们认同和信奉的信念。但无论怎么说，个人理想与社会理想毕竟还是有区别的，忽视了这种区别，实践中就会出现问题。社会主义国家以往在价值观念建设中的一个重大失误，就是片面地否定个人理想，强制性地用社会理想来替代或取消个人理想，试图建立一套一元化的人人都得遵从的理想和价值观念。其结果是不仅这一套价值观念没有建立起来，而且造成了原有的许多合理的价值观念的丧失。这是我们应该认真吸取的教训。

二　价值观念的复杂要素和结构

价值观念也是一个总称，是各种具体的价值观念的总和。这里所说的各种，既是指各个主体的价值观念，有个人主体的价值观念、阶级主体的价值观念、民族主体的价值观念等，也是指各个方面的价值观念，如利益好坏的观念、善恶美丑的观念、祸福荣辱的观念、义利理欲的观念、权利责任的观念、自由平等的观念、公平正义的观念等。这各个方面的价值观念按照一定的结构形成一个系统，每个主体的价值观念都是以系统、体系的方式存在，彼此之间既具有差别性，又具有共同性，既是多样的多元的，又具有一定的系统性，它们构成了一个时代、一个社会的价值观念。现在我们就来分析、解剖这些价值观念的结构情况。

社会价值观念和个人价值观念。从主体方面看，一定的个人组成了家庭，一定的家庭构成了阶层和阶级，这些阶层和阶级又形成了民族，一些民族共同构成了社会，它们之间既存在一种构成关系、包含关系，又各自具有自己的独立性和完整性，不能相互代替。为了讨论的方便，我们抽象掉家庭、阶层、阶级、民族等群体形式，只从个人主体和社会主体的角度来进行分析，把价值观念按照其承担者的不同分为社会价值观念和个人价值观念。

个人价值观念是个人主体在实践生活中形成的各种评价标准的总和，是个人根据自己的生活经验、个体体验和知识状态而确立的以生活理念、理想为核心的价值观念体系。个人生活在社会中，就要承担各种各样的角色，处理各种各样的关系，解决各种各样的问题，各种角色都是他的自我本体存在的具体方式，处理各种关系的过程也就是他的生命展开的过程。无论个人是否自觉地意识到这一点，他实际上都是在解决各种问题的过程中经历着实现着完成着自己的生命过程、生活过程的。他在这个过程中通过学习形成了一定的待人接物、为人处世的原则和规则，然后在这些原则和规则的指导下进行自己的各种活动，作出各种选择。这些原则和规则就是他的价值观念，就是平时人们所说的人生观和价值观。个人的价值观念当然是会随着社会情况的变化、社会地位的变化而变化的，但一旦确立，又具有相对的稳定性，这种稳定性就是他的人格统一性的基础，决定了他是一个什么样的人。了解一个人，在相当程度上就是了解这个人的价值观念，由此也就可以对他的行为作出大致的预测。

与个人价值观念相对应的是社会价值观念，这里所说的社会价值观念，不同于一个社会的价值观念，后者是指一个社会的各种价值观念的总和。社会价值观念就是社会主体的价值观念，是以社会自身的存在、发展为基础而确立而形成的种种价值观念。社会作为一个主体，它是一个相对独立的完整的存在，从对外的方面而言，它与其他社会相并存，也是一个"个体"，许多个社会"个体"，构成了人类总体。从这个方面和角度看，讨论一定的社会价值观念，首先着眼的就是看它与其他社会的价值观念有哪些区别，注意这个社会是如何看待它的存在、发展中遇到的各种问题，如何看待它与其他社会的关系，以及如何处理它对人类发展所具有的责任，它所想达到的目标和理想境界。

从对内的方面而言，社会就是由一定个人、家庭和群体所构成的，它不是个人之外的与个人对立的存在，恰恰就是这些个人的共同体形式。从这个角度看，社会价值观念，实际上就是人们对于该社会应该如何存在和应该如何发展的看法，应该如何处理它的经济、政治和文化的关系，如何处理不同社会阶层、各个民族的相互关系的观念，是关于什么是正义的、公正的、合理的观念。

显然，社会作为主体，作为一个"个体"，是与个人作为一个主体、一个个体有着差别的。个人作为一个有机体，那是实实在在的名实相符的有机体，个人主体只有一个头脑，一个意志，这个控制中心在处理身体各部分的作用方面起着绝对的作用，但在社会就不能这样。社会由多个民族、无数个体所构成，他们是社会机体的组成部分，但同时也都是主体，这就使得社会在对待构成它的民族、阶级和个人时，决不能像个人对待它的组成部分那样有着绝对的权威性，它必须把这些部分作为一个相对独立的主体而看待，而不能当作无意志的存在来看待。在一个多民族的国家社会中，如果它为了整体利益而牺牲个别落后民族，进行种族灭绝，那就必然要受到其他民族、其他国家的谴责；如果它根据每个个人都仅仅是它自己的一个细胞而根本不考虑个人的权利，随意剥夺个人的生命和自由，那也要受到国际社会的批评，引起国内不同群体的反对。

社会价值观念是构成该社会的人们对于社会应该如何存在如何发展的观念，但这里所说的人们，并不是任何一个人，实际上往往是那些有能力、有资格代表社会的人们提出的观念，是那些思想家和政治家们的观念，特别是那些思想家们理论家们提出的思想观念。中国先秦的诸子百家，特别是其中的儒家、墨家、法家都提出了自己的一套社会价值观念，王道霸道之争也是关于社会价值观念之争。柏拉图的理想国，亚里士多德的政治学，后来洛克、霍布斯、卢梭等的国家契约论，也都是关于社会价值观念的理论。空想社会主义是一种社会价值观念，马克思的科学社会主义，基本上也可以看作关于社会价值观念的理论。社会价值观念以一定的社会理想作为自己的核心，而社会理想又以一定的正义观念、合理观念作为基础，它当然也要涉及个人幸福、个人自由、个人的权利责任等问题，但这是从社会整体的角度来理解、来看待的，与从单个人的角度作出的理解是不相同的。

个人价值观念与社会价值观念在形成机制和内容上都有所不同，但它们也有交叉和重叠，而且相互影响相互制约。个人价值观念总得涉及自己与他人、与群体的关系应该如何处理的问题，社会价值观念也得涉及这些问题；社会确立的许多规范规则本来就是针对个人的，目的则是维护社会关系和社会秩序，减少和缓和一些冲突。个人从社会价值观念中吸取自己的精神养料来确立自己的价值观念，社会进行价值观念教育的目的就在于使个人的价值观念与社会发展的目标、理想相一致。所以，把二者等同是不对的，割裂二者同样也是不对的，合理的态度是正确看待它们的既对立又统一的关系，在二者之间保持必要的张力。

主导性价值观念和非主导性价值观念。任何社会的价值观念，包括社会价值观念和个人价值观念，都不可能是单一的，往往是多种观念并存，相互斗争，各自有一定的信众，有一定的市场。但是它们的地位又有所不同，有的是占主导地位的或统治地位的，有的则是居于非主导的地位。

社会是由一定的个人构成的，但这些个人并不是在一个平面上与社会发生关系，而是结成一定的集团、阶级来开展自己的活动。按照马克思的观点，那些在经济上占统治地位的阶级，同时也就是在政治上占统治地位的阶级，他们占有了物质生产资料，也掌握着社会的精神生产资料，因此他们的思想观念必然就是社会中占主导地位的观念。这里的思想观念，主要是指价值观念。这种主导性的价值观念，原本只是统治阶级的观念，是他们关于如何统治才算合理，怎样的社会秩序才是正义的公正的秩序的观念，也是他们关于怎样的生活才是幸福的生活的观念。可他们借助于在理论制造、精神生产方面的优势，也借助于自己掌握的国家宣传机器，借助于控制教育机构的权力，竭力论证这一套价值观念的合理性，把它说成是具有普遍合理性的东西，是对所有人都适用的、天经地义的东西。而那些被统治阶级，由于自己在精神生产方面的劣势，往往也就难以分清其中的区别，只能接受统治阶级宣扬的这些价值观念。

这是总体的情况和总体的趋势。具体一点说，精神生产、思想家们的工作，其产品也不是统一规格、统一性质的，倒是经常地有着争论、有着斗争的。思想家们都希望自己的产品为"官家"所认同，所定购，所以在论证自己的这一套理论具有合理性的同时，也竭力批驳着与自己相反的那些理论、那些观念。百家争鸣，其实表现的就是这么一种状态。而统治阶级也根据自己的利益和识见，在这多种理论观念中作出一定的选择。被选中的观念作为主导性的观念，那些未被选中的也并不就立即消失，而是作为一种非主导性的观念存在。比如，汉武帝罢黜百家独尊儒术，可道家、法家的思想也并未灭绝，后来又从外域传来了佛家学说，也具有相当的信众。如果说佛家主要是关于个人解脱的观念，法家主要是关于如何进行社会统治的价值观念，那么道家和儒家就与之不同，道家既有个人修身养性的内容，也是一种国家理论，黄老之术就长期被西汉统治者所认同。儒家的修齐治平，内圣外王，更是把个人价值观念与社会价值观念融合在一起。

主导性价值观念与非主导性价值观念相互斗争也相互影响渗透，后来中国社会的所谓三教合流，就是儒道佛相互渗透的上好例子。它们的地位也并非一成不变，统治集团和统治阶级的变更，往往也意味着主导性价值观念的变更，原来占统治地位的观念变成了非主导性的，原来的非主导性的观念变成了主导性的。如西汉初年，就一直以黄老学说为主导性价值观念，崇尚的是无为而治，与民生息，而到了汉武时期，则以儒家理论为主导性价值观念。资产阶级革命胜利之后，资产阶级崇尚的自由、平等观念也就代替了以往的等级观念成为社会的主导性价值观念，这是随统治阶级的变化而导致主导性价值观念变更的例子。

一般说来，主导性价值观念往往总是为统治阶级所支持和信奉的价值观念，统治阶级为了使这种价值观念占领更大的市场，便借助于自己在经济上政治上的优势，压制、打击、禁绝那些非主导性的价值观念，特别是取缔、排斥那些与自己相反并对自己危害较大的价值观念。在专制社会，容不得任何异端思想，也根本反对思想自由、言论自由、信仰自由之类的思想，甚至对这些思想的持有者、宣传者使用人身消灭的政策，"文字狱"就是一种具体表现。在现代社会，大多国家都否定了这种专制主义和残酷的政策，但也总是想方设法利用国家宣传机器、利用一定的文化政策，竭力为主导性价值观念争夺更多的信众。但若是这种价值观念缺乏合理性，或是已经失去了自己的历史合理性，那是无论怎么加强宣传力度，无论怎么变换宣传手法，也不能使广大人民群众相信的，其失去信众则是必然的。

主导性价值观念与非主导性价值观念，都是社会存在的反映，也都作为社会价值观念而存在而发生作用，所以都随着社会存在的变化、社会生活中所要处理的具体问题的变化而发生变化。也就是说，即使统治阶级没有变，主导性价值观念本质上没有变，但在具体内容方面还是会有不少变化的。同样是地主阶级，在其统治的几百年甚至上千年的时间里，社会生活还是有很大变化的，作为统治阶级的思想观念肯定不能一成不变，只不过作为根本的东西，比如维护等级制度、权力本位，没有发生变化而已。这就涉及一定价值观念的民族性与时代性、深层价值观念与表层价值观念的关系问题。

深层的价值观念和表层的价值观念。无论是社会价值观念还是个人价值观念，也无论是主导性的价值观念还是非主导性的价值观念，都有一个深层结构和表层结构的问题。一般说来，深层结构是由那些基本价值、最高价值的观念所构成，以一定信念、理想、原则作为综合表征，形成价值观念的硬核，而表层结构则是这些基本观念在各个方面的辐射或派生出来的观念，作为具体的评价标准，形成一定价值观念的外围保护带。后者具有较大的灵活性，可随着具体情况的变化而增减而变通，前者则相对地较为稳定，如无社会价值关系的较为彻底的深刻的变动，一般是撼它不动的。

我们还是对个人价值观念和社会价值观念分别来讨论。在个人价值观念中，深层的是生命意识（生死观念）、人己关系的观念、物质享受与精神享受关系的观念、人生理想境界的观念等。生命意识也就是人的本体意识，因为人的一切活动都依赖于生命的存在，而生命又是肉体和精神的统一。自从人意识到自己生命的短促和无常以后，生和死的问题就一直是一个十分困扰的问题。人是否有灵魂，肉体死亡后灵魂还能否存在，如果没有灵魂，精神随肉体的死亡而消失，那么一切的享受、幸福、快乐都是及身亡而止，人是否还需要考虑身后的名声？人除了肉体生命外是否还有社会生命和精神生命？对这些问题如何看待，又直接涉及对人己关系的观念。己是自己，人是别人，可这别人是自己之外的其他一切人的总和，包括自己的祖宗先人，自己的子孙后代，自己的亲戚朋友，与自己没有什么直接关系的路人，自己的国家、民族，等等。

我是谁？我从哪里来，到哪里去？既是生命意识的问题，也是人己关系的问题。在肉体生命上我永远是一个个体，在精神生命上则可以超越"小我"而达到一种"大我"的境界，问题是这种超越值得吗？公私关系本质上也是人己关系，是人己关系的一种现时的、横向展开的形式，同时作为其补充的是历史展开的形式，即如何对待自己的前人和后人的关系。这些关系的内容方面就是如何对待劳动和享受的关系。是自己只依赖别人、享受别人的劳动成果，还是自己要依靠劳动创造报答和回报别人、馈赠后人？自己怎么理解幸福？怎么给自己定位理想的境界？自己的幸福与他人的幸福是什么关系？如此等等。对这些问题的不同回答，就形成了一个人的个人价值观念的基本内核。由此而派生出如何为人处世和待人接物的具体规则、具体标准，规定了如何看待物质利益和精神利益，如何看待利害、得失、善恶、美丑、荣辱、祸福，等等。在遇到价值冲突的时候，也就懂得如何排出轻重缓急的先后顺序。

在社会价值观念中，深层的是国与民关系的观念、社会秩序的观念、社会发展理想的观念。国家是社会的代表，那么国家与人民是什么关系？君是主还是民是主？社会应该如何规定个人的权利和责任？社会的各种资源，包括财富、地位、权力、荣誉、机会、责任应该按照什么原则进行分配？社会中不同的群体之间应该是一种什么样的关系？什么样的秩序是合理的、公正的、正义的？合理和正义的根据何在？社会与自然应该是一种什么关系？物质生活、政治生活和精神生活应该是什么样的关系？如何看待与别的国家的关系？理想的社会秩序、状态、境界是什么？等等。柏拉图的理想国是以君主制、等级制为基础的，认为符合这种模式的就是正义，就是公正。君权神授的理论直接为君主制作论证，而社会契约论则为民主制张目。中国几千年来实行的是家天下，天下的一切都属于一家一姓所有，社会理想也是君仁臣忠、将士用命、百姓服从、各安其位的社会。法律、制度、道德规范、纪律等都是按照这一套深层的价值观念所制定的，其合理性也是由此而得到论证和认同的。朝代可以更替，人事可以更换，具体的规章制度可以变化，但这一套深层的观念一直是封建社会中各种社会政治思想的根据，只有到了市场经济代替了封建制度赖以存在的自然经济，人与人的社会关系发生了根本的变化，"民主"的思想才真正地能够取代"君主"的思想，平等、自由、法治、人权的观念才成为普遍接受的价值观念。

人们一讲到价值观念，似乎就认为主要是对于社会道德规范的观念，其实一定社会的道德规范只是价值观念的一部分，如果不能深入分析这些规范赖以确立的思想基础和现实基础，即论证、证明这些规范的合理性的根据，对于这些规范的认识就始终是比较肤浅的。这些基础和根据，就是一定时代人们的社会关系发展的实际状态以及人们在这种条件下形成的生命意识，对人的本质和人己关系、个人与社会关系的观念。封建社会的道德规范从总体上说，是建立在人与人之间不平等的等级制基础上的，其合理性也是通过血缘等级观念来说明的。这些规范的实质是要求顺从和服从，是"克己复礼"，片面地强调个人的责任义务而尽量地贬低权利、压抑个体的生命力，它与建立在人与人平等基础上的现代道德观念具有质的差别。因此，看待一个社会、一个时期的道德状态如何，就不能简单地表面地看人们是否比较好地遵从了某些道德规范，更要看这些道德规范属于什么性质的道德体系。

三　价值观念在人和社会发展中的作用

价值观念的功能也就是价值观念的作用，它的这些作用是通过影响人们的评价而实现的。价值观念的作用是多层次多方面的，大者可以影响到社会决策，从而影响一个社会、一个民族的历史选择和发展，小者可以影响到一个人的行动。大致说来，价值观念的作用主要有如下几个方面。

规范作用。价值观念作为人们的评价标准和原则的总和，它为人们的评价提供了尺度和规范。评价的问题首先就是确立评价标准的问题，个人的评价标准，并不是直接从自己的经验中取得，而是从社会流行的占主导地位的价值观念中获得的。人作为社会性的人，他总是而且必须借助于前人已经获得的各种经验、各种文化成果来形成自己的精神世界。在这些文化成果和经验中，一方面是关于各种事物的知识性成果；另一方面就是价值意识、价值观念。个人接受了这些价值观念，懂得了什么是有利、什么是有害，什么是好、什么是坏，什么是善、什么是恶，什么是合法、什么是不合法，什么是美、什么是丑，等等，然后把这些标准具体应用到自己遇到的各种事物、各种场合中，形成自己的价值判断，作出自己的思想选择和行为选择。社会生活是极其复杂多样的，不用说社会，就是父母，也无法事无巨细无微不至地把各种方法、各种结论都教给自己的子女，最多只能使他们掌握这些基本的规范和规矩，明白一些何以为好、何以为坏、何以为善、何以为恶的道理，他们掌握了这些规范和道理，就可以举一反三地去运用、去生活了。

我们平时注意得较多的是人们之间在思想和行为上的差别，所谓人之不同各如其面，这个差别主要是指个人之间在价值观念方面的差别，是个人价值观念的差别。其实在一个社会、一个民族中，人们之间的共同之处、人们在价值观念之间的共性还是主要的、基本的，只不过因其相同，就被忽略了而已。一些人把人们之间发生的价值冲突都看作价值观念冲突的结果，实际这是片面的，是缺乏分析的结果。实际生活中的好些冲突，并不因为双方在价值观念上有冲突，有时恰恰在于没有冲突，大家的价值观念是一致的，只不过此方的得就是彼方的失。比如，对于同一个官位的争夺，就是彼此都很看重官位的结果，如果价值观念不同，你很看重，我一点也不在乎，如庄子那样将宰相之位视若腐鼠，倒不会有什么冲突了。若是一个其他民族的人，来看中国人的思维方式、情感方式和行为方式，看到的就更多的是共同性，而这种共同性，就是价值观念发挥其规范作用的结果。

调节和协调作用。价值观念不仅只是评价标准，还有一些原则，这些原则的作用就是调节各种标准的，是在这些标准出现一定的冲突时起协调作用的。同一价值观念体系中的各种标准，各有自己的分属和用场，单独使用时都没有问题，但在复杂的情况下，在需要几个标准同时使用时，就会发生一定的冲突。自古就有忠孝不能两全之说，尽忠难以尽孝，尽孝又难以尽忠。这就需要用一定的原则来进行调节。孟子说过这样的一句话，他说："生，亦我所欲也；义，亦我所欲也。二者不可得兼，舍生而取义者也。"① 这里的义，既是一般的道德规范，更是一种人格尊严、人生理想，总之是很重要的价值，比生命还重要的东西，所以才舍生取义。两利相权取其大，在两种评价出现冲突时，要排出一个顺序，如何排这个顺序，就得有一定的原则。儒家的原则是"义以为上"，在其他价值，尤其是功利价值与道义有冲突时，道义第一，取义优先。有人曾经给孟子出过一个难题，按照儒家的规范，男女授受不亲，叔嫂之间更是甚于一般男女，但现在嫂子落水，到底该不该援手去救，孟子讲可以从权。从权也是一种调节，是针对特殊情况而对原则的灵活运用。这种调节和协调不只限于同一主体对自己的不同价值判断的调节，相对说来，这是比较容易的；在不同主体的价值评价、价值选择发生矛盾和冲突时，更需要进行协调和调解。

这有几种情况。第一种，是发生冲突的双方，一方的要求是合理的，另一方是不合理的，一方是对的，另一方是错的。第二种，在好多情况下，并不是一方对而另一方错的问题，而是双方都是合理的，各自的要求都有一定的根据，只不过所据的理由不相同而已。第三种，是双方都既有对的地方又有错的地方。无论是哪一种情况，总之都需要调节和协调，来求得问题的解决。在中国传统社会的价值观念中，特别是对于通常的民事纠纷，一般多采取"和为贵"的原则来调节。邻里间有了冲突矛盾，由当地的一位有威信的长者出面进行调停，这种调停主要不是分清是非对错，而是诉诸感情，诉诸尊重面子，既是尊重长者的面子，也是彼此照顾面子，大事化小，小事化无。

"和为贵"就是一个重要的价值调节原则，也是一种对"和"的

---

① 《孟子·告子上》。

价值的看法，和则两利，争则两伤，所以以和为贵。在生意场上，甚至在政治生活中，这个原则都是一个基本的调节原则。即使在法制比较完备的时代，这个原则也没有失去作用，在许多场合，还是采取私下调节或由组织出面进行调节的办法为好，至少可以减少许多讼事，节约了时间和金钱，也不致太伤彼此的感情。

文化认同作用。文化的核心是价值观念，不同文化的差别主要的首要的是一个价值观念差别的问题。任何一个民族都有自己的一套独特的生活方式，表明了该民族的特点。维系这种生活方式的，是风俗习惯和作为这些习惯之基础的价值观念，是这种生活方式中的各种游戏规则和意义规则。一个民族的个体，在其成长的过程中，接受了这一套规则和观念，它们就作为一种文化要素、人格要素渗入他的血液之中，成为一种自然而然性的东西。他与别人交往，无论是受到批评还是得到赞许，无论是心情舒畅还是心情郁闷，无论是劝解别人还是接受别人的劝解、安慰，彼此间都能感到一种默契、一种情意、一种温馨，所谓"人同此心，心同此理"，其实这都是共同的价值观念、共同的文化氛围长期地潜移默化的结果，是文化认同和同化的结果。在这种环境中生活，他有一种踏实感、安全感，心灵有个家园、有个着落。所谓去国怀乡，这里的乡，不单是地理空间上的乡，更还是精神的乡、文化意义上的乡，是怀念以往时光中的那些人和事，怀念那份温馨和惬意。这种感觉，一般也只有在"去国"的人那里才比较明显，离开了自己的祖国置身于新的不同的文化环境中的人，才会有这种深深的、幽幽的情感体验。并且越是在物质生活需要得到了满足、精神需要突出来以后，这种体验就越是深切。置身于新的不同的文化环境中，自己原有的那些东西就显得不适用了，因为人家这里有新的游戏规则和意义规则，有不同的习惯和理念，自己在行为的层面可以适应这些规则，可在精神的情感的层面上总难以达到默契，总觉得不是那么回事，不是那么个味，这样就出现了文化认同的危机。

人格塑造作用。个人从小开始学习、接受、掌握一定价值观念的过程，是他从一个自然人到社会人的形成过程，也是他的人格形成的过程。对于人格这个概念，即使在心理学中也是众说纷纭，据说有50多个定义，还出现了专门研究人格的分支，即人格心理学。大致说来，人格可看作一个人各种心理特征、素质的一种稳定的组合，是一个人的人品，是人对自己所欲达到的境界的一种自觉意识和追求。而这些方面都是在一定的文化环境中形成的，是个体形成自己的价值意识，特别是接受、认同、同化一定的价值观念的结果。

平时人们讲有些人是双重人格，心理学上也有双重人格的概念，但二者不是一回事。前者是指一个人有两副面具、两种面孔，内心想的是一回事，外部表现的是另一回事，往往多指的是那些言高行卑、言行不一的伪君子。后者则指的是一种病态人格，也叫人格分裂症，一个人身上好像有两个自我。日常所说的双重人格的形成与一定的价值观念直接关联，宋明以降，理学心学大盛，将原始儒家那里本来还很开明很讲人情味的许多道理、规范绝对化，将理欲、义利绝然两分，势同冰炭。比如，在先秦儒家那里，讲的是君仁臣忠，父慈子孝，仁慈是忠孝的一个条件，君君臣臣，父父子子，彼此还是相互对待的；君不仁，臣投外国，父不慈，子奔他乡。赵宋以降，理学为了维护专制集权，道德方面就变成了片面的忠君孝父，天下没有不是的父母，更没有不对的君王，君叫臣死，臣如不死，谓之不忠；父叫子亡，子如不亡，谓之不孝。高调伴随着高压，使得人们普遍地感到言高而行难符的尴尬，虽然也培养出了一些君子，但更多的是形成了人们嘴上说一套实际行为上又是另一套的双重人格。这种弊端直到今日我们还感觉得到，还可以看到它的流毒。

社会统治阶级宣扬一定的价值观念，在相当程度上是为着培养它所需要所期望的人格类型的，也即是说是带着自觉的塑造意味的。它不仅只是宣传论证某些价值观念的合理性，而且宣扬一定的人生理想，通过树立一定的榜样，通过褒奖一定的典型，既用利也用名来诱导人们接受这些观念和理想。进士中第，金榜题名，光宗耀祖，名利双收，于是天下读书人莫不趋之若鹜。贞妇烈女，本是个人生活中的问题，但上闻朝廷，皇帝御笔一批，敕建贞节牌坊，闹得天下纷纷扬扬，令许多妇女向往不已，一些家庭也劝导甚至强迫自己的女儿或儿媳去做贞妇烈女，视此为莫大的荣誉。统治阶级为了维护自己的统治培养了社会只知顺从听话的奴隶型人格，而许多个人则以为自己能够名留青史，实现了自己的崇高理想。这种人格一旦形成，他们便自觉地维护着既有的秩序和价值观念，成为其深厚的社会基础。

定向和整合功能。任何社会都非常注意文化和教化，注意把一定的价值观念灌输到人民的头脑中，使之成为他们自觉地进行评价的标准，成为他们确定是非对错的尺度。社会是由一定数量的个人所构成的，每个人都有自己的意志，都有自己的具体立场，如此，便形成了无数的方向不同、大小不同的"力"，这些"力"相互抵消、相互冲突，不仅造成了社会资源的巨大浪费，而且会形成社会的动荡不安。所以必须对各种力进行一定的整合，使它们能够大致地朝着同一个方向进行运动。为了这种目的，除了利用组织和强制的手段，规定一定的不可逾越的界限之外，更主要也更为有效的办法就是通过教化使人们接受一套确定是非对错的标准，使他们不仅知道必须做什么，决不能做什么，而且知道应该做什么，怎么做是光荣的，如何做是可耻的。双管齐下，软硬兼施，才能收到较好的效果。

可以说，定向和整合，是价值观念的主要的作用，前面所述的规范作用、人格塑造作用、调节作用、文化认同作用，都是定向和整合作用的具体表现形式，是为着实现定向和整合而服务的。这种定向和整合是一种社会必然性，是为了社会能够存在和顺利发展所必需的。而对于如何进行整合和定向，为了什么目的进行整合，却有着大相径庭的两种观点。

在家天下的条件下，整合和定向都是或主要是为了维护既有的统治秩序，维护家天下的安定和长久，因此采取的就是压抑个人、轻视发展的路子，主导价值观念就是围绕着这个目的而旋转的。在社会主义社会，人民的生活幸福是最终的目的，维护社会安定和促进社会发展都是为着这个目的的，是人民生活幸福的一种手段，因此，各种价值观念就得以人的自由全面发展、人的幸福生活为依归。

所以，必须对安定和发展有辩证的理解，离开发展的安定，以压抑人的自由和发展而求得的安定，并不是合理的，毋宁说是不合理的观念。社会终归是人的存在和发展的一种形式，把它当作人之外的某种独立的存在、独立的实体，恰恰是以阶级的分裂为前提的，是一部分人把自己的利益说成是社会普遍利益的结果。这是我们在理解价值观念及其作用时应该牢牢记住的一个基本原则，是马克思主义的一个基本原则。

四　价值观念冲突与价值冲突

人们之间存在分歧、冲突和斗争，这是自古皆然从来如此的。有差别的只是冲突的激烈程度、普遍程度的问题，而不是有没有冲突的问题。圣王之世，人们各安其分，各守其职，各尽其能，和谐无比，其乐融融，这都是将古代社会加以美化、理想化的结果，其实远不是这么回事。但是，到了近现代，随着生产力和交往的发展，市场经济成为主导性的生产方式，个人主体从家庭人变成了社会人，普遍重视自己的利益和权利，民族之间交往频繁，历史进入了世界历史时代以后，这些分歧和冲突更加普遍化、尖锐化、彰显化了，这也是一个基本的事实。

可以说，存在冲突，是一种常态，是矛盾的普遍性的一种表现、一个例证，消泯冲突、争取和谐，尽管一直是人们努力的方向，但和谐始终是相对的、暂时的，至少到目前为止是如此。按照马克思对辩证法的理解，即使到了共产主义，也不能说一切冲突都消失了，人与人之间、个人与社会之间，一点矛盾都没有了，只剩下和谐无比、其乐融融。这根本就是违反辩证法的。果真如此，社会也就没有任何发展的动力了。马克思反对把共产主义理想化，甚至说过"共产主义对我们来说不是应当确立的状况，不是现实应当与之相适应的理想"①，就包含这种意思。明白了这个道理，就不要仅仅把冲突和矛盾看作是消极的，应该避免的，这对于我们认识当代中国和世界的现状及其发展趋势，都不是没有意义的。

人们之间有冲突，一个人自身也会有冲突，这是一种事实。对于这些冲突，可以从不同的角度予以分类划分，比如分为心理冲突和行为冲突，分为经济冲突、政治冲突、文化思想冲突，分为个人与个人之间的冲突、个人与群体之间的冲突、群体与群体之间的冲突，等等。这些划分都有自己一定的合理性，服从于不同的研究目的。从哲学价值论研究的角度来看，可以从其起源和内容方面将这些冲突大致分为两种，一种是源于和关于真理方面的争执和冲突；另一种是源于和关于价值方面的争执和冲突。它们往往混杂在一起，难解难分，但它们的性质毕竟不同，解决的方法也因此不同。价值方面的冲突，也可分为两种，一是价值观念的冲突，二是价值的冲突。一些人把这些冲突全看作价值观念的冲突，我们认为这是片面的。

价值观念冲突是基于人们持有的价值观念不同、评价标准的不同而引起的冲突，总体上表现为评价和价值判断上的分歧、争执以及行为倾向上的冲突。具体说来，价值观念冲突又有这么几种情况。第一种情况是不同价值观念体系之间的冲突。不同民族的交往之间、不同民族的个人交往之间，由于各自所持的价值观念是不同的，对同一事

---

① 《马克思恩格斯选集》第 1 卷，人民出版社，1995，第 87 页。

物、同一行为的意义的理解，就有不同，就会有冲突。19 世纪初期，西方国家与中国开展贸易，派出领事来华督办，清朝皇帝与诸大臣认为这些官员晋见皇帝必须行跪拜之礼，以示尊重，而西方领事则认为他们只拜上帝，连自己的国王都不跪拜，当然作为使臣更不能跪拜中国皇帝。双方争执不下，弄得很是尴尬。在民族不太交往的时代，这种冲突不太明显，而在当今，就成了一个必须关注的问题，如果忽略，就可能引起双方谁都不愿意看到的后果。

有这么一个例子，在一场对外合作的商务谈判中，本来双方都有很强的合作愿望，各自开出的条件也都比较合适，上午的谈判进行得很顺利，气氛也很融洽，准备下午就签合同。可在午餐后的闲聊中出了问题。由于翻译人员不了解西方人的宗教习惯，在谈到西方人信仰上帝时，用"它"（it）而不是用"他"（he）来作上帝的代词，惹得对方非常不愉快，以为是不尊重他们的信仰，甚至具有嘲弄的意味，结果合同告吹。

第二种情况是一个社会中主导性价值观念与非主导性价值观念的冲突。一般说来，主导性价值观念和非主导性价值观念往往具有异质性，它们各自悬设的社会理想和个人理想都是不相同的，它们中尽管有一些观念是相同的，但整个方向却是相异的甚至是相反的。所以前者被统治者认为是正统的观念，后者则被当作异端来对待。儒家主孝父忠君，差等之爱，墨家则主兼爱，无差等的爱，所以孟子就认为墨家是无父无君。儒家主积极入世，建功立业，光宗耀祖，留名青史，以此为人生理想；佛家主出世，看空一切，只求得个人精神的解脱；道家主自然，清静无为，以此为人生至要，彼此就有很大的差异。儒家人士为维持儒学的正统地位，便极力排斥佛老，指责它们的弊端，还多次出现过灭佛运动。在西方国家，也曾多次因宗教信仰不同而大起干戈，惩治起异端来无所不用其极。这些都表现了社会主导性价值观念与非主导性价值观念之间的激烈冲突。

　　第三种情况是同一价值观念体系内部不同规范和方面之间的冲突。这里所说的同一价值观念体系，有两义，一是指同一种性质的价值观念体系；二是指同一个人拥有的价值观念体系。从前者说，一种价值观念体系总是由许多因素构成，它们作用的方向基本上是一致的，但这些因素、规范之间有时也会出现冲突，至少在具体运用到具体的场合时会出现一些冲突。前面曾提到过的忠孝难两全，就是儒家价值观念在运用到具体场合时的冲突。

　　孔子与乐羊子有一段关于直的对话。乐羊子说，按照我们的观点，父亲偷了人家的羊，儿子就应该揭发检举，这就是直，即正直。孔子说，我们与你们不同，子为父隐，父为子隐，直在其中矣。[1] 照孔子的这段话，他在另一些地方提倡的大公无私、大义灭亲，就无法实行，彼此间就有冲突。在现代人的价值观念中，生命是具有最高的价值的，可在医疗资源有限的情况下，是把有限的资源无条件地使用于一个垂死的病人身上，还是更应该使用于那些可以医治好疾病的病人身上，就有着一定的冲突。道德价值规范的社会性与审美价值的个人性之间、道德价值判断与历史价值判断之间，也都会出现一定的冲突。西方列强凭借着坚船利炮，硬是轰开了中国的大门，在给中国输入鸦片的同时，也输入了洋布、洋油、洋钉、洋火，输入了先进的生产方式，破坏了旧中国的社会结构，使中国被迫卷入国际市场经济的潮流中。一方面，西方帝国主义发动侵略战争，掠夺了中国的财富；另一方面，又促进了中国的开化和进步，从道德上看是野蛮的，从历史上则是具有进步意义的。

　　从后者说，同一个人拥有的价值观念体系，可能融入了不同的异质的内容。同质的内容间会有冲突，异质的内容间更易发生冲突，这就使得他在作出价值判断、作出选择时，左右为难，非常痛苦。中国

---

[1]　杨伯峻：《论语译注》，中华书局，2009，第137页。

古代的文人士大夫，其价值观念多是儒佛道兼容并存的，他们总是在出世与入世之间，在个人情感与社会责任感之间，在道德责任与艺术追求之间，游移不定，忍受煎熬。一个人往往都是承担着不同的社会角色，各种角色都有自己的角色规定，但这些规定在一定场合就是冲突的，一个人既是慈父，又是法官，自己的儿子犯了重罪，可能会判死刑，从法官的角色考虑，这是罪有应得、合理合法，但从父亲的角度考虑，必然是心如刀割、撕肝裂肺，这同样也是合情合理的。无论这个人怎么做，他内心的痛苦都是无法避免的。人民的好公仆孔繁森，几次进藏，为了当地人民能过上好日子，殚精竭虑，献出了自己的生命，他的这种精神境界确实是很高尚的，是值得人们学习的。可孔繁森也是一个儿子、一个父亲、一个丈夫，他也明明知道自己在家庭中的重要作用，为了西藏人民，他只能忍痛割爱，他心里的痛楚一定也是相当剧烈的。

这些痛苦之所以产生，均在于两个方面不得两全，不可兼得，这既是价值观念的问题，又不全是价值观念的问题，而是实际的价值冲突的问题。一方面，是自己对公对社会的责任和价值，是自己的理念所要求的；另一方面，是对家庭的价值，是自己的情感价值，舍弃哪一方面都不合适，但又必须舍弃一方。许多精神的痛苦就是这样产生的，是无可逃脱的。真正的悲剧就在于揭示和展示这种矛盾，如果不是这样，倒反而体现不出悲剧的真意义，也起不到震撼人心的作用了。

价值冲突，特别是精神价值的冲突多与价值观念冲突直接联系，互为表里，难以分清。而在物质价值方面，在不同主体间的价值冲突方面，就可以将它们分离出来，看出它们不是一回事，不能将它们混同。首先是利益冲突。物质利益是物质价值的一种典型形式，它直接以利害表现出来，两个民族、两个国家，在利益方面的许多冲突，比如边界领土问题的冲突，贸易中的摩擦和冲突，在地区政治地位问题上的冲突，等等，彼此都明白这不是价值观念问题，实质上彼此在这个层面的价值观念是一致的相同的。比如领土问题、主权问题，大家都认为很重要，决不能让步，所以才起了冲突。如果价值观念不一样，一方认为很重要的，另一方认为无所谓，那反倒不会起冲突了。在两个人之间也是如此。

其次是作为合作者、作为同志、作为共同主体，在目标一致的情况下关于方法、策略、路线的冲突。如果是目标方面的冲突，那么可以说彼此的价值观念在其中起很大作用，现在目标是一致的，判断一种方法、策略的标准也是一致的，而彼此对于某一方法的结果有不同的认识、不同的预期，甲认为采取这种方法利大于弊，应该采用这种方法、这种策略，乙则认为采用这种方法是弊大于利，反对采用这种方法和策略。

上述两种情况是不同主体、不同人之间出现冲突的情况，第三种是同一主体，同一个人，也会遇到不同价值的冲突。比如在道德价值与功利价值之间就会有冲突，在一定情况下，讲道德就意味着丧失、放弃利益，要利益就不能讲道德，甚至要昧着良心。在个人价值与群体价值之间也会有冲突，个人需要与群体需要不能同时满足，满足了前者意味着不能满足后者，满足了后者则前者无法满足，个人在作出选择的时候，就感到非常为难。现在许多发展中国家，在经济价值与环境价值之间、稳定和搞活之间、平等和效率之间，都存在选择的困境问题，这也都是实际的价值冲突的情况，是利弊权衡的问题，而不是或主要不是价值观念的冲突。

说到底，价值观念毕竟是第二性的东西，是现实的价值关系运动的产物和反映，是出于调节这些价值矛盾而出现而确立的。适时地调整价值观念，在社会中确立一定的共同的规范，对于减少和缓和价值冲突起相当重要的作用，但无论如何，不能认为社会中的许多冲突都是价值观念冲突，或者把它们都归结为价值观念的冲突。如果这样认为，那这就是沿袭了唯心史观的路线，就背离了马克思主义，就不符合实际的情况。这是我们研究价值观念运动时必须时时加以注意的。在建设社会主义过程中，思想教育工作很重要，但对于人民内部的许多属于利益冲突的问题，就只能或主要要诉诸利益平衡、利益补偿的原则来解决，光是思想教育、光是要人树立正确的价值观念，那是不行的。社会主义市场经济体制之所以极大地促进了中国经济的发展，一个最大的原因就是它承认并根据物质利益原则来运行，真正调动起了人们的生产积极性和主动性。

五　价值观念的变革和历史变迁

价值观念作为一种观念性的存在，是随着社会情况和实际价值关系的运动而变动的，从来没有一成不变的道德律条，也没有永恒不变的正义原则。所谓古之天下即今之天下，天不变道亦不变，不过是在为当时的"道"进行论证，把它当作天经地义的永恒原则来看待而已。综观历史，从来就没有这种一成不变的东西，任何价值观念都是历史的产物，都是历史的范畴。把它们看作不变的，或是以今律古，或是以古律今，都是根本错误的。恩格斯在批判杜林的形而上学道德观时，早已把这一点讲得明明白白了。

价值观念一直处在不停地变革之中，这种变革也有量变和质变两种状态，前者是渐次性的变化，是同一种价值观念的调整和完善；后者则是重大的带有根本性的变革。任何一种价值观念，刚开始提出和出现时，总带有草创时期的特征，是比较简陋、不太完善的，往往只是涉及一些主要方面、主要的规范，有一些基本的主要的原则，然后经过不断地加工，增减取舍，才逐步地得到完善。这是通例。没有任何一种东西一出现就是尽善尽美的，制度设施也罢，技术规程也好，都有一个逐步完善的过程，更何况价值观念作为观念性的东西，本来就不是自足地独立存在的。人们在生活中总要创造出新的东西，生产出新的物品，发现新的对象，扩大交往的领域，出现新的矛盾和问题，这些都决定了价值观念不能停在原地不动，不能老是保持旧的一套不变。如果总是不变，那它就不能适应生活的需要了。即使是宗教，也有一个从原始的比较简陋的状态，向后来比较精致、比较系统化的状态发展的过程。在中国，与专制制度相适应也是为之服务的价值观念，真正说来，从汉朝开始，经过几百年的时间，到宋朝才达到了比较成熟完善的阶段。一到成熟，便开始僵化，到了极端，就要物极必反，走下坡路了。随着专制制度的衰亡，与它相适应的价值观念被新的价值观念所替代，社会价值观念也就发生了根本性的变革。

前面讲过，价值观念有深层的结构和表层的结构，在其渐次变化的阶段，往往是表层结构不断调整，越来越细密，越来越协调，深层结构则越来越严谨。根本变革则不仅是表层的具体规范的巨大变化，更主要的还是深层结构起了变化，原来的基本理念、理想为新的理念和理想所替代。新的价值观念与旧的价值观念是一种质的差别，是一种根本的差别，即是在基本理念基本方向上的差别，所以这种改变才是质变。质变是一种整体性的跃迁，是发展中的一种间断性。但在具体内容上它又是一种扬弃，并不是将旧的价值观念全部推翻，旧的价值观念的许多因素、许多具体规范都被保留了下来，只是这些保留下来的因素和规范已经从属于新的结构，被重新予以组合和组织，具有在旧的体系中不同的地位和作用了。这就是变革的连续性。把新和旧决然对立，处处对立，实际上是一种幼稚的看法，也是一种形而上学的观点。

这是从整个社会的价值观念方面，把价值观念当作一个总的系统来考察的。具体一点看，这个根本变革的过程，也就是一个社会中的主导性价值观念被一种新的原来属于非主导性的价值观念所替代的过程，是社会的主导性价值观念发生转变的过程。这种新的价值观念并不是突然出现的，它是随着社会生活中发生的变革而产生的，由于它与当时的主导性价值观念是异质的，所以受到统治阶级的压制和排斥，受到主流意识形态的批判和围攻。但由于主流意识形态、主导性价值观念已经不再能够适应社会生活的变革，违反旧的规范、旧的习惯的事情越来越多，旧的价值观念的权威性越来越受到怀疑，价值冲突和价值观念的冲突越来越频繁，越来越尖锐，这就使得旧价值观念的权威性和主导地位受到了挑战，而适合社会发展的价值观念，则越来越得到人们的认同，市场越来越大，信众越来越多。没有这种情况作为背景，是不会发生主导性价值观念地位的转变的。

这种新的价值观念替代旧的价值观念而成为社会主导性价值观念，成为主流意识形态的过程，既是价值观念的巨大变革，也是价值观念的历史变迁，它不是单纯的思想观念的变化，更不是引入某种外来因素、传入某种新的思潮的结果，而是与社会发展进入新的阶段相联系相适应的，也只能从经济运动、历史运动、阶级斗争，从价值关系变动的角度才能找到其根源。任何一种主导性的价值观念，并不是一出现就居于主导地位的，而是认同它、拥护它的阶级占据了社会统治地位成为统治阶级的结果。新的生产力是以新的阶级作为其承担者的，这新的阶级就是新的价值观念的拥护者。随着新的生产力的出现，导致了生产关系的一定的变化和社会关系的一定的变化，社会价值关系运动出现了新的情况，价值冲突日益激烈，社会秩序出现了严重混乱，统治阶级既不能照旧维持既有的社会秩序，也不能再维持旧的价值观念的权威性。实际生活中的价值冲突导致了新旧价值观念的冲突，新旧价值观念的冲突又催化了加剧了实际生活中的价值冲突。这就使阶级斗争越来越尖锐激烈，人们反社会的行为越来越多，出现了社会局面的动荡不安。随着拥护这种新的价值观念的阶级成为社会的统治阶级，社会制度发生了巨大变革，新的价值观念因此也就成了主导的价值观念。

价值关系从根本上说，是人们在实际生活中发生的物质的、精神的利益关系，是人与人关系中的重要内容。人们的各种活动、各种动机，都离不开利益，都是围绕着利益而旋转的。各种价值观念就是在这个基础上发生的，也是社会为着调节人们之间的关系而确立的。价值观念的发生和确立，既有自发的一面，也有社会自觉引导、有目的的建构的一面。随着新的生产力、新的技术手段、新的价值对象的出现，随着交往活动范围的扩大和新的交往方式的出现，人们的需要都在发生着变化，思想观念也必然要发生变化，原来的秩序、原来认为理所当然的东西、原来习以为常很满意的东西，现在就可能不满意了，不认为理所当然了，于是就出现价值冲突的加剧和普遍化，出现了普遍的"越轨"行为。这是一种带有自然必然性的东西，是任何力量都阻止不住的。也就是说，任何一种价值观念，都有它产生和存在的社会根源和社会基础，原始社会的价值观念，只能存在于那种没有生产剩余、没有私有财产的社会条件下；封建社会的价值观念也只能适用于自然经济的阶段。随着商品经济成为社会的主导生产方式，随着个人脱离了原始母体而成为社会化的个人，原来的那套建立在家庭伦理基础上的亲情脉脉、温情脉脉的关系，建立在这种天然等级制关系基础上的价值观念，就必然地受到了冲击，让位给普遍的契约关系和建立在契约关系上的各种观念。社会契约论的国家观从理论上说是错误的，但在价值观念上说却是合理的，比起君权神授的观念来是一种历史的进步，而且是人们最容易接受、最容易认同的观念。人人生来平等的观念在理论上是站不住脚的，可它最能获得人们的认可和承认，因为这不仅符合当时的商品交换中彼此平等对待的现实，而且蕴含了人们的一种期许。离开了这种现实的价值关系，离开了对现实的价值关系运动的考察，就难以理解为什么价值观念会发生如此这般的变化。

在考察价值观念历史变迁的时候，还有一点值得注意的，就是价值观念体系中的不同部分、不同方面，其变革变化的速度、程度、形式是不相同的。一般说来，政治观念、道德观念、法律观念等与社会制度联系紧密的方面，其变革往往会比较剧烈、比较显著，而在与人性、民族性联系比较密切的那些方面，如宗教、艺术等方面的观念，相对说来就要弱化一些，迟滞一些。西方文艺复兴和资产阶级革命时期，强烈地攻击宗教，是因为那时政教合一，它直接是封建统治制度的一部分。"五四"新文化运动，直指的是封建的伦理和制度，表现在文学、文艺方面，也主要是在内容的社会意义方面对旧观念的变革，而在艺术性、审美趣味、特征和习惯等方面，应该说还是继承了许多传统的东西。"五四"后人们讨论传统文化，批判传统的观念，一般也多集中在其政治的、伦理的方面，对其他方面是较少涉及的，或者说，与政治伦理方面的断裂性变革相比，其他方面的连续性还是很明显很突出的。

　　还有一个问题就是外来观念影响的问题。价值观念变化的根本的原因是社会内部实际价值关系的运动，但外来的思想和价值观念作为一种外因，也会对它的变革起到一定的作用。佛教传入中国以后，逐渐地扩大影响，获得了许多不当权的士大夫和民众的拥护，与中国本土原有的儒家的价值观念、道家的价值观念既相互斗争，又相互渗透，促进了它们的变化。西汉初年，黄老思想曾是社会主导性的价值观念，汉武帝以后逐渐被儒家的价值观念所替代。佛教思想传入后，魏晋之际大大发展，在南北朝时期的一些国家就曾一度成为居于主导地位的思想。唐朝武后时期，其势力也相当庞大。后来多次的排佛、灭佛运动，实际就是儒家的观念借助于行政力量打击佛家的观念的表现，是害怕佛家的观念成为主导性观念的表现。尽管多次排灭，佛家的价值观念也并没有根绝，一直是中国社会中一种重要的价值观念体系。

　　近代以降，西方的价值观念传入中国，对于中国社会的价值观念变化也起到了相当大的作用。马克思主义传入中国后，与中国实际相结合，被中国无产阶级及其政党所拥护，社会主义价值观念成为中国社会主导性的价值观念。当然这是以无产阶级作为统治阶级为前提的。现代社会交往频繁，加上现代的通信工具，电话、电视、互联网等，各种外来价值观念的影响是任何一个社会和国家都难以阻止的。消极地看待外来影响、总想保持某种观念的纯洁性的时代已经过去了，合理的思路只能是因势利导，在相互作用中发展，在交流中主动地吸取其他价值观念中合理的东西，适时地变革自己的价值观念，才能使之具有活力，才能获得更多的信众。

第七章

价值评价及其基本形式

价值评价的问题是价值论研究中的一个重要问题，甚至可以说是一个核心性的问题。道理很简单，价值评价构成了价值理论到实践即创造价值的中间环节，对于价值本质和各种具体形式的研究和认识，对于价值意识、价值观念的研究和讨论，全都是为了人们如何合理地进行评价、如何合理地把握价值而服务的，而价值选择、价值创造、价值实现又都以价值评价为前提条件。评价的失误必然导致价值选择的失误，导致创造价值的实践的失败。价值评价作为人把握价值的观念活动，又由多种因素、多种环节所构成，是一个复杂的活动过程，具有多种多样的形式，只有把握了评价活动的这些复杂的情况，了解了评价活动过程中各个环节、各种形式的关系，才能有效地提高评价活动的自觉性，提高评价活动的效率，更好地创造价值和享受价值。

一 评价是对价值的特殊观念把握活动

前面我们讲到价值意识和价值观念，主要是从它与科学意识或非价值意识的区别方面来讨论的，是从静态的角度来看的，实际上，价值意识以价值现象作为对象，是对这种特殊对象的特殊反映，这种具体的反映过程就是进行价值评价的过程。也可以说，价值评价就是价值意识的现实的展开，是价值意识的对象性活动的过程，是对价值的特殊观念把握活动。

前面曾说过，我国价值论研究是在实践标准讨论的深化中起步的，一开始是从认识论领域和视角来进行的，由于这种特殊的背景，一些研究者自然而然地就把评价看作认识，只不过是对特殊对象即价值的一种认识。在他们看来，评价就是通过价值感觉、知觉，通过理性推理对这些感觉材料的加工而形成价值判断的过程，最终目的是获得价值真理。评价就是价值判断，是对一定事物之有无价值进行判断。虽然在这些论者中有的把价值看作事物的内在的固有的属性，有的坚持价值是一种关系，但都认为对价值的评价实质上也是一种认知，是一种认识。为了强调这种一致性，他们更愿意使用"价值认识"这个概念，认为评价就是价值认识，是对价值这种特殊现象的认识。

我们不同意这种观点。因为这种观点本质上还是沿着认识论或知识论的框架来看待和理解评价，忽视了人类精神生活的复杂性而将之压缩到一个平面来处理，所以根本无法揭示评价活动的特殊本质，无法澄清价值作为一种主体性现象的特点，也违背价值论发展的逻辑，不利于吸取和容纳价值论发展的合理成果。毫无疑问，在现代价值论中，一些人过分强调价值与情感的联系，以非理性主义反对理性主义、科学主义的霸权，另一些人则强调规范意识的作用，突出对人文现象和社会现象的理解、解释与事实认知的差别，虽然其中有很明显的片面性，却也从某一个方面揭示了评价活动不同于科学认知活动的特点，是有相当的合理因素的。我们要吸取这些合理因素，就不能再沿着认识论或知识论的框架，而必须从价值论的视野，即从价值与评价相互规定相互生成相互作用的角度，从评价活动的结构所规定的主体自我相关效应，来理解评价活动的特殊本质及其具体表现。

我们把评价规定为对价值的特殊观念把握活动，也就是说，它作为对价值的感应、感受、体察、体验、评估、揭示、解释、预测、计算、权衡的活动，其特殊性恰恰是相对于认知活动的特殊性。这些预测、解释、计算等都属于观念的把握，在意识中把握，用观念的形式来把握，从这个意义上，它当然也是一种反映，也需要坚持马克思主义的能动反映论的原则，但它又是一种特殊的反映，是一种特殊的能动性。这又是与认知所不同的。

第一，我们比较一下评价活动与认知活动的结构。认知的主体是认识者，客体是需要认知的对象，无论这对象是自然的对象、社会的对象，是人自身，还是人自己的思想，或是人们活动的历史，认知的基本结构始终是主体—客体，认知的过程就是主体如实地反映、揭示客体本来面目和规律的过程。无论认知者如何能动地想象、构造对象的联系，也无论他借助什么样的中介，他始终以对象自身的情况为根据、为标的，使自己想象的经验的推知的把握与对象的实际情况相符合为最高原则。评价活动的主体是评价者，但评价客体却是价值，而价值则是一定事物、现象与主体（价值主体）的生存、发展需要的一种关系。平时许多人没有充分注意到这一点，总以为评价客体就是一定的事物，即价值客体。比如在评价某个行为是善的还是恶的时，这个行为就构成了评价的客体；在评价一种昆虫是益虫还是害虫时，这昆虫就是评价的客体；在评价一幅画时，看它的艺术价值如何，这幅画就是评价的客体。人们总是习惯于按照认知主客体的结构模式来理解评价，再加上语言表述中"这幅画的价值是很高的"，"这种昆虫是有益的"，"这个行为是道德的"这些句式，所以也就很容易把价值当作事物本身的一种属性。为了比较直观地理解评价活动的特殊的主客体结构，我们用图7-1来表示。

图 7-1　评价活动的结构

　　一定的事物、现象作为人的需要的对象，它们是价值客体，需要者则是价值主体，价值就是价值主体和价值客体之间的关系，或者说是一定事物、现象的功能、作用与人的需要之间的关系。评价者要评价的不是价值客体，而是价值客体与价值主体之间的这种关系，价值客体只是作为这种关系的承担者之一方，作为价值的负载物而成为评价客体的一部分。用确切的语言句式来表述，评价者要评价的不是某种事物的价值，而是"这种事物对我或我们的价值"。这里的我或我们，既是价值关系主体的我或我们，也是作为评价主体的我或我们。评价活动主客体结构的一个特殊点，就在于评价主体与价值主体的重合性或重叠性，或是完全的重合，或是部分的重合，或是实际的重合，或是想象的重合，我所评价的总是一定对象对我的价值，对我的意义，或是对我们（这里的我们，可以是我的家庭、我的阶级、我的民族、我的国家、我们人类）的价值和意义。

　　评价主体与价值主体的这种重合性，即评价主体同时就是价值主体，不是偶然的一种重合，而是作为评价的一种基本规定而存在的。如果没有这种重合，即我要评估的不是一定对象对我或我们的价值，那么这就不再是评价，而变成了对价值的认知。比如说，我作为一个历史学家谈论、讨论、研究的是修长城这件事对秦王朝有什么利弊，这里我的研究就是一种理论研究，而不是评价问题，要是我谈论的是万里长城对我们中华民族发展在军事上有什么价值，在文化方面有什么价值，那这就是评价。有的时候，形式上看是价值主体与评价主体不重合，但要作出评价，则评价主体就得站在价值主体的立场上，即所谓"同情的理解"，若无这种立场的转变，是无法进行评价的。比如，一个朋友在面临选择时有点犹豫，想请我给他参谋参谋，问我觉得他的决策怎么样，我就得站在朋友的立场上，来考虑各种利害，我甚至用这样的语言来表述我的建议：如果我是你，我就会如何如何。只有这样"设身处地"，才能作出适当的评价，也才能对他的评价、他的行为动机有所理解。

评价主体与价值主体的这种重合性，产生了严重的主体自我相关效应，一方面作为评价主体的我要以作为价值主体的我作为评价客体的一部分，另一方面又要以价值主体的我作为评价主体的我的一部分，这二者在逻辑层次上是相分的、相离的，可在实际活动中又是相重的、相合的。价值主体的情感和体验同时就是评价主体的情感和体验，这些情感、兴趣在一方面是作为价值标准产生了情感价值，在另一方面又作为评价标准在发生作用，主体一方面要防止感情用事，另一方面又要尊重自己的感情，如此等等。

第二，我们来看评价活动与认知活动在功能和目的方面的差别。认知活动的功能是了解和把握对象的实际情况和本来面目，弄清楚对象的"是什么"、"为什么"和"会怎么"，目的是达到真理，真理是认识论的最高范畴。评价活动的功能是把握价值，弄明白一定的事物对我和我们来说有没有价值、有什么价值、有多大价值，某个行为"值得"还是"不值得"、"应该"还是"不应该"，它的目的在于指导选择和实践。由此规定，认知活动主要体现的是主体向客体的观念运动，主体的一切努力都必须朝着这个方向，服从着达到真理这个目的。而评价活动则意味着评价主体以一定的标准来衡量价值客体是否符合自己或适合自己（价值主体和评价主体的统一）的要求，以及这种符合或适合的程度，这里体现的则是价值客体向主体的运动，是价值客体服从主体的倾向。

与之相联系，在认知活动中，认知客体成为一个确定的中心，它的种种背景、与其他事物的种种联系、主体运用的各种认知工具、主体的各种努力，都是围绕着这个中心，围绕着弄清这个客体的本质和规律而旋转的。而在评价活动中，评价者自己（价值主体和评价主体的统一）则是确定的中心，关于价值客体的各种知识、各种信息、各种条件、各种联系，则都围绕着自己而旋转，都是为自己进行选择、决策而服务的。

第三，在认知过程中，一般都要求尽量克服"先入为主"的"偏见"，常言说的"偏见比无知离真理更远"就是这个意思。而在评价活动中，评价标准却是必须先行确立的，无标准就无法进行评价。正如一个检验工，假如没有工件合格与不合格的工艺标准，他的工作就无从着手进行，要是没有法律这个准绳，法官也无法断案。评价标准是人的规定，是人确立的标准，是根据人的发展要求而确立的观念标准。因为人们的立场、利益诉求、人生理想的不同，对于同一事物、事件的价值，人们的评价标准是不同的，因而得出的结论做出的价值判断也就有很大不同，甚至可能截然相反。在评价过程中的争论，主要不是像认知那样是关于对象自身的知识的争论，而是关于评价标准是否合理、是否正当的争论。

第四，由于评价活动直接指向实践、直接为主体的选择、决策（决定）活动服务，这种直接的实践指向性或活动指向性决定了评价的结论必须是具体的、明确的，有助于实际操作和决策。无论评价主体当时对客体了解多少，关于客体的知识、环境的知识，关于主体的需要的知识是不是准确、是不是充分，如果要当下作出选择，主体就必须根据已经了解、已经掌握到的信息，对一定客体对自己的价值作出具体的评价，进而作出决策和决断。比如一个军事指挥员，他的一切军事理论知识、他全部的指挥经验、他当时掌握的各种军事情报，包括对敌方的力量、布防情况、指挥员的性格特征等，对我方的各种情况，对地理、天文情况的了解，都是他进行评价的基础材料和工具，无论这些信息是否充分、是否可靠，他在当下必须作出决断，决定采取什么方案、向哪一个方向进攻或突围。他的各种评价都是为这个决断来服务的，是为了作出这个选择而服务的。在这里，一切抽象的议论、一切含糊的意见、一切不明确的模棱两可的见解，都无济于事，而且会影响事情的决断。

第五，评价活动还具有较强的感情色彩。评价的特殊结构形式决定了评价总包含自我相关，必然地涉及自我相关效应。评价主体不可能像认知主体那样，超然地仅仅与客体处于一种相互外在的"理论关系"之中，因为无论是价值主体还是评价主体，总是渗透着意志关系、情感关系，总是基于一定的情感定式来看待自己的对象。换言之，下意识的评价和情感—心理层面的评价自不待言，就是在理知水平的评价活动中，不仅无法排除情感因素的影响，相反往往需要一定的情感作为必要条件。这是因为，主体作出评价的过程，也就是几个层次的价值意识同时起作用的过程，是几个层次的评价交互作用、相互影响的过程。特别是在比较性评价中，在两种或几种方案的优劣利弊相差较小、有时甚至难以明确区分的情况下，评价者的兴趣偏好就起着一种决定性的作用。这是决策学中的一个基本定律。有的论者甚至认为，在评价过程中理性的作用就在于为一定的偏好作论证，这种看法或许有些偏激，但强调偏好在评价和决策中的重要作用，却是没有问题的。

我们反对西方一些理论家把认知和评价的区别当作理性和非理性的区别的观点，也反对仅仅把评价当作对特殊对象即价值的认知的观点。在我们看来，评价活动作为价值意识的对象性活动，在下意识层面、情感层面和理智层面都是存在的，而且各自有各自的相对独立的意义，使得主体从多方面多层次与一定对象建立起价值关系，表现出对象内容的丰富性和人的本质力量的丰富性、多样性。

二 评价标准及其确立中的矛盾

评价活动的前提性的也是核心性的问题是评价标准的问题。评价总是以一定的尺度、标准来衡量对象，所以，标准的确立就成为评价活动的第一个环节。这些标准可能是兴趣、爱好、利益、理想等个人性的，也可能是社会规范和价值观念，可能是潜在的、暗含的、不明确的，也可能是明确的、自觉的，但无论如何，它始终都是评价赖以进行的逻辑前提，没有了标准，就不可能进行评价。按照一般性的看法，评价标准就是人们的价值观念，或者说一定的价值观念就承担着执行着评价标准的功能。

评价标准对于具体评价活动的先在性和前提性是思想家们老早就发现了的，但是一些人从唯心主义的立场出发，认为这证明了评价标准的先天性或先验性，例如，康德为了反对伦理学中的相对主义，维护道德评价的严肃性和客观性，就认为并论证道德法则即道德评价标准是人们头脑中先验的形式。新康德主义基本上走的也是这个路子。舍勒不同意康德的形式主义伦理学，反对康德把这些标准和规范视作是形式的因而才是先验的、普遍的这种论证方法，他认为价值标准的这种先验性不是来源于形式性，而是来源于价值依存法则和等级秩序的绝对客观性。

在我们看来，评价标准对于某个具体评价活动的先在性，并不证明这标准就是先验的，更不能说它是人生来就有的东西。先验论的错误在于脱离了人的实践的历史联系，也割断了评价活动的历史联系，把评价标准对于某个具体评价经验的先在性等同于对一切经验的先在性。其实，这些标准这些观念不过是以前人们评价经验的总结、提炼，是历史地流传下来的一些思想观念、规范、原则、模范等。个人在儿童时期就接受了这些东西，同时又根据自己的经验和体验经过有意识地增减取舍，确立了自己的价值观念，并进而使之成为自己的评价标准。只要我们历史地看待这些评价标准的产生，它们就没有任何神秘主义的色彩。

评价是根据一定的标准而作出的，对评价的结论即价值判断的论证也是根据这个标准而进行的。在实际生活中，如果人们在评价标准方面能够达到一定的认同，那么这种论证就可能成立，原则上就能够根据陈述的理由而消除分歧，取得一致或比较一致的意见；反之，如果彼此的分歧原本就是评价标准的分歧，那么这种论证就难以生效。在关于评价问题的理论研究中，争论也多集中在评价标准问题上。评价标准问题，无论是在现实的评价活动中还是在对评价活动的研究中，都是一个核心性的问题。评价标准的实质和根据是什么，有无统一的、客观的评价标准，这是价值理论研究中长期争论的一个问题。在一些理论家看来，评价标准实质上就是价值标准。他们主要侧重于从道德价值和道德评价方面的情况来讨论这个问题，一个社会通行的道德规范，既是一定的行为有无道德价值的标准，也是人们进行道德评价的标准。这正如法律规范既是一定的行为合法与否的尺度，也是人们评价一定的行为是否合法的尺度一样。但他们却遇到这样的反驳意见，为什么同一个行为，在不同时代、不同民族的道德体系和法律规定中，其价值是不同的；一定时期是道德的，在另一定时期就不是道德的；在一个时期是合法的，在另一个时期就是不合法的。正是为了回避这些反驳，使他们走向了价值主观论，他们把价值看作人们在评价中所认为的价值，换句话说，价值就是由评价来决定的。

马克思主义价值理论认为，评价标准与价值标准是不同的，评价标准只是价值标准的一种反映或内化，是对价值主体的需要的一种反映，评价本质上是对价值的观念把握，是从观念上揭示、想象、预测一定的价值，而不是决定价值。在道德评价和法律评价中，确实存在价值标准和评价标准重合的情况，但必须注意到，这种重合并不说明它们在逻辑层次上是没有区别的，正如价值主体和评价主体的重合并不等于他们在逻辑层次上没有区别一样。一定的道德规范和法律规范实质上就是一个社会调节人与人的关系、维持社会秩序的实际需要的反映，是随着社会关系的变化而变化的。道德价值作为一种规范性价值，是被规定的价值，所以才有可能出现道德规范既作为价值标准又作为评价标准的情况。在一个社会流行着几种道德的情况下，这些规范就会突出地表现为都只是作为一种评价标准而起作用。简单地把这种特殊情况当作价值评价的一般通则，就犯了以偏概全的错误。

在持价值主观论的论者看来，价值标准与评价标准是一回事，都是个人性的，没有什么客观的普遍的统一的标准，而持价值客观论的论者则不认同这种结论，试图找到一种最基本的从而也是最普遍的统一价值标准，以此来决定哪些评价标准、哪些评价是正确的合理的，哪些评价标准、哪些评价是不正确的和不合理的。功利主义找到的是人的快乐和痛苦的感觉，认为这是一切善和恶的最终根据；直觉主义找到的是对象事物中的不可分析的善，认为只能根据这种善来定义和规定其他的价值；信仰主义找到的是所谓上帝的意志，上帝所安排的价值秩序，认为只有符合了这种秩序的评价和选择才是正确的，也是唯一正确的。有些人说是历史发展的规律，只有符合这种规律的评价标准和评价结论才是真理，当然也是唯一的真理。

各种观点相互攻讦，各言己是而认别人为非，这恰恰为价值主观论者提供了没有统一的价值标准的证据。在马克思主义价值理论看来，价值作为一种主体性现象，主体的需要构成了价值的标准、主体需要的共同性和共同的需要就形成了一些共同价值的标准，主体需要的差别性和有差别的需要则是各种不同价值的标准，想从主体之外找一种统一的价值标准，这本身就是一种不理解价值本质的表现，是一种缘木求鱼的做法。

价值主体是多种多样的，每个主体的需要也是多种多样的，所以价值标准是多元的，作为价值标准之反映的评价标准因此也只能是多元的，想把一切价值都压缩在一个平面来处理，想找到一种所谓最基本的能够化约一切价值的价值，这种想法和做法本身就是不合理的，也是做不到的。进一步说，我们不能按照认知的模式来理解评价问题，不能用真理一元论的思路来理解评价的正确与错误的问题。价值理论中关于评价标准和评价问题的许多争论，一个重要的原因就是没有处理好认知和评价的关系问题而引起的。

评价标准是评价活动的前提，而评价标准的确立本身就是一个复杂的过程，这是因为评价标准就是一个体系，是多种具体的评价标准的系统，各种标准之间是一种既有对立又有统一的辩证关系。确立评价标准的过程，也就是在某种程度上认识这些矛盾，并合理地处理这些矛盾，以达到一种适当的整合的过程。

第一个矛盾是个体性和社会性的矛盾。个人需要和社会需要既有一致性也有不一致性，这在任何社会、任何时代都是一种普遍的、客观的事实。一定社会的价值观念和意识形态，首先和更多地着眼于社会需要或个人需要的共同性，在阶级社会中统治阶级主要是把本阶级的需要当作全社会的共同需要，所以社会中占统治地位的价值观念主要是统治阶级的价值观念。个人在确立自己的价值观念之时，则必然会碰到这种个人立场、个人需要和社会共同需要或虚假的社会共同需要的矛盾问题。如果说在儿童时期主要是接受社会规范的话，那么在成年时期则主要是以一种批判的态度来选择社会规范和社会流行的价值观念，根据自己的社会地位和立场以及对自己的权利和责任的理解来融合、调整个人需要与社会需要的矛盾，确立自己的信念和价值观念。他在进行具体的评价、为评价选取具体的标准之时，则要兼顾到个人的想法、欲念与社会规范价值观念两个方面，所谓"君子爱财，取之有道"，就是将二者统一起来的表现。总之，个人的权利和责任之间、功利要求和道德义务之间、个人的利害和社会的规范之间，都存在这种个体性和社会性的矛盾的情况，必须予以妥善的解决，其评价标准才能够合理地确立起来。

同样的道理，社会作为人们的共同体，也并不具有天然的合理性，社会包括各种社会组织，在确立规范，宣传一定的价值观念的时候，也需要注意到社会需要与组成社会的各个需要的关系，需要考虑人们的心理和觉悟水平，考虑人们能够接受和服从的程度。不然，一味强调社会的需要和某些社会规范的必要性，即使是真实的共同体，如果过于超越人们的眼前利益和当下的觉悟水平，那也得不到普遍的接受和遵守，只能是中看不中用和徒具虚名的东西。

第二个矛盾是理性和非理性的矛盾。一般说来，非理性的因素，如情感、兴趣、爱好、意志等多与个人主体的当下体验、当下需要等联系密切，显示出强烈的个人主体性，而理性则与共同性、普遍性联系密切，要考虑到长远的利益、社会的利益、个人的权利和责任等。在许多情况下，理性和非理性的矛盾也就是个体性和社会性矛盾的一种表现形式，至少与后者是密切相关并受着如何看待个体性和社会性的矛盾制约的。情感、兴趣等更为侧重于主体当下需要的满足和快乐，有些是人们常说的感官快乐、感官享受，有些则是相当深刻的不足为外人道的精神享受。在封建社会，对人肉体需要、感官享受和情感快乐普遍持一种贬抑的态度，用各种道德规范和理论的观念来压抑人的情感，在现代社会，人们认识到这些情感体验和感官享受是人的生命历程中的重要部分，甚至称之为对生命的深层体验。无论怎么说，这些非理性的因素和理性因素之间是有着一定冲突的，在当下的满足、快乐与整体的长远的利益之间，在情感需要和理智需要之间，在个人的享受与个人对社会的责任之间，总会有一定的矛盾存在。如何协调、整合这些源自不同维度不同方面的意识，在相当程度上决定了一个人持什么样的价值观念和评价标准，决定了一个人的人生态度。

第三个矛盾是统一性和多样性的矛盾。由于主体需要的多层次性和多维性，价值标准必然是多种多样的，评价标准也必然是多种多样的，而且正是借助于这多种标准，主体才能处理、评价多方面的多种性质的价值。但在另一方面，主体作为主体，恰恰在于他具有统一的意志，能够将这多方面的多种多样的标准统一地运用起来为自己的存在和发展服务。社会确立了多种规范，是为了在不同方面使人们都有遵从的依据，个人根据自己的需要、自己的发展程度、自己对这些社会规范的认同程度，确立了在多方面的评价标准，也是为了应对多种多样的复杂情况，为着维持自己统一的人格、实现自己的生活理想。无论是个人主体还是社会主体，总是将这些多样的标准统一地整合为一个标准体系，各个标准都服从着一定的统一的原则，正因为如此，才能在不同标准出现冲突、不同的评价出现矛盾之时，排列出轻重缓急的顺序，作出相应的决策。

统一性与多样性的矛盾，在现实中有着几种表现形式：一是众多个人的评价标准与群体的共同标准之间的矛盾；二是众多的群体主体的评价标准与社会共同标准之间的矛盾；三是同一个主体（个人主体、群体主体和社会主体）自身的多种评价标准与其统一的整体的评价标准体系的矛盾。如何合理地处理这些矛盾，无论是在理论上还是在实践上，都是个具有相当难度的问题。一般说来，国家作为社会的代表，往往更强调社会共同标准的优先性重要性，如果仅限于此，同时也承认个人标准的合理性，问题就不会很大，现代民主社会基本都是如此，在社会标准与个人标准之间保持一定的张力，专制社会则不仅强调社会标准的优先性，而且认为其是唯一合理的，从而否认个人标准，造成的就是一片死气沉沉。

第四个矛盾是理想性与现实性的矛盾。理想是价值观念的核心，一个人抱有什么样的理想，对他确立什么样的评价标准体系起着非常重要的作用。人们的每次评价的具体的个别的标准，也总是受着他的人生理想和人生目的的制约，有时也带有一定的理想性色彩。这是一方面，另一方面，人们的评价又都是在一定的现实条件下进行的，无论条件是多么不如意，也不能离开这不如意的现实，所以必须从现实出发，使自己的评价标准和评价结论符合现实情况，首先是符合自己的现实，也要符合周围条件的现实。理想总是源于现实又高于现实的，问题是高到什么程度才合理。如果过度地高于现实，那就变成了脱离现实。不管对于个人还是社会，都是一样的道理。婚姻是一个人一生中的大事，挑选对象是婚姻的前提，是人们都非常重视的，但如果标准过高，过于理想化，那就难以找到合适的对象。人们的活动都是有目的的活动，这个目的在围绕这个活动而进行的各种评价中，就承担着评价标准的功能，如果目的太高，太理想化，就必然导致一系列的评价脱离实际、导致实践的失败的情况。在理想性与现实性之间保持必要的张力，保持一定的平衡和中庸，是确立评价标准时的一个重要指导思想。

　　第五个矛盾是稳定性和流变性的矛盾。评价标准之作为标准，首先需要有一定的稳定性，正因此才能作为标准、作为尺度而存在。这是一个方面，另一方面，评价标准作为价值标准的反映，又是随着需要和具体条件的变化而变化的，是灵活的而不是僵死不变的。中国历史上长期存在的也是争论不休的"法先王"还是"法后王"的问题，其实就是如何看待评价标准的这种稳定性和流变性的关系的问题。一个社会、一个国家，其法律、其政策、其理念，在某种程度上都具有评价标准的意义，都是人们据以决定自己的行为、预测未来的一种尺度，如果过分地强调其变动性，就会失去其连续性、稳定性，也就失去了其权威性，所谓"政策多变，失信于民"，讲的就是这种情况。这种情况，这种现实，就很容易形成人们对国家的不信任感，形成一种对未来的不稳定感，也就会形成急功近利、投机取巧的社会风气。反之，如果过分强调稳定性和不变性，政策、法律、规范等就不能适应变化了的情况，就起不到调节、控制社会生活的作用，甚至成为阻碍生活和生产发展的东西。从个人主体来讲，在确立自己的价值观念和评价标准时，特别是关于一些做人的基本原则时，也有一个如何看待这种稳定性和流变性的问题，若不知时变，是为"迂腐"，若过于善变，则为没有操守，是为小人。如何既保持原则的坚定性又能够有策略的灵活性，实在是需要认真对待的一个问题。

上述的这些矛盾都是主体确立评价标准的过程中难以避免的，主体对这些矛盾越是有所认识，认识得越是深刻，就越能提高自己的自觉性，比较理性地对待这些矛盾，统筹兼顾，就能有效地防止片面性和走极端的毛病。

三 兴趣与偏好在评价中的作用

评价活动始终是理性因素与非理性因素共同作用的过程，把评价看作完全是非理性的或全然是理性的逻辑的，都是片面的观点。但是，我们也要看到，在价值意识不同层次所规定的不同层面的价值评价活动中，理性因素与非理性因素的地位、比例又有所不同。在下意识层面和情感层面的评价中，非理性因素往往是主导的起决定性作用的方面，而在理知层面的评价中，在形成价值判断的过程中，理性因素则应该是，也一般都是主导的方面。在情感层面的评价中，兴趣和偏好起重要的主导的作用。它们有时作为情感需要、作为价值标准，实际地决定着哪种对象有情感价值，哪些对象没有情感价值，或者说满足了这种兴趣的直接就是有价值的；有时作为评价标准，是评价主体觉得和认为哪些对象有价值哪些对象无价值的观念标准；有时则直接表现为一种评价，兴趣的产生、有了某种兴趣，就表现了在情感上对某种对象的认同和赞许。

在这个层面上，主体的情感需要与对这种需要的意识，情感和对情感的心理反映，价值标准与评价标准，紧密地掺和、糅合在一起，人们有时也没有必要将它们明确地区分开来。这是由情感生活的私密性和个人性所决定的，个人主体只须承认自己的某种情感而不必对它进行论证和辩护。但在理论研究中，分清这种差别却是必要的，也是有意义的。而在理知水平的评价中，情况显然有所不同，在这里，理智因素、知识因素、逻辑规则显然是主导性的东西，是在形成一定的价值判断中起主要作用的东西。兴趣和偏好对形成价值判断也起作用，但这个作用远远不同于在情感层面的评价中的作用。这是应该引起我们充分注意的。这里我们讨论兴趣和偏好在评价中的作用，主要是讨论它们在理知水平的评价中的作用。

兴趣与爱好、偏好基本上属于同一序列的范畴，说对某种对象有兴趣，与说爱好某种对象，意思并没有多少差别。要说有差别，那可以说兴趣更侧重的是一种关注，是把注意力更聚焦在某个方面，爱好则更进了一步，不仅是关注，还包含某种赞许、某种关爱、某种喜好在内。偏好则是爱好之偏重，是在几种都爱好的对象中更加爱好某一种对象。偏好也叫偏爱，说的都是这个意思。父母对自己的几个子女都是很喜爱的，但往往在其中就有所偏爱，更加喜爱某一个孩子。偏好的固化和理智化，就可能成为一种"偏见"，在日常意义上，人们多把偏见当作应该排除的，因为它会影响人们对事物的认知和公正的评价。但在现代解释学中，则认为任何人在认知和评价中都有一种"偏见"，有一种先入为主的意识或观念、"先见"。这种观念就构成了主体的解释框架和接受方式，构成了主体的特定的"视界"。

解释学强调了意识活动、解释活动的主体性，对以前为客体性、实体性思维方式所遮蔽而没有弄清楚或弄不清楚的许多问题提供了一种新的见解，但解释学也有一个严重的问题，就是不区分认知和评价，而是将它们混而论之。固然，认知中有评价，评价中也有认知，但二者毕竟是有主次之分、性质之别的，不予以区分，用同一个原则来对待，肯定就会出现牵强附会之处。具体到我们讨论的问题，评价标准对于评价活动，就是一种先入之见，而且必须有这种先见或"偏见"。但对于认知，因为认知者的任务和目的是要弄清对象的本来面目，那就须尽量避免、弱化这种先见或"偏见"。难以避免是一回事，要不要避免、应不应避免，是另一回事。我们这里所说的偏好，在理知水平的评价中与作为评价标准的"偏见"还不完全是一回事。

在理知水平的评价中，评价者所持的评价标准是自觉意识到的、知识化了的观念，是整合评价标准中的各种矛盾而形成了的观念，是主体认为具有合理性的观念，同时他对于待评价的对象也掌握了相当的信息和知识。他进行评价的过程，就是运用评价标准加工、比较、衡量这些关于客体的知识、信息，看它们对主体在哪些方面是有利的，在哪些方面是有害的，利有多大，害有多少，哪些害能够经过努力而转化为利，获得这些利要付出多大的害（代价）。在这个过程中，他不仅是对各种功利、利害进行评估、权衡、换算，而且还可能涉及道德评价和审美评价，但无论怎么说，他始终是以一种理智的态度来进行各种比较和权衡，按照逻辑的程序进行着推理和预测，在可能量化的地方按照数学的公式进行着各种计算。一般的日常进行的理知水平的评价可能不会如此理性化，但是作为其典型形态的决策评价，尤其是现代决策中的评价却确实是如此进行的。如此说来，是否就全然没有兴趣和偏好的地位了呢？不是的。

首先，主体的兴趣和偏好在目标形成中起着重要的作用。决策离不开目标，如何设立目标是决策评价的重要环节。按照现代决策理论家西蒙的看法，决策的过程就是寻找满意的目标和方案的过程。以往人们以为是要寻找一个最佳的目标，其实这是做不到的，因为人们的理性是有限理性，不可能全知全能，所以只能以满意作为基础，一旦寻找到满意的目标，搜索过程就停止了。怎样才算满意，其中兴趣和偏好就起作用了。实际上，满意总是相对的满意，不是这方面有缺憾，就是那方面有缺憾，兴趣和偏好使主体确定了主要的方面。只要在这个主要方面达到满意，其他方面差一些，也就算是基本满意了。对事如此，对人也如此。俗话说，金无足赤，人无完人，选择一个基本满意的人，也就是在基本方面和基本侧重点上过得去的人。而确定这个基本方面和基本侧重点，就是与主体的兴趣和偏好很有关联的。

其次，主体的兴趣和偏好的作用还表现在对目标分解、指标形成和对对象的侧重方面。决策性评价是一种复杂的评价，它往往需要将总目标分解，形成一系列的指标，而这些指标在整体中的权重系数是不同的，有的要大一些，有的则比较小。主体的兴趣如何，更加关注哪一个或哪一些方面，在这里就规定着这些权重系数，或者说各个指标在总指标体系中占多大的比重，在一定程度上是与主体的偏好和兴趣直接关联的。对对象的情况更加侧重于哪个方面，也离不开主体的兴趣偏好。无论主体是否自觉地意识到这一点，他的这些兴趣和偏好都在其中起着作用。组织部门要考察一个人，对他的各个方面进行评价，德才兼备是一个总的原则，但需要有各种指标来具体化这总的原则。在这个过程中，具体的评价者即考察者的兴趣偏好就起着非常重要的作用，如果他更加侧重于"才"，不仅关于才的方面的指标会具有更大的权重，而且也会更关注对象的实际政绩和才干，于是对德的方面的一些小不如意也能予以谅解。反之，如果他更加侧重于"德"，那他就会对对象在德的方面的表现特别关注，把政绩方面的若干不足归结为其他因素影响的结果。对一项经济决策，决策人是更加侧重于其经济效益，还是社会效益和环境效益，是更侧重于其近期利益和成效，还是更加注意其长远的利益和成效，其结果是会有相当的不同的。决策过程中的一些意见分歧，在相当程度上就是由决策集团中不同的人所侧重的方面不同而引起的。

最后，在许多比较性评价中，特别在两种对象的利弊差别比较小，几乎难分轩轾的条件下，评价主体的偏好就甚至能起决定性的作用。偏好是爱好之偏，是更偏重于某个方面。在实际生活和实际决策中往往有这种情况，比如两种方案，经过反复比较，各有利弊，如果利弊相差很大，那当然是遵照"两利相权取其大"的原则进行选择，但现在却是反复权衡、反复比较，两个方案的总体价值的差别仍是很难判决。在这种情况下，评价者的偏好，稍微偏向哪一个方面，就决定了哪一个方面更具有价值，更应该选择。与这种情况相似的是，在两种价值发生一定的冲突时，偏好就在评价和选择中起关键的作用。两种价值出现了冲突，难以两全其美，而且这两种价值都很重要，它们属于不同类的价值，很难进行换算，但又必须牺牲一方，以一方为代价而获得另一方。这是一种客观的评价情势，主体必须在这种条件下作出决断，作出选择。比如说夫妻感情已经破裂，在一起生活对自己是一种极大的痛苦，但如果离婚，妻子则提出了很苛刻的经济条件，这时是为了避免经济的损失而忍受感情的痛苦，还是为了精神的解脱宁肯遭受经济的损失，偏好就起了关键的作用。对于一个更重于感情生活的人，他可能会选择后一条道路，宁肯遭受经济损失也要离婚；而对于一个更侧重于经济实惠的人，他则可能选择前一条道路。

在功利评价中，主体的兴趣和偏好有重要的作用，在道德评价和审美评价中更是如此。在道德评价中，不同的人做了同样的不道德的事，对自己喜爱的、偏爱的人总是要容易理解和谅解一些，即使谴责也不会那么尖刻和激烈，面对自己不喜欢的人，态度就可能要激烈得多。在审美评价中兴趣和偏好的作用就更为突出，这是审美评价中情感因素具有特殊的地位的缘故。对此一点，我们在后面还要专门讨论。

评价主体作出了价值判断，还得选择一定的方式将之表达出来，或者是用行动表达，或者是用语言表达。选择什么方式、如何来表达价值判断，也与主体的兴趣和偏好有关联。有的人沉默寡言，不太喜欢说出自己的观点，而更喜欢用行动来表达自己的态度；有的人则更喜欢选择语言表达的方式。同样是用语言表达，有的人更偏爱直截了当的方式，有的人则更偏爱含蓄委婉的方式，如此等等。人们常把这种现象看作一个性格问题，这固然也不错，但从价值论研究的角度看，这也是一个人的偏好问题，而且一定性格的形成，与这种偏好以及主体对这种偏好的赞赏都直接有关。

四　评价的基本类型

评价活动有两种基本形态，一种是依附性的，比如科学认识中就包含着评价，但这时认知是主要的主导的方面，评价只是其中的一个环节和方面，是依附性的或辅助性的；另一种是典型性的，如在决策过程中，也有认知并依靠认知，但认知是依附性的附属性的，主导的方面是评价。我们这里主要以后者为重点进行讨论。一般说来，价值与评价有一定的对应性关系，有多少种价值就有多少种评价形式或类型，比如人的价值与物的价值不同，在评价方面就有对人的评价和对物的评价的分别，不能把它们混同；学术价值与社会价值不同，评价方面也各有自己的形式。评价的形式或类型是多种多样的，有分类评价和综合评价、个人评价和社会评价、现实评价与历史评价等。但从评价内容的性质方面说，基本又不出功利价值、道德价值、审美价值和学术价值这几个方面，所以我们这里就主要讨论这几种评价类型。

功利价值、道德价值、审美价值和学术价值是四种现实生活中最常见的价值，与此相适应，功利评价、道德评价、审美评价和学术评价也是人们最常用的四种评价形式。

1. 功利评价

功利评价的任务是揭示、把握、预估、比较、权衡一定对象对主体的功利价值。功利评价的对象无所不包，任何存在的现象或对象，包括过去的现在的和将来的，实存的和想象的，实物性的和关系性的，自然物和人工物，等等，都可以作为功利价值客体。主体也有多种主体，即使是同一个主体，也有多种需要，与一定的对象发生一定的功利关系，都需要人们去评估去衡量去预测，因而功利评价的具体形式也多种多样。但作为一类评价，它又具有一些共同的特征。在下意识层面、情感心理层面和理知层面，都有功利评价存在，下意识的趋利避害，情感上的趋乐避苦，都与功利评价问题相联系并以此为根据，因为趋利避害、趋乐避苦都是以意识到和分辨出利害、苦乐为前提的。但我们这里主要还是以理知层面的功利评价为原型，为标本来进行分析。

功利价值是一种最基本的价值，也是一种最普遍的价值，与此相适应，功利评价也是最基本、最普遍的一种评价形式，其他几种评价都是在功利评价的基础上产生的，其他评价不能完全脱离开功利评价，当然它们对功利评价也起一定的约束作用。功利评价的过程，实质上就是主体在观念中把握利害、权衡利害、预测利害的过程，是寻找有利、更有利、最有利的目的，寻找最经济、最合算、最值得的途径和手段的过程。在功利评价的过程中和范围内，无论任何人、任何主体，都遵循着"唯利是图"的原则。经济学设定的"经济人"，就是能够理智地分辨出利害并唯利是图的人，是能够精明地进行着各种利害计算的人。"唯利是图"这个词，平时人们都把它当作一种贬义词，往往用来形容那些奸商、小人、忘恩负义者、不讲道德的人。实质上这种用法和看法，直接地看，是超出了功利评价范围来理解唯利是图；深层地看，是在某种程度上反映了中国传统社会耻言利、扬义抑利的特征，也主要是从道德教化的角度、从约束个人的角度来看待问题的。

其实，一个国家、一个民族、一个阶级，在进行各种选择，决定各种政策时，首先考虑的都是利害关系，首先盘算的也是利益问题。个人当然也是如此。道德规范是调节人们之间的利益关系的，它最多只是规定了唯利是图的边界条件，形成了对它的一定限制，而不是对它的完全否定。从更深的层次看，道德规范也是为了群体整体的利益的，凡是具有道德价值的行为，也总是有利于整体的利益和整体的发展的。否则这种道德就缺乏了自己的根据。林则徐诗云，"苟利国家生死以，岂因祸福避趋之"，这里的祸福是对个人而言的祸福，只要有利于国家利益，个人祸福可以在所不计。所谓牺牲小我，为了大我，若无后者，前者就毫无意义。

功利评价是直接为主体设立目的和实现目的服务的。任何主体，主体的任何目的，都必须是也必然是他认为是有益的，有利于自己或自己所属群体的生存和发展的，是他当时觉得实现了自己的综合利益最大化的。这里说的"综合利益"，就是对各种利益的综合形式，是全面地考虑、算计、权衡了这些利益的结果。马克思说："人们为之奋斗的一切，都同他们的利益有关。"[①] 恩格斯也曾指出："每一既定社会的经济关系首先表现为利益。"[②] 总之，人们奋斗的目的都首先是为了利益，人们的行动都围绕着利益而旋转，利益形成了目的的主要内容。而利益又不是单一的，各种利益之间也会存在一定的矛盾，如长远利益和目前利益之间、全局利益与局部利益之间就经常会出现矛盾，需要进行综合的盘算。主体确立自己的目的的过程，主要就是一个对各种功利价值进行综合评价的过程，是力图形成一个能最大限度地实现自己的利益的目标的过程。目的一经确立，就成为一种标准和尺度，由此来评价各种手段、方法、方案的价值，来评价各种环境因素和主体的各种因素，将之分为有利的、有益的或者是不利的、有害的。

功利评价的最大的问题最大的困难，不是是否要唯利是图，而是如何分清这些利害。在这里，各种知识的价值就显示出来了。对对象的情况了解得越清楚，对事物发展的规律把握得越准确，对主体的各

---

① 《马克思恩格斯选集》第1卷，人民出版社，1995，第87页。
② 《马克思恩格斯选集》第3卷，人民出版社，1995，第209页。

种需要及其关系体认得越明白，一般说来对利害的判断也就越合理，越恰当。真理都是有用的，因为只有真理性的知识才能使人们有效地掌握各种事实，进而分清各种利害，而不至于以害为利，或为了小利而获大害，为了眼前的利而获长远的害。

功利评价根本上是一种比较评价，是在分清各种利害的基础上而比较这些利害、权衡这些利害而作出的评价。一些功利评价直接看上去是一个判断、一个定性判断，比如说某个对象对我们是有利的，是好的，但它是建立在比较的基础上通过比较利害而得出的。利害相连，有利就有害，利中有害，害中有利，要得其利就得受其害，不受其害无以得其利，自古皆然。所以只能权衡，利大者取之，害大者弃之。这是比较、权衡、选择的基本原则，也是其基本情况。定性判断就是建立在这种基础上的，是比较的结果。

还有更加复杂的情况。几种方案，各有利弊，此方案之长，正是彼方案之短，此因素之利，正是彼因素之害，错综杂陈，分清既已属不易，权衡更是困难。功利评价就在于要通过对各个方面的各种利害的比较，确定一个最有利的目的，找出最有利的方案，找出最经济、最划算的路径。这是一个将长远利益和眼前利益、局部利益和整体利益、个人利益和社会利益通盘考虑，寻求最合适的结合点的过程，是将成本（包括实际成本、机会成本、风险成本）和收益、现实的利益和可能的利益、经济利益和政治利益等全面比较，将各种不利因素都考虑进去，寻求最大利益最大收益的过程。很显然，这是一个需要非常理智地进行各种比较各种计算的过程，兴趣、偏好等因素在其中也起作用，但与在其他评价中的作用大小是很不相同的，也是受着理智因素的限定的。所谓要防止感情用事，就是这个道理。

2. 道德评价

道德评价是对人的行为和动机的道德价值的评估、评判、断定、确认。一般说来，道德评价只是对人的评价，对人的行为和动机的评价，是对这些动机和行为在道德上意义的评价。其他的东西不发生道德价值的问题，不能作为道德评价的对象。即使是人的行为和动机，对个人和社会都有多方面的意义，而道德评价只涉及其道德意义。一些人把道德评价等同于对人的价值评价，显然是有问题的。

如前所述，道德价值是一种规范性价值，是社会的文化的规定的价值。道德评价的标准就是道德规范，这是一种社会规定的标准，是个人所认同的社会标准。这些规范起源于生活中的习惯和禁忌，是社会群体为了其整体利益而约束个体行为的，在这一点上道德和法律是同样的，在人类社会早期二者也没有分别。后来随着社会的发展，道德和法律分开了，道德规范是一种软规范，是借助于舆论的他律和行为者的自律而起作用的规范，法律规范则是一种硬规范，是靠一定暴力机构来维护的规范。

另一个不同，是道德规范具有双面性，既包括惩戒也包括激励，法律规范则只是从负面从禁止的方面规定人们的行为。当然，二者的侧重点也不同，道德侧重的是"教化"，是通过使个体形成善恶、荣辱观念而主要规范人们的动机，或者说是从动机这一头开始来规范人们的行为，而法律则主要是以罚立威，从禁止行为这一头来影响人们。道德注重的是应该和不应该，法律则侧重的是效果，是从功利方面从实际利害方面对人们形成一种威慑，使其"不敢"。法律可以影响思想，但它不能以动机定罪、以思想定罪。以思想论罪的法都是恶法，是专制制度不尊重人权的产物。

道德评价主要是通过个人而进行的，但它本质上却属于一种社会性评价，因为这是使用社会规定的标准而进行的评价。人们进行道德评价，一是评价别人的行为动机是否符合通行的道德规范，评价别人的人品、品质是否善良；二是评价自己的动机、行为、品质是否合适，是否道德。在前者，众多的个人评价就形成一种舆论，在后者，是自己对自己的道德审查，形成的是一种自律。无论怎样，使用的都是社会性的评价标准,是自己认同的社会标准,不管自己是否意识到这一点,自己都是站在一定群体社会的立场上来进行着这种评价的。人们直接使用的是善、恶、应该、不应该这些道德语言,其实表现的是这些行为、这些动机、这些品质是否合乎社会道德的要求,符合的就觉得是好的,就认为是道德的,反之就觉得是坏的,是不道德的。自己的行为、动机、品质符合了这些要求,得到了别人的赞许和表扬,自己就觉得是一种光荣,受到了别人的批评,自己就觉得是一种羞耻。这些体验的多次重复,就使得来自别人的批评和表扬的他律,转化为一种自律。即使自己最隐秘的动机和欲念,也会受到自己的道德意识的审查,自觉地按照道德规范来思考来行事,按照这种道德的要求来设计自己的人生理想和人格理想。到了这个程度,道德就变成了个人精神生活的一种因素、一种素质、一种精神需要,只有按照这些要求行事,自己才能觉得心安理得,才觉得尽到了自己的义务,甚至才觉得按照真正的人的方式在活着。

道德评价具有一定的超功利性,即是说它总是在一定程度上对功利评价、功利价值的限制和超越,表现为在一定程度上不涉及或是把亲疏关系、情感好恶、利害得失放在一边,专门就一定的动机和行为是否合乎道德规范而进行的评价。一个人在道德上所达到的境界,在一定意义上就取决于他在道德评价中摆脱功利评价和个人功利价值的程度,取决于道德优先于功利的程度。"正其义不谋其利,明其道不计其功",讲的就是这个意思。

一般说来,一个人越是被他所属的群体和社会认同,越是能够把自己的小我变成一个大我,就越是能够以群体需要为自己的需要,群体利益为自己的利益,也就越是能按照群体和社会的标准来要求自己,越是能够按照群体和社会的道德规范来思考和行事,表现为道德上的高尚。一个人越是能意识到自己是一个类存在物,越是能把其他的人当作与自己一样的人来对待,他就越是具有较高的道德胸襟和人道情怀。道德评价的超功利性，在一定意义上说，也就是指道德评价的相对独立性，并且是对个人功利评价和个人功利价值的限制和超越。看不到这一点，否认道德评价的超功利性，把一切都看作功利价值和功利评价，把道德价值还原为功利价值，如狭隘功利主义者那样，或是把道德评价看作个人情绪和情感的表现，像逻辑实证主义那样，都是不符合人类生活的实际情况的。

但在另一方面，我们也必须看到，道德规范和道德评价的超功利性是相对的，而不是绝对的。把道德和功利决然对立，像宋明理学那样，认为二者是天理人欲的关系，少一分人欲就多一分天理，克尽人欲才能天理澄明、道德完满；或者如康德那样，认为只要一沾染功利考虑就是不道德的表现，这就走向了另一个极端。

道德规范本来是规范社会众人的行为动机的，是调节人与人之间、个人与群体之间的关系的，人之不同各如其面，所以它有一个从低到高的广泛的领域，有着不同的层次。同样，人们对道德的认同，也是有层次的。大部分的人只认同较低的层次，做一个一般的好人，少数人则达到了较高的境界。这样，不仅在自律方面有严和宽的差别，在评价别人的时候也相差很大。问题还不在这里，而在于统治阶级、一些掌管着社会意识形态权力和教育权力的人，总觉得全社会之人都应以那些高境界的人为榜样，认为这种境界才是道德应该达到的境界，把本来是道德规范的上限当作它的下限。

这是一方面，另一方面，出于对于实际操作的考虑，使道德规范简单化，简单地分为好和坏、善和恶、高尚和卑鄙等，取消了大量的中间环节。两方面结合，就把大量的本来属于并非恶的动机和行为划归到恶的方面，把目标定位为道德上的圣人、完人。这就使得"善人"成了一种高不可攀的、不食人间烟火的完人，理论上宣传和要求的境界与实际上人们所能达到的境界相差太远，使得许多人都成了伪君子，而遵守一些基本的道德规范好像都成了小节和小事。

当道德修养不是被作为修身之本，不是被当作一种完善个人人格的修养功夫，而是成了一种愚弄、欺骗人们的手段，变成了一些人获取名誉的工具时，道德就异化了。中国传统的道德在相当大的程度上就是一种圣人道德，也是一种异化了的道德。"五四"时期讲旧道德以理杀人、礼教吃人，就是对这种异化的道德的批判。社会主义道德是一种新型的道德，它继承传统道德中一些合理的规范，但克服了传统道德的异化性质，它以尊重人的权利为基础，以人的幸福和培养全面发展的人为目的。社会主义道德分为家庭道德、社会公德、职业道德等几个方面，是协调个人与社会、个人与个人关系的各种规范和原则的总和，它以为人民服务为核心，以爱国主义、集体主义为基本原则，是领域广泛的分层次的，既照顾到了普适性，又照顾到了先进性。在社会主义社会，道德评价是形成社会正气的重要动力，也是维护社会秩序和人民团结的重要力量。

3. 审美评价

审美评价是对一定客体的审美价值的感受、评估、判定、比较。从价值论的角度看，美是一种精神价值，是审美客体的形态、色彩、节奏、韵律、线条、情节、意蕴等感性形式对人的审美需要的满足。所谓美感，就是由这种满足引起的一种特殊的快感。审美活动是一种很复杂的心理活动，但无论如何，美感的形成总是审美活动中的一个重要因素。审美评价不同于道德评价的地方，一是它的对象遍及一切领域。审美对象不限于艺术品，任何对象，天上的云彩、星空、朝霞、夕阳，地上的山水、花鸟、森林、沙漠，等等，都可以成为审美对象。

二是与道德评价主要是运用社会性标准不同，审美的标准主要是个人性的，个人主体性很强，这就是通常所说的审美趣味。俗话说，爱美之心人皆有之，人人都爱美，人人都在进行着审美评价，不同的只是水平而已。一定民族、一定时代的审美趣味和情趣有一定的共同性，但这只是许多个性中表现出来的共性，而不是由谁来规定了统一标准的结果。任何文化当然都包括审美文化，它对于人们形成一定的审美趣味审美能力有着重要的作用，社会风尚也影响着人们的审美习惯和审美趣味，这些都是没有问题的，但这种影响不像对道德评价的影响那样，从来也不可能规定统一的标准。社会可以教人们应该如何审美，应该有什么样的审美趣味，但这最多是就审美的一般性原则和共性来进行以提升审美能力的活动，而绝不能是强行规定只能如何如何，否则就会受到批判和谴责。艺术家们的审美范式往往只适用于极小的范围，不同群体、不同派别、不同流派，都有自己的独特风格和独特的审美标准。所以说审美标准主要是个人性的。

审美评价具有突出的超功利性，这与审美价值本身的超功利性特点直接相关。只有摆脱了功利的考虑，审美主体的心灵才能达到较高的自由状态，才能尽情享受和体验对象给自己带来的审美愉悦。反之，如果审美主体总是考虑到各种功利和利害，受着一定的道德规范的约束，那是难以保持心灵的自由状态的。马克思说："忧心忡忡的穷人甚至对最美丽的景色都没有什么感觉；贩卖矿物的商人只看到矿物的商业价值，而看不到矿物的美和特性；他没有矿物学的感觉。"① 穷人之所以对最美丽的景色无动于衷，是因为他的心思全被对生活的忧虑所占据，商人之所以欣赏不到矿物的美，是因为他满脑子都是赚钱的念头。前面我们在讲审美价值时所说的"距离"，也就是审美评价超功利性的一种表现。只有保持了这一定的"距离"，才可能获得较充分的审美享受。

审美评价作为超功利性的个人性的活动，是以个人的审美趣味、审美情趣为转移的。与一般的兴趣相比，审美趣味和情趣表现为一种高级的情感现象，但也同兴趣一样，有时作为一种精神需要，作为审

---

① 《马克思恩格斯全集》第 42 卷，人民出版社，1979，第 126 页。

美需要而起作用，有时则作为审美能力和审美标准而起作用。正是这种二重性，使得审美价值和审美评价的关系更为密切，在一定意义上可以说是直接同一：你觉得某个对象美，它对你来说就是美，它对你是美，就体现在它给你带来了一种审美愉悦。也就是说，你的审美感觉、审美能力不仅只是在把握审美价值，而且直接参与了创造审美价值，审美评价的过程有时同时就是形成审美关系审美价值的过程。正是这种特殊性，使得一些人认为美是主观的，并用这种例子证明价值全是主观的。

在马克思主义价值理论看来，个人的审美能力、审美情趣的形成是一个社会性的过程。审美心理的产生离不开文化的积淀作用，同时一定的审美价值客体与审美价值主体的契合性也不是全依审美评价为转移的，审美价值同样具有客观性的品格。审美评价和对美的享受、欣赏具有比较突出的个人主体性；但另一方面也要看到，个人作为类存在物，他是个人和类的一种统一。人类达到的水平，人类意识到的美，作为人类在审美领域的代表的那些艺术家们意识到的美，即使一个人还不能欣赏、还不会欣赏，他只能认为是自己的能力不够，却不能认为这不是美。这犹如科学家作为人类在认知领域的代表，他们达到的认识代表人类认识的水平，我作为一个个人，可能理解不了这些科学成果，但我只能认为这是我的水平不够，而决不敢说这些认识是胡说八道，绝不敢否认这些认识的真理性。

审美评价有欣赏性评价和鉴赏性评价之分。前者主要取决于评价者个人的审美情趣和习惯，趣味无争辩，也主要是针对欣赏来说的。后者则是对一定的艺术品的审美价值的社会性评估，评价者进行评价时所使用的也是一些社会公认的艺术标准或规范。前者任何人都可以进行，后者则需要有相当艺术修养和专门知识的专家才行。一般人大致只能作为艺术品的欣赏者，他的意见也只是欣赏性评价；一些艺术家则既可以作欣赏性评价，也可以作鉴赏性评价，但应该将二者适当地区分开来。在前者，艺术家是作为一个欣赏者发表评论的，在很大程度上是受个人的审美情趣、爱好和习惯来决定的；而在后者，这个艺术家就是作为鉴赏者来进行评价的，你自己不喜欢的艺术品，具有别样的风格的艺术品，你也得按照公认的一些艺术标准予以评价。自古以来就有文人相轻的现象，恐怕这与文人们没有自觉地意识到欣赏和鉴赏的这种区别有很大关联。这种鉴赏性评价也就是文艺批评、艺术评论，它对于艺术的发展具有重要的作用，对于提高人们的审美能力也有很大的帮助。

4. 学术评价

学术评价是对一定的学术论文、著作、观点、方法的学术价值的评估、评定、确认和预测。学术价值是指这些学术性产品对于人类在求知方面的意义和作用，学术评价就是评估、确定这些意义的活动。学术评价对于学术观点和理论的传播、扩散具有重要作用，也是学术进步的重要动力。

学术评价的一个突出特点，既在于其评价对象只限于学术成果，也在于这种评价只能由少数的专家和学术机构来进行，而不是像其他评价那样人人都可以进行的。原因无他，就在于这些学术研究学术成果具有很强的专门性，是一般人所不懂得的，也是不会和不敢进行评价的。学术评价评估和确定的是这些学术成果的学术价值，而不是社会价值，所以只有那些从事这种研究的专家们才懂得它们在学术上的意义。

学术评价首先是鉴定性的，即评鉴这些成果达到的水准，是不是真理或是否逼近了真理。马克思主义哲学认为，实践是检验真理的唯一标准，这是从哲学的高度、从人类实践总体的角度来说的，而在具体的鉴定一项学术成果时，情况往往要复杂得多，或者说实践标准的具体运用也是十分复杂的。学术鉴定有一套学术规范，既要看这些待鉴定的成果的逻辑理由，也要看它的实验证据，看这些理由和证据是否充分、是否合适。其次是对这些学术成果的意义的评估和预测，看这些成果对促进学术研究有什么作用，包括启发作用、借鉴作用、推动作用等。科学史研究中有一句名言：提出一个问题比解决这个问题更有意义。提出了问题，或是提出了一种新的方法，这本身不存在是不是真理的问题，但它们都具有重要的学术价值，因为它们促进了新的学术研究领域的开辟，促进了人类认识的发展。学术探索中的一些错误，一些属于谬误的理论，从鉴定性的角度说，已经被判定为谬误，是需要抛弃的，但这些谬误也有一定的借鉴意义和启发意义。

学术评价有两种基本形式，一种是同行评价，另一种是学术机构的评价。所谓同行评价，就是学术同行们或同行专家就一定学术成果达到的水平和意义的评价，这是学术评价的基本形式和主要形式。如前所说，由于学术研究、学术成果的专业性、专门性，一般人对其内容和意义都不很了解，所以无法进行评价，只有同行专家才能胜任对之进行评价的任务，也只有同行专家的评价才具有相应的公正性和权威性。

这里应该指出的是，随着科学的分化，学科门类越来越多，分工越来越细，研究的问题越来越专门，在一定意义上说，"行"的范围也就越来越小。比如，同样是数学研究，就分出了众多的专业，众多个门类，各个门类和专业，都形成了一个"行"，如数论或群论，全世界或许也就只有几十个人从事这方面的研究，只有这几十个人才是同行。笼统地把研究数学的都叫作"同行"，恐怕就不合适，因为研究数学的其他方面其他专业的学者，对这一行的成果就可能并不很了解，也就是所谓的"外行"了。如此说来，"同行"这个词实际是有着两种意思、两种用法，一是大同行，二是小同行。研究数学的相对于研究物理的和化学的，应该说都是"同行"，但这是大同行；只有那几十个人才是小同行，也即是严格意义上的同行。只有小同行的评价才算是严格意义的同行评价。自然科学是如此，社会科学也是如此，只不过分化的程度不如自然科学明显，小同行的"行"的界限不那么分明就是了。我们现在搞的专家评审制度，一个重要的不足，就是往往不分大同行和小同行，这样就难以保证学术评价的公正性和权威性。

所谓机构评价，是一定的学术机构对一定的学术成果进行的评价。学术机构包括各种专业杂志、学术组织如各种协会、各学科各门类的评奖委员会等。在一般人的心目中，机构评价比起同行评价更加具有权威性，这当然也有一定的道理。同行之间或存在相轻相嫉，或是有门户之见，一些评价未见得客观公正，而作为社会性的学术机构，则可能超越这些门户之见。但也必须看到，机构本身并不会进行评价，它最终还是依赖于同行专家们的评价，只不过在挑选专家时有所侧重有所平衡而已。

学术评价专注于一定成果的学术价值，一定的研究成果一旦面世，就成为一种社会化了的公共产品，其对于学术的发展有什么意义，是意义巨大还是较大或较小，基本上就成为一种具有客观性的事体，而学术评价则是对这些意义的确认和评定。所以，对于真正的学术评价来说，研究者本身的地位和名声，在这里并不起什么作用，或者说不予考虑，现在通行的专家匿名评审制度，实际上就是解决这个问题的。而我们现在面临的最大问题，学术腐败之所以屡禁不止，反而有愈演愈烈之势，就在于匿名评审并不能做到真正的匿名，一遇到评审项目、评审成果，各种请托、行贿也就大面积发生，使得学术评价的公正性和权威性大打折扣。

五　评价的真理性与合理性问题

这个问题既是关于评价的性质问题，也是关于评价的社会认同的问题，是一个如何对评价进行再评价的问题。

从价值论思想发展史上看，在人们没有将价值与事实自觉地予以区分之前，大部分研究者的观点，把评价也看作一种认识，既然是认识，也就有一个是否真理的问题。无论他们怎么规定真理，总之都认为可以用真理这个标准来评判一定的评价，评判一定的评价标准。即使在西方，在休谟提出要将价值判断与事实判断区分开来之后，不少人仍然坚持着传统的观点，比如规范伦理学家，他们就总是把自己提出、赞同的那一套规范认作一种真理，是一种价值真理。相反，在休谟之前，那些相对主义者，则不仅认为人们在评价问题上是见仁见智，就是在认知方面也是见智见仁的，他们根本否定有所谓客观的真理。在现代，实用主义一派，坚持用价值规定真理，认为有用就是真理，实则还是沿袭了主观真理论和相对主义的观点。而逻辑实证主义一派，则认为价值判断根本就是妄判断，根本就没有断定和陈述任何事实，所以不是价值判断有无真理性的问题，而是它本身就是没有意义的问题。从解释学到后现代主义，在强调主体性和多元性的同时，基本倾向都是否定存在客观真理的。

这个问题同样是马克思主义价值理论和马克思主义认识论都必须认真研究和对待的重要问题。在马克思主义价值理论研究的阵营中，意见也并不一致。一些研究者认为，评价就是价值认识，是对价值的认识，自然就有一个是否真实的问题，是否真理的问题。在这些人看来，价值真理是一个很重要的概念，只有坚持价值真理，才能彻底坚持真理一元论的观点，只有坚定无产阶级的价值观是唯一科学的价值观的信念，才能在意识形态领域的斗争中站稳立场。另一些研究者则认为，价值评价既然是根据主体认同的标准进行的，这些标准又是对主体自身需要的反映，那么不同的评价、不同的评价标准的对立和冲突，就不是一个谁真谁假的问题，而是既可以同真也可以同假的问题。也即是说，在评价问题上不需要、也不能使用真理这样的认识论概念来判定，价值真理没有意义。强调价值真理，很容易导致一种理论上的专制作风，把自己认可的、把当时统治者认可的评价当作真理，把与此不同的评价都视之为谬误。这是在封建专制时代常用的一种欺骗人的做法，无论是宗教的专制还是君主的专制，残酷地镇压异端，镇压不同的思想，全都是建立在这种理论的基础上，在这种旗号下进行的。马克思主义价值理论要做的恰恰是拆穿这种理论的错误和欺骗性，使人们认清价值问题的实质，认清不同价值判断的对立根本上是不同主体在立场上的对立、利益上的对立，提高防止和抵制专制思想的自觉性。

我们认为，如何对评价进行再评价，根据什么进行再评价，是一个非常复杂的问题，简单地套用真理，认为评价实质上是价值真理问题，或是完全否认评价存在真假问题，都是一种片面的观点，当然也各有自己的合理性。要深入地研究这个问题，有这么几点是必须注意的。

第一，评价是一种反映，这是没有问题的，只要我们坚持唯物主义，就得承认这一点。但这种反映是一种特殊的反映，不能不管这种特殊性，简单地说是反映就都有一个反映得对不对的问题，就都有一个是否真理的问题。比如，情感、情绪都是反映，同样的一种环境，有的人就感到舒适，感到愉快，有的人就不舒适，感到不愉快，我们就不能说哪种情绪、情感是正确地反映了环境的现实，哪种没有反映环境的现实。文学艺术是对生活的反映，对于这些艺术作品你能用真理还是谬误来评价吗？显然是不行的。所以，从评价是一种反映，得不出评价必然就有一个真理与谬误的问题这个结论。

第二，如前所说，价值意识具有多种层次，评价也是在多种层次上进行的，有下意识的，情感层面的和理知层面的。对于前两个层面的评价，肯定不能套用真理的概念。一个人喜欢流行歌曲而不喜欢古典音乐，另一个人则喜欢古典音乐而讨厌流行歌曲，这里的喜欢和讨厌就是评价。后者可以说前者浅薄、层次低、没修养，但不能说前者不对，是谬误；同样，前者可以说后者古板、没劲，但不能说后者是错误的。在这里不存在真理和错误（谬误）的问题。理知水平的评价对知识有很强的依赖性，但它毕竟是评价而不是认知，它依赖于认知但并不是认知。这里有两个层次的反映问题：一是评价所依赖的知识是否正确反映了对象的实际情况；二是评价是否反映了对象对主体的真实的价值。前一个层次的问题，实质上还是认识论的问题，与价值真理根本不搭界。后一个层次则需要进行分析，不能笼统来论。

第三，现在我们来分析理知评价的几种情况。

（1）甲、乙两个人对同一个事件的评价不同，甲认为是好，乙认为是坏。这就要弄清他们各自暗含的主体是谁，对谁是好，对谁是坏。如果主体不是一个，而是两个，即他们两个人，那么甲说的好是指对甲是好，乙说的坏是指对乙是坏。在这种情况下，这两个价值判断所判断的价值就不是一回事，它们的对立是一种虚假的对立，二者可以同真，也可以同假，还可以一真一假，但彼此没有逻辑联系。只有在彼此针对同一个价值主体时，也就是说他们所评价的价值是对同一主体的价值时，彼此的对立才是真正的对立，才有一个谁对谁错、孰真孰假的问题。

（2）对于规范价值的评价。规范是社会规定的共同性的东西，如法律规定的各种条文、道德上的各种规定。以法律判断为例，平时我们讲，法庭审判要以事实为根据，以法律为准绳，这样才会避免和减少冤假错案。在事实认定上可能会出现不同的意见，有真假正误之分，但这属于认知方面的问题。在法律条文的引用方面，在量刑尺度的宽严方面，都会出现分歧，但这就很难说是真假问题，所以一般只用对错概念而不用真假概念。而这个对错有时也是相对的，有时不仅同一级法院会有争执，就是在中级人民法院与高级人民法院之间也有争执，这时只能诉诸社会权力来决定。

（3）对规范本身的评价的正误问题。规范为人们的评价提供了一定的标准，但这些规范并不是天然就是正确的，尤其在社会转型时期，旧规范的权威性已然丧失，新规范的权威性还未确立起来，许多评价上的冲突是因为各自依据的规范即标准不同而引起的。这就使得对规范的评价提到了首要位置。对规范的评价也有几种情况，一是根据更一般的规范或原则来评价这些规范，二是根据这些规范的效用的结果来评价这些规范，三是既根据社会效用的结果又根据更一般的原则来评价这些规范。而在几种情况下都可能发生意见的分歧。在这些相冲突的评价中，也不是简单地说谁真谁假的问题，更多的还是站在什么立场上看待这些规范的问题。立场的差别就不是一个真假的问题，而是一个合理性的问题。

总体来看，如何看待评价的问题，首先还是一个范式问题，从认识论（知识论）的范式去看还是从价值论的范式去看的问题。把价值和评价限于知识论的范围内，按照真理与谬误对立的模式去理解评价，就容易坚持价值真理的观点，认为评价问题上的对立主要是真理和谬误的对立。这种范式恐怕是有问题的。而从价值论的角度去看评价，就突出了评价者的立场、信念在评价中的地位和作用，也就比较容易理解这些评价的冲突和对立，容易找到这些对立的根源。我们认为，对于理知水平的评价，其中有真和假的问题，但主要不是真和假的问题，不是一个真理性问题，而是一个合理性的问题。这里说的合理性，包含这么几层意思。

首先，合理性是合乎道理、合乎理性的意思。不同主体的评价是与不同的立场、不同的价值观念相联系，并在很大程度上是由其决定的，如果各自反映了体现了其立场和利益，就都是有自己的理由和道理的，是具有合理性的。不同民族各有自己的文化和价值观念，对同一些事物的评价会是不同甚至相反的，但各自都有自己的合理性。不同的阶级各有自己的立场和利益，对同一事件的价值判断也许就会不同，但这些判断既可以同真也可以同假，就其同真的方面论，也是各有其合理性的。

其次，合理性也包含合乎真理性的意思。价值判断在一定的范围内也有真假的问题，如上面所讲的那种情况，在关于同一事物对同一主体的价值的不同评价之间，可以分出真的、对的和假的、错的，无论是哪一个层面的主体，大抵都不希望自己的评价出错误，不希望自己所认为的价值与实际的价值是相反的，不希望自己由此作出的选择是事与愿违的。但即使在这种情况下，也主要不是分真假的问题，而是在同真的基础上哪一种判断更合理更恰当的问题。比如是为了实现某个目标，有几种可选择的方案，它们都能够达到目标，决策者也知道它们都可以达到目标，决策者感到困惑和难以决定的是哪一种方案更合适、更经济、效益更好，这里主要是一个价值比较的问题，而不是谁对谁错谁真谁假的问题。

最后，合理性根本上是一种历史的合理性，是主体的历史合理性的问题。不同的价值观念构成了不同的价值判断的基准，而不同的价值观念都有一定的信众，只有那些能够为更多的主体更持久地信奉的价值观念，才具有更强的生命力。不同阶级都有自己的历史合理性，但他们的历史合理性是不同的，只有那些与历史发展方向相一致的阶级才具有更大的历史合理性，他们所持的价值观念也具有更大的历史合理性。马克思主义的立场和价值观念是无产阶级的价值观念，无产阶级与历史发展的方向相一致，所以马克思主义的价值观念具有更大的历史合理性和最强的生命力。

第八章

价值的创造与实现

　　价值是人为了自己而创造出来的，是人造出来为自己享用的。从这个角度说，我们研究价值论，理解价值的本质和表现形式，弄清楚人们如何评价和把握价值，最终都还是为了在实践中实际地创造价值、享受价值、实现价值。综观国内外的价值论研究，研究者们在价值的存在论和评价论方面倾注了大量的心血和力量，而对于价值的创造和实现，相对说来，关注的就不很够，甚至可以说很不够。这应该是一个缺陷。在价值的创造和实现过程中，价值与价值意识、价值与评价交织在一起，相互作用、相互转化，形成一种有机的运动着的价值体系。由于我们过去对这一块关注不多研究不够，不少人对于价值体系、价值与价值观念的理解就比较抽象，总习惯于纠缠价值是主观的还是客观的这种抽象的争论，影响了价值论研究的深入和研究成果的实践运用。

一　价值创造和价值实现

在第一章，我们讨论过实践是一切价值的源泉，那里我们主要强调的是价值问题、价值概念都是在实践生活中发生的，如果说存在一个"价值之谜"的话，那么它的谜底就在现实的人们的生活实践之中。这种讨论是必要的，但还是不够的，因为它主要解决的是如何从实践出发理解和认识价值的问题。在这里，我们需要进一步讨论，实践自身就表现为一个价值创造和实现的问题，倒过来说也一样，价值创造和实现本身就是一个实践的问题。我们认识和研究价值，研究如何评价和把握价值，都是为了创造价值和实现价值。这也是马克思主义价值理论区别于其他价值理论的一个重要标志。

一切价值都是人在实践中创造的，也是人为了自己占有和享受这些价值而创造的，创造价值和占有及享受价值构成了实践的基本内容和基本环节。对于这个观点，有不少人是反对的。宗教理论家认为，世间万物，包括人，都是上帝创造的，价值也是上帝创造的，人只有按照上帝的启示，才能过有价值的幸福的生活。一些唯心主义的价值论者认为，价值世界是一个客观的先验的世界，或是情感的世界，人只能通过情感、直觉进入这个世界，领略和享受价值，而不是创造价值。而有的唯物主义者也反对这个观点，在这些人看来，价值是事物自身的一种固有属性，人只是在认识这些价值和利用这些价值，而不是创造价值；人创造各种人工物，都是利用价值的表现，是价值的转移而不是价值的创造，他们认为只有这样理解，才能确保价值的客观性品格不受到损害，才能更好地在价值问题上坚持唯物主义的立场。

即使在马克思主义价值理论研究者中间，也有着一定的反对意见。一些人认为，人在实践中创造了各种器物，这些都是或主要是物质价值，人在精神活动中则创造了各种精神产品，这些主要是精神价值，还有一些价值，是所谓的自然价值，如太阳、水、空气、自然山水等，它们的价值就不是人创造的，而是自然形成的。他们根据马克思曾批判过拉萨尔派的"劳动是一切财富的创造源泉"，认为"劳动不是一切财富的源泉。自然界同劳动一样也是使用价值（而物质财富就是由使用价值构成的!）的源泉"①。至于说占有和享用价值，更为一些人所反对，甚至认为是资产阶级的观点。在这些人的头脑中，我们只能讲价值创造，为社会创造价值，似乎价值创造出来就完了，任务就结束了，若再讲占有和享用这些价值，那就容易导致到错误的个人主义、享乐主义的立场上去。

上述的这些反对意见，总结起来是两种：一是反对价值是人创造的，或都是人创造的，是人在实践中创造的；二是虽承认是人的创造，但反对把创造和享用联系起来。我们认为，这些观点都是不对的，或是脱离了实践生活来理解价值问题，或是片面地理解实践的结果。其他的那些观点在前面都有所涉及和批判，这里就略而不论，主要就马克思主义价值理论研究中的反对意见作一点讨论。

马克思批判拉萨尔派，是批判他们只是抽象地谈论劳动，而不涉及劳动赖以进行的各种物质条件，特别是社会关系条件，马克思在上面这句话之后接着写道，"上面那句话在一切儿童识字课本里都可以找到，并且在劳动具备相应的对象和资料的前提下是正确的。可是，一个社会主义的纲领不应当容许这种资产阶级的说法回避那些唯一使这种说法具有意义的条件"②，因为社会主义革命恰恰是以改造现实的劳动条件为任务的。自然界与劳动一样也是使用价值的源泉，这里说的源泉是指作为一种必要条件和要素，但如果没有劳动，这些条件和要素就没有任何意义，也不可能形成什么自然价值。在马克思创立的唯物史观的视野里，尽管自然地理条件是社会的必要条件和自然前

---

① 《马克思恩格斯选集》第3卷，人民出版社，1995，第298页。
② 《马克思恩格斯选集》第3卷，人民出版社，1995，第298页。

提，但生产方式和劳动才是社会存在和发展的基础，是决定性的因素，当然也是人存在和发展的现实基础。马克思说得好，我们"周围的感性世界决不是某种开天辟地以来就直接存在的、始终如一的东西，而是工业和社会状况的产物，是历史的产物，是世世代代活动的结果"，"这种活动、这种连续不断的感性劳动和创造、这种生产，正是整个现存的感性世界的基础，它哪怕只中断一年，费尔巴哈就会看到，不仅在自然界将发生巨大的变化，而且整个人类世界以及他自己的直观能力，甚至他本身的存在也会很快就没有了"。① 这种感性劳动和创造，不仅改变了人周围的自然界，改变了社会关系，使之成为人的无机的身体，而且改变了人自身，人的需要、人的五官感觉、人的思维、人的情感以及相适应的各种能力，都是历史的产物，是为全部社会生活所塑造、所形成的。

如此看来，所谓自然价值的说法，实际上是无法成立的，是不懂得价值是主客体间的一种关系、是主体性现象的表现。我们一些同志之所以这么讲，就是因为把创造价值当作只是创造价值客体，以为只有创造人工物的过程才是创造价值的过程，如果这客体是天然的，那它的价值就不是人所创造的了。持这种观点的许多人，一般也承认价值是一种关系，但在具体地分析问题时，却往往又不自觉地使思维滑向价值属性论的轨道。自然事物、事件和天然的物品，当然不能说是人在实践中创造的，可价值不是这些自然事物、事件的属性，而是它们与人的一种特殊关系，这种关系是人建立的，是在实践中建立起来的，是人把它们当作对象、当作价值对象之后才存在的。

人们把这些自然对象当作一种价值对象，不仅注意到它们作为人的生存的一种基本条件，而且研究它们对人的多方面的作用，从更多的方面利用它们，修建起了水车、水磨、水电站，用水来灌溉农田，

---

① 《马克思恩格斯选集》第 1 卷，人民出版社，1995，第 76 页。

利用水的浮力来行船，建立了太阳能发电站，利用阳光治疗一些疾病，防止太阳的紫外线对人的伤害，等等。人类的实践越是发展，实践的能力越是提高，就有越来越多的自然对象成为人的价值对象，成为人类可以利用的工具和手段。总之，只有从人的实践的角度，才能理解这些自然物的价值的发展。相反，若是把这些价值看作非人创造的，是与人的实践无关系的存在，既不符合现实生活的实际情况，也不利于合理地深刻地理解价值现象的主体性特征。

这一点不仅适合于人之外的自然物，同时也适合人自身的自然。在人自身的这些自然器官、自然禀赋等没有成为人的认识对象和价值对象前，它们当然也是支撑人的生命存在的条件和要素，但它们与人的生命的关系只是一种自然的因果关系，如同动物的脏器与动物生命的关系一样，是一种自然的事实，而在它们为人们所认识并作为价值对象而对待时，这才与人发生了价值关系，这种价值关系是人们在实践和生活中所建立起来的，包括人的生命的价值，都是人在社会生活中所赋予的、所创造的。正因为这个缘故，这些价值对于不同的主体也是有所不同的，是随着人的发展、文化和社会的发展而不断地变动着、丰富着、发展着。离开了人的实践和实践中生成的人的主体性，就无法理解这些价值的主体性差异、时代性差异和民族性差异，更无法理解其历史的变化和发展。

创造价值是为了享受这些价值，这在任何社会都是相同的，如果不是这样，那人们又何必去创造和生产这些价值呢？价值的生产、创造与价值的享用、享受原本是统一的过程，只是在人类发展的特定阶段，在以财产私有制为基础的社会制度下，创造与享受被割裂了，一部分人创造出来的价值被另一部分人所掠夺，一些人的发展以另一些人的不发展为前提，社会分裂为对立的阶级，剥削阶级成了不劳而获的人，成为价值的享受者，而劳动阶级创造的价值则受到了残酷的剥削，成为劳而不获的人，或劳多而少获的人。这种价值创造者和享受者的分裂，不仅严重地影响了社会价值的创造，而且形成了经常性的社会冲突，造成了许多人力和物力的浪费，亦即价值的浪费和毁灭。尽管说这也具有历史的不可避免性，同时具有一定的历史合理性，但毕竟决定了其历史的暂时性，终究要被更为合理的制度所代替，回归到创造与享受相统一的状态。

社会主义社会就是这种价值创造与价值享受相统一状态的历史形式，二者统一是社会主义的一个基本原则。在社会主义社会，我们需要反对、批判资产阶级和一切剥削阶级的那种只图享受只比占有和享受的观念，但决不能因此就认为对无产阶级和劳动人民来说，不能讲享受只能讲贡献。如果这样，那么贡献给谁呢？贡献给社会，贡献给国家，可国家、社会不就是自己的国家和社会吗？国家存在的目的不就是为了让人民群众生活得更好更幸福吗？可见，这种只讲贡献的观念看似有道理，实际上仍是马克思批判的把个人和社会抽象对立起来表现，是以把价值创造和价值享受割裂开来对立起来为基础的，所以根本上就是错误的。

我们知道，马克思批判资本主义制度的不合理性，首先是也主要是从经济运动方面进行的，其基本逻辑就是由于资本主义制度无法驾驭它创造出来的巨大的社会生产力，无法使人们创造的价值获得合理的实现，所以不断周期性地爆发毁灭性的经济危机。马克思曾经从几种不同的角度讨论过价值的实现问题。

第一是从个人劳动社会化的角度。个人进行的劳动首先都是具体劳动，是创造和生产具体的使用价值的劳动，在商品生产中，这种劳动是否为社会所需要，所生产的使用价值是否为社会所承认，就是一个关系到这种劳动是不是有效劳动的问题。从这个角度看，个人生产的产品作为商品，如果在交换中以一定的时价为别人所认同、所购买，价值的实物形态变成了价值的货币形态，那么这价值就算是得到了实现。个人就可以拿着挣来的钱，再去购买新的材料，进行新的生产。在扩大的形态下，一个工厂、一个企业，只有其产品卖了出去，收回了货币，才能说是实现了这些产品的价值，同时也是再生产能够继续下去的条件。这与个人劳动社会化的道理是一致的。

第二是从使用价值实际地被消费、被使用的角度来讲价值的实现。马克思说："一件衣服由于穿的行为才现实地成为衣服；一间房屋无人居住，事实上就不成其为现实的房屋；因此，产品不同于单纯的自然对象，它在消费中才证实自己是产品，才成为产品。消费是在把产品消灭的时候才使产品最后完成。"[1] "机器不在劳动过程中使用就没有用，就是废铁和废木。不仅如此，它还会遭受自然力的破坏性的作用、也就是发生一般的物质变换，铁会生锈，木会腐朽。纱不用来纺或织等等，只能成为废棉。"[2] 从这个角度看，这些使用价值只有经过消费和实际地被使用，才能实现，才能从可能的价值成为现实的价值。

第三是从社会总价值运动和平衡的角度讲价值的实现。马克思讲生产两大部类之间，即第一部类的农业生产与第二部类的工业生产之间，属于第二部类的轻工业和重工业之间，必须保持一定的比例关系。农业产品除了满足从事农业生产的人们的生活消费，还要满足从事工业生产的人们的生活消费和轻工业部门的生产消费；轻工业产品也是为满足人们的生活消费需要的；重工业产品除了为重工业自身再生产提供机器，也为轻工业部门和农业部门提供机器。如果它们之间的比例失调，就会使得一部分产品卖不出去，既实现不了自己的交换价值，也实现不了自己的使用价值。

马克思讲的价值的实现，总体上分两个方面，一方面是使用价值的实现，另一方面是交换价值的实现。前者与我们研究价值实现是直接联系的，后者则具有重要的启发作用。马克思主要是从物质生产即

---

① 《马克思恩格斯选集》第 2 卷，人民出版社，1995，第 9 页。
② 《马克思恩格斯全集》第 47 卷，人民出版社，1979，第 64 页。

经济活动层面来讨论价值和使用价值的实现的，我们这里讲价值的实现，是指作为哲学意义的价值的实现，不仅包括了物质产品的价值实现的问题，也包括了精神产品的价值实现和人的价值实现的问题。虽然如此，马克思的思想仍对于我们有着重要的指导意义。

无论是物质产品还是精神产品，都是一个从生产到分配到交换到消费的过程，如果说生产是价值的创造，那么分配、交换和消费就构成了价值实现的几个环节。从生产到消费总是一个过程，消费是生产的完成，是产品使用价值的实现，同时又开启了下一轮的循环。在社会化大生产和市场经济条件下，无论是农业生产还是工业生产，无论是物质产品的生产还是精神产品的生产，都是为了交换而进行的，或主要是为了交换而进行的，都要通过分配和交换而进入消费领域。这里的消费既包括生产性消费，也包括生活性消费，在消费中，产品的价值、产品的有用性，才得到了实际的显示，才得到了实现。即使在未来废除了商品生产之后，个人劳动直接就是社会劳动，是社会总劳动的一部分，其生产的产品也需要通过消费来实现自己的价值。

如此来看价值的实现，它就是价值被消费、被享受的过程，是潜在的价值变成现实的价值的过程，是价值创造过程的完成，确切地说，是从评价到创造到消费的整个过程的完成。评价在观念上把握了价值，通过选择和创造生产出了价值，而在消费和享受中使价值得到了实现，使人的需要，包括物质需要和精神需要得到了实际的满足。这是经过抽象而形成的一个简化了的形式，实际的过程比这个形式要复杂得多，曲折得多。价值创造是价值实现的前提，这正如生产是消费的前提一样，没有价值创造，就没有消费和享受。而消费和享受，一方面是价值的实现，在一些情况下也意味着价值的消失。完成了的任务就不再是任务，实现了的目的就不再作为目的而存在，价值实现了，特别是物质价值实现了，一般也就消失了，转化为其他形式的价值了。

另一方面，消费又为创造提供了新的目标，产生了新的需要和新的能力，促使着价值创造的继续进行。对于精神产品的价值，消费和欣赏则一般不造成其价值的消失，这是它不同于物质价值的地方。但它也使得消费者提高了能力和产生了新的需要，促使着新价值的生产和创造。这则是它们所共同的。这个生产和再生产不断循环不断扩大的过程，就是一个创造价值和享受价值相统一的过程，是价值创造和价值实现相统一的过程，是物的价值实现和人的价值实现有机统一的过程。

近年来，我国理论界对社会公正讨论得很热烈，但不少人多是从分配的角度来着眼，如财富的分配、机会的分配、教育资源的分配、医疗资源的分配，等等，来批评各种社会不公正，讨论如何达到公正。有的人则认为公正主要是一种价值观念，一种评价，一种意识形态，似乎公正不公正就是人们如何看的问题。这些观点明显是片面的，不符合实际的。从马克思主义价值理论的角度看，公正作为社会制度的首要价值，并非只是一种观念和意识形态，也并非只涉及分配问题。一个社会制度是否公正，在很大程度上就看它是否在价值创造、分配和享受方面做到了较好的统一，是否使物的价值实现和人的价值实现得到较好的统一，是否使个人的自我价值和社会价值得到有机统一和良性循环。资本主义之所以必然要被社会主义所代替，就是因为它的内在矛盾使得其价值创造到价值实现的过程无法顺利进行，造成了严重的人的异化，使物的价值和人的价值都难以合理实现，所以才既是不合理的，也是不公正的，它的灭亡就既是必然的也是应该的。

二　选择在价值创造和实现中的作用

价值创造和实现都体现了人的自由自觉性，二者密切联系内在统一，在一定的条件下甚至直接同一，这正像马克思所说的生产与消费在一定的条件下是直接同一一样，生产同时就是消费，消费也同时就是生产。价值创造是把可能的潜在的价值变成现实的价值，这就是一种价值实现，而价值享受（消费）作为价值实现的一种表现同时也是一种价值创造，是把主体作为新的主体再生产出来、再创造出来，也为进一步的价值创造提供了观念的对象和目的性。一些人不懂得这种辩证关系，不懂得生产就是再生产这个道理，总习惯于从消极的方面去理解消费活动，总觉得消费就是价值的毁灭和消失，这实际上是前现代的小生产者的观念的表现。只有在市场经济的现实条件下，以市场为中介的生产和消费的快速循环成为感性而直观的经验，当消费成为拉动生产发展的重要因素的时候，这种辩证关系才能为人们所普遍理解。

马克思说："人却懂得按照任何一个种的尺度来进行生产，并且懂得处处都把固有的尺度运用于对象；因此，人也按照美的规律来构造。"① 创造、建造、生产，这些都是属于同一序列的概念，都表明人是按照自己的尺度、自己的目的来有意识地进行活动的。"物质生活的这样或那样的形式，每次都取决于已经发达的需求"，而人们生活和交往的条件，"是个人的自主活动的条件，并且是由这种自主活动产生出来的"。② 人的自由，作为人类学意义上的自由，就是指选择的自由或自由的选择。选择是价值创造和实现过程中的一个重要能动因素，价值创造就是通过选择而实现的创造，价值实现也是根据主体的选择而形成的具体实现。在这里，价值的主体性得到了充分的体现和落实，价值的多维性、多样性、多元性也得到了充分的证明。

选择这个概念，现在用得很广泛，不只是动物有选择，就是任何系统都有选择。当然，在具体的语境下，对选择的这些用法都是可以的。但是，我们必须明白，人的选择与其他一切物种的选择有质的不同，它是一种有意识的选择，是基于一定的价值评价、价值考虑而进

---

① 《马克思恩格斯文集》第1卷，人民出版社，2009，第163页。
② 《马克思恩格斯选集》第1卷，人民出版社，1995，第123页。

行的选择。动物也根据趋利避害的本能进行一些选择活动，但动物的选择充其量是一种本能性的自然选择，是生命本质的自然性的一种体现。动物的行为是模式化的，沿着自己所属的种的轨道而运行，种的尺度、种活动的规律就是每一个个体活动的规律。

比如熊猫选择了竹子为自己的食物，每一只熊猫就都是这样，个体与物种之间具有高度的统一性，竹子没了，个体的熊猫得死亡，整个物种也得灭亡。人则不同，人是宇宙间唯一达到了意识和自我意识的存在物，能够把一切存在物都看作自己的对象，包括把自身、自身的各种活动也看作对象，所以才能够有意识地、自觉地进行着选择。只有人才懂得把自己的尺度运用到任何一个其他物种上去，只有人才能够超越外在的规律和自身的规律，能够利用这些规律为自己的目的服务，实现合规律性和合目的性的统一。

从这个意义上说，只有人的选择才是自主选择、自由选择。如果说动物的选择也具有一定的自主性，那么这种自主性是极其有限的，而且是受着本能和因果规律的制约的，最多只能看作自主性的一种萌芽因素。人的选择则是根据自己的意识和意志而作出的。人固然也受着各种因果关系的制约，但由于有意识和自我意识，他不仅可以把这些因果作为自己的对象来考察，了解某种因会引起什么果，这种因果会对那种因果产生什么影响，而且能够依照自己的意志改变这些因果作用的条件，使之按照自己意愿的方向运动。在有些时候，即使认识到有些事情是不可为的，是无法成功的，但是为了自己的心灵安宁，为了自己的做人原则，为了自己的信念和理想，明知不可为而为之。生命是极其宝贵的，人人都珍惜自己的生命，可有的人为保住生命而出卖同志，背叛理想，有的人为了理想却可以牺牲生命。为什么？这是依靠单纯的因果律所无法解释的。自主也就是自由，由自不由他，由自己的意志作出决定，作出选择。片面地夸大意志自由、否定决定论是不对的，但为了坚持决定论而否定自由意志的存在同样也是不对的。

人的选择本质上是价值选择，是基于对价值的评价而作出的选择。过去我们也讨论选择、注重选择，但多是从客观规律、可能性这个角度来进行，较少从价值的角度去思考，所谓"一切按规律办事"，就是典型的表现。这是一个很大的缺陷，是机械唯物论的表现。选择自然离不开规律和可能性，选择总是在多种可能性之间进行的选择，这是毫无问题的。可能性的出现，可能性与现实性之间相互依赖相互转化的规律，选择时必须对这些规律有所认识，这是没有问题的。但这些都不是关键，关键的是根据什么来进行选择。这才是研究和讨论选择问题的实质所在。

我们认为，人们进行选择的根据不是规律，不是客体运动的可能性，而是价值，是客体的存在、属性、功能、运动的趋向与人的存在发展需要的契合的现实性和可能性。人们是根据这些客体运动的可能性、这些规律对人的价值来进行选择的。地球内部的各种因素相互作用，有一定的规律性，到了一定的时间点就可能发生地震。地震是一种天灾，所谓天灾，是说它是自然形成而人力无法抗拒的灾难，是会给人类带来巨大的负价值的一种现象。至少到目前为止，人类还无法驾驭地震，无法利用地震产生的巨大能量，只能采取躲避、减少灾难的方式来对付地震。躲避、减少灾难，这本身就是根据地震对人类的价值所作出的一种选择，是人类依据目前的能力和情况进行的一种选择。具体到某次地震来说，它的震中可能发生在河北，也可能发生在河南，可能在五月发生，也可能在六月发生，地震的震级可能是八级，也可能是五级，针对这种种的可能性及其出现的概率，人们采取相应的躲避措施，选择预防的方案和办法。这是人力所无法干预的情况，在可以通过人力干预的情况下，对于不利于人的可能性，人就要竭力破坏其实现的条件，阻止其实现，而对于有利于人的可能性，则努力创造条件促使其实现。是阻止还是促使，就是依据这些可能性对人的价值而作出的选择。

对于规律也是同样的道理，有利于人的规律，人就尽力维持和利用，不利于人的规律，人则想方设法破坏其运行的条件，或是使之产生不危害人、少危害人的结果。人的活动就是用一些规律去破坏另一些规律，用一些事物去促使或阻止另一些事物，利用它们的相生相克，从而达到自己的目的。总之，人就是根据这些规律的价值、这些可能性的价值作出自己的选择，来确定自己的活动目的。

人的活动总是有目的的对象性活动，人对行动目的的选择，就是在认识对象的规律、可能性的基础上，在把握了对象物的尺度的前提下，结合自己的需要和能力，趋利避害，扬利去害，增利减害，尽量使之成为对自己更有价值的存在，使对象对自己的价值最大化，也就是达到自己最满意的状态。人的目的多种多样，但无论确定何种目的，大致都遵循这个原则，即达到自己的价值最大化。而这种价值最大化，总是一定条件下的价值最大化，是与主体的需要和能力相适应的条件下的价值最大化。

总之，价值才是人们选择目的确立目的的客观根据。可由于目的是行动结果的超前反映和观念把握，这时的价值总是作为可能的价值，作为主体对价值的"预估""预测""预想"而存在的。这个"预估"和"预想"，实际上就是评价，是对这些价值的"评估"。人们就是根据自己对这些价值的评估、评价而选择确立自己的目的的。从这个意义上说，评价是选择的外化，是选择的主观依据。人们正是根据自己的一定评价，确立了目的，然后在行动中实现自己的目的，使价值从潜在的可能的形态变成现实的状态。这既是价值创造的过程，同时也是价值实现的过程。

这是从目的确立的角度，从选择目的的角度来说的，从实现目的的角度来看，也是如此。我们知道，人的目的和手段密切联系，相互规定。首先是目的规定手段。一定的手段是不是合理，是不是合适，是不是有效，以及效果如何，一句话，手段的价值是根据它对于实现目的的关系而得到规定和说明的。目的决定了选择手段的范围，也规定了手段起作用的方向，甚至决定着手段的性质，目的出了问题，选择手段往往就要出问题。而手段也规定着目的，对目的有重要的制约作用。人们选择一定的目的，总是依赖着他所能掌握的手段、他所能利用的手段、他获得手段和使用手段的能力。

一般说来，只要是正常的人，总是按照他现有的能力来选择自己的目的的，他的能力达到什么程度，他拥有什么样的实现目的的手段，就选择什么样的目的。缺乏手段的目的，或手段尚不具备的目的，就不是现实的目的，而只是一种空想的或未来才能实现的目的。主体在目的确立之后，接下来的问题就是寻找手段，包括制订一定的计划，寻找一定的工具，组织人力、物力，等等。很显然，这里的手段是广义的手段，是达到目的所需要的各种条件、各种中介。同样的，寻找手段的过程，也是一个先借助于评价而进行选择的过程，是一个创造利用各种可能的条件的过程。

实现目的的过程就是使用手段的过程，是具体的行动展开的过程，既是一个目的中所包含的价值、所预想的价值从可能的变为现实的状态的过程，也是把手段的价值从可能的形态变成现实的状态的过程，还是各种不利条件、各种风险的价值从可能的形态变成现实的形态的过程。在这个过程的任何一步，任何一个阶段，都存在某种变化或改变的可能性，主体会根据具体情况的变化，根据手段与目的的特定关系，或是修正目的，或是调整计划，甚至可能整个地放弃了这个目的。最后的结果，或者是成功了，即预定的目的得到了实现，或者是失败了，即目的没有实现。无论是成功还是失败，又都可以分出若干的等级或级别，成功有完全成功，基本成功，失败也有完全失败，一败涂地，或基本失败，得不偿失。即使是得失相当，大致也算是一种失败，因为不符合事前确定的目的，没有达到目的中所设定的要求。

主体在实践中的选择，主要就是对目的和手段的选择。目的是一，手段是多，对于同一个目的，可以通过多种手段来实现，手段的合适与否，合理与否，有效与否，效率高低，都要依据它对于实现目的的作用来具体确定。同样，一个目的是否合适，是否合理，在一定意义上也要依据手段来确定。这些都是与具体的价值比较和评价密切关联的问题。

对目的的选择首先要考虑的是目的的"善"，即价值的问题。一般地讲，人们以什么为目的，总是因为这目的是对自己有价值的，是自己所希望的，或是能够最大限度地减少负价值的，这是一个基本的原则，也是一种规律，没有人愿意选择对自己不利的状况作为自己要努力实现的目的。

其次考虑的是目的实现的可能性问题，这也是对前一点的约束和收敛。这里的可能性，既包括对象方面的可能性，也包括手段和条件允许的可能性，既包括短期的现存的可能性，也包括发展的长期的可能性。主体希望获得的事物很多，希望达到的状态也很多，如果条件具备，这些都是可以作为他的目的的，可受实际情况和条件的限制，只有一些是有可能的。主体只能在这些可能性的范围内选择和确定目的，而不会把那些不可能至少是主体认为不可能的当作自己的目的。

最后考虑的是与社会需要的契合程度，社会规范所允许的程度。人作为社会性的人，必然要受到这些社会规范的约束，有一些事情，是对自己有利的，是自己愿望的，也是有能力实现的，但社会规范不允许，比如为法律所禁止，为道德所不容，那就得放弃。当然也有不少人主要考虑前两点，对第三点不太考虑，或者说在利益巨大时就不管法律和道德的约束，而社会的法制越不健全，这种情况就越容易发生。

一切手段的选择，都是围绕着实现目的而旋转的，这时目的就成为衡量各种手段的尺度，也是评价各种手段的标准。在选择手段的问题上，第一重要的是了解、认清、掌握这手段对于实现目的的作用，这既是一个认知的问题，也是一个价值比较和评价的问题。对手段作用于目的的客观因果关系认识不清，必然导致价值比较和评价的失误。选择手段，往往不是要不要某一种手段，而是在众多可以采用的手段中进行比较，从各方面进行比较，寻找出最佳的手段，这个最佳，就是价值比较的结果。选择手段当然是在一定范围内选择，这里容易引起争论的是这个范围的边界在哪里，是否允许无限扩大，即平时所讲的"不择手段"是否合理。不择手段，是说任何有利的手段都可以运用，边界可以无限扩大，以有利于实现目的为唯一尺度和标准。也就是说，选择手段受不受社会规范的约束，要不要遵守这些社会规范，实际上这个问题的核心在于选择主体是不是认同这些规范，有没有一些任何主体都必须遵守的共同规范，以及这些规范的严密性和强制性程度如何。在法制比较完备的社会条件下，违法的结果总会受到惩罚，至少很容易受到追究，带来损失，人们就普遍能够确立法治意识，反之，如果法制不健全，不严密，司法又很不认真，那就谁都不把法制当回事。主体对这些规范认同到什么程度，在选择中就遵守到什么程度。而且，在这些规范的价值与某些手段的价值之间也有一个相互比较的问题，有一个主体如何权衡的问题。

总之，无论在确立目的的阶段，在寻找手段的阶段，在具体行动的过程中，主体的选择都是一个无时不在无处不在的因素，评价都在其中起着非常重要的作用。评价所把握到的所预测到的价值，在观念中创造的价值，如果行动成功，就转为现实的价值。即使行动不成功，主体也可根据评价和选择，尽可能地减少损失，不至于败得一塌糊涂。

三 价值创造和实现的多种途径

价值的创造，是一种广义的创造，一切增加了价值的活动都可看作价值创造，同样地，价值的实现也是广义的实现。这种创造和实现，依赖着各个个人的活动，但从本质上说，主要不是一个个体性的问题，而是一个社会性的问题，是社会性的创造和实现，是在无数个人活动的总过程中达成的价值创造和实现。从历史的情况看，人们的活动在创造和增加正价值的同时，也带来了许多负价值，但总的说来，是正价值超过了负价值，价值总量在增加在扩大，这就是社会的进步和历史的发展。尽管说这种增加、增长不是平均地进行的，可进化、进步、发展是一个总的趋势、总的倾向，应该是没有问题的。

价值创造和实现绝非一途，其途径、其形式都是多种多样的。社会生活的过程就是生产和再生产连续不断地进行的过程，这里有物质生产、精神生产、社会关系的生产和人的生产几种形式，它们错综复杂，共同地构成了实际社会生活的过程。这个过程同时也就是价值创造和实现的过程。

物质生产是全部社会生活的基础，是社会存在和发展的基础。物质生产的成果提供了大量的物质产品，包括生产资料和生活消费资料，创造了社会物质财富。这些物质产品，就是各种价值客体，或叫价值物，在它们中包含人的目的性因素，是作为具有使用价值的产品而存在的。社会物质生产的规模越大，范围越广，创造出来的物质产品越多，质量越好，功能越全，就越是能够满足人们的物质生活的需要，人们的生活质量也就越高，社会发展的水平也就越高。物质生产越是发展，物质产品越是丰富多样，表明社会创造价值的能力越高，社会的物质价值总量越多。物质生产的过程就是人们开发自然利用自然的过程，物质生产越是发展，人们越是发现更多的物质客体，发现物质客体的新的功能和可利用的属性，表明潜在的物质价值的领域越是广阔，人们的价值世界的边疆越是扩大，各种物质价值的实现也就越充分。

精神生产是从物质生产中分化出来的一种生产形式，按照马克思的说法，物质劳动和精神劳动的分工才是人类的真正意义的分工，也是极大地推动了人类文明发展的分工。精神生产提供了大量的精神产品，这些精神产品构成了人们的精神生活的消费对象和生产资料，是社会的精神财富，是精神价值的价值客体或载体。这些精神生产的门类多种多样，精神产品更是多种多样，有理论、宗教、艺术、科学等，各自又分为不同的门类。比如艺术中就有绘画、雕塑、建筑、舞蹈、音乐、文学、戏曲、电影、摄影、书法等，它们随着社会发展在不断地发展着，还会出现更多的门类，同一门类中还有不同的风格、不同的流派。精神生产拓宽了人类精神生活的世界，各种精神产品丰富了人类的精神生活，在满足精神需要的同时又生产出了新的精神需要以及新的消费能力和生产能力。

精神生产是从物质生产中分化出来的，也是以物质生产为基础的，物质生产的发展水平，所能提供人们满足其物质生活需要的产品的总量，所能提供的闲暇时间，都从宏观上规定了社会所需要的精神生产的人数、精神产品的消费能力和市场。物质生产所提供的各种物质器具、材料，也是制约精神生产的重要因素。而精神生产对物质生产也具有积极的重大的反作用，它不仅使物质产品的设计和制造可以按照科学认识到的规律来进行，而且融入了各种艺术的、道德的内容，使得物质产品同时也成为人的精神消费的对象，具有了精神价值。衣服不但要御寒，同时也要求美观，成为审美的对象，而且各种服装、服装的样式和颜色还要体现主人的地位、身份、品位、兴趣等。房屋既是住所，是满足人的居住和安全需要的地方，也是显示主人的地位、身份、情趣的一种存在物。各种奢侈品的生产，更是直接以满足人的精神生活的需要为目的。而且，物质生产越是发展，其中的知识因素、精神价值的含量就越是增加，比如在现代社会的服装设计和制造中，审美因素已经成为主要考虑的因素。

人的生产直接地看是种族繁衍的形式，通过人的生产，传宗接代，人类社会才能存在。但人的生产不只是生产出了自然的人，更还是生产出社会化的人，是培养出接班人，既是家族事业的接班人，也是社会的接班人。这样，人的生产就不单是一个"生"的问题，更还是一个"育"的过程，是一个通过各种教育使其长大成人的过程，是一个把自然的人变成社会的文化的人的过程。

人是生产的主体，也是消费的主体，既是价值客体，也是价值主体。也就是说，人的生产，既是一个创造价值客体的过程，也是培育价值主体的过程。一个儿童，他的存在、他的成长、他的活动，不仅为家庭带来了欢乐，带来了幸福，而且为社会带来了生机，带来了希望。他成人以后，参与着创造价值客体的生产活动，创造出各种各样的价值，他作为价值主体，也与许多事物建立起价值关系。他所消费的一切，都是他的价值客体，这些事物、物品的价值，就是通过他的存在、他的消费，通过满足他的各种需要而成为现实的价值的。

正因为人既是生产的主体也是消费的主体，消费过程既是使一定价值得以实现的过程，也是使一些价值，比如一些物品的价值，消耗掉，归于无的过程，所以人的生产必须与社会物质生产发展的水平相适应。人的生产最初是自发地进行的，在人发展到了一定阶段，社会发展到了一定阶段，人们才把人的生产问题当作一个自觉地对待的问题、一个严重的社会性问题，同时也是一个严重的价值问题。人的生产的自然性色彩退居到后台，其社会性色彩、精神性色彩成为主导的方面。现代人们都注意到计划生育、优生优育的问题，就是一个很好的证明。

从价值创造和实现的角度看，人的生产既提供了价值客体，也提供了价值主体，从而增加了新的价值，但不能简单地说人生产得越多，创造的价值就越多，这是与物质生产和精神生产所不同的。人的生产对于创造价值的作用，更在于生产出来的人的质量的问题，人的质量越高，发展得越全面，人的生产所创造的价值就越大。人的价值是一切价值的核心，其他方面的价值创造都是为着人的价值的创造而服务的，在这个意义上说，人的生产是直接承担着创造人的价值的任务的，人越是发展，人发展的水平越高，人的生产问题就越是具有重要的意义。

社会关系的生产实质上就是人与人关系的生产，是通过人与物的关系而实现的对人与人关系的再生产。人们创立各种经济制度、经济关系、政治制度、礼仪制度、教育制度、文化制度的过程，人们创立各种规范、各种规则、各种纪律，人们在这些制度和规范的指导下进行各种交往的过程，就是社会关系生产和再生产的过程。社会关系的生产，既有自发的一面，也有自觉的一面，无论是自发还是自觉，都是与社会创造价值、分配价值、实现价值相关联的。通过分配这些价值，分配创造价值所需要的各种资源，规范人们创造价值的活动，维护一定的社会秩序，从而保持这些社会关系能够继续维持下去，或是使之得到改善和完善。

社会关系的生产和再生产，维持和保护一定的社会秩序，从消极的方面说，是为了防止价值的损耗，为了防止各种破坏价值创造的行为；从积极的方面说，是为了能够使价值创造工作顺利进行。不仅如此，从社会关系的历史发展来看，社会关系的调整总体上是向着进步和合理的方向演进的，总体上是向着民主化的方向、向着使众多价值成为可共享的价值的方向演进的。物质价值的共享、精神价值的共享、教育资源的共享、医疗资源的共享，这些都极大地扩大了价值主体的范围，也增加了社会价值总量。

从这个角度来看社会关系的进步，我们就可以看到，阶级的对立，世袭等级制的存在，虽然是历史发展中的必然要经过的阶段，是生产力发展到一定阶段的产物，但它必然是要被扬弃的。它的内在的不合理性就在于它造成了价值创造主体和价值享受主体的分裂，劳动者创造了各种价值，却使自己变得没有价值，他们享受不到自己创造的价值，必然会影响他们创造价值的积极性，也使得他们本来能够得到发展的各种能力被扼杀，被埋没，被糟蹋，影响了进一步的价值创造活动。与此同时，许多具有可共享性的价值却只能为少数人所享用，造成了相当数量相当程度的价值浪费，也削弱了价值再生产的潜在能力。消灭阶级，消灭等级制度，实现民有、民治、民享的民主制度，实现人人平等按劳分配的社会主义制度，之所以得到那么多人的拥护，原因就在这里，它既是经济发展的必然，也是人的发展的必然。

价值都是人创造出来的，也是通过人的活动而实现的，人们的活动多种多样，创造的价值也具有多种形式，各种形式的价值虽有差别，但又相互关联相互促进，共同推动着价值的运动。在这里我们需要反对两种错误的观点或错误的倾向。一种是夸大精神价值的作用，夸大创造精神价值的活动的作用，似乎这才是真正有价值的，而物质价值和进行物质生产创造物质价值的劳动人民的活动没有什么价值，或只有微小的价值，不值得重视和尊重。这种观念支配了人类几千年，即使在今天也仍然有很大的影响力，特别是在经济文化发展还比较落后的国家和时代，人们都羡慕知识分子，认为他们的生活才是体面的生活，有价值的有尊严的生活。

实际上，知识分子作为人群中的先知先觉者，对于文明、道统、礼仪有较高的认同和自觉的遵行，他们的生活样式往往具有某种榜样的作用，比如中国旧时的乡绅，对于农村社会秩序的维护，也就是对于礼法制度的维护，就起着非常重要的作用。但如果将这种情况过于夸大，问题就来了。孟子曾讲："劳心者治人，劳力者治于人；治于人者食人，治人者食于人。"① 他是从人与人的关系和地位方面讲劳心者的重要性的。

这种观念从理论上说是错误的，但它反映了传统社会由于教育未能普及因而知识分子自认为高人一等的情况，同时也反映了掌握知识在价值创造和价值分配方面的重要作用和优势地位。只要这种情况不改变，这种观念就仍然有相当的市场，只有在教育得到相当程度的普及、受教育不再是一种特权的条件下，人人都成了知识分子，这种观念才能最终被送进历史的博物馆。

另外一种错误观念，是在反对上述观念的过程中出现的另一个极端，就是认为知识分子是皮上之毛，是依附于其他阶级和阶层才能存在的，知识分子肩不能挑手不能提，四体不勤五谷不分，没有创造什么物质价值，只是消费价值的蠹虫。

价值的创造和实现，都不能离开分工和合作，都不能离开知识和知识分子的作用，马克思把脑力劳动与体力劳动的分工看作人类真正的分工，认为这种分工极大地促进了人类文明的发展，但也造成了阶层的分裂和对立。如果说在传统社会，知识分子主要是人文知识分子，他们的活动一方面创造了大量的精神产品和精神价值；另一方面作为知识精英也只能依附于统治阶级，那么在进入现代社会之后，由于物质生产对科学技术的依赖性空前加强，知识分子的构成也发生了很大变化，科技知识分子占了很大比重，并且成为各个方面创新的主要力量。在这种条件下，再将知识分子当作依附的阶层，看不到他们在整个社会价值创造中的巨大作用，显然就违背了时代发展的潮流。在当今中国，知识分子群体不断壮大，他们是价值创造的先导，是实现社会主义现代化的重要力量，任何忽视、轻视、打击知识分子的思想和政策都会造成对整个国家发展的严重损失和伤害。

---

① 《滕文公章句上》。

还有一点需要值得指出和说明的，就是人们创造价值的活动与自然环境、自然生态的关系问题。人们的生活和生产都离不开自然环境，人们的活动尤其是物质生产活动从来就以自然环境中的各种事物及相互关系为施力和改造的对象，将之变成能够满足人的需要的存在。换句话说，人类的物质生产实践一开始就以"破坏"自然生态的原态原状为特征为条件，因为改变就意味着原状的破坏。但由于以往人类改造自然的力量比较有限，这些破坏都还局限在自然生态能够自行修复的范围内，所以也就不显现出有什么问题。到了工业化时代，人类改造自然的能力大大增强，资本逻辑又使得人们对自然采取了一种掠夺性、征服性的态度，过度的开发及其片面利用，大量的生产垃圾和生活垃圾排放到环境中，使得自然生态到了不堪重负无法自行修复的程度，这就产生了严重的环境污染和生态失衡的问题。环境开始报复人类，不仅通过土地沙化、空气混浊、水源枯竭水质下降、气候异常等给人类带来了各种新型的疾病，而且生态失衡蕴藏着潜伏着对人类极大的危险。生态问题成为一个全球性的问题，一个威胁到人类健康生存的严峻问题。在这种条件下，生态价值问题为人们所严重关注，经济发展过程中遇到的经济价值与生态价值的矛盾成为困扰人们的重大问题。也就是说，我们在创造价值和财富的同时也带来了巨大的负价值，在一些地区和地方，为追求经济增长形成的 GDP 甚至还抵不上环境破坏对人类形成的负价值，真正成了得不偿失。

实际上，不仅在环境方面存在这个问题，在创造价值的其他方面比如教育、医疗等方面也存在这个问题，应试教育为追求掌握知识而忽略了儿童的全面发展，扼杀了孩子的创造性，医疗的昂贵成本使得许多人看不起病，有病不敢去医院。我们在这里不可能讨论形成这些问题的原因，只是根据我们讨论的主题，提醒人们，在我们创造价值的同时要尽量减少和防止其带来的负价值。价值创造的纯量是正价值减去负价值的剩余，正如效益、成果总是收益减去成本的剩余一样。

这一点，对于中国这样快速发展的国家来说尤为重要和迫切，我们在确立发展战略的时候一定要懂得这个道理。

总之，社会生活是非常复杂的，人们创造价值的途径和形式是多种多样的，价值实现也需要多个方面的合理配合，任何方面的缺失都会造成整个社会价值体系的失衡，不利于社会的发展和人的发展。

四　价值创造和实现的效率

价值从创造到实现是一个相对完整的过程，同时也是整个价值运动中的一个小圆圈，正如从生产到消费的先行继起的无限循环构成了整个经济运动过程一样。无论是小圆圈还是由无数小圆圈构成的整个过程，其运行都有一个效率和效益的问题。俗语说："天下没有免费的午餐"，意思是任何收益都需要投入一定的成本，付出一定的代价。这个收益与成本之比，就是我们平时所说的效益，而一定的收益与时间之比，则是通常讲的效率。效率是效益的基础，没有效率的活动，其效益一定是比较差的。

从历史的角度看，一个社会发展水平的高低，主要就是看其创造价值的效率的高低，一定的社会制度是否合理，社会是充满活力还是板结僵化，也看其价值创造和实现的效率和效益。我们通常所说的生产关系不适合生产力的发展要求，阻碍了生产力的发展，而上层建筑又在维护这种过时的生产关系，从而阻碍了经济基础的发展，无非是说社会创造的各种价值、各种财富由于不能合理地分配，所以其实现出现了障碍，影响了人们创造价值的积极性和效率，也形成了很大的社会冲突，造成了人力、物力的极大浪费。只有改革这种生产关系和上层建筑，才能解决这个矛盾，提高价值创造和实现的效率和效益。"人尽其才，地尽其利，货畅其流，物尽其用"，这或许是一种价值创造和实现的理想状态，是效率最高、效益最好的状态，现实中尽管难以得到，可作为一种追求目标，作为批评现实制度不合理性的一种标准，还是有很重要的意义的。

人们创造价值（物）和享受价值，争取一切有利于自己进行价值创造和享受的条件，如资源、手段、机会，争取一切有利于自己发展的东西，等等，这是一种生命的自然，也是一种历史的必然，社会生活就建立在这个基础上。当马克思说他的观察方法是从现实的个人出发的时候，实际上就是讲的这个意思，就是承认这一点是一切社会生活的基本前提，任何否认或忽视这个前提的哲学都必然是一种脱离实际的虚幻的理论。人们从自己出发，一方面是针对着自然，改造自然，获得一定的生存资料，这是生产劳动过程；而另一方面，人的劳动从一开始就是作为一种社会性活动而存在，是以人与人之间结成一定的关系为前提的。这个人与人之间的关系，就是生产关系，是建立在生产关系基础上的各种社会关系，是人们的交往关系。人对自然的关系制约着人与人的关系，人与人的关系也制约着人与自然的关系，它们相互影响相互渗透，交叉纠缠在一起，存在于人们活动的各个领域，也贯穿于历史发展的任何阶段，但在不同的领域不同的发展阶段又表现不同，实际上构成了不同社会形态不同历史发展阶段的具体内容和区分历史阶段的界标。

从微观的狭义的"生产"即创造价值（物）的层面看，生产者的积极性、科学技术及其运用、管理水平，构成了影响活动效率的几个主要因素。生产者的积极性和主动性越高，生产的效率就越高；科学技术的水平越高，越是广泛运用于生产过程中，越有利于提高劳动生产的效率；管理制度越是合理，管理的水平越高，人与人的关系，人与物的配置越合理，时间空间的利用越充分，资源的浪费越小，也就越有利于提高生产效率。这些都是毫无问题的，是提高价值创造效率和效益必须注意的几个方面。问题是不能仅仅从微观的角度，从一个企业或生产单位的角度来理解，而必须结合整个社会制度来进行理解，需要从"人尽其才，地尽其利，货畅其流，物尽其用"的总体性高度来进行理解。马克思主义的政治经济学高于其他经济学和理论的地方，恰恰就在于这个方面。

在马克思主义看来，第一，虽然人们的活动作为意识观照和支配下的有目的的活动，自来就意味着以目的为尺度来考察活动自身，思考和评价着活动的效率问题，但效率和效益这些范畴本质上是一个在现代市场经济社会才凸显出来的主导性的观念。我们知道，在自然经济时代，生产的目的是自给自足，极少进行交换，同时，自然经济全是按照自然的节律来安排活动，春种夏长，秋获冬藏，日出而作，日落而息，人们的时间概念是比较淡薄的。收成的好坏在相当程度上受着自然气候的影响，属于"命运"使然，而非人力的结果。所以，那时的人们几乎没有什么效率和效益的概念，至少在活动中并不刻意去追求效率和效益。到了商品经济或市场经济时代，情况就大大不同了。这是一种工业经济，即在很大程度上摆脱了自然气候影响、不受自然节律调节的经济；商品生产是一种为别人而进行的生产，以交换为目的的生产。任何一个生产者，在交换完毕之后，都必须算账，花了多少成本，得了多少收益，是亏了还是赚了，亏了多少，赚了几何。在这个时代，效率成为最重要的一个因素，时间的作用也就突出出来了。时间就是金钱，这是只有在市场经济条件下才能为人们普遍理解和普遍接受的道理。在市场的普遍竞争的压力下，注重管理、注重科学技术的运用，精打细算，以降低成本，增加产量，提高质量，从而占有更大的市场份额，获取更多的利润，就成为一种必然要求和内在规律。

第二，与前现代的自然经济不同，在商品经济条件下，一切都变成了商品，价格作为商品交换价值的货币体现，作为与供求关系直接关联的一种信号机制，借助于人们普遍地追求利润的内在冲动，使得资金总是向着最能获得利润的领域流动，使得人们不断地开辟新的领域培育新的利润增长点。这样，市场就成为资源配置的主要手段，成为能够使利润最大化效率最大化的基本手段。科学技术的大发展是因为它能够带来巨大的利润，从而获得源源不断的财力支持，获得了迅速转化为生产力的动力；各个方面的人才之所以得到重视，是因为他们能够产生出很大的效益。同样地，各种管理制度、管理方法因为有人进行专门的研究和实践，也都大大地发展了起来。在直接从事生产的企业是如此，在其他领域，比如培育人才的教育领域，在精神生产包括科学技术领域和文化生产领域，在商业和交通运输领域，等等，也都是如此。

总之，新的分工门类不断产生，新的合作形式不断出现，新的规则也不断建立、健全起来，人们交往的半径和频率大大提高和扩大了，社会生活各个方面的有机性大大提高，整个社会活动的效率也大大提高了。正因为如此，人类在进入市场经济仅仅几百年的时间内，创造了比以前人类全部历史所创造的总和都要多的财富。

第三，市场经济是一种普遍交换的经济形式，是人的普遍交往得以发生和发展的基础。人们之间的交往当然不限于经济交往，但经济交往却是一切交往的必要基础，经济交往也带动了其他方面的交往。正是这种普遍交往，使得个人脱离原始集体的樊篱，可以自由地迁徙，自由地进入或退出某种组织和活动，获得最有利于发挥自己才能的机会和条件，可以使各种商品各种资源实现全世界性的流动，从而得到价值实现的最大化。很显然的，这是一种新的文明形式，是一种马克思所说的不同于"人对人的依赖"阶段的、"以物的依赖性为基础的人的独立性"① 发展的新阶段。它使得社会人的全面的需要体系和能力体系成为可能，使得自由、平等、独立、信用、规则这些源于普遍交往又促进了普遍交往的观念成为整个社会的基本观念和基本

---

① 《马克思恩格斯全集》第46卷上册，人民出版社，1979，第104页。

原则。

与人的独立和普遍交往的实践和这些原则相适应，与国家和社会的适度分离相适应，以法治为核心的社会上层建筑、社会管理和运行的新体制新机制不仅被建立了起来，而且与市场经济体制一起，具有非常强的"自发扩展"的能力。现代化的过程其实就是一个以市场经济为基础，以法治社会为骨架，以人的平等、独立、自由权利为内容的历史性过程。这个过程的逐步深化，一方面使人们从封建制度的束缚中解脱了出来，实现了人的政治解放；另一方面市场经济促进了科学技术的发展和运用，而科技成果的广泛应用，进一步提高了交往的便捷性和交往的频率和效率。现代信息技术的发展，从互联网到物联网，更使得信息共享和最大限度的物品共享成为可能，为促使实现"人尽其才，地尽其利，货畅其流，物尽其用"开辟了新的历史阶段。

我们在看到市场经济的历史性积极作用的同时，也必须看到它的发展过程及其不足之处，它毕竟是建立在"人对物的依赖"基础上的一种价值创造和实现的历史形式与社会形态。这里的"物"，既是指商品，更是指作为财富一般表现形式的货币和资本，人对物的依赖，也并非指一般意义上的依赖，而是一种人的生活的颠倒的形式，即马克思所揭露的"商品拜物教""货币拜物教"，是资本逻辑控制下的人的异化形式。对于这一点，我们在后面还要进行讨论。

总之，社会是由无数个人和群体构成的，这些个人和群体，首先是为着自己的需要而进行活动，从自己的角度看待成本和收益的关系，因而必然会在资源利用、机会、时间、空间方面发生一定的冲突，必然会因为家庭关系、朋友关系、社会地位、个人的天赋条件等的不同而出现一定的差异。这些差异造成了人们实际上的不平等，造成了人们之间的竞争，以及在行为动机、行为过程和行为结果之间的冲突，这些竞争和冲突一方面对各个行为主体形成一定的压力，促使它们尽量提高自己的活动效率；另一方面也造成相当的内耗，造成一定的价值损失和损耗，同时也会使得价值实现遇到障碍。社会为了减少这些损失和损耗，必须设立一定的制度，设置一定的机构，使用一定的官吏，来进行管理，并通过一定的教育机构、宣传机构进行观念上的导引和教化。但要做这些工作，又必须付出一定的成本，比如支付这些官吏和宣传教育者的工资，动用相当数量的社会资源，等等。这些成本从社会总体来看也是一种价值损耗，但又是为了各个个人和群体能够顺利地创造价值而必须付出的代价。

社会为了提高整体的效率，就必须面临这样的问题，要在由各个主体的冲突所造成的价值损耗和为防止、减少这些损耗进行管理而付出的成本之间确定合理的比例关系。要合理地处理国家与社会的关系，合理地确定政府进行社会事务管理的界限和程度。一些人把国家和政府看作必要的"恶"，认为管理的程度和范围应该是越小越少越好，这固然不对，但若是不适当地过度扩大国家管理的范围，不仅会极大地增加社会管理成本或行政成本，而且会直接影响和降低整个社会价值创造和实现的效率。这是为近百年来的历史所充分证明的。

五 价值创造和实现中的矛盾及异化问题

价值创造和实现过程中充满了各种矛盾，正是在这些矛盾的推动下，在解决这些矛盾的过程中，人们提高了价值创造的效率，使价值分配和享受更加趋于公正合理，使价值实现能够相对比较顺利地进行下去。但如果有些矛盾长期得不到解决或长期处理不当，矛盾的对抗性就日益突出，成为一种异化现象，影响着价值创造的效率，造成价值实现的困难。这里我们主要讨论几个常见的也是比较重要的矛盾。

第一个矛盾是代价与收益的矛盾。代价和收益，用日常所用的语言，相当于得失，代价是失，收益是得。但这里的得失是一种总体性的，是各种得失加和的结果。用价值论的规范语言讲，代价和收益，就是负价值和正价值。任何价值创造、价值选择，总要使正价值大于负价值，得大于失，否则就是不划算，不值得。代价和收益的矛盾是价值创造过程中一个基本的矛盾，后面要讲到的一些矛盾都是从这个矛盾中派生的，也是围绕着这个矛盾而旋转的。

主体在创造价值之前，总得对自己创造的结果有一种预估，这个预估，主要就是对得失有一个预先的评价和估计，得越是大于失，就越值得去做，若是失大于得，便不值得去做。这在确立目的和选择手段时都是一样的，在任何层面的主体都是相同的，没有人愿意做那种得不偿失、失大于得的事情。人们平时说谁做了"傻事"，这个"傻"，基本意思就是得不偿失，不值得做，不应该做。谁都不愿做傻事，可谁都免不了做傻事，原因是什么呢？原因就在于，情况和条件的复杂性、许多不确定的因素，这个预估工作很难进行得合理和顺利，很难预估得准确无误。

首先是眼前的得失和长远的得失之间，这一方面的得失与那一方面的得失之间，往往难以做到很精确的评价和估计。

其次是许多得失之间不只是量的差别，而且是质的不同，因此难以比较和换算。比如说道德上的得与功利上的失，宋襄公坚持道德原则，觉得在敌人没有渡河完毕，没有摆好阵势之前就去进攻，即使胜利了那也胜之不武。这自然是个极端的例子，在实际生活中，如何在道德上的得失与功利上的得失之间进行权衡，确实是一个很麻烦的问题。

最后是实际成本和机会成本的问题。主体面临着多种可能，选择了一种可能，就等于了关闭了其他的可能，其他未实现的可能所具有的价值，就是选择这种可能的"机会成本"。主体实现这种可能，也必须付出一定的成本，这则是实际成本。实际成本与机会成本，都属于代价，所获得的收益只有超出这些代价，行为才算值得，也就是得大于失。即使已经选择的这种可能，在未实现之前，也有一定的风险，还有一个风险成本的问题。由于这些机会成本和风险成本都是未实现的，所以如何评价和预估也是一个很困难的事情。正是这些矛盾，使主体在创造价值的过程中，总难做得十分合适和恰当，总会遇到许多困难和困惑，要想很满意实在是很难的。

第二个矛盾是主要价值和非主要价值的矛盾，重点领域的价值与非重点领域的价值的矛盾。一定的主体，无论是个体还是群体，归根结底是为了满足自己的需要而去创造价值的，而需要有优势需要和非优势需要之分，前者是比较迫切的需要，后者则不太迫切，前者往往形成注意中心或兴奋中心。按照马斯洛的说法，优势需要就是在"所有需要中占绝对优势"的需要，是那种最为强烈的需要，如果它没有得到满足，就成为主宰机体各种活动的动机，其他需要或退居幕后或全然消失。比如人在绝对饥饿时对食物的需要就是一种优势需要，这时，整个机体的"意识几乎完全为饥饿所控制"，"全部能力都投入到满足饥饿的活动中去"。"在这种极端的情况下，写诗的冲动，买汽车的欲望，对美国历史的兴趣，对一双新鞋的需求等等，都被忘记，或者变得只具有第二位的重要性了"。① 当然这是极端的情况，是比较少见的，在一般情况下，基于优势需要形成了主要价值，基于其他需要形成的则是非主要价值，也可以说，与前者相关是重点领域的价值，其余则为非重点领域的价值。

对一个生计问题尚未解决的人来说，解决吃饭问题自然是第一位的，其余的都是第二位的；对一个经济比较落后、人民还没有达到温饱的国家来讲，经济问题自然也就是绝对第一位的。这里就存在矛盾。比如发展经济与保护文物之间的矛盾、经济价值与环境价值的矛盾、经济发展与文化发展之间的矛盾等。

这是就国家来说的，就个人和家庭来说，挣钱吃饭和供子女读书

---

① ［美］A. H. 马斯洛：《动机与人格》，许金声、程朝翔译，华夏出版社，1987，第42页。

受教育的矛盾，保住饭碗与独立意志、人格尊严的矛盾，生计压迫和发展个人特长、兴趣的矛盾，等等。这就形成一些现实的价值冲突，一般情况下，主体很容易采取这样的策略，即为了解决主要问题而忽视次要的问题，人穷就自然容易志短，家贫就往往使子女辍学，穷国往往也难以重视文物保护、环境保护工作。我们过去的毁林开荒，毁草种地，围湖造田，从今天的观点看，这些都是一些愚蠢的举动，可我们也应该注意到，当时的情况是，饥饿是一种优势需要，一切都为了增加粮食产量，再加上当时的认识局限，这些愚蠢的举动也是有其原因的。

总之，如何处理这些矛盾，找出一种合理的解决办法，不致再犯这些愚蠢的错误，确实是一个非常重要的问题。在我们今天以经济建设为中心的时候，我们一定要记住历史的教训，注意对精神价值、文化价值、环境价值等都予以适当的重视。邓小平多次强调要两个文明一起抓，一手抓经济建设，一手抓法治和精神文明，两手抓，两手都要硬；科学发展观提出要统筹兼顾，这些实在都是非常正确、非常有远见的，问题在于如何将之真正贯彻到各项政策和制度之中，不只是仅仅作为价值导向，而且成为制约各级决策者形成合理的价值取向的规范。

第三个矛盾是竞争与合作的矛盾。人们创造价值是在社会中进行的，必然遇到与他人的关系问题，遇到与别人竞争和合作的问题。竞争具有两面性，一方面它会造成人际关系的紧张，造成相互对立、摩擦以及资源浪费，降低和妨碍了价值创造的效率。另一方面，它则能够给各种主体造成一种压力，进而转化为一种动力，迫使人们极力去创新，去降低成本，去挖掘和发挥自己的潜能，提高价值创造的效率。

这两方面就是矛盾的，我们过去更多地看到和强调竞争所造成的不利的方面，而没有充分注意到它的有利的方面，或者说，认为竞争弊大于利，对竞争采取一种贬抑的态度。我们的传统文化总体上就是贬抑竞争，高扬忍让、谦让、谦虚、自贬，尽量弱化甚至泯灭人的竞争精神，以维持一定的合作和秩序。竞争与合作之间确实会有矛盾，竞争性强就容易破坏合作，使一些合作难以持久地进行下去，所以为了进行合作就要求限制竞争，钝化竞争的程度，限制竞争的范围。许多人只看到这一点，只把竞争看作是消极的有害的，将合作看作积极的、有利的，赞成合作而反对竞争。

其实这是一种简单化片面化的观点，是没有看到竞争的积极作用的观点。市场经济本质上就是一种竞争的经济，是一种依赖于竞争而发展的经济，建立在市场经济基础上的社会就是一个竞争的社会，是寻求合理竞争和合理合作有机结合的社会。只有建立在竞争基础上的合作，建立在承认竞争的必然性和合理性前提下的合作，也即是承认各个主体的独立性和基本权利的前提下、依赖于法制的权威性保持在法治框架内的合作，才能建立起持久的争而不乱的秩序。相反，一味贬抑竞争，认为合作就是要消除和反对竞争，这种合作就会造成主体在勇气、能力和独立性等方面的萎缩，依赖性增强，影响社会总价值的创造和增加。

第四个矛盾是平等和效率的矛盾。这主要是一个社会问题，但个人主体也有一个如何看待、认同什么的问题。现代经济学认为，平等和效率之间是具有一定的冲突的，人们的天赋不同，家庭条件不同，即使在同一起跑线上进行公平竞争，其结果也必然是不同的，不平等的。这种不平等又具有一种累加效应，最后就出现较大的不平等。一个国家的不同地区之间，出于多方面的原因，在发展的起点上也自然是不平等的。不平等特别是较大程度的不平等既违反一定的伦理原则，也容易造成一定的社会不安定因素，会影响社会的正常发展。

如果过分强调效率，会加剧社会不平等，造成社会冲突和价值的浪费，如果过分强调平等，采取平均主义的政策，劫富济贫，那么必然会挫伤发达地区和较富裕的人们的积极性，造成了效率的降低。社会在这个两难选择面前，要么选择多一点的平等而牺牲效率，要么选择多一点的效率而牺牲平等。鱼与熊掌不得两全，只能从中择一。我们过去的平均主义政策，实际上就是一种平等绝对优先的抉择。实践证明这种方略是不正确的，至少是不适合中国现阶段的实际的，它对于提高价值创造效率造成了很大的阻碍和损失，是一种得不偿失的政策，结果是国家的落后局面长期得不到改变，人民的生活水平也长期得不到较大的提高。邓小平坚持从实际出发，否定了一切不符合中国实际、不利于中国社会主义发展的理论和政策，大胆地提出"让一部分人先富起来"，"让一部分地区先富起来"，认为这是一个"大政策"，先富起来，就具有带动效应，而且还会拿出力量帮助落后的地区和贫穷的人。① 这就是我们现在说的效率优先兼顾平等，在发展中逐渐缩小差别，逐步实现平等。

总的说来，人们创造价值是在一定的社会条件下，一定的社会关系中进行的，无数个人形成了群体，如民族、阶级、国家等，彼此的利益又经常处于对立状态，对此是得，对彼就是失，造成了各自利益诉求的不同。直到目前为止，人类发展仍然还是一部分的发展以另一部分人的不发展为条件，人们创造出来的价值并没有得到合理的公正的分配，这是无法回避又无法克服的真实矛盾。资本主义国家是如此，社会主义国家同样如此，各个国家的利益与人类总体利益之间也是如此，当然矛盾的性质和表现形式会有所差别。作为国家，如何缓解和平衡这些矛盾，使得价值创造、价值分配、价值享受和价值实现之间能够尽可能地顺利过渡，矛盾的双方不至于因为冲突而导致秩序混乱和共同体的毁灭，始终是一个最重要的问题。异化的问题实际上也就是这些矛盾没有得到较好解决而出现的一种特殊情况。

---

① 邓小平：《邓小平文选》第 2 卷，人民出版社，1989，第 193~194 页。

我们知道，异化理论是马克思的一个重要理论，也是影响很大的一种分析现实问题的范式。马克思的异化理论主要是在《1844 年经济学哲学手稿》（以下简称《手稿》）中表述的，后来在《资本论》等著作中又得到完善和深化，《手稿》在 20 世纪 30 年代初发表之后，在西方引起了一股"异化热"。西方马克思主义用异化理论解释和批判现代资本主义，也取得了不少积极的成果，包括对文化工业和消费异化的解释和批判。20 世纪 80 年代前后，中国理论界在实践标准讨论所引发的思想解放运动中，深刻吸取教训，对人道主义和异化问题表现出了强烈的兴趣，也存在尖锐的争论和对立。中国价值论研究的兴起，在一定意义上说，也是与此有一定关联的。事过几十年，当我们回过头来看这段历史的时候，可以看出，当时许多人的思想还是受着历史悠久的"左"的思潮的严重禁锢的，认为异化问题只是与私有制、剥削相联系，社会主义社会不可能存在异化问题，认为异化只是马克思早期的不成熟的思想，不具有普遍性意义；都是其具体表现。现在看来，异化问题是人类生活中的一种带有普遍性的现象，即使在社会主义社会，特别是它的初级阶段，也是存在异化现象的，尽管说这种异化与资本主义制度下的异化有着重大的不同。把异化问题与价值创造和价值实现联系起来，或者说，从价值创造和价值实现的角度看待异化，研究价值实现过程中的异化问题，既具有重要的理论意义，也具有重要的实践意义。

异化是一种历史现象，是与生产力发展的一定历史阶段相联系的，也是随着历史的发展而消失的。在马克思那个时代的国民经济学看来，私有财产是一个既定的事实，是分析经济运动的前提，而在马克思看来，私有财产一方面是外化的异化的劳动的产物；另一方面又是劳动借以外化和异化的手段，是这一外化的实现。马克思是从劳动出发而看待各种私有财产，把它们看作一种社会关系，是一些人占有了另一些人的劳动的关系。劳动的发展要求分工，分工使人们从事不同的劳动，因此需要交换和交往。在这个过程中，随着剩余产品的出现，随着一夫一妻制家庭的出现，一些人既有了占有多余的产品的动机，也有了占有这些产品的机会，于是逐渐演化出了私有制。分工和交换使得劳动和劳动者、劳动产品与劳动者出现了一定隔离，也即是说，使得价值创造和价值消费之间出现了一定的中间环节，要通过这个中介价值实现才能成为现实。

私有财产的运动到了资本主义达到了最高阶段，它作为生产的前提，也是分配和消费的前提。在资本主义制度下，劳动资料和劳动者相分离，劳动产品与劳动者相分离，只有通过私有财产，它们才能结合起来，劳动生产过程才能运行。正是因为这种条件，才出现了马克思所指出的这种"经济事实"，"工人生产的财富越多，他的产品的力量和数量越大，他就越贫穷。工人创造的商品越多，他就越变成廉价的商品。物的世界的增值同人的世界的贬值成正比"。① 这个事实表明，劳动产品作为一种异己的东西，作为不依赖于生产者的力量同劳动相对立，同劳动者相对立。劳动的现实化就是劳动的对象化，而劳动的这种现实化表现为劳动者的非现实化，对象化表现为对象的丧失和为对象所奴役，占有表现为异化、外化。劳动产品的异化引起了劳动本身的异化，劳动者在劳动中不是肯定自己，而是否定自己，不是在劳动中感到乐趣，而是感到痛苦，在劳动中感到自己不是人，只有在劳动之外才感到自己是人。之所以如此，是因为这劳动不是为自己而劳动，而是为别人劳动，是一种奴隶式的劳动。

异化不仅表现在物质劳动领域，而且表现在政治生活、精神生活和整个社会生活的各个方面。原本作为社会管理机构的组织变成压迫人的政治组织即国家，本来是调节人与人关系的道德却成了束缚人的工具，宗教原是苦难生灵的叹息后来却成为麻醉人民的精神鸦片，货

① 《马克思恩格斯选集》第 1 卷，人民出版社，1995，第 40 页。

币是为交换的方便而设计的，是为了人的生活而使用的，可它却成了人的生活的目的，如此等等。无论是物质生产还是精神生产，都是一种对象化的活动，是人的本质力量的确证，也是人对自己的本质的占有，而异化则表现为对象化活动、活动的结果都成为一种与人相对立的压迫人的东西，是人的本质力量的丧失，对象化表现为非对象化，表现为人失去了作为目的性存在的资格，他的活动、他的生命、他的存在都成为一种单纯的手段，是为了另外的目的而存在的手段。人受着自己所创造的力量的压迫和奴役，处于一种不自由的被奴役的状态。不仅工人、穷人不自由，富人、资本家同样也不自由，他们同样是金钱的奴隶；不仅是小人物不自由，大人物也不自由，他们为名利所困，成为名和利的奴隶，所谓名缰利锁，说的也就是这个意思。

之所以产生这些异化现象，从价值创造和价值实现的角度看，原因就在于分工造成了价值创造主体和价值享受主体的不同一和分裂，造成了价值创造和价值享受的分裂。在商品经济时代，一切都要通过市场交换而进行，市场运行的规律、价值规律成为一只"无形的手"，它在操纵着商品生产者的命运，操纵着一切人的命运，货币成为社会财富和价值的一般符号和代表，成为人们的上帝。人们创造了价值，自己却失去了价值；人自身的价值本来是一种目的性价值，现在却变成了一种手段性价值，一种要通过货币来衡量的价值。消费本来是满足人的需要的途径，可现在则成了证明人的价值的一种方式，谁的钱多，谁消费得多，谁就越有价值。异化使得一切都颠倒了，目的成了手段，手段成了目的，形式成了内容，内容则成了形式，物化变成了人化，人化则成了一种物化，人的存在、活动、产品、消费都成了资本运行的一个环节，资本逻辑遮蔽了生存逻辑。这一切都说明，市场确实是一柄双刃剑，它在促使人们提高各种效率的同时，在促使个人成为社会的个人，只能依靠自己的力量、自己的创造活动来证明自己的价值的同时，也存在使一切包括人自己都商品化的倾向，存在着使人片面化发展的倾向，存在大众化庸俗化的倾向，存在着造成社会资源浪费的可能性和现实性。只要有市场，只要有货币，就会存在异化现象，这是不以谁的意志为转移的客观的必然性的东西，是历史发展和人的发展必须要经过的一个阶段。

过去我们研究和理解异化现象，更多的主要的是从所有制关系的角度来进行，这当然是很重要的，但受还原论思维方式的影响，却把它看作只是与私有制相联系的，把市场经济也看作私有制的高级形式，只能是资本主义性质的。因此，总认为消灭了私有制，不搞市场经济，就可完全消除异化，消除一切不合理的社会现象。我们过去搞计划经济，在很大程度上、在理论根源上，就是与市场经济对着干的。我们脱离自己国家的国情，要求建立纯而又纯的社会主义的经济、社会主义的政治、社会主义的文化，要求人们不能有一点私心杂念，竭力批判名利思想，反对发财致富，反对成名成家，反对享乐思想，以这种"左"的理论为指导而制定的政策，与人民群众造成对立，挫伤人民群众进行生产的积极性。改革开放以后，我们逐渐学会实事求是地看待市场经济，学会历史地辩证地看待异化现象，开始承认在社会主义初级阶段，是生产力发展水平还比较低、社会财富还没有充分涌流、劳动还是人们的谋生手段的时候，必须走市场经济的道路，尽管它会带来一定的异化现象。

我们更应该看到，在中国，封建社会持续的时间由于格外长久，影响十分深远重大，又没有经过完整的市场经济阶段，许多本该在资产阶级革命中就破除的东西，本该经过市场经济的实践就被消灭的东西，都还存在着、保留着。因此，在中国社会主义的初级阶段，价值创造和价值实现过程中的异化现象，有些就带有前市场经济时代的特征，或者是封建时代的弊病与资本主义时代的弊病的一种叠加和综合。比如权钱交易，就既败坏着政治秩序，又扰乱着经济秩序，一些人疯狂地攫取社会财富，为掩盖自己的罪行，整治甚至谋杀敢于揭露他们罪行的证人。他们掌握着一个方面的权力，利用这种权力肆意贪污，其实也就是抢掠人民创造的财富和价值。可以这么说，在我们国家，目前最大的异化是官僚主义和腐败问题，是社会权力的异化问题，比起一般的金钱拜物教来，社会权力的异化更具有危害性，是我们必须下大气力解决的问题。政治体制改革的必要性和重要性也就在这里。

六　当代世界的价值体系状况及演化趋势

人类发展到了现代和当代，民族历史为世界历史所替代，各个民族之间的联系和交往日益深入、强化和普遍化，各种价值体系之间在交流、融合的同时，其矛盾、冲撞和冲突也十分突出。全人类不再像过去时代那样只是一个一般的总体的概念，而直接成为一种可经验的现实，全球性问题成为各个民族都共同面临的问题，全人类的利益和价值成为一种可感的存在。随着通信工具和交通工具的发展，一方面世界似乎变小了，地球成了一个村落，大家都是这个地球村的公民；但在另一方面，各个民族如何处理彼此间的关系，如何实现和平的共同发展，在保持本民族的价值体系的特色的同时又充分吸收其他民族发展的经验和成果，通过协商和对话建立公正合理的世界经济政治新秩序，合理地分配各自的权利和对整个人类的责任，又是一个十分棘手的问题。既有的文明和秩序遭到了严重的挑战，新的文明方式正有待建立起来，科学技术获得了长足的发展，但如何合理地运用和使用人类已经掌握的力量，使人类与自然和平相处，各民族和平共处，还需要人类付出很大的努力才能予以解决。

早在100多年前，马克思通过考察人类历史发展的过程，敏锐地发现了由地域性历史、民族历史向世界历史时代过渡的趋势，创立了著名的世界历史理论。马克思说：大工业"创造了交通工具和现代化的世界市场","它首次开创了世界历史,因为它使每个文明国家以及这些国家中的每一个人的需要的满足都依赖于整个世界,因为它消灭了各国以往自然形成的闭关自守的状态"。① "各个相互影响的活动范围在这个发展进程中越是扩大,各民族的原始封闭状态由于日益完善的生产方式、交往以及因交往而自然形成的不同民族之间的分工消灭得越是彻底,历史也就越是成为世界历史。例如,如果在英国发明了一种机器,它夺走了印度和中国的无数劳动者的饭碗,并引起这些国家的整个生存形式的改变,那么,这个发明便成为一个世界历史性的事实。"② 各个民族在孤立的地域上发展的历史让位给在相互作用相互影响中发展的历史,这不是什么宇宙精神、自我意识扩展的过程,而是由大工业引起的世界性市场和普遍交往造成的。这个过程一开始就充满了痛苦和流血,伴随着血与火的斗争。先进的发达的民族,即较先开始工业化过程的民族国家,通过海外市场和殖民地破坏了那些落后民族国家的自然经济结构和生活方式,把它们强行拉进这个过程中,卷入世界性的市场中。世界历史形成的过程也就是资本主义的生产方式征服全世界的过程,是各个民族都被纳入商品经济市场经济模式中的过程。

如果说,在 19 世纪到 20 世纪的前半叶,市场的国际化所引致的世界历史进程在很大程度上以暴力和血腥战争为基础的话,那么到了 20 世纪下半叶,这个过程就出现了一些新的特点。首先是随着科技革命的出现,这个进程大大加快了。先进的通信工具和交通工具的出现,极大地方便了不同地区不同国家之间的交往,扩大和加速了在信息、人才和物资方面的交流与合作。

其次是以高科技产业的兴起为龙头,引起了整个产业结构的变化,形成了全球性的国际分工体系和名副其实的世界性市场。这种国

---

① 《马克思恩格斯选集》第 1 卷,人民出版社,1995,第 114 页。
② 《马克思恩格斯选集》第 1 卷,人民出版社,1995,第 88~89 页。

际分工体系和价格体系具有相当的不合理性，但同时也在一定程度上促进了发展中国家的经济发展，带动了一些共同开发项目。所有发展中国家都面临着这样一种局面，虽然感到这种国际分工体系和价格体系是不合理的，但自己只有加入国际市场、参与国际经济大循环，才能获得属于自己的利益，才能发展自己的经济。

再次，在经济交往和合作不断加强的带动下，政治和文化的交流也更加频繁和密切。尤其在苏联解体、"冷战"时代结束之后，国际性交往和协商更加全方位化了。全球化不仅成为一种趋势，而且直接就是一种潮流，任何以各种理由各种名目排斥全球化的国家，任何试图闭关锁国不承认人类共同的基本价值和基本规范的国家，都注定是逆历史潮流而动，最终受害的还是自己。

最后，在这个全球化时代，全球性问题和人类生存危机也在不断加剧，从而强化了各个民族国家的人类共同体意识。现在人们都认识到，许多全球性问题，如环境污染问题、人口问题、能源危机问题、军备竞赛问题、核威胁问题等，只有通过各国的共同努力和协作才能解决。人类共同拥有一个地球，大家都是地球村的公民，我们不仅要考虑到当代人的发展和福利，还要顾及我们的后代的利益和福利。我们不仅应该给后人留下足够的资源和利于生存的环境，还应给他们树立起一个学会合作和协商的榜样。

全球化是世界历史时代的一个新阶段，一方面它为文明成果的急剧扩散和共同享用，为各种价值特别是科学技术成果的价值在更为广泛的范围内的实现提供了现实的可能。无论是科学的发现还是技术的发明，无论是艺术方面的成果还是合理的生活方式，都可以迅速地成为全人类的共同财富，为更多的人所共同享用。这个共同享用的过程，同时也是生成新的需要和新的能力的过程，是人类形成新的创造价值的能力的前提，是人类进一步发展的手段。

另一方面，则使得许多问题必须依靠全人类的共同合作和共同努力才能够予以解决。人类已经具备了最大限度地实现这种价值共享的技术条件，也具备了共同解决一些人类共同问题的技术条件，现在存在的主要是观念认识和制度上的问题，是观念上的障碍和制度上的障碍的问题，是如何处理民族主体与人类主体、民族价值与人类价值的复杂关系问题。互联网的出现，既为文明成果的扩散和共享提供了最适当的手段，也对传统的民族意识和国家畛域提出了严峻的挑战。我们完全有理由相信，以互联网为依托的电子通信、电子商务、电子货币、电子办公室、电子会议、网络社区、网络文学、网络艺术、电子游戏、电子图书和数字化图书馆等，将会彻底地瓦解那些专制国家的意识形态樊篱，极大地撞击和改变着人们固有的身份意识、民族观念。它将引起人类生活方式方面的极大革命，也引起思维方式和情感方式的一次深刻变革。这场变革才初露端倪，其发展前途无可限量，引起的影响也是我们现在很难估量的。但可以肯定的是，它是朝着世界更加一体化、各民族融合的方向行进的，是朝着文明成果最大限度地共享的方向行进的。

世界性的普遍交往，将不同民族的价值体系置放在同一个时空中，置放在同一个平台上，这里既有民族特性问题，也有时代性的差异问题，它们交织纠缠在一起。若无相当理性的态度和科学的客观的分析方法，是无法将之剥离开来的。自然形成的一定的民族情感和贬外排外情绪，又与爱国主义情结纠结在一起，更是增添了客观分析的困难。正因为这些缘故，就使得在世界一体化的进程中，价值观念和价值体系的摩擦和冲突成为一个带有普遍性的突出的问题。

大致说来，当今世界上的价值体系，从性质上可以分为三类，第一类是发达的资本主义价值体系，为发达国家所持有。第二类是社会主义的价值体系，为社会主义国家所坚持。第三类是半封建半资本主义的价值体系，为许多经济落后国家和民族所持有。当然，这只是一种一般的说法，因为每个民族和国家，其价值体系都不是纯粹的单一的，而往往是多样的，而且不同的资本主义国家，其价值体系也都具有很强的民族色彩。按照美国作家宾克莱在《理想的冲突——西方社会中变化着的价值观念》一书中介绍的情况，西方资本主义社会中就大致有存在主义的价值观念、马克思主义的价值观念、人本主义的价值观念和宗教神学的价值观念，这几种价值观念为不同的人群所信奉。按国内一些经济学家的研究，当今发达国家的市场经济，也可以分为英美模式、法国模式、德国模式、日本模式等，这些模式也可看作不同的价值体系的表现。社会主义价值体系同样也有多种样式，欧洲一些国家所谓的民主社会主义、人道的社会主义，在苏联解体以后形成的那些独联体国家，社会主义观念仍然有相当不少的信奉者。

每一种价值体系，每一个民族的价值体系，都具有一定的自足性，相应地也都有一定的排他性。即使在基础层面即物质器具层面，具有相当的相同或一致，在精神层面也是各有自己的特点，各有维护自己合理性的一套机制和理由。观念的东西与实际利益一道，构成了一定民族的立场和态度，规定了它们所采取的行为和政策的倾向。这样，在国际交往中，不同民族国家的价值体系之间就形成了一定的隔碍、碰撞、对立。即便一些民族因为实际利益所致，不得不采取依附强国的政策，这种文化性的冲撞也是难免的。

在当代世界的各种价值体系的碰撞中，比较具有重要意义的是这么三种碰撞。第一种是社会主义价值体系与资本主义价值体系的碰撞，这是自从社会主义理论产生以来就存在的，到社会主义阵营建立时达到最尖锐化，苏联解体后大大趋于缓和。社会主义价值体系是作为资本主义价值体系的对立物而出现的，它的核心是以消灭阶级和剥削而实现的社会平等、共同富裕与人的自由全面发展的理想，这一点恰恰是以资产私有制为基础的资本主义体系所不容的，彼此是截然对立的。资本主义阵营把社会主义当作一种异己物来看待，竭力对之进行封杀，对社会主义国家实行经济封锁、武装干涉，社会主义国家也极力防止资本主义和资产阶级思想的污染。苏联解体以后，国际社会主义运动陷入低潮，但社会主义的价值体系并没有消失，一些资本主义国家的理论家所谓的"不战而胜"也不过是他们自己的一厢情愿的说法。中国改革的巨大成功，社会主义市场经济和中国特色社会主义道路的开辟，具有重要的国际意义。中国与西方发达国家虽然在搁置意识形态分歧方面达到了某种共识，但西方不少战略家仍以中国作为最大的潜在敌人，竭力为中国的发展设置障碍。

第二种是发达国家与发展中国家的价值体系的冲突。毫无疑问，发达国家借着它们经济上、政治上和文化上的优势，也借助于现行的不平等的国际经济政治体系，总想把它们的价值观念强加给广大发展中国家。它们的许多经济援助都是带有附加条件的，是符合它们的战略利益的。而在广泛参与国际交往的过程中，发达国家在经济发展、政治秩序、大众生活等方面的优势都势必对发展中国家的价值体系形成巨大的挑战。在现代通信和交通条件下，这种挑战是全方位的。电视、广播、电影、报纸、杂志、进口商品、外国企业、归国留学生，从各个方面介绍着发达国家的生活方式和价值体系，使得落后国家的国民普遍形成了一种崇洋心理、崇西心理。向往西方的自由民主的生活方式，向往西方国家的物质生活水平，并以此作参照来批评本国本民族的传统和现行政治。高工资、高待遇，使得发展中国家培养出来的人才许多都流向发达国家，流向了这些国家在发展中国家开设的企业和办事机构，使得人们普遍地以此为荣，竞相效仿。

在这个过程中，发达国家的一些价值观念得到了普及和认同，获得了许多的信奉者。这种倾向引起了发展中国家当局的重重忧虑，竭力弘扬爱国主义，唤醒人们的爱国主义情结和良心以抵挡外国文化的侵入。在这场文化战中，如同在经济战场上一样，发展中国家无疑是处于劣势的一方，是处于防守地位的一方。发展中国家既要开放国门，吸取西方发达国家的先进的科学技术和管理经验，积极招商引资投资办厂，借鉴西方国家的一些价值观念，又必须注意保持自己民族文化的传统，增加国民的凝聚力，实现本民族的现代化。如何在二者之间保持一定的平衡和张力，实在是一个十分头痛十分棘手的问题。

尽管发展中国家在与发达国家的交往中处于劣势，但决不能小视文化和价值观念的民族性的作用。这种民族性，在经济有了一定发展、物质生活需要得到了适当的满足之后，会强烈地表现出来。任何文化，任何价值观念，都是在发展中保持自己的生命力的，没有创造性的重建，没有在广泛吸取外来文化基础上形成的综合和创新，那这种文化就不会得到其他民族的充分尊重和肯定，不会在人类文化的大花园中有自己的一席之地。

第三种是人类性的普遍价值与民族价值之间的矛盾。在前世界历史时代，各个民族国家都在孤立的地域中自行发展着，这种状态形成了人们的狭隘的眼光，都把自己的价值体系、价值观念当作最合理的，是代表着人类的或简直直接就是人类的价值观念。而到了全球化时代，普遍交往使得各个民族国家都超越了原先的狭隘的眼界，懂得在自己之外还有其他民族国家，所有这些民族国家构成了人类，彼此都是人类的一部分。

这是一方面，可在另一方面，由于各个民族发展的不平衡性，那些发达国家，借助于自己的先发之利或作为发达国家在各个方面占有的优势，竭力把自己信奉的价值观念和本国的价值体系，说成具有普遍性意义的价值观念和价值体系，亦即代表着当代人类的先进的价值体系，甚至搞一种文化霸权主义。这个问题往往与上述的两个矛盾纠缠在一起，不仅在发达国家那里如此，就是在不发达国家那里也是如此，在发达资本主义国家是如此，在社会主义国家也是如此。这就增加了问题的复杂性，尤其是在民族情绪高涨的情况下，更是如此。

如前所述，全球化时代所面临的全球性问题，使人类主体、人类利益变成了一种感性的经验事实，同时，国际性普遍交往所需要的一些规则、规范也在一定程度上消解、超越至少是限制了国家主权至高无上的观念，把人类文明和普遍价值的观念凸显了出来。毫无疑问，在当今的国际交往中，国家仍是主要的交往活动的承担者和主体，是国际协约和一些交往规范的签约人和责任人，国家主权还是一个基础性的概念。但同样毫无疑问的是，在处理一些全球性问题和共同事务的过程中，在确立国际协约或协商各个国家应负的责任时，人类利益、人类前途都是一个最重要的立论前提。这实际上就是承认存在一些人类的共同价值、共同利益，也可以形成一些各个国家都普遍适用的价值规范，而正是这些共同价值、普遍规范，形成了各个国家追求自己特殊的价值的一种边界和限制，也是对国家主权的一种限制。人类文明的发展，需要有各个民族文化和价值体系的多样性存在作为前提，同时也需要以一定的统一的共同规范和理念作为指导和约束，这两个方面缺一不可。

现在的问题是，这些体现着人类共同利益和价值、体现着人类发展方向的理念、原则、规范等，不应该也不能够由某个国家来宣布来确定，某个思想家或组织的声明或规定也不作数，它们是由人类发展的实践、各个民族共同发展和交往的实践所实际规定的，是由各个民族国家经过共同的探索和一定的对话、协商、讨论所确定的。任何自认为能够代表人类进行发言能够规定这些共同价值的国家和行为，把自己认同的人权标准强认为是人类共同标准，并以此强加于人甚至干涉别国内政的行为，本质上都是一种专制主义、霸权主义的表现，也是必然要引起别的国家的反对的。

这些矛盾的解决必然是一个长期的艰难的过程，是与各个民族通过全面交往、交流、融合的实践联系在一起的。交往越是广泛、越是全面、越是深入，产生的共同利益就越是彰显和扩大，彼此的了解也越是合理和全面。随着全球化的发展，特别是随着互联网出现后向生活各个方面的渗透，不同民族、不同制度之间的相互借鉴彼此融通越来越明显和突出，民族间的通商、通婚、通话引起的融合将会大大加速和加深，民族的界限、国家的界限将出现越来越弱化的趋势，人类共同体越来越成为直接的经验事实和普遍观念。

从另一方面说，全球性问题，作为人类活动的许多巨大的负价值、负效应，如能源危机、环境污染、生态危机、人口危机、土地危机等，核扩散和泄漏的危险，人类灭亡的危险，引起了各个民族的普遍的真实的焦虑，人们才第一次真实地感受到了这些问题的严重性，才普遍注意到了这些对象的巨大负面价值。人们从来没有像现在这样，意识到我们同属于人类，我们都是人类的一个部分，我们人类是一个整体，我们只有一个共同的地球，任何对地球、对环境的损害，都是这样或那样的对人类自身的损害，而要解决这类问题，只有彼此团结起来共同行动才能奏效。人类确实因为这些问题而变得比过去成熟、比过去理智了，人类再也不能、也不敢像过去那样盲目地糊涂地行动了。许多国际性的协议，许多国际性的和平组织，就是在这样的背景下产生的。

我们相信，各个民族、各个个人的世界性普遍交往过程，各个民族国家团结起来联合起来共同解决全球性问题的过程，也是各种价值体系、各种不同民族的价值体系相互对视相互比较相互碰撞相互融合的过程，是人们把自己从民族性的个人上升到世界性的个人并以此作为自己评价和选择的价值标准的过程。在这个过程中，以人的自由个性、每个人的全面自由发展为核心理念的社会主义价值体系，会越来越得到更多的人、更多的民族的认同和服膺。这将是当代价值体系演化的总的趋势。

马克思早就预言过，社会主义、共产主义的事业只有在世界性普遍交往的条件下，在个人成为世界历史性的、真正普遍的个人的条件下，才能成为经验的事实。① 因为只有通过这种世界性的普遍交往，人类的共同生产力才能在世界性分工和协作的基础上极大地发展起来，也为人类掌握这种共同生产力、扬弃其异化状态创造了必要的条件。与此相适应，人们才能超越地域的、民族的、阶级的狭隘眼界和局限性，越来越意识到民族之间、国家之间各自为保护自身利益而引起的军备竞赛、商业竞争等是多么的无谓，形成了多大的财富和资源的浪费，人们才能普遍地意识到人类社会一直以来盛行的那种弱肉强食的竞争是多么荒谬。这种状态的本质，表明人类还处于一种动物式的依照丛林原则而生活的状态，是处于一种真正的人的历史的史前史状态。共产主义作为真正的人的历史的开始，既是生产力发展的内在必然，也是人的发展的内在要求，无论经过多么漫长的时期，无论需要经过多么艰难曲折的过程，最终总是一定要实现的。

① 《马克思恩格斯选集》第 1 卷，人民出版社，1995，第 86 页。

附录一
当代中国价值哲学研究[*]

改革开放以来，中国的哲学研究有了长足的进展，其中价值哲学研究构成了一个很重要的方面，并对哲学研究的其他领域产生了很大影响。回顾我国价值哲学的发展历程，总结经验，展望前途，对于促使我国价值哲学的深入发展，进一步促进当代中国人的文化觉醒，无疑具有重要的意义。

一　改革开放以来研究历程的总体回顾

当代中国的价值哲学研究，是伴随着实践标准讨论和思想解放运动的深入而兴起的。实践是检验真理的唯一标准，本是马克思主义的基本原理，但长期遭到遗忘和违背，实践标准的重新提起，以理论话语的形式揭示了当时中国的现实政治矛盾及其思想根源，在长期以集

　＊　本文系作者与李德顺合作，原载于《社会科学战线》2009 年第 1 期，标题是《当代中国人的文化觉醒》。收入本书时有改动。

中统一为旗号的思想僵化观念禁锢的大堤上打开了第一个缺口，为颠覆教条主义统治恢复实事求是的思想路线奠定了坚实基础。应该说，在实践标准讨论的初期，其政治意义远大于其理论意义，但随着讨论的深入，思想解放的大潮在冲毁"两个凡是"的教条之后，向一切束缚和禁锢人们思想的教条，特别是向作为各种教条的基础和根源发起了冲击。在这场空前规模的思想解放运动中，哲学的反思批判功能得到比较充分的发挥，哲学家们成为思想解放运动的排头兵。当许多人还停留在确立实践标准是最高权威这个层次的时候，哲学家们开始反思和挖掘这个基本原理为什么会被长期遗忘和违背的原因，反思长期以来人的价值、权利和尊严被忽略被轻视甚至被践踏的根本原因，进一步反思受苏联影响很大的"正统的"马克思主义哲学教科书体系存在的重大缺陷。当代中国价值哲学就是在这种背景下兴起的。

一般认为，杜汝楫先生 1980 年在《学术月刊》第 10 期发表的《马克思主义论事实认识和价值认识及其联系》是我国价值哲学的开山之作。自此开始至 2009 年，据不完全统计，我国出版的价值哲学著作，包括翻译的著作和论文集，已达百部之数，发表的论文数以千计。尽管其中难免有良莠不齐和低水平重复的现象，但这样的爆发力度和庞大的规模，实在是世界各国都很少见的，它从一个侧面反映了整个社会对价值哲学的思想需求和理论界的关注程度。

此外，自 20 世纪 90 年代始，新编的马克思主义哲学教科书，大都吸收和增加了价值论方面的内容；许多著名大学都开设了价值哲学课程，并招收价值论方向的硕士研究生和博士研究生；继中国社科院成立了价值理论研究室之后，北京师范大学成立了"价值与文化研究中心"，并成为教育部重点科研基地，还成立了"中国价值哲学学会"。这些组织的成立和措施的实施，不仅为价值哲学研究提供了组织的和人才的支持，也为优化研究选题和合理配置研究力量提供了条件，中国价值哲学之所以能够持续地保持强劲发展的势头，与此都有着密切的关系。同时，《哲学研究》《人文杂志》等杂志也都为开展价值哲学起到了非常重要的作用，从1986年哲学研究编辑部召开"价值与认识"研讨会开始，已连续十次召开全国性价值问题研讨会，2006年中国价值哲学学会成立之后，由以前的不定期召开变为每年召开一届价值哲学年会。另外，中日价值理论研讨会开过四次，其中有一次在日本举行。世界价值哲学研讨会在国内召开过三次，多人多次参加世界哲学大会价值哲学圆桌会议和"世界价值探索学会"在美国和西班牙组织召开的国际研讨会，中国的价值哲学研究已经成为全世界价值哲学研究中的重要力量，一些重要观点都为国际同行所认可，产生了国际性的影响。

当代中国价值哲学研究总体上呈现出这么一些特点。第一，它是反思"文化大革命"的整体性错误及其哲学思想根源的产物，是实践标准讨论引发的思想解放运动的结果，所以在一开始就比较注重现实的人的需要，特别是个人需要在价值理论中的重要地位和作用，与中国传统的重义轻利、重集体轻个人、重统一轻差异的价值观念相比，显示出明显的重利益、重个人、重价值和价值观多元性的特点。

第二，它主要是在马克思主义哲学理论的范围内展开的，到目前为止，从事价值哲学研究的也主要是或大多是属于马克思主义哲学研究的学者，由此决定了它一方面一直以马克思主义哲学的基本立场和方法作为指导思想，比如坚持价值的客观性，坚持评价是对现实价值运动的反映；另一方面又力图将价值哲学研究与马克思主义哲学体系创新结合起来，寻求价值论在哲学基本原理中的合理定位。

第三，与当代中国正处在社会转型时期、各种价值观都在极力表现自己、社会价值观念比较庞杂混乱这一现实情况相联系并受之规定，当代中国价值哲学研究表现出很强的关注现实的理论旨趣和倾向，自觉意识到自己的历史使命，并直接参与到促进价值观念转变和文化变革的过程当中。价值哲学研究在理论上极大地促进了对实践、主体性等重要哲学问题的认识，极大地促进了思想解放运动的深入，促进了整个社会的思维方式和价值观念的转变。作为一个哲学研究领域，能够得到持续的繁荣和发展，与这一点是分不开的。

二　讨论和争论的主要问题

任何一门学科的发展，都有赖于不同观点之间的争论和相互辩驳，正是这种争论，激发了新的思想，促进了研究的深入。价值哲学发展也不例外。下面我们就这些年来讨论和争论的主要问题分三个题目作一简要述评。

（一）一个哲学领域的发现

众所周知，我国传统的马克思主义哲学教科书受苏联哲学教科书体系的影响，其内容基本上是由对各种规律的叙述或论述构成的，价值问题一直成为马克思主义哲学的一个禁区或"盲区"，极大地影响了马克思主义哲学与现实生活的联系。当代中国价值哲学的研究，首要的贡献就是突破这个禁区或盲区，由此开辟了一个新的哲学领域，提供了一种观察世界观察问题的新的视角。

1. 价值与实践和现实生活的关系问题

价值问题原本就是实践和现实生活过程中人们必然要接触要处理的基本问题，由实践标准讨论引起的对现实实践活动的关注和深入思考，必然地引起人们对价值问题的探索，这本身也就是对长期被遗忘的实践活动主体性的解蔽和澄明，是对马克思最强调的从现实的人出发的基本立场的回归。这是总的倾向，在具体观点方面还是存在一定分歧和争论。

比如，在关于目的能否作为检验实践成功与否的标准的争论中，反对者认为，目的本质上属于主观的东西，如果以目的作为检验实践成败的标准，就会与唯心主义划不清界限。支持者则认为，在现实生活和语言习惯中，成功和失败原本就是以是否实现了预期目的来定义的。离开了目的性来讨论实践和实践的成败，实际上是脱离了实践的主体性来抽象地理解实践本身，是一种"伪实践"或对于实践的"伪概念"，这也正是长期以来在实践问题上陷入误区的根本原因。

再如，受长期盛行的混同主体性和主观性的观念的影响，许多人都认为人的需要和目的都是主观的，总害怕一强调需要和目的的作用，就会陷入唯心主义。价值论研究兴起后，许多论者论证了主体需要和价值的客观性品格，认为目的作为行动结果的超前反映形式，其形成既取决于主体对客观规律的认识程度，也取决于主体对自身需要和能力的具体把握，是现实实践活动的核心的支配性的要素。而目的的形成本质上是一种价值选择的结果，在实践过程中主体根据需要满足的情况和目的的实现程度对实践目标和实践手段等进行不断的评价和修正，这本身就是实践不断发展的过程。简单地划分主观客观，机械地坚持客观决定主观的模式势必无法合理理解这种现实生活和实践的复杂过程。

2. 价值与真理以及价值真理的问题

价值论研究最初是从认识论的视域出发的，因此关于价值真理概念是否合法或有无必要性，就成为我国价值哲学研究的第一次全国范围的争论。对价值真理持支持意见的同志认为，价值现象无论多么复杂，多么与事实有差别，价值认识也是对价值现象的反映，因此也就有一个反映得对不对的问题，符合价值的真实情况和运动规律的价值认识，就是价值真理，反之就是谬误。他们认为，以往的真理概念，只涉及对事实的认识，是不全面的，还应该用价值真理概念来进行补充。提出价值真理概念的意义，就是要提醒人们，在价值认识中，同事实认识科学认识一样，也要坚持实事求是的原则，也要有坚持真理修正错误的科学态度。

而反对意见则有两种，第一种认为，同一客体对不同主体具有不同的价值，所以价值认识本身就是不一致甚至是冲突的，不同主体都认为自己的价值认识是正确的，并据此来进行选择和实践，如果承认价值真理，就必然否定真理的客观性，导致真理多元论和阶级真理论。这是坚决反对价值真理概念的学者的意见。第二种则认为，同一客体对不同主体具有不同的价值，这本身就是两种不同的价值关系，所以对这两种不同的价值关系的认识相互冲突，但实际上可以同真，因为它们说的不是一回事。只有针对同一个价值关系，如果出现了不同的且冲突的认识，那只能有一个是真理，这仍然是真理一元论。由此可见上述的反对意见其实不能成立。但真理作为一个认识论的最高范畴，对一切现象无论是自然现象还是社会现象的认识都适合，对事实认识和价值认识也都适合，因此就没有必要再提出什么价值真理的概念，正如没必要区分社会科学真理和自然科学真理一样。

3. 马克思主义价值论的合法性问题

对马克思主义哲学包括不包括价值论，或者马克思主义哲学应该不应该有自己的价值论，人们的意见其实是不一致的。尽管当时没有人公开质疑马克思主义价值论的合法性，但持观望或怀疑态度的也不在少数。这方面的讨论或争论主要集中在如下问题上，如何理解马克思关于价值概念的一段话，怎样看待哲学意义上的价值概念与经济学意义上的价值概念的关系。

在早期的价值论文章和著作中，许多论者都引用过马克思的一段话" '价值' 这个普遍的概念是从人们对待满足他们需要的外界物的关系中产生的，"[①] 以之作为马克思主义哲学关于价值定义的经典依据。1987 年 1 月 5 日的《光明日报》发表郝晓光的文章《对所谓普遍价值定义的否证》，作者认为，马克思的这句话是讽刺瓦格纳的，

---

① 《马克思恩格斯全集》第 19 卷，人民出版社，1963，第 406 页。

而不是马克思本人的意思，恰恰是马克思所反对的。在他看来，马克思主义只有一个价值概念，这就是经济学价值概念，马克思主义价值论也就是商品价值论。此文发表后引起很大反响和争论。许多人不同意赫晓光的观点，认为马克思反对从使用价值中抽象出（经济学的）价值概念，认为价值不包含任何一个使用价值的分子，他批评瓦格纳混淆价值与使用价值的差别，"按照德语的用法"将使用价值称为价值，但这里的价值只是经济学意义的价值。说马克思主义只有一个价值概念，本身就是一种独断的说法，因为马克思、恩格斯、列宁等都在非经济学的意义上使用过价值这个词。即使马克思没有使用过哲学意义上的价值概念，也不等于说我们就不能研究哲学价值，马克思主义哲学要根据实践的发展而发展，就包括增加一些新的概念新的命题。只要我们坚持马克思主义的基本立场和方法，遵循马克思主义的基本思路，这些新的概念命题就仍然是马克思主义的。马克思主义美学、马克思主义伦理学，都是按照这个原则构建的，马克思主义价值论同样有其合法性。

（二）厘清基本问题和概念

厘清基本问题和概念，对于任何一门新建立的学科分支或门类都是很重要的基础性工作，在这一方面，学者们讨论了如下的一些问题。

1. 哲学意义的价值与经济学价值的关系问题

如前所述，在马克思主义哲学中之所以长期对价值问题采取一种摒弃或回避的态度，其中一个重要原因，就是马克思在政治经济学中已经确立了科学的价值概念，并得到了极大的普及和认同。因此，要建立马克思主义哲学价值论，一个重要工作就是辨析清楚哲学意义上的价值与经济学意义上的价值的关系。但这个工作又非常繁难，国内学者主要采取了两种不同的策略。

第一种是比较简便的合理限定的策略，就是将二者区分或隔离开来，只要人们不把它们混同就算达到了目标。论者们认为，经济学的价值概念有其特定的范围、角度和功能，就是为解释和理解商品及其交换提供一种统一的尺度，这里所谓的价值就是商品的价值，是商品中凝结的人类抽象劳动。而哲学意义上的价值则立足于主客体关系这种人类实践生活中最普遍的关系，着重要说明人的自主选择的根据问题。二者是完全不同的概念，没有必要非把它们统一起来。强求统一，就会给自己设置很多麻烦。

第二种策略则是试图打通它们之间的关系，进行一种统一的界说。认为不仅使用价值与哲学的价值是一种个别和一般的关系，就是商品的价值与哲学的价值也是个别和一般的关系。商品的价值是对交换价值的抽象，是交换价值的根据，而交换价值说到底就是能够进行交换的价值，这是一种特殊的使用价值。劳动是一切价值的源泉，这对于经济学价值和哲学的价值都是适用的。

2. 价值的本质特点与价值标准

现代价值论在西方兴起之后，对价值现象的本质到底如何规定，形成了明显的差别和对立。这就是价值主观论和价值客观论。国内学界对价值本质问题的研究，既受着西方这些思想的影响，也力图解决它们久争不息的问题，将价值本质的认识推进一步。

国内绝大多数论者都坚持价值客观论的观点，反对价值主观论，但与西方的客观论不同，第一，我们说的客观性不是那种独立于人、与人无关的自然客观性，而是与人的实践生活紧密联系可又不以人的意识为转移的客观性；第二，批评把价值当作客体自身属性的观点，认为价值本质上是主客体之间的一种特殊关系，这种关系是社会的历史的决定的，也是可以通过感性经验来确认的；第三，价值因人而异、因时而异，表现的不是价值的主观性，而是价值的主体性。价值的主体性构成了价值区别于事实的本质特征，也是理解价值现象特殊性的深层根据，是理解价值客观性、社会历史性、相对性和绝对性的枢纽。

上述几点可以说国内学者基本都认同的，有争论的是如何规定价值和价值标准。主流观点是以人的需要为价值标准，凡是能够满足主体的生存和发展需要的，就是有价值的。这种观点被概括为需要价值论。有的学者对此持批评意见，一种意见是不能以需要作为价值标准，而应以需要被满足的结果即效应作为价值的定义，也是价值的标准，理由是需要有健康不健康正当不正当之分，并非所有满足需要的都是有价值的，需要有主观性，效应才是客观的。另一种意见则认为以需要作为价值标准，使得价值概念缺失了本质性的超越性维度，只有超越需要价值论所体现的那种世俗性和经验性色彩，才能真正彰显价值作为意义的那种提升人的精神境界的作用。坚持需要价值论的论者则认为，需要是人的本性，是人的本质力量生成和发展的动力机制，也是人的本质力量的发展水平的确证；需要不单是物质需要或肉体需要，更包括了精神需要，不单是个人需要，也包括了群体需要和社会需要，构成了一个非常复杂的多层次多维度的体系，其中个人需要和社会需要、物质需要和精神需要、生存需要和发展需要、长远需要和眼前需要、整体需要和局部需要构成了把握需要体系的几个重要关节点，也是主体衡量一种需要是否合理是否健康是否正当的重要依据。上述的两种反对意见，都是没有真正理解需要的本质的表现，需要本身就具有超越性，是对当下状态和条件的超越性的表现。效应论者不懂得，效应并非是自明的东西，更不是终极的东西，一种效应是正效应还是负效应，是积极效应还是消极效应，从其自身并不能得到说明，只有借助于是否真正满足了人和社会发展的需要，才能得到解释。总之，只要对需要体系达到了科学的理解和认识，这些问题都是不难解决的。

3. 价值分类，人的价值及其在价值体系中的地位

在价值分类方面，一种观点认为，价值是多元的，具体存在形式多种多样，可以从多种角度进行分类。这些分类都具有自己的意义，有自己的合理性。另一种观点则认为，分类不单是要明确不同价值的差别，更还需要标明不同价值的高低秩序，中国传统认为，义高于利，公利高于私利，甚至义的价值高于生命的价值；仁和义的具体含义可因时代而不同，但这个位置关系则是确定不变的。在持这种观点的论者看来，圣、美、善、真、利，大致可以看作价值的基本秩序。

关于人的价值问题，争论最多也最大。论者们大都认为人的价值是所有价值中最高的价值，最核心的价值，问题在于如何理解人的价值。一种观点认为，从价值的一般规定上看，人的价值是指作为客体的人对于作为主体的人的生存和发展需要的满足关系。这里的主体和客体都是多层次的，有人类、民族、阶级、集团、个人等，相互间形成非常复杂的价值关系。个人的价值是人的价值的典型形态，对于个人的价值来说，个人的存在、活动及其结果，满足了社会需要就具有社会价值，满足了自我发展的需要，则具有自我价值，人的价值就是自我价值和社会价值的辩证统一，也是目的价值和手段价值的辩证统一。这种观点是多数人同意的观点。反对意见认为，上述观点是把人首先作了客体化的处理，似乎人作为主体就没有价值，这暴露了按照主客体模式处理人的价值的局限性。在如何规定人的价值方面，他们认为，人的价值就是人自身，最根本的就是人道价值，如生命、尊严、自由等，这是人自身固有的，是内在价值，目的性价值，不能用满足需要的模式来说明。

另一种观点，认为人的价值是实在性价值和规范性价值的统一，因此既需要从主客体关系的角度来进行规定和理解，还需要从主体间关系和文化的角度来理解。从实在性价值的角度看，人的价值是创造

价值的价值，无论社会价值还是自我价值，都有大小高低之分，是不平等不等值的，但从规范性价值的角度看，人的价值就应该是平等的、生命、尊严、自由等人道价值实际上都是规范性价值，不能从实在性价值的角度去获得合理的理解。但这些价值也不是人内在固有的，恰恰是在历史和文化发展到一定阶段才提出来并作为一种价值观念为人们所认可和接受的。

4. 价值与评价的关系，评价与价值认识

价值与评价的关系是价值哲学中的一个基本问题，价值客观论和主观论的分歧实际就是根据如何回答这个问题而形成的，如承认评价是对价值的反映，价值不以评价为转移，就这样那样承认了价值的客观性。相反，如果认为价值是评价的结果，以如何评价为转移，就是价值主观论。国内学者在评价问题上大都坚持评价是对价值反映的观点。

存在争论的是，第一，价值能不能离开评价而存在？一些人认为，既然价值是客观的，那就能够离开评价而独立存在，即使无人评价，或者说主体对某些价值一无所知，这些价值也是存在的。比如，放射性对人的健康有负价值，即使人们没有意识到这种危害，这种危害也是存在的。另一些人则认为，价值作为一种意义，总是以一定的价值意识和评价为存在的条件，在评价中被把握被显现，如无评价，就意味着人们与事物的价值之间建立不起对象性关系，自然也就不存在这种价值。再好的音乐对于不懂的音乐的人来讲也没有意义，就是这个道理。

第二，评价标准与价值标准的关系。一种意见认为，评价标准是意识到了的需要，归根结底是主体的需要，评价标准与价值标准是内在统一的。另一种意见认为，需要是价值标准，而评价标准从其直接的意义上看则是价值观念，这种价值观念是否反映了价值标准，即是否真正把握住了主体的需要，则是很复杂的事情。而且越是在远离实

际感性物质生活的思想领域，价值观念背离实际需要的可能性就越大。所以有必要区分二者。

第三，评价与价值判断的关系。一种观点认为，评价就是价值判断，是对一定事物有没有价值有什么价值的判断。另一种观点则认为，评价的外延不仅比价值判断要大得多，而且性质也不相同，评价是一般，价值判断则是评价的一种具体形式，是理知层面的评价形式。在情感层面甚至下意识层面，都存在评价活动，这些评价形式就不能称为价值判断。

第四，评价是不是价值认识？一种意见认为，评价就是对价值的认识，因此认识论中关于感性、知性、理性关系的规律在评价中也都是适用的，评价的最终目的也就是要掌握价值真理。另一种意见认为，传统的认识论本质上只是认知论或知识论，它以科学认知活动为原型，是对人类认知过程的一般规律的研究。但由于它僭越了合理的界限，把人类复杂多样的精神活动都当作认知活动，都压缩到一个平面来处理，因此就歪曲了精神活动的实际情况。如果说对价值的理论探索属于价值认识或认知，那么评价则与认知有着质的区别，把评价混同于认知，等同于价值认识，实际就取消了价值论的独立地位。

5. 价值观念及其结构

对价值观念的研究是价值论与现实生活直接相互作用的一个重要途径，也是参与人数最多争论最为激烈的一个领域。这方面的主要争论如下。

（1）关于价值观和价值观念的概念。第一种观点认为，二者是一回事，价值观就是价值观念的简称或通俗称谓，就是人们对价值的基本观点。第二种观点则认为，不能将价值观与价值观念等同视之，价值观主要是指理论上对于价值问题的基本观点，如价值是主观的还是客观的，价值与事实是什么关系，价值观念则是人们在实际评价过程中持有的关于好坏、利弊、善恶、美丑、应该不应该、正当不正当的标准或理由，简言之是价值评价的标准的总和。二者不是一个层次，性质也不相同。虽然在世俗的用法中，可以把价值观看作价值观念的简称，但在理论研究中必须将二者区分开来，否则就会在理论研究中造成不必要的混乱。第三种观点认为，虽然从理论研究的角度说应该将价值观与价值观念区分开来，但在实际研究中二者总是纠缠在一起，对价值的理论探讨、概念规定与对价值的态度分不开，我们不能无视这个基本事实。他们认为，价值观可以看作人们对价值的基本观点和对基本价值及其优先顺序或高低等级的看法。

（2）关于价值观的本质和形成特点。国内学者都坚持能动反映论的基本观点，认为价值观是在实践和社会生活的过程中生成的，是对现实的价值运动状况的反映，随着社会生产方式和生活方式的变化，价值观必然发生相应的变化，价值观受社会生活的制约，同时又给予后者以积极的反作用。但具体看法又有不同。一种观点认为，价值观念和价值意识的形成，以实践和生活阅历为基础，同样符合从感性认识到理性认识发展的规律，同时文化传统和教育在其中起着十分重要的作用。另一种观点认为，价值观的产生与知识的产生过程具有不同的特点，个体的体验在其中具有最重要的作用。因此，有必要区分社会价值观与个人价值观，区分社会的价值导向与实际的价值取向，价值导向更多地由文化教育、宣传等来执行，而价值取向直接与社会制度安排相关联并受其规定，对个人形成自己的价值观有着更为根本的作用。

（3）关于价值观的结构，大致有这么几种观点。第一种观点认为，价值观由价值原则、价值理想、价值规范三个层次构成，价值原则规定了价值的起源、根据和最终尺度，价值理想是对最高价值的信念和信仰，价值规范则是由理想和最终尺度所规定的遍布于生活各个方面的评价标准。第二种观点认为，价值观是一个复杂的系统，可以划分为四个子系统，这就是目的系统、手段系统、规则系统和制约系统，它们共同起作用，形成人们判断、选择、追求价值的范型和定式，对个人成为什么样的人起决定性的作用。第三种观点认为，对于价值观不仅有必要区分社会的和个人的价值观，也不仅要区分社会主导性价值观和非主导性价值观，还应进一步区分价值观的深层结构和表层结构，或者叫核心和外围。表层结构由各种评价标准构成，适应社会生活复杂性的需要，深层结构则由主体自我定位和自我意识、对社会秩序的理想、对规范的态度、价值本位意识和实践心理模式等内容构成，比较不同性质的价值观不能仅仅限于具体规范层面，更需要深入核心层面，从深层结构上进行分析。

6. 价值论研究方法

对价值论研究方法的讨论和争论是自觉反思和研究深化的一种表现。当代中国价值论研究，出于多种原因，是从主客体关系入手开始进行对价值现象的分析的，而且显示了强大的解释力。到了 20 世纪 90 年代，一些论者对主客体方法提出了质疑，主要理由有：①主客二分的方法是西方近代哲学以来的方法，也是知识论研究的主要方法，自现代哲学语言学转向之后，受到很多批评，已经变得过时了；②运用主客体方法研究物的价值还可以应付，而对于人的价值则明显暴露出不足之处，比如无法解释人道价值问题；③价值现象是人文学科研究的重要内容，再沿用以主客体二分的科学认知主义方法，势必难以适合价值现象的特殊性，应该运用主体间方法、解释学方法，才能获得更好的效果。这种质疑当然有很积极的意义，但对于如何使用解释学方法等研究价值，并提出新的观点，这些论者并没有给出相应的成果，因此也遭到了不少人的反驳。主要是认为主客体二分方法虽然是近代哲学兴起的，但这与马克思主义哲学的主客体关系方法有着很大不同，不能将二者相提并论。在马克思主义哲学看来，主客体是人类实践的基本结构因素，主客体关系作为人与世界关系的哲学抽象，作为人类的对象性活动结构的哲学抽象，具有非常普遍的意义和适用性，对于理解价值现象不仅需要坚持这种方法，更还需要予以创新。

还有一种意见认为，我们不能把主客体方法和主体间性方法看作一种彼此对立的关系，而应理解为相互发明相互补充的关系。主体间关系理论的提出，确实丰富了对实践和现实生活过程的认识，解释学方法对于理解文化传承和传播的复杂性具有非常积极的意义，都可以成为研究价值问题的重要方法。这种意见还认为，价值论不同于认识论的一个重要特点，在于认识论以探索人类认识的基本规律为基本任务，把主体设想为单一主体，以主客体关系为核心关系，而价值论则以承认多元主体的存在为基本前提，这就为主体间方法的运用提供了广阔的空间。与之相联系，在价值观念的研究方法方面，解释学方法也大有用场。但这些方法的使用，并不以排斥主客体方法为前提，倒是各有长处，应该相互配合起来，才能对价值现象获得更好的理解和认识。

（三）关注时代的热点和焦点

关注现实问题和时代的热点和焦点，是我国价值论研究的一个重要特点，也是它能保持持久繁荣的一个重要原因。这方面讨论的问题有以下几点。

1. 价值理论研究与哲学体系改革

哲学体系改革是 20 世纪 80 年代中期就提出来的一项重大战略性任务。随着改革开放的全面展开，受苏联影响的传统哲学教科书的那种思路和哲学观都受到了质疑和挑战，已经不能适合时代发展的需要。价值论研究的兴起实际就是反思这种哲学体系的一个结果，本身就直接具有促进哲学体系改革的意蕴和作用。

第一，对价值问题的研究促进了对实践概念的深入全面的理解，揭示了人的主体性和人们进行实践的内在动力、实践观念的基本根据和出现相互冲突的实践的根本原因，开辟了认识人与世界关系的一个新领域，提供了一种新视角。

第二，提出了主体性概念、主体性原则、主体性现象等一系列新的范畴，澄清了主观性和主体性的区别，对于克服机械的、自然的和直观的唯物主义思维方式的缺陷，深刻把握马克思哲学革命的实质，具有重要的推动作用。

第三，突出了人的需要是人的本性这一观念，对人的价值尤其是对自我价值的讨论，为恢复和重视人在哲学中的地位以及物质利益在现实生活中的作用起了重要作用。

第四，对价值主体性及其多元性的揭示，对评价和价值观念的研究和争论，突破了知识论或认识论中心主义的局限，为哲学回归现实生活并积极作用于人们的价值观念转变和自主选择活动开辟了重要途径。

2. 当代中国价值观念的变革

改革开放的深入，引起了生产方式和生活方式的极大变化，相应地也引起了整个社会价值观念的极大转变，各种价值观念都表现了出来。在价值哲学研究中，价值观念研究持续地成为一个热点领域，相关的文章和著作大批涌现，也引起了很多激烈的争论。

第一，关于价值观念多元性与一元性的争论。改革开放后随着社会阶层分化和多元主体的出现，价值观念的多样性复杂性就比较突出和明显。面对这种现实，在哲学价值理论层面如何理解多样性与多元性的关系就成为一个突出的问题。一种观点认为，价值观念的多样性是一种现象形态，并不说明多样的价值观念都是合理的正确的，正确的东西真理性的东西只能有一种，而不能是多种，即不能承认价值观念多元化的合理性。承认价值观念的多元性，实质上就为各种错误观念的侵入和泛滥洞开了大门，是自由化和放弃思想战线斗争性的表现。

多数论者不同意这种观点，认为价值观念不同于理论认识，真理是一元的，多元真理论实际上是主观真理论，必须坚决反对，但对于价值观念就不能简单这么理解。价值的主体性、主体的多元性，决定了价值观念必然是多元的。多元与多样不同，在于不能相互归结或还原，多样性可以统一，多元性则意味着无法统一，只能通过对话协商而相互妥协相互限制。价值观念的多元化本质上是尊重主体权利的问题，是思想自由言论自由的理论基础。还有一种观点认为，对于不同的主体，价值观念必然是多元的，不能统一，也无须统一，但对于同一主体，则具有统一性或一元性，同一主体不能自己与自己打架。因此，在社会生活中，价值观念多元化是合理的，在国家主导价值观念方面，则不能多元化，必须有一个统一的核心和方向。

第二，关于价值观念转变的历史定位，道德滑坡和爬坡的争论。在主张价值观念应该一元化的论者看来，目前出现的人际关系冷漠、社会秩序混乱、贪污腐败盛行等，就是由思想混乱和价值观念混乱引起的，是容忍价值观念多元化的结果。道德滑坡论提出后，获得了不少人的认同，滑坡论一时成为一个使用率很高的词语。

与此同时，也有不少论者不同意这种观点并奋力反驳。他们认为，对于改革开放以来的价值观念的多元化的现象，要进行严肃的理论分析。市场经济作为多主体化的分散决策多元决策的经济形式，也为主体意识的普遍觉醒提供了坚实基础，在这种条件下，价值观念多元化是必然的，各种主体都有权利在法律允许的范围内按照自己对"好生活"的理解来进行自己的选择。至于当前出现的社会道德和秩序混乱等现象，不能将之简单归结为价值观念多元化的结果，因为这是各个国家经济转轨、社会转型时期的普遍现象，也是我国社会走向现代化过程中难以避免的现象。针对人们的思想混乱，强调加强思想教育工作和精神文明建设，毫无疑问是正确和必要的，但不能简单地以20世纪50年代的道德状况为标本，认为现在人们的道德水平出现了下降或滑坡。滑坡论是典型的今不如昔、厚古薄今的历史退化论的表现，实质上是用前现代的道德观念反对和否定以市场经济为目标的改革，是用自己推崇的那种道德标准否定别人有选择自己的价值观念的权利的表现，具有极大的危害性。

第三，关于价值冲突和价值观念冲突的争论。一种意见是把经济秩序社会秩序的混乱看作价值概念多元化的结果，是价值观念冲突的具体表现，因此，需要加强思想教育和管制，以防苏联的教训在中国重演。另一种意见则认为，对于具体问题要进行具体分析，特别需要将价值观念冲突和价值冲突区分开来，更不能把价值冲突简单地看作价值观念多元化及其冲突的结果。价值观念多元化是客观的普遍的现象，利益差别导致的立场差别也具有必然性，这是现代市场分工社会分化的必然结果，我们不能与这些东西较劲，而是应该着眼于深化改革和体制创新，使各种合理的利益诉求和观念意见有一个顺畅表达的机会，以便于矛盾各方相互理解通过协商和对话机制而达到矛盾的暂时解决。那种一遇见思想观念冲突就认为是正确思想与错误思想的斗争，一碰到矛盾就想通过消灭对方彻底解决矛盾的思路，明显已经过时并且是非常有害的，只能激化社会矛盾，妨碍改革开放的深入进行。

3. 全球化浪潮与文化安全问题

"冷战"结束之后，全球经济一体化成为一种潮流，带动了政治和文化的全球性对话和交流，在为中国提供发展机遇的同时也带来了很大的风险。面对这种全球化浪潮，一种观点认为，不能简单笼统地理解和宣传全球化这个概念和这种理念，而要对之进行分析，不仅要看到国际市场可以使生产要素在世界范围内自由流动，还要看到"资本流向世界而利润流行西方"的本质，对于政治和文化，更不能简单地使用全球化这个概念。社会主义意识形态和价值观念正受到严重冲击，受到国际势力有组织有计划的侵蚀和破坏，我们不仅存在经济安全和金融安全的问题，也存在严重的文化安全的问题，对此绝不能掉以轻心。

另一种观点认为，全球化是全面的，而不仅仅是经济全球化。作为落后国家，全面积极地参与这种全球化进程，主动与国际惯例接轨，是实现跨越式发展的战略性选择。在全球化时代要有民族文化安全的自觉意识，但真正的安全是自己的发展和强大，是积极进行文化体制改革和创新，解放思想，鼓励创作，用足用好各种文化资源包括传统文化资源，提高文化生产力，生产出大量的优质的精神产品，占领文化市场，在满足人们的精神享受需要的同时提升人们的思想境界，而不在于消极防御，处处设禁区。

4. 社会主义核心价值体系研究

进入 21 世纪以来，党中央因应时变审时度势，先后提出科学发展观、构建社会主义和谐社会、建设社会主义核心价值体系等一系列的战略方针，理论界热烈拥护积极响应，从各方面进行了深入研究，发表了大量的文章，也有一些有力度的著作出版。围绕对社会主义核心价值体系的理解，也存在一些不同观点。一种意见认为，这里所说的价值体系就是价值观念体系，核心价值就是核心价值理念，建设社会主义核心价值体系，是当前理论研究部门、宣传部门和教育部门的中心工作之一，也是维护文化安全的重要措施和行动纲领。

另一种意见则认为，价值体系是由价值观念（理念、理想）、社会价值规范、实际的价值运动构成的整体，它们相互制约相互配合相互作用，价值体系的现实运动和历史变迁都是由这三个方面或层次构成的。毋庸讳言，在当今中国，实际存在多种价值体系，尽管它们的地位和作用范围有很大不同，社会主义核心价值体系本质上是社会主义理念为核心的价值体系，是在全社会居于主导地位的价值体系。因此，建设社会主义核心价值体系，既要充分考虑到它的时代性和先进性要求，还得顾及它的民族性和包容性问题；既要注重核心理念的开掘和升华，更要注重它在社会规范和制度层面的具体体现。建设社会主义核心价值体系，绝不仅是理论宣传和教育部门的任务，而是全党全社会都要积极参与认真负责的事情，其中制度和机制创新最为关键，规范建设最为基础，价值观念层面也绝不是越理想越先进越好，更重要的是切合实际，管用，能收到实效。

三　有待深入研究的问题

（1）构建中国特色社会主义的价值体系与核心价值。这是一个总体性战略性的大题目，也是具有目标性指向的题目，其他的研究，在一定意义上说，都是为了建设中国特色社会主义价值体系服务的，也是为了实现核心价值服务的。中央关于社会主义核心价值体系的规定只是确定了一个框架，如何具体化仍有许多工作要做。比如，如何厘清社会主义核心价值体系内部各个方面各个环节的合理关系？社会主义核心价值体系与社会主义制度的优越性是什么关系？如何分析现存的其他价值体系的必要性并促使其与社会主义现代化事业相适应，为维护社会稳定民族团结服务？如何缓解和化解各种价值体系之间的紧张，使之成为改革开放的助力而不是阻力，成为维护社会稳定和促进人的全面发展的条件？等等。离开对这些问题的深入细致的研究，建设社会主义核心价值体系就可能沦为一句口号。

（2）科学发展观的价值结构和逻辑。从价值哲学的角度对科学发展观进行观照，应该说还存在许多需要进一步研究的问题。比如，科学发展观与构建和谐社会是什么关系，与建设社会主义核心价值体系又是什么关系？在社会主义核心价值体系中人的自由全面发展是不是最核心的理念？经济发展、社会发展、环境发展和人的发展之间存在怎样的内在逻辑？造成这几个发展之间相互对立彼此抵消的深层原因是什么？这些问题都需要进行深入系统的研究才能真正"想明白"，也才能在宣传和教育方面"说清楚"，有效地避免长期存在的口号化、表面化、肤浅化的弊端。

（3）当代中国价值观念变革的实证研究。改革开放以来中国社会大众的价值观念发生了巨大的变化，而且仍然处在急剧变化的过程中。人们普遍遭遇到的是紧张、焦虑、杂乱、不确定的体验，这是大家都公认的。但是，人们的价值观念到底发生哪些变动？哪些属于表层的哪些又属于深层的？不同阶层的变动速率和变动方向有哪些不同？不同地区人们价值观念的变化又有哪些差异？这些差异是否会形成断裂和冲突？形成这些差异的具体原因有哪些？如何对这些不同的价值观念进行合理的整合？如此等等。这些问题都不是坐在书斋里能够搞清楚的，需要大量的实证调查，需要有调查的数据资料来作证明。不客气地说，这是国内价值哲学研究的一块"短板"，也是整个哲学理论研究的一个薄弱环节。

（4）价值思维和价值（优选）逻辑的问题。这方面的研究也属于国内价值哲学研究的一个薄弱环节，所面临的困难和难题也很多。比如，价值思维是不是一种独立的思维方式，还是与一般的认知活动或理性思维或科学思维服从着同样的逻辑？价值思维的逻辑与情感、直觉等非理性因素是排斥性关系还是包容性关系，抑或本身就是关于情感、偏好运行的逻辑规则？价值思维是作为单个主体（或是具体的单个主体或是抽象的单个主体）把握价值现象的思维过程，还是作为交往理性或复数理性进行对话商谈的过程？等等。

（5）交往和主体间性与价值规范的关系。交往活动是人的重要社会存在方式。如果说主客体关系研究方法侧重于从单一主体的角度揭示价值的本质的话，那么从交往关系即多主体交往的角度才能更好地揭示价值和价值规范的社会本质和文化规定性。这方面需要研究的问题也很多。比如，规范都有哪些类型？各种规范是否都是价值规范，都具有价值规定的意义？规范仅仅是评价标准，还同时也是价值标准，是多主体在实践中形成或认可的共同价值标准？价值规范与价值共识是什么关系？共同的理想也是不是一种价值共识？各种规范对主体性的发展和提升具有什么样的意义？规范意识规则意识与法治意识权利意识是什么关系？等等。

（6）人的价值及其实现的条件。人的价值在各种价值中处于一种目的性和最高的地位，也是最为困难分歧最大的一个问题。不仅应该从概念方面对人的价值进行理论研究，还需要把人的价值实现、实现的各种条件都纳入研究的范围。这方面需要深入研究的问题有：人的价值与物的价值的本质区别是什么？能否把人的价值区分为实在性价值和规范性价值两种类型？人格价值或人道价值的本质是什么？人的多种存在方式与人的价值的多样性是什么关系？人的自由全面发展或自由个性的描述性意义和规范性意义是什么关系？人的价值与人生的价值、人生的意义是否可以等同？人的理想、信仰对实现人的价值具有怎样的作用？人的价值合理实现的社会条件和制度安排应按照什么样的途径达成？当代中国阻碍人的价值实现的主要因素有哪些？等等。

（7）价值观、人生观教育方面的问题。价值哲学研究要发挥应有的社会作用，必须重视价值观人生观教育的问题，而这方面的研究工作目前还是一个薄弱环节，需要结合教育学、传播学、心理学等学科的理论和实践认真予以加强。价值观、人生观教育不同于知识教育，既需要可信还需要可亲可乐。我们需要把深刻的道理寓于感性直观的生动活泼的形式之中，需要调动受众的情感因素和积极参与的热情，需要家庭、单位、社会、舆论各个方面的有机配合，需要思想教育、榜样引导与制度规范的共同作用。在市场经济体制和全球化交流的今天，价值观念多元化已成为基本的事实，如何以多元的价值观念为基础找到最大的公约数，明确道德底线，培育公共精神，维护法制的权威性和神圣性，将市民意识提升为公民意识，应成为目前的一个研究重点。一定要改变传统的灌输主义力求高调而不管实效的教育宣传理念，一定得改变简单生硬机械重复的形式主义宣传方式，注重基础教育、养成教育、启发教育、力行教育，利用好新的传媒工具，充分尊重受众的主体性和各种权利，在平等对话双向交流的过程中形成共同信念和理想。

附录二

大变革时代的价值哲学

——马俊峰教授访谈*

记者：改革开放以来，中国发生了举世瞩目的巨大变化，在经济持续高速发展、物质财富日益丰裕的同时，利益主体分化，社会阶层显化，贫富差距急剧扩大，各种思想观念都拥有一定的信众，社会价值观多元化，价值观冲突引起了相当的社会失序，人们的社会信任度大大降低，不仅对改革而且是在许多问题上都越来越难以形成社会共识。中央提出构建社会主义核心价值体系、努力培育和践行社会主义核心价值观，提出依法治国、推进国家治理体系和治理能力现代化，就是力图在这种情况下增强中华民族的凝聚力，努力开拓全面深化改革的新局面。你作为知名的价值哲学专家，也经历了改革开放的全过程，如你所曾讲的，中国价值哲学兴起发展既记录和反映了改革开放的过程，又参与和促动了改革开放的进展。所以，我们想请你从价值

---

* 原载于《哲学动态》2016年第8期。收入本书时有改动。

哲学的角度谈一些相关的问题。首先请你简略介绍一下中国价值哲学发展的基本情况。

马俊峰（下简称马）：非常高兴接受你们的采访，也感谢你们给我这个机会。我先简单介绍一下我国价值哲学研究的历程和概况。当代中国的价值哲学研究，是伴随着实践标准讨论和思想解放运动的深入而兴起的。一般认为，中国政法大学杜汝楫先生 1980 年在《学术月刊》第 10 期发表的《马克思主义论事实认识与价值认识及其联系》是第一篇提出和研究价值问题的作品，何祚榕先生 1981 年 8 月 8 日在《光明日报》发表《一个值得研究的问题》，郑重推荐和介绍杜汝楫的文章，引起哲学理论界的广泛关注。随后，刘奔、李连科、李德顺、袁贵仁、王玉梁、赖金良等相继在《光明日报》《中国社会科学》《哲学研究》《哲学动态》《人文杂志》《江海学刊》上发表文章，围绕真理与价值的关系展开争论，掀起了价值问题研究的热潮。我的第一篇学术论文《价值真理、真理价值与真理阶级性》就发表在《哲学动态》1985 年第 4 期。30 多年来，我国出版的价值哲学著作，包括翻译的著作和论文集，已达百部之数，发表的论文更是不计其数。尽管其中难免存在良莠不齐和低水平重复的现象，但这样的爆发力度和庞大的规模，实在是世界各国所少见的。

价值哲学研究多年来一直是一个热点领域，从 1986 年《哲学研究》召开"价值与认识"研讨会开始，曾连续十次举办全国价值问题研讨会；2006 年中国价值哲学学会成立，选举李德顺为会长，研讨会由以前的不定期召开变为每年举办一届价值哲学年会。另外，中日价值理论研讨会召开过 5 次，其中一次在日本举行；世界价值哲学研讨会多次在中国举办，多人多次参加世界哲学大会。中国价值哲学研究已经成为全世界价值哲学研究中的重要力量，一些重要观点得到国际同行的认可，产生了较大的国际影响。

记者：我们都比较同意价值是一个关系范畴，是主客体之间的一

种关系，但为什么你们又一直强调价值的主体性？这二者间是否会出现逻辑不自洽的问题？

马：中国价值哲学界同人普遍认同价值是主客体之间的一种特殊关系，是一种主体性现象。这二者不仅不矛盾，相反是相互依赖，前者是后者的前提，后者是前者的深化和具体化。为什么这么说呢？我们知道，按照日常的非反思的思路，往往把价值当作对象、事物的属性，如同事物的重量、形状那样，是事物自身固有的，因此是客观的。但这种观点解释不了价值"因人而异""因时而异"的问题。于是，一些人认为价值本质上就是主观的，是受人们的情绪、情感和价值观决定的。这就是价值主观主义。价值主观主义即是价值问题上的唯心主义，它不仅说明不了价值现象，而且整个地取消了对价值问题进行研究的必要性和可能性，显然是不可取的。将价值作为关系范畴，就是要从这种困境中超拔出来，获得对价值现象的一个合理理解。但如果仅仅达到这一步又是不够的，因为还没有解决到底什么才是价值标准、价值尺度的问题。"价值是一种主体性现象"，就是在关系说的基础上，进一步说明价值的根源、价值的根据、价值的尺度都是来自主体一方面，是作为主体的现实的人的生存、发展的需要及其能力，以及运用能力创造满足需要的对象和满足需要的多种方式的社会实践过程，这才社会性地构成了价值现象的本质，也是人们合理理解价值问题的根本途径。这里说的主体，既包括个体，也包括群体如家庭、集体、阶级、民族等，最高的是人类，主体既有精神的方面，也有物质（肉体）的方面。

特别地说明一下，价值是一种主体性现象，现在似乎已经成为共识性的"常识"，但在当年李德顺教授提出和论证这个命题，却是一种富有创造性的理论创新，也是他对中国价值哲学发展的一大贡献。我们今天不少人都在讲这个命题，却未必真正理解它的深刻含义，一些理论混乱就是由此而产生的。

记者：从你的文章看，你比较坚定地坚持以满足人的需要作为价值标准的观点，可不少人将这种观点称为"功利主义"或"个人主义"，认为这是导致物欲横流、社会价值观混乱的原因，你如何看待这种批评？

马：确实，我一直是比较坚定地坚持以满足人的需要作为价值标准的。当然，这也不是我一个人，有相当一些人都持这种观点，这可以说是中国价值哲学界的主流观点。我们认为，第一，这基于马克思从"现实的人"出发的思想。现实的人首先就是有着各种需要从而从事各种活动的人，而肉体需要、物质需要是第一重要的，因此才有劳动生产这个"历史的第一个活动"。这是马克思说得很清楚的。第二，强调满足人的需要是价值标准，符合人们的生活常识和经验，有利于人们从以往的思想家们制造的神秘的价值迷雾中解放出来，特别是从我国长期流行的假大空的道德说教、从重"面子"轻忽"里子""死要面子活受罪"的思维习惯、从只算政治账不算经济账求虚名而招实祸的思维方式中解放出来。这种解放思想的作用在当年是很突出很明显的，即使在今天也依然很有意义。第三，理论的彻底性。需要的客观性坐实了价值的客观性，需要的复杂性和辩证性规定了价值存在的复杂性和辩证性，需要及其满足方式的发展为理解价值现象的发展提供了合理的路径，同时，基于此而对价值标准与评价标准进行了区分，为在价值哲学领域贯彻唯物辩证法、坚持实践是检验价值判断是否具有合理性的标准从而有效防止各种观念决定论和主观主义，奠定了坚实的理论基础。

需要与能力相互催生又相互限定，需要与欲望既非同一又难分难解，本就是一个重要的研究课题。各种主体、各层次主体都有自己相对完整的需要体系，由此才形成各种各样的"利益"，需要的丰富程度成熟程度直接体现着主体的发展程度。各种不同主体的需要之间有共同性的一面，也有差别性的一面，有多少共同性就会形成多少共同价值，有多少差别性则形成多少不同的价值。即使是同一主体，其整体需要与个别需要、长远需要与眼前需要、物质需要与精神需要，都不仅有不同而且会发生矛盾和冲突。所有这些问题，都是非常复杂的，我们的研究还很不够，或者多停留在一些抽象层面，具体的全面的揭示还比较少。一些人批评从满足需要来界定价值是功利主义和个人主义，恰恰在于他们不懂得也懒得看别人是如何界定需要这个范畴，如何论证需要的复杂性，而往往直观地武断地把"需要"认定是"个人的""物质需要"，论证从这种"需要"出发就"必然导致"什么什么主义。至于说把物欲横流、社会价值观混乱都记在某个"主义"的账上，是典型的观念决定论的唯心主义思维的表现。

记者：你如何看待价值的多元性问题？您认为价值多元性、多元化是合理的吗？

马：这个问题在价值哲学界是有争论的。主张价值一元论的人，大抵都是从哲学教科书的"原理"出发形成一元论的概念，世界万事万物是统一于物质的，即物质一元论，人们对一定事物的认识可能对立，但真理只有一个，即真理一元论，由此推论，价值的具体形态虽然多种多样，但本质上根源上也是一个，人们对一定价值可以形成不同判断或不同认识，但最终也只有一个是真理，即价值真理。从实践上看，这种一元论是为统一思想而张目的。一些人反对价值观多元化，总觉得是价值观多元化导致了思想混乱，导致了社会乱象。我们知道，现代价值学发轫，其中一个重要原因就是反对理性、科学的霸权主义，中国价值哲学研究作为当时思想解放运动的重要一翼，也以批判以科学、真理为旗号的教条主义及其思维方式为重要任务。在确立了价值是一个关系范畴，是一种主体性现象这些基本命题之后，人们只要顺着这个逻辑，就难以再同意和坚持价值一元论的说法。从实际生活经验看，同一主体有多少种需要，就会形成多少种价值，就像这些需要无法归并化约一样，由此形成的价值之间也是无法进行归并化约的，相反有时还会发生冲突；不同主体的共同需要会形成共同价值标准，但彼此之间却无法相互替代，而不同主体的不同需要构成各自的价值标准，正如俗语讲的"萝卜青菜各有所爱"，无须也不可能将之统一起来。至于说不同且对立的价值判断间只能有一个是真理，这实在是把认识论混同于价值论的一种表现。对于不同价值判断所涉及的认知或知识方面，确实存在谁真谁假的问题，这属于认识论的范畴，但价值判断的核心不在这里，而在于不同的评价标准即价值观念，在于评价主体的立场，这就不属于认识论，不能简单地以真理或谬误来指认来评判。只要我们尊重这些基本经验事实，就可以明白，价值作为主体性现象，其本质就是多元性的，因为主体是多元的，价值多元论基本可以看作"价值是主体性现象"的另一种说法。

顺此观之，承认价值的多元性，即所谓价值多元论，不仅是如实地承认这样一个基本事实，更主要是具有非常重要的解放思想的意义。第一，它启发着人们用自己的眼光看世界，用自己的头脑想问题，特别是关于价值的问题。因为，即使科学研究揭示了外部世界的事实，这些事实对不同人的价值也会是不同的，因此，还要尽可能弄清楚自己的"实际"，自己的需要、能力以及具体条件，才能得出可靠的价值判断。第二，从社会角度看，这意味着要明确各层各级主体的权利和责任，尤其是要把属于个人的权利还给个人。我们现在强调依法治国，依法治理，其现实的根据就在于主体的分化和人们权利意识的觉醒，唯有依靠法律明确规定不同主体的各种权利及其责任，划定各种主体权利的边界，从而有效地防止"擅权""越权"现象，确立相互交往包括经济交往、社会交往、政治交往中需要遵循的各种规范、减少纠纷和矛盾冲突、降低交易成本、促进分工和合作，使社会充满活力，同时又保持必要的秩序。很显然地，价值一元论是为政治专制、统一思想张目的，而价值多元论则是尊重和维护公民权利、坚持民主法治的合理性的理论基础。

记者：你曾经写文章讲要重视对规范价值的研究，这与承认价值多元论是什么关系？

马：我把直接以主体（包括个体、群体、社会等）需要的满足为标准而形成的价值叫作"实在性价值"，这主要是从主客体关系角度着眼，在这里价值标准与评价标准是分开的，主体以为对自己有利的、好的，未必就真是有利的、好的。而规范性价值则是以社会地文化地形成的规范为标准，是社会形成的共同标准，既是评价标准也是价值标准，它们是重合在一起的。最典型的就是道德和法律的规范，既是人们评价一个行为是否道德是否违法的标准，也是这个行为实际上是否道德和是否违法的标准。人们把前者称为"利害"，把后者称为"是非"，讲"利害"往往涉及对谁有利对谁有害，侧重具体主体，而论"是非"涉及谁对谁错，具体行为者又成了客体，标准则是共同的。从历史上看，许多思想家主要关注的是规范和规范性价值，认为这才是具有社会性的客观的，而那些与个人需要相联系的价值都是个人的偶然的主观的。但由于这种割裂，就难以对规范的起源、变迁及根据获得合理的理解，往往归结为圣人、神的意志等。从马克思主义哲学的观点看，这些规范包括制度或是自发形成的，或是由国家机构颁发的，但本质上都是人们社会交往的产物，是人们为了解决交往中出现的利益矛盾和问题、维持一定的秩序而形成的，其作用就是提供一套共同的社会标准，起到"定分止争"的作用。所以，随着新的生产力、新的交往工具和交往方式的出现，也出现了新的矛盾，旧规范因无力解决这些矛盾而日渐失效，新规范则应运而生取而代之。这就是规范和规范价值的社会历史性。这里需要说明的是，规范性价值是由一定规范所"规定"的价值，而规范的价值不是规范性价值，而属于"实在性价值"，是以能否满足社会发展和人的发展的需要为标准的，旧规范之所以为新规范所战胜所代替，就在于后者能够更好地解决社会交往中出现的问题，更有利于社会和人的发展。

一些人认为，规范作为社会性的共同性的价值标准，就否定了那种"公说公有理，婆说婆有理"的价值多元状态的合理性，或者，要承认个人主体的需要也是价值标准的多元论，就不应再承认存在什么共同的价值标准，否则就是自相矛盾。在我们看来，这是典型的形而上学思维的表现。规范作为共同标准，不仅不否定个人主体需要也是实在性价值的标准，而且恰恰以此为前提，是在这个基础上形成的具有共同性的东西，是人们的共同需要的表现。同时，任何社会都存在多方面的需要，发展经济，改良政治，繁荣文化，维护秩序，加强国防，保护环境，等等，因此其设立的规范也是多种多样的，同样都是规范性价值，它们之间也无法化约，有时还可能出现矛盾和冲突。传统文化中的忠孝难两全，现在人们讨论较多的平等与效率的矛盾，发展经济与保护环境的问题，都是很好的例子。承认多元的合理性，可进一步寻求多元中的共同性，达到中国古人讲的"和而不同"，否认或贬低多元，将之作为假象或表象，只要那作为本质的"一"，这相当于中国古人讲的"同"。孰对孰错，孰优孰劣，自是不证自明的。

记者：你曾提出要注意区别价值观冲突与价值冲突，区别价值观体系与价值体系，强调这个区别有什么现实意义吗？

马：这实际是马克思主义和马克思主义价值哲学的常识性的东西，可我们许多人，包括搞理论宣传工作的同志，却经常忘记这个常识。比如，他们认为时下的许多社会矛盾和冲突都是由价值观多元化引起的，都是根源于价值观的冲突；某个地方出了问题，寻找原因，总说是精神文明精神没抓紧；分析东欧剧变的根源，认为主要就是放松了意识形态控制、导致了错误思潮泛滥；如此等等。这表明这些同志看问题找教训想办法，一直是坚持着观念决定论的路子，是唯心史观的路子。还有一点，他们说的价值观冲突，不是一般的冲突，而多是指正确价值观和错误价值观的冲突，总觉得只要严厉批判和肃清了错误价值观，那就是海晏河清的和谐社会了。改革开放不仅带来生产力大发展，社会物质财富精神财富的极大丰富，同时也改变了以往那种板结同质从而极端缺乏活力的社会结构，利益分化阶层分化使得主体多元化、价值观念多元化，这实际是回复到了一种基本的正常的社会发展状态。与此相适应，中央提出了从革命党向执政党转变、从人治社会向法治社会转变的战略决策，明确宣告各个社会阶层都是社会主义现代化事业的建设者，国家依法保护每个公民的合法利益和权利，依法治国成为基本治国方略。这意味着法律成为人们社会交往中的基本规矩和判断是非对错的基本标准。不同主体自然会有不同的信仰、利益诉求和社会主张，价值观的差异和冲突就具有了必然性，而冲突双方或多方都可能是合法的。不同主体的利益冲突有些是由价值观冲突引发的，更多的则不是由于价值观冲突倒是因为相同一致而引起的，而无论如何，利益冲突只能通过利益调整的途径来解决。

把价值体系等同于或归结于价值观念体系肯定是不对的。在个体、群体（包括家庭、阶级、民族、社会等）和人类等不同主体层面，各种价值都是呈体系性存在状态，都有一个价值体系，但我们现在说价值体系主要指一定社会的价值体系。有人按照观念/存在、主观/客观二分的原则，认为价值观（念）体系与价值体系也是分离的。我不同意这种意见。在我看来，一个社会的价值体系包括价值观（念）体系、价值规范体系和现实价值运动三个层面，价值规范处于中介地位，受观念引导但更是一种现实的社会制约性力量；价值观（念）的宣传教育是价值"导向"，属于"说服"或"劝服"的范畴，必须配合价值规范建设，也就是制度建设，才能有效地影响人们的价值选择，形成社会所希望所要求的合理的价值取向。法律是社会的基本规范，也是最硬的规范，只有切实地持续地坚持依法治国，确立起法制的公信力和权威性，才能真正有效地改变时下的社会乱象，建立起良好的社会秩序。

记者：我们发现，你对社会主义核心价值体系和社会主义核心价值观的讨论似乎没多发表意见，能否在此集中谈谈你的看法，包括批评性的意见？

马：社会主义核心价值体系具体是如何酝酿的，我不很清楚，但有一点可以肯定，除了针对现实问题的一面外，也注意和吸取了价值哲学研究的成果。20 世纪 90 年代，我们就讨论过树立社会主义价值观的问题，世纪之交召开的"中日价值理论研讨会"上，我提交的论文就是《21 世纪中国新价值观的建设与展望》，发表在《天津社会科学》上，此后还写有《深化价值观研究，构建当代中国价值观体系》《先进文化与价值观体系建设》等文章。中央提出建设社会主义核心价值体系后，一方面感到高兴，因为我们的呼吁终于有了结果，中央开始重视这个问题了，另一方面又感到一些论述和解释不很周延，因此受到了不少批评。在这方面，我在理论上关注到的也是比较认同的，主要是三点，一是混淆了价值观（念）体系和价值体系，讲的几条都是观念性的，二是核心与体系的概念矛盾，三是只讲了几条原则，几条原则之间还缺乏逻辑性。后来又出现了对普世价值的批判以及引起的争论，这些意见和争论估计上面也都知道了，因此，在关于社会主义核心价值观的问题上就谨慎多了，先组织一些人进行研究，尽可能广泛地听取和吸收专家们的意见，形成了现在的这种表述，也用了比较留有余地的说法，叫"培育和践行核心价值观"。讲培育，就说明还没有最后定型。很明显地，在现行的对社会主义核心价值观的表述中，民主、自由、平等这些具有普世性的现代价值观的项目都在其中，是对普世价值争论的合理因素的吸取，也吸取了对社会主义核心价值体系的批评意见。

现在的问题，也是理论上最受到质疑的问题，是这种表述、这样规定没有体现出社会主义的本质特征，没有把社会主义核心价值观与其他价值观的差别突出出来。比如，像诚信、友善、爱国、敬业，几乎是任何民族和国家的道德教育中都强调的，像富强、文明、民主、法治，许多国家也都以之作为目标，社会主义国家的价值观中包含这些项目，这是与它们的共性，而不是社会主义核心价值观的特性。如何把社会主义核心价值观的本质特性提炼出来，既能与封建主义核心价值观、资本主义核心价值观区别开来，还能够更好地解释说明价值中的其他项目，表明其确实处于核心地位，还真是一个重大的研究课题，需要认真进行研究的。从理论的角度看，封建主义、资本主义和社会主义，原本都是抽象掉了不同民族国家的特殊性，从世界历史和社会形态演变的高度来进行划分进行概括而形成的概念和理论，相对于它们而言，苏联的社会主义、中国的社会主义、越南的社会主义等都是社会主义的特殊形式，而英国的资本主义、法国的资本主义、美国的资本主义，则是资本主义的特殊形式。这个辩证法的一般和特殊关系的道理看似很简单，但把它贯彻到实际研究中，既不能把二者混淆起来，也不能把二者对立起来，还是要有相当的理论思维能力才行的。过去我们一度把特殊当作一般，如把苏联模式当作社会主义一般，同时也把一般当作特殊，如不顾自己的特殊条件教条式地坚持社会主义原则，结果都犯了相当不小的错误，这些方面我们是有着沉痛的教训的。现在在理解和处理特殊价值和普世价值的关系、中国特色中国道路与人类文明的共同价值的关系时，我们一定得记取这个教训。

记者：你文章中多次讲到价值论与认识论的差别，你认为最大的差别是什么？

马：与西方现代价值哲学兴起在某种意义上是对科学主义霸权和认识论中心主义的反拨不同，我国价值哲学是顺应、依附着认识论而发生的。实践是检验真理的唯一标准的大讨论引发了思想解放运动，而当时这个命题是典型的认识论命题，实践、认识、真理都是认识论的基本范畴。正是这种背景，价值论研究受着认识论范式的强烈影响，比如最初开始时就讨论价值认识与事实认识，争论是否存在价值真理等，都是这种影响的表现。我们知道，认识论是以人类的认知活动为研究对象，以揭示知识如何发生、如何演进、如何检验真伪为主要任务，在认识论中，真理是最高的范畴，一切认识以达到真理为最高目标。至于如何使用真理，实际上已经进入了实践论的范畴。认识论设定的认识主体是人类，因此是唯一的主体，在认识论中没有或不讨论主体间关系的问题，只有对象的实际情况是否被主体所把握即认识是否是真理以及如何检验的问题。只有在这个背景下我们才能理解真理一元论。价值哲学则不同，它从现实的人和人的现实实践生活出发，以多元主体的存在为基本前提。正因为主体的多元性，价值必然是多元的，人们相互冲突的价值判断就主要不是真假意义上的谁对谁错的问题，而主要是利益和立场问题。拿当年争论中都使用的例子，对于湖南农民运动，农民、革命者说"好的很"，地主、行政当局说"糟的很"，按我们过去的理解，前者是真理，后者是谬误。其实，他们都说得"对"，因为都符合自己的"实际"。关键的是彼此的立场不同。从我们当下情况说，不仅工人有自己的利益诉求，企业老板有自己的利益诉求，其间会有差距甚至对立，老百姓的要求与政府的要求也是如此，就是不同地区之间，地方与中央之间，甚至中央各部门之间，其要求都会有不同，因此，对许多事情比如对一定改革方案的看法、价值判断就不一样，就会有矛盾，甚至是尖锐的矛盾。对待这些矛盾，不能套用认识论模式，认为其中必有一方是正确的，是真理，另一方则是错误的，是谬误，解决问题就只能是以一方"吃掉"另一方、"战胜"另一方。从价值论角度看，这些矛盾都是正常的，是一种常态现象，各自都有自己的合理性。在依法治国的条件下，这种合理性主要是与合法性联系在一起并以之为基础，法律面前人人平等，就是指各种主体都具有平等地位，老百姓个人的合法权利合法要求，企业单位、社会组织的合理合法的要求，人民政府就绝不能侵犯；如果双方的主张有冲突，而彼此都是合法的，那就只能通过双方的协商和妥协来解决。明确价值论与认识论的这个不同点，把价值规定为一种主体性现象，将价值判断（评价）视作一种主体的权利，这才是最大的一种观念转变和思想解放。可惜这个重要意义，至今我们许多同志、包括许多价值论研究者还没有理解，或理解得不透彻，还总想沿着认识论的路子，相信存在这么一个"价值真理"，试图研究发现这个最终的"真理"性的也必然是一元的价值体系，制定出一套所谓的"科学的"价值观。人们只能相信、信奉这种价值观，与之不同或对立的就都是错误的、反动的，必须禁止、必须批判，甚至必须对坚持这些价值观的人进行"武器的批判"。老实不客气地说，这种逻辑难道不就是中世纪宗教法庭的逻辑吗？

有人会反驳说，照你这么讲，那不是导致价值相对主义了吗？这里引用列宁的一句话，辩证法包含相对主义，但不归结为相对主义。中国苦绝对主义久矣！其逻辑就是宗教法庭的逻辑。实质上这不过是在专制时代统治阶级把自己的价值观神化为唯一正确的价值观而强加给社会，从来就不承认别的阶层的主体地位和权利的表现。我们是社会主义国家，我们在宪法上规定公民有信仰自由、言论自由，这就是承认并保护公民坚持自己的价值观的权利。一方面不同阶层、群体有不同的价值观，社会上会存在多种价值观，另一方面这些价值观之间也有共同的地方，这就是社会的基本价值观，而作为人们行为基本规范的法律，就是与这些社会基本价值观相契合的。国家只能要求人们遵守法律，不能要求人们在价值观上实现统一。我们在意识形态领域坚持马克思主义为主导，但同时也容许各种宗教的价值观、儒家的价值观存在，并力求使彼此适应和协调，这不是什么价值相对主义，而是依法治国的具体表现。

记者：在关于价值哲学方法论的争论中，不少学者对主客体二分的思维方法进行质疑，你是如何看待这个问题的？

马：方法论自觉从来都是学科研究深入的一种表现，也是能够深入研究的一种动力。我对于价值哲学的方法论争论是持积极的看法的，它在很大程度上表现出价值论研究摆脱认识论研究范式的影响寻求适合自己的研究方法的一种努力。但是，一些学者对从主客体关系角度规定价值表示不满，认为这还是套用传统认识论的主客体二分的方法，也有学者认为现代哲学已经用"主体间性"取代了超越了主客体二分，我们也应该抛弃主客体二分方法，对此我是有不同看法的。我认为，把主体客体范畴仅仅看作认识论范畴，将主客体相区分相对待认作认识论方法，本身就是有问题的。确实，西方哲学自近代实现从本体论到认识论的转向后，主体客体范畴才成为哲学的核心和主要的范畴，但不能因此就认为它们仅仅是认识论范畴。近代哲学主要执着于主客体相分的一面，如马克思批评的那样，旧唯物主义对感性、现实只从客体方面去理解，而唯心主义则只从主体的精神方面去理解，它们都有片面性。马克思主义哲学主张把现实、感性都当作实践去理解，也就是从主客体相互联系相互作用的角度、从这些相互区分相互联系相互作用如何实际发生实际实现的过程的角度，去理解自然、理解社会、理解人、理解自然与人的关系以及人与人的关系。马克思没有用主体间或主体间性这个概念，但他非常重视人们的社会关系、社会交往活动在社会发展和人的发展中的作用，而且他对于社会交往形式与生产力发展的关系、交往方式与财产所有制的关系、不同社会交往形式之间关系的分析，要比哈贝马斯等人深刻得多、具体得多。这说明马克思主义哲学的主客体关系理论超越了近代西方哲学的主客体理论，它不限于认识论而属于整个马克思主义哲学的基础理论；说明主体间关系方法与主客体关系方法并不是一种相互对立相互取代的关系，相反前者以后者为基础，同时又是对后者的深化。我提出的规范性价值和实在性价值的区分就是立足于主体间关系视角和主客体关系视角的。

记者：你认为进一步发展我国价值哲学研究还存在哪些需要解决的问题？

马：我国价值哲学发展虽然取得了很大的成就，但毕竟经历的时间还比较短，而且期间还多有波折。相对于当代中国和人类发展的实践要求，我们的理论研究还有许多需要改进、需要加强的地方，任重而道远。几年前，应《社会科学战线》之约，我与李德顺先生合作撰写了《当代中国人的文化觉醒——国内价值哲学研究三十年述评》，文中"有待深入研究的问题"一节，列了十个方面的问题，有兴趣的可以去翻看。这里出于篇幅原因，我这里只讲三点，第一，一定得明确研究与宣传的区别。这个问题是人文社会科学方面普遍存在的问题，但价值哲学领域尤为突出。中央提出社会主义核心价值体系后，这方面的文章和论著大批出现，其题目、内容和话语的重复率，恐怕又创造出一个世界之最，而真正有学术价值即推进了理论研究进步的成果，实在少得不成比例。宣传少不得重复，研究则忌讳重复，总是针对一定"问题"，以提出一些新观点新思想从而推进理论研究为目标。我们一定得强化"问题"意识和创新意识，摆正学术价值与社会价值的关系。第二，多年来，我一直呼吁价值哲学研究要加强实证性，比如，结合和汲取现代政治学、决策学、管理学的研究成果，弄清楚真理原则和价值原则是如何对立又如何统一的，以具体的事例说明评价性因素和认知性因素、价值判断和事实判断各自如何在决策中起作用的，其中有哪些需要注意的问题和陷阱，有哪些可吸取的经验；再比如，这些年中国人的价值观念发生了很大变化，但到底哪些变了，哪些没变，这些变化在不同的阶层中是如何分布的，彼此有哪些差别，官方宣传的倡导的与人们实际持有的价值观念之间有哪些差距，主流价值观念与非主流价值观念的关系到底如何，等等，实际上我们都不是很清楚的。这需要我们与社会学结合，做比较广泛持续的社会调查，获得一些可靠的数据材料，也能从中总结出一些符合实际的理论结论。第三，应加强对于规范和规范价值的研究。中国正处于社会转型时期，由于中国的崛起，世界秩序也得发生重要转变，二者相互作用相互影响。就国内看，转型期的典型特征是新旧交替，旧的规范失效而新规范尚未确立，所以，失范失信行为非常普遍，乱象丛生；从国际看，中国作为一个负责任的大国、作为最大的发展中国家，代表广大发展中国家的利益来参与国际事务，既承诺和遵守既有的规则规范，"与国际接轨"，又常常需要根据发展的新情况提出修订一些不合理规则的要求，"重写规则"。国内国际的这种实践，都需要我们对于如何确立规范、如何修订规范、如何维护规范要有一种价值理论的自觉，要有一种法哲学层面的思考，这正是需要价值哲学发挥作用的。总的说来，价值哲学研究既是基础理论的研究，又是最接近现实生活实际、最能满足实践需要的研究，有这么一句俏皮话，"不研究价值的哲学是没有价值的"。实践上的盲目往往与理论上的迷误是联系在一起的。

记者：你认为我国价值哲学研究对于整个马克思主义哲学发展起着什么样的作用？

马：我一直是比较关注价值论或价值哲学研究对马克思主义哲学的作用的，从 1987 年我写"价值论在现今的价值"开始，到 1998 年"中国价值论研究：特点和问题"、1999 年"价值论兴起对当代中国哲学发展的影响"，再到 2014 年"价值论研究对当代马克思主义哲学发展地方意义"，在这些文章中，我一直以为，价值哲学研究不仅开辟了一个新的研究领域，形成了马克思主义哲学研究的新生长点，更还在于它打开了一扇新的窗口，提供了观察和理解问题的一种新的视角和方法，加深了我们对马克思主义哲学的实践本质的理解，为加强马克思主义哲学与其他学科的对话、整合当代科学发展的新成果，构建马克思主义哲学当代新形态提供了重要基础。

对于我国价值论研究的背景和成就，我曾在"中国价值论研究：

特点和问题"中这么认为，"中国的价值论研究与思想解放、改革开放运动同步进行，但它作为一种哲学思潮，毕竟以反思批判先前的哲学思想材料和观念作为前提，以现实生活中人们普遍关注的问题为基础。第一，它不满并批判先前哲学中流行的"唯客体主义"、"规律至上"和"目中无人"的直观唯物主义的倾向，呼应了重视人道主义和人的异化研究的潮流；第二，它批判既往把主体当作主观、害怕陷入主观主义而尽量避免研究主体强调主体性的观念，强化和深化了对主体尺度、需要、能力、目的、权利等主体性问题的研究；第三，它反对以往主要是从认知角度片面理解认识，以至于片面理解包括艺术审美活动和道德活动在内的整个观念活动，只强调要达到真理要服从真理的偏颇性，突出了主客体关系的复杂内容与主体的价值观念和评价的重要性；第四，它反对一个时期盛行的对真理、客观规律、科学的世界观理论的教条化、绝对化的理解和统一意志、统一思想的绝对主义文化主张及运思倾向，着力阐明价值的主体性、多样性和价值观念的多元性，并力图为思想宽容和各种学术观点的平等争鸣提供论证；第五，它不满于当时流行的对实践地位性质和实践检验认识过程的粗糙简单的理解，着力揭示实践中固有的价值内容和属人为人的特性，实践发展与人的本质、人的需要不断丰富提升的内在关联，实践作为真理与价值辩证统一过程的历史性。以上诸点固然不能说全是价值论研究者提出的，实际上对多年流行的哲学观点的不满是许多学者的共识，但价值论的批判角度确实又是很新颖很有说服力的，其观点确实对人们有很大启发，因而得到相当程度的认同和襄赞。也正因为如此，新时期作为学术热点而出现的生存哲学、实践哲学、生活哲学、社会哲学、政治哲学等，都自觉地吸取和利用价值哲学的成果和分析角度。

由于过去我们在强调马克思主义科学性的同时整个地遮蔽了价值的维度，尤其是忽略了科学维度与和价值维度之间的内在紧张和张力，在理论上像平等、自由、民主、人权、公正这些本属于价值论的概念就处于一种无法置放的尴尬境地。而在社会主义建设实践中，对于如何比较公正地处理不同阶层不同利益群体的矛盾、如何满足人民群众作为公民关于自由、平等、公正的权利要求，又缺乏合理的理论指导。不承认不同利益群体和不同主体有合理表达自己利益诉求的权利，不承认这些权利的正当性，反而总把它们当作错误思想来批判，这是我们在解答"什么是社会主义、如何建设社会主义"这个时代问题上陷入盲目求纯、急于求成的左倾路线的重要原因，是我们长期脱离群众、造成党群关系、干群关系紧张的深层次原因，是我们在制度设计和安排方面存在重大缺陷，始终未能将法治国家作为政治文明建设的基本目标的重要原因。这个教训是十分深刻的。

总体上看，中国价值哲学的兴起和成就，本身就是马克思主义哲学发展的一个例证、一个表现，同时又积极地推动了当代中国马克思主义其他部门的发展，促进了中国人的价值观念的转变和整个社会的转变，是中国现代化的一个重要助力。我们现在需要从思维方式和价值观念双重角度认真总结中国社会主义建设和改革开放的新经验，从哲学层次切入和回答当代人类和中国发展的新现实新问题，努力把握和形塑我们这个时代的时代精神，构建马克思主义哲学的当代新形态。我相信，这将是中华民族对人类的新贡献，是中国哲学家们对世界文明的新贡献。

附录三

艰难前行的中国价值哲学研究

——马俊峰教授访谈

问：我国的价值哲学研究已经 40 年了，一些老人也相继过世，有一些情况还需要留给后学知道，您是比较早参与价值哲学研究的，这次访谈您可谈谈当年的情况。

这个提议很好。我先讲讲当年的理论背景。我们知道，1978 年关于"实践是检验真理的唯一标准"的讨论拉开了中国思想解放运动的序幕，这里强调是"序幕"，意味着思想解放运动并不是如后世一些人讲得那么一帆风顺，而是有很多曲折和风波，是伴随着一些很严酷的斗争的。实践是检验真理的标准，这是马克思、恩格斯、列宁、毛泽东都反复强调过多次的基本观点，理论上没有什么可讨论的，现在提出来，实质上是用马克思主义的这个基本观点质疑、批判、纠正我们现实实践生活中禁锢人们思想的那些东西。从这个角度说，实践标准讨论首先和主要的社会作用是政治上的，是中国的一种特有现象。当然这本身就是思想解放的结果，有人举起了这个旗帜，才有拥护还是反对的分野。所以，当党的十一届三中全会召开，重新确立了解放思想实事求是的思想路线，进行了组织调整，完成了政治布局，宣告终止"以阶级斗争为纲"的口号，进行改革开放，这个"战役"基本上就胜利结束了。但毕竟思想解放运动的序幕拉开了，1979 年初中央召开的理论工作务虚会上，许多理论工作者坚持思想解放、贯彻研究无禁区的初衷，提出了不少重要的过去不能讨论的理论问题和历史问题，包括如何评价毛泽东历史功过的问题，于是就有了邓小平关于"坚持四项基本原则"的讲话，为思想解放划定了底线。自此理论界就开始了新的分化，此后至少是20 世纪 80 年代的许多争论，政治标志则是"清污""反自由化"等，都与此有很大关联。1983 年纪念马克思逝世 100 周年学术报告会，围绕周扬在开幕式上所作的《关于马克思主义的几个理论问题的探讨》主题报告，掀起了一场大争论。按照黄楠森先生的说法，"这是 20 世纪 80 年代初的一场集中而热烈的论战。""这场讨论是真理标准讨论的继续。"（《关于人道主义和异化问题的讨论》，《北京大学学报（哲学社会科学版）》2010 年第 1 期）

这场争论的主要问题，一个是人道主义问题，一个是异化问题，还有一个是关于知性思维阶段的问题。给周扬起草报告的主要人物有人民日报理论部的王若水和社科院文学所的刘再复等人，都是主张比较彻底地解放思想和反思历史的。关于实践唯物主义的讨论和争论，也是在这个背景下开始的，也可以说是更为深入地从哲学基本理论层次对马克思主义哲学变革和性质的讨论，其参与规模之大、延续时间之久、涉及问题之广、反思程度之深，都是以往所没有的。我曾经在一篇文章中说道："随着（实践标准）讨论的深入，思想解放就像冲破了大堤的洪流，猛烈地冲击着长期以来形成的各种思想禁锢和思想禁区。哲学又一次充当了思想解放运动的先导，它以其特有的批判性反思，不仅批判着'文化大革命'中被搞乱了的各种理论，而且进一步追问着"文化大革命"得以形成的思想理论前提和社会历史根源，拷问着新中国成立以来逐渐形成并日益严重最终成为主导的"左"倾路线及其教条主义哲学的思想基础。如果说"伤痕文学"的文艺思潮从艺术角度拨动了人们痛定思痛的情感神经，那么关于人道主义讨论的理论思潮则直接从哲学的角度来检讨"文化大革命"中普遍出现的反人道主义行为的深层原因，反思中国人对社会主义的理解和现实社会主义实践中对人的漠视与马克思主义旨在人的解放的本真精神的背离以及造成这种背离的哲学理论原因。从对实践是检验真理的唯一标准的简单运用到对实践本身的深入研究引发了对实践的主体性、价值性的重新发现，引发了对如何看待实践在马克思主义哲学中的地位和作用的思考，进一步引发了对以苏联哲学教科书为蓝本的"辩证唯物主义和历史唯物主义"哲学的合理性的检讨。"实践唯物主义"的提出，可以看作是当代中国哲学家们摆脱苏联哲学的二手资料直接从马克思哲学文本研讨其本真精神、重新理解马克思主义哲学的一次伟大尝试，是当代中国哲学家们摆脱了教条主义桎梏后第一次以独立的主体姿态探讨马克思主义哲学变革的重大试验。正因为这个缘故，实践唯物主义成为当代中国马克思主义哲学中最具号召力最有影响力的一面旗帜，成为滋生出后来的各种自成一派的哲学主张如生存哲学、生活哲学、实践哲学的发源地。也是这个缘故，实践唯物主义与其说是一个派别，不如说是一种批判传统教科书哲学的思潮，在实践唯物主义的旗帜下，汇集了对马克思主义哲学的多种理解，甚至在某些问题上存在严重对立的理解。"（《马克思主义哲学变革的实质》，载《中国当代哲学重大前沿问题》，马俊峰主编，河北人民出版社，2011）我国价值哲学的研究，就是在实践唯物主义讨论中孕育和发展起来的，并作为一支重要理论力量或从一个侧面支持和论证实践唯物主义的观点，并成为新时期马克思主义哲学发展的一个重要热点领域。

问：你是什么时候关注到价值问题并参与到价值哲学研究中来的？

我是 1982 年南开大学哲学系毕业考入中国人民大学哲学系做研究生的，导师是李秀林教授。我的硕士论文题目是"论真理的具体性"，在做论文的过程中，比较关注国内学界对于真理问题的讨论，这就涉及真理的价值与价值真理的关系问题。

说实话，当年作为学生，我们关注理论界风云的层次是比较低的，视野也很窄，因为那时我们除了本身理论储备不够，也不知道许多高层和内部的情况，许多东西都是后来才知道的。我当时对于人道主义和异化问题关注就比较少，倒是对知性思维的定位比较感兴趣。周扬的文章中提到，康德和黑格尔都区分了知性和（辩证）理性，恩格斯也对知性思维的特征及其缺陷进行过分析。我们过去只讲感性认识和理性认识，忽略了知性思维这个阶段，实际上是思维停留在知性阶段，也就是抽象阶段，未能继续向具体思维上升，这怕是形成"唯心主义盛行、形而上学猖獗"的认识论根源（大意如此）。这个观点对我触动很深，启发很大，我以"论真理的具体性"为硕士论文选题，与此直接关联。记得我硕士毕业留校后不久，参加全国真理问题讨论会，在小组讨论中，不少老师在发言中说，讲真理与谬误相比较而存在相斗争而发展，这些都好理解，都没有问题，但要说二者相互渗透，那就说不通，真理中渗透了多少谬误还算是真理，渗透了多少谬误就不是真理了？如果承认相互渗透，势必会导致相对主义和实用主义，所以要坚决反对。我在发言中说，真理和谬误这两个概念都是经过思维抽象后确立的，都是"纯粹的"，在这个概念层次上，当然无法相互渗透。如果我们不是仅仅停留在概念层次，而是结合思想史和科学史的材料，联系到具体主体的情境，那么就会发现，所有真理都是当时人们认为是具有真理性的理论，谬误亦然，而在后来的认识发展中，原来被认为是真理的理论总包含着一些谬误，或是内容方面的，或是适用范围方面的，原来被当作是完全谬误的观点，也包含一些真理性的颗粒。这不就是相互渗透的本来意思吗？怎么就无法理解呢？我的发言受到老师们的肯定，推举我代表小组作大会发言。这个事给我很深印象，我后来也多次对学生讲过。黑格尔讲，人们都说哲学理论抽象，其实哲学最敌视抽象，马克思在《资本论》序言中讲他的辩证法就是从抽象上升到具体，可我们一些搞了一辈子哲学的人，都没弄懂这个道理。一些理论争论，包括价值哲学中的争论，就是因为从抽象的概念或定义出发，或总是执着于概念和定义才造成的。

我在硕士论文中讨论了感性具体和思维具体的关系，分析了作为真理的理论既要在内容方面上升到思维具体，即马克思说的多种规定的统一，也要在理论的适用范围方面达到具体即准确，真理超越了界限，用列宁的话说，哪怕是向同一方向超过一小步，也会转化为谬误。不仅如此，认识真理的目的是应用到实践中，那么对于真理的各种应用条件包括客观条件和主观条件也要达到具体认识，才能使实践成功。这就意味着，实践检验认识是不是真理是一个非常复杂的过程，甚至对于一个实践是不是成功，都会有不同看法，有很多争论。这些争论就会涉及事实问题，也会涉及立论者的立场问题和对实践结果的价值评价问题。

当时价值论研究已经如火如荼地展开了。一般认为，1980年中国政法大学（当时还叫中国政法学院）杜汝楫先生发表《马克思主义论事实认识和价值认识及其联系》（《学术月刊》1980年第10期），是我国价值论研究的发轫之作，1981年何祚榕在《光明日报》上发表《一个值得研究的问题》（1981年8月8日）予以推介，引起广泛关注。1982年初人民大学罗国杰先生在《哲学研究》第1期上发表《试论马克思主义伦理学的价值观》，1982年9月18日刘奔、李连科在《光明日报》上发表《略论真理观和价值观的统一》《从真理价值属性看部分社会科学真理的阶级性》（《社会科学辑刊》1984年第4

期），李连科连发多篇文章，《人的价值是什么?》（《国内价值动态》1982 年第 5 期），《关于价值的哲学分类》（《天津社会科学》1985 年第 2 期），《关于马克思主义哲学价值论的探讨》（《社会科学研究》1985 年第 2 期），《关于价值、价值评价和科学认识》（《学习与探索》1985 年第 3 期）。李景源在《光明日报》上发表《科学认识、价值意识和实践目的》（1983 年 5 月 2 日），《论价值范畴》（《青海社会科学》1983 年第 1 期）。王永昌在《国内哲学动态》上发表《事实检验和价值检验》（1983 年第 2 期），赖金良在《江海学刊》上发表《论事实认识与价值认识及真理的阶级性》（1984 年第 1 期）、在《人文杂志》上发表《评价性认识简论》（1985 年第 4 期）。从时间上看，1985 年似乎是一个爆发点，袁贵仁发表《价值与认识》（《北京师范大学学报》1985 年第 3 期），《价值概念的认识论意义初探》（《国内哲学动态》1985 年第 6 期），《论价值真理概念的科学性》（《哲学研究》1985 年第 9 期），张岱年先生发表《中国古典哲学的价值论》（《学术研究》1985 年第 7 期），李德顺在《中国社会科学》上连发两篇长文《真理与价值的统一是马克思主义的重要原则》《关于价值真理和主客体概念》（《中国社会科学》1985 年第 3 期、第 6 期）。《哲学研究》连续发表郑庆林的《价值问题的哲学探讨》（1983 年第 3 期），黄海澄的《关于价值问题的几点商榷》（1984 年第 12 期），袁贵仁的《论价值真理概念的科学性》，薛克诚的《客观真理奏议》（1985 年第 9 期），庞学铨的《价值真理是科学的概念吗》（1986 年第 1 期），马志政的《论价值属性》（1986 年第 1 期），冯彦辉的《不能否认价值真理》（1986 年第 2 期），辛望旦的《论价值真理概念的非科学性》（1986 年第 2 期），李德顺的《论评价认识的对象——价值事实》（1986 年第 6 期）。《国内哲学动态》也发了一系列关于价值论方面的文章。这些国家级刊物的工作无疑对于推动价值论研究起了极大作用。李连科的《世界的意义——价值论》专著也在 1985 年由人民出版社出版。从上述的发文过程可以看出，经过几年的酝酿和预热，价值论研究已经在全国范围内蓬蓬勃勃地开展起来了。

由于当时实践和认识都被认作属于认识论范畴，真理问题又是认识论的核心问题，关于价值真理概念能否成立就引起了很大争议。这应该是价值论研究中的第一次争论。我对此持不同意见，写了《价值真理、真理价值与真理阶级性》，发表在《哲学动态》1985 年第 4期。那时我们研究生不参加教研室活动，所以对老师们并不熟悉，一次在哲学系办公室遇到李德顺老师，我还不认识他，他问你就是马俊峰？然后谈到我的文章，给我介绍了一些情况，鼓励我继续研究。我接着又针对性地写了一篇商榷文章投给《哲学研究》，主要观点是研究价值问题很有意义，研究中提出的各种理论观点也有真理和谬误之分，但这不是价值真理，因为这与其他领域的真理并没有什么区别。价值真理这个概念的本意是区分价值评价的对错，是指正确的价值评价，但在评价中起决定作用的是主体所持的立场，评价针对的是不同的价值关系。我印象是王玉恒老师负责处理我的稿子，还找我去编辑部谈过，但最后没有采用。1986 年夏，《哲学研究》与杭州大学哲学系联合在杭州召开一次小规模的关于价值真理问题的专题研讨会，给我发了通知，这在当时研讨会还很少的情况下，可算是一种殊荣。我记得参加会议的有《哲学研究》王玉恒老师、陈荷清老师，《中国社会科学》何祚榕老师，《人文杂志》王玉梁老师，还有广西师范大学的黄海澄老师，杭州方面有薛克诚、马志政、王永昌、赖金良等，北京师范大学有袁贵仁，人大就是我，上海有鲍宗豪，好像还有庞学铨，陈依元，其他人就记不清了。会议是在严子陵钓台一家宾馆进行的，住处很紧张，安排我与何祚榕、黄海澄老师住一屋，只有两张床，他们俩睡，我在过道加的床上睡。在房间里听他们讲了哲学理论界的许多掌故逸闻，大开了眼界。研讨会开得很好，讨论很热烈，也认识了好多人。会后在《哲学研究》上发了一组笔谈，我写的是

《价值客观性新证》。这该是第一次关于价值问题的专题研讨会，所以，1987 年王玉梁以《人文杂志》为平台组织召开全国价值论学术研讨会，称为第二届，以杭州会议为第一届，后来就按照这个顺序，第三届、第四届等。西安会议的规模就大多了，人大由李德顺带队，我和刘继，还有几个学生都参加了。北师大以袁贵仁为首，胡敏中、方军等也有好几个人，江畅、陈新汉、冯平等都参加了会议，我们就是在这次会议上认识的。此后召开多次价值理论研讨会，包括中日价值理论研讨会，王玉梁和《人文杂志》都是主要策划和召集者，几乎每次会议的论文都结集出版，留下了很宝贵的材料；《人文杂志》还开辟了价值哲学专栏，对于发现和培育新人，对推动中国价值哲学研究发展起了很大作用。在王先生、江畅的联系和组织下，参加 1997 年东京中日价值理论研讨会，中国去了六人，有王玉梁、李德顺、李连科、陈新汉、江畅和我，1998 年参加波士顿召开的第 20 届世界哲学大会，王玉梁、赵馥杰、陈新汉、江畅和我与会。2003 年到土耳其伊斯坦布尔参加第 21 届世界哲学大会，这次去的人较多，应该是与世界价值探索学会的广泛邀请有关。这些都是后话了。现在刘奔先生、李连科先生和王玉梁先生都已经作古，但他们为中国价值哲学发展所做的贡献，人们是永远不应该忘记的。

问：李德顺老师组织的《价值论译丛》和《价值学辞典》工作，是早期价值论研究中的大事，你都参加了吧？

李德顺是人大哲学系 1964 级的本科生，毕业后分配到燕山石化工作，任宣传科副科长，1978 年考回人大读研究生，1981 年毕业留校任教，1983 年在职读博士，是萧前老师招的第一届博士生。他是国内最早关注价值问题的研究者之一，1985 年他在国内顶级学术刊物《中国社会科学》上连续发表两篇价值论的长文，这是较罕见的，引起很大反响。他的博士论文《价值论——一种主体性的研究》，是国内第一篇关于价值问题的博士论文，人大出版社纳入《人大文库》于

1987 年出版，获得中华图书奖一等奖等多个大奖，影响很大。记得当年他博士论文答辩时，我们都参加了，会议室摆满了鲜花，座无虚席，几位答辩委员都是学界最著名的人物，都给出了很高的评价。他是很有国际视野和抱负的学者，在研究价值问题的过程中深感国内学界对国外相关理论成果了解的不足，需要选择一些著作和论文予以翻译出版。组织《价值论译丛》就是这方面工作的体现。《价值论译丛》共 12 本，分为两批，第一批有《马克思主义中的价值论》（苏 图佳林诺夫著，安启念、齐友等译，齐友即李德顺——作者注），《价值论伦理学——从布伦坦诺到哈特曼》（美 芬德莱著，刘继译），《价值和评价：英美价值论集萃》（美 佩里等著，刘继译），《价值哲学》（日 牧口常三郎著，马俊峰 江畅译），这几本由人大出版社于 1989 年出版。第二批有《价值哲学》（英 拉蒙特著，马俊峰、王晓升、王建国译），《价值与义务》（英 塞森斯格著，江畅译），等，人大出版社于 1992 年出版。在选择这些书的过程中，刘继和江畅外语好，贡献很大，英文著作的挑选主要是他们做的。《价值论译丛》为国内学者了解国外的研究情况，起了很大作用。还有一本台湾学者翻译的《价值哲学》（阿根廷 方迪启著），德公得到后复印了好几本，分给我们几位。这本书对于我们了解现代价值理论的源流和争论，起了很大的作用。

在组织翻译《价值论译丛》的过程中，不少参与者都向德公提出编撰《价值学大辞典》的事情，认为这个事很重要，标志着一个国家价值理论研究的成熟程度，也为后来的研究者提供一个基本的工具书。这个事唯有他出面组织和领导才有可能。因为与《价值论译丛》相比，编撰《价值学辞典》是更为浩大的工程，从设计安排词条到寻找合适的人员撰写，到集中统稿，到安排出版，都是非常费心费力的事情。经过两三年的努力，《价值学大辞典》终于于 1994 年完成并出版了。我曾经在一篇文章中写到，那时候不比现在，没有经费支持，也没有组织机构，参加人员有好几十位之多，涉及诸多学科，比如经济学、政治学、社会学、新闻学、法学等，作者有北京的，还有许多外地的，全靠主编的人望和参与者的学术热情，实在是非常不容易的事情。出版后只有微薄的稿费，德公嘱我予以分发，多的几十上百块，少的只有十几块，几年下来，原来的人员单位变了，通信方式变了，有的还出国了，仅仅是把稿费交到作者手里这件小事，都是很费了一番功夫的。无论如何，《价值学大辞典》的出版，是一件大事，尽管从今天的眼光看，还有不少不尽如人意之处，但毕竟是那一个阶段的一件具有总结性和标志性意义的事情，几乎可以说是价值理论界同人共同参与的一个成果。人大出版社在这方面的大力支持，也是功不可没的。

这里也有一件值得记叙的花絮。《价值论译丛》出版十多年后，一次德公打电话问我手头还有没有当年我们翻译的牧口常三郎的《价值哲学》，我说只有一本，怎么啦？他说他在一次国际交往场合遇到日本创价学会会长池田大作先生，交谈中池田知道创价学会首任会长牧口常三郎的《价值哲学》被译成了中文，非常高兴和感动，想要几本作为纪念，还把自己的一部摄影作品集作为礼品赠送给他。不久我去他家时看到这个礼品，很厚的一大本，印刷非常精致，很有艺术价值的。

问：成立"中国价值哲学研究会"是我国价值哲学发展中的一件大事，你可以介绍一些这方面的情况。

中国价值哲学研究会是 2006 年成立的，这确实是中国价值哲学发展中的一件大事。实际上，在编撰《价值学大辞典》的过程中，一些同志就提出过成立全国价值哲学研究会的事情，一开始大家设想和期盼的是成立一个一级学会，但在中国那时的体制下，这个事情是很难办的。20 世纪 90 年代，我国的价值研究已经很成气候了，有人称已成为"显学"，可能夸张点，但至少是哲学研究中的一个热点领域，许多同志不仅关注而且都参与进来了。每次价值哲学会议，参加者都很踊跃，往往有好几十人。那时各单位的科研经费都不宽裕，召开一次会议需要层层申报和审批，首先需要筹集经费，这些都是比较麻烦的。这些都是现在不可想象的。因为没有个统一组织，这些会议就是靠热心人张罗，价值哲学会议虽然冠以第几届，但都不是定期举办。在这方面，除了王玉梁，陈新汉、江畅、冯平他们几位也都是大有功劳的。在这个过程中也逐步形成了几个价值哲学学术研究群落或中心，北京有人大和北师大，然后是西安、上海、湖北和广州。特别值得一提的是，北师大后来成立并获批成为教育部"价值与文化研究基地"，这是国内第一个成建制、有编制、有固定经费支持的价值哲学研究组织，定期出版《价值与文化》刊物，成为推动价值哲学研究的重要力量。我也受邀作为基地的客座研究员，不过惭愧得很，顶了这个名，实际上没怎么参加其具体研究工作。我的印象中，陕西省是第一个也是唯一一个成立省级价值哲学学会的，首任会长是王玉梁，王先生逝世后，由刘进田接任。1996 年，李德顺调到中国社科院哲学所工作，随后不久孙伟平也调到了哲学所，时任中国社科院院长李铁映又很重视价值哲学研究，多次催促李德顺成立一个价值哲学研究室，将全国力量组织起来。在这种条件下，经李德顺牵头，与各方面协商后，成立了价值哲学研究室，李德顺任主任，陈新汉和我任副主任，时间是 2001 年。李德顺那时主持哲学所工作，他一直想推动成立全国哲学联合会，因为其他一些主要的一级学科都有全国性的联合会，如中国政治经济学学会，中国社会学研究会，等，这样会有利于整合全国哲学界的力量，做一些长远规划等，2003 年他率领哲学所有关人员参加在土耳其伊斯坦布尔召开的世界哲学大会，重点考察世界哲学大会的运作模式，并于 2004 年组织召开了全国哲学大会，希望能为成立全国哲学联合会预热或造势。可惜的是，出于多方面的原因，此计划未能实现。2006 年，他调离哲学所到中国政法大学工作，任人文学院院长。全国价值哲学研究会原本想按照一级学会的级别申报，但遇到很大阻力，不得已只能改变策略，作为全国辩证唯物主义学会下的一个二级学会，绕过了层层审批的麻烦，于 2006 年底成立。李德顺当选为首任会长，副会长有韩震、陈新汉、江畅、汪信砚、冯平、孙伟平、刘进田和我，孙伟平兼秘书长。成立大会在中国政法大学召开。此后，全国价值哲学会议就改为年会形式，每年召开一次。这时情况就大不一样了，各单位的科研经费也比较充足了，所以往往是多个学校单位竞相争取，显现出价值哲学研究的兴盛状况。我记得是陈新汉提议，为显示连续性，可将以前召开过的会议按届都算进来，获得大家赞同，这样，到 2019 年为止，至今价值哲学会议（年会）已开到了 21 届。同时在 2019 年也进行了换届，现任会长是孙伟平，李德顺是荣誉会长，几位副会长基本没变，尹岩是秘书长，并且以《价值论研究》作为学会的会刊。

再补叙几句对外交流和与国际价值探索学会有关系的事。美国原有两个与价值问题研究的协会，一个是国际价值探索协会，另一个是国际价值研究会，20 世纪 90 年代，我们除了与日本学者联合召开学术研讨会之外，还与国际价值探索学会联系，1998 年我们去波士顿参加世界哲学大会，就是由国际价值探索学会邀请的。他们是世界哲学大会注册单位，每次世界哲学大会，他们有一个专门的圆桌会议，可以自行邀请各国学者；而且与世界哲学大会同步，五年进行一次换届选举。1998 年换届，美国的阿巴罗教授任主席，2003 年施罗德教授接任，由于几次国际会议中国学者参加的人数占了大多数，影响日益扩大，在中国就召开了多次国际价值哲学研讨会，所以，2008 年换届就由江畅教授担任国际价值探索学会主席。这种由中国学者担任国际学术组织主席的事恐怕还是第一次，这也从一个方面说明了中国的影响。2013 年在希腊召开世界哲学大会期间，国际价值探索学会也进行换届工作，由于沟通不到位，中间出现了一些矛盾，也主要针对麦格耐尔操弄换届的不民主做法，李德顺代表中国价值哲学研究会对之表示了强烈不满，并与好多中国学者一起愤而退席，并宣布终止与国际价值探索学会的合作。这次换届结果，依然由中国学者北师大吴向东教授接任主席。2018 年在北京召开世界哲学大会期间世界价值探索学会又一次换届，继续由北师大田海平教授接任主席。中国价值哲学研究会则与国际价值研究会合作，继续开展对外交流工作。并与斯普利格出版社合作出版了中国价值哲学研究的论文集《我们时代的价值哲学》（英文版），李德顺的专著《价值论》也由他们译成英文版向全世界发行。尽管有这些曲折，总的说来，中国学者在国际学术领域发出了自己的声音，其成果也产生了很大的影响，其地位得到了普遍的承认。

问：你的《评价活动论》，是价值论领域关于评价问题的专著，得过奖，被一些学校哲学院系列为博士生必读文献，影响还是蛮大的，请你谈谈这本书？

《评价活动论》是我的博士论文。我 1985 年硕士毕业后留校任教。那时还实行的是分配制，研究生比较稀缺，据说人大每个研究生有 15 个单位争着要，紧俏得很，我们好些同学都到国家行政部门去了。我上大学前在工厂机关待过几年，深感自己的性格不适合机关工作，虽然也没做过老师，但觉得做老师尤其是大学老师在时间安排和按自己意志做事方面都自由度更大一些，所以就选择留校当老师。记得临毕业时，我的导师李秀林刚被任命为人民大学研究生院常务副院长，负责组建研究生院，他征求我的意见，希望我到研究生院工作，做他的助手，我说我想先到系里做教师，等有了教学经验和职称后，再去研究生院，这样我不愿意做行政工作时还有个退路。李老师也没有勉强我。没想到我毕业不久李老师就去世了，才活了 55 岁，太可惜了。他的去世是人大哲学乃至全国马克思主义哲学界的重大损失，这绝不是虚话。我留校就在马克思主义哲学原理教研室，几十年都没挪过窝，一直到去年准备退休，而又机缘巧合调到了山西大学。我是1988年读在职博士研究生的，导师是萧前教授，李德顺给予了推荐和支持，也是我的副导师。我读博期间，他担任教研室主任，所以我在《评价活动论》后记中这么写道，我与德顺老师有三重关系，首先他是副导师，其次是领导，再就是大师兄。有一次在西安开价值论的会，黄海澄老师对我说，我看你和德顺是师友之间，我回答说，师为主，友次之。我留校后与一块工作过的这些老师，李德顺、郭湛、陈志良、安启念、王霁、单少杰、段忠桥、杨耕、郝立新、徐飞等，还有毕业后到外单位工作的师兄师弟，如庞元正、欧阳康、任平、王永昌、赖金良、王晓升、刘陆鹏、贺金瑞等，都结下几十年的友谊，他们都给予我这样那样的帮助，我一直是心怀感念的。

由于有前几年做价值论研究的基础和经历，博士论文就决定围绕评价问题来做，恰好又正借手翻译拉蒙特《价值判断》，也接触到不少国外研究资料，做来还是比较顺手的。我记得当时确定以"评价活动论"为题，还是学习和借鉴了刘大椿老师的著作《科学活动论》。刘老师不赞同当时流行的仅仅从结果方面把科学当作是揭示客观规律而符合实际的理论（真理）的定义，认为科学首先是人类探索客观世界的社会活动，是一种社会分工门类，这种立足科学发展史、从社会分工社会作用角度理解科学活动的做法，极大地拓展了我们理解科学的视野，也为正确对待科学探索活动中的失误或谬误提供了基础。还有一点，我以为，科学作为人类认知活动的典范，本质和核心是搞清楚对象或客体的实际情况或本来面目，这客体可以是自然界的，也可以是社会现象，还可以是人自身，无论它们有多大差别，但作为科学研究对象，科学认知就是要弄清楚它们"是什么"（实际），"为什么"（原因）和"会怎么"（趋向），与之相对应，评价则着重要解决的问题，是把握、评估、权衡、预测一定对象对主体的价值，确定对象对主体有没有价值，有什么价值，有多大价值。直接地看起来，这里说的把握、评估、权衡、预测都是对价值的认识方式，评价就是对价值的认识，就是价值认识，既然是价值认识，也就有认识的对错问题，就有价值真理和谬误问题。确实，当时有不少同志是按照这个思路来看待评价问题的，认为价值真理是一个科学概念，也是顺着这种思路思考的结果。围绕价值真理概念能否确立的争论，直接地看，是是否承认这个概念能够作为一个哲学概念，而在深层意义上，是坚持在或沿着既有的认识论框架研究价值问题，还是必须超出认识论框架和思路，寻找价值论特有的研究路径，包括如何看待价值论在哲学体系中的地位的问题。

前面说过，我一开始就质疑价值真理概念的合理性，认为从认识论角度看，确立价值真理并没有什么特殊的必要性，因为价值真理与别的真理没有什么本质性差别，若从评价论角度说，它又没有揭示出评价过程中是否对错问题的特殊性，甚至还可能遮蔽了评价不同于认知的特点。经过博士阶段的研究，可以说我对这一点的认识和理解更深入更具体了。这里就《评价活动论》中的相关观点做一点概述。

第一，价值与评价的关系问题是价值论的基本问题。这既是哲学基本问题即思维和存在关系问题在价值论领域的表现，又有自己的特殊性。综观历史上关于价值问题上的争论，比如价值是一种什么性质的存在，是价值决定评价还是评价决定价值，都是围绕着这个基本问题而进行的，也是依如何回答这个问题而形成不同的运思路径和理论体系的。价值有很多种存在形式或形态，评价也有很多种形式，它们之间既不是简单的一一对应关系，也不是杂乱无章的混沌状态，价值论研究作为哲学基本理论研究，需要我们坚持马克思主义哲学唯物辩证法，既要站在哲学基本问题的高度坚持价值第一性评价第二性的总体原则，又要深入细致研究各种评价形式的特殊性以及与价值的特殊关系，力求贯彻从抽象上升到具体的要求，达到思维具体，以获得对评价活动的科学认识。

第二，评价作为对价值的观念性把握活动，是一种特殊的反映活动。国外有学者根据心理学关于知情意的意识结构，认为评价是情感的活动，只有通过情感才能进入价值世界，这是有问题的。现实的主体、现实的人的意识活动是统一的，评价活动中既有情感的参与也依赖知的因素和意的因素，是完整的统一的意识活动的一种功能，用拉蒙特的话来说，评价是一种意动性活动（区别于意向性活动），即一种包含着改变对象现状以合乎主体需要的意识倾向。与之相反，一些学者认为评价就是做价值判断，把价值判断等同于评价，这也有问题。价值判断是理知层面的评价，是评价的一种形式，尽管说它在整个评价活动中居于最突出的地位，我们对评价活动的研究也主要以此为对象，但不能以偏概全，把评价的某种形式等同于评价一般。我认为，评价作为人的意识活动的一种功能，一种区别于认知的功能，它存在于意识活动的各个层次，换句话说，评价活动也是分层次的，有下意识层次的，心理感知层次的，情感层次的，理知层次的，各有自己的特点，也各有自己的作用，既有区别又有联系，既不能混同也不应割裂。这是从评价的个体微观层面说，从其作为社会性活动的一面说，又有个人评价和社会评价，分类评价和综合评价，事先评价和事后评价，有功利评价、道德评价、学术评价，审美评价，等等，形成了非常复杂的形态，只有充分认识这种复杂性多样性，认识到做出合理恰当的评价的困难性，才能有效地防止评价活动研究中的主观片面性。

第三，对于评价活动的特殊性或特点，当时不少学者指出评价有主观性、社会性、历史性等，我在著作中指出，我们讨论和指认评价活动的特点，一定要有一个参照系，是参照什么而具有的特点。否则，关于特点的讨论就毫无意义，因为从这方面看是特点，从另一方面看又是共同点。这些所谓评价具有主观性、社会性、历史性特点的观点，就没有意识到这是参照什么而言的。如果我们明确这里讲评价是针对或比较认知活动，是以认知活动为参照，是讲它们之间的不同，那么主观性、社会性和历史性恰恰不是评价活动的特点，而是评价活动和认知活动的共同点。我以为，相对于认知活动，评价活动有如下特点。①与认知活动的运行方向不仅不同而且相反。认知的思维运行方向是从主体到客体，最高要求是思想观念符合对象的实际情况，创造性也好，想象力也好，调查也罢，研究也罢，总之都得以符合对象的实际为依归，用恩格斯的话说，不掺杂任何主观的附加，而评价活动则是从客体到主体，是主体要求、希望客体按照自己需要的方向来变动，用我们哲学的语言表述，要求客观符合主观。②由此规定，认知活动中虽然主体有自己的思维模式、认知图式等，但总力戒先入为主的成见，要虚怀若谷，根据新获知的客体情况随时改变自己的见解，而评价则必须标准先行，若无评价标准，评价活动就无从开展。正如一个检验工，若没有工件什么尺寸算合格的规定，无论他测量技术多好，也是无法开展工作的。对评价活动而言，选择和确立评价标准成为一个核心的问题。人们在评价中出现的许多争论，尤其是那些重大的往往不能经过讨论而统一的争论，就是因为评价标准不同而引起的。③认知活动当然要通过一个个的个人来实现，但从哲学认识论的高度讨论认知，却是设定以人类为主体，科学家的发现就是人类的发现，真理以人类为主体，凡是真理就对整个人类都普遍有效的，因此，认识论中不存在主体间关系的问题，而评价活动则恰恰是以多元主体的存在为前提。价值作为主体性现象，同一个事物对不同人的价值关系是不同的，即所谓因人而异、因时而异，评价作为对这种价值关系的观念把握，不同主体就是因为需要不同立场不同标准不同而相互区别和对立，其在评价方面的对立就是一种常态性存在，有许多是无法消泯也是没必要统一的，各自的有效范围则都是有限的。④认知活动以达到真理为最高目标，真理是客观的一元的，是普遍有效的，真理多元论实质上是主观真理论，是相对主义的表现，理论上是错误的。但对于评价活动则不能这么说。评价作为对价值的观念把握，当然也有对错问题，但这不是主要问题，评价中的最高目标是恰当，是恰如其分，是主体条件（包括兴趣爱好等）、客体条件、主体间关系条件、手段条件、时间和地点条件等在各方面的综合统一，是能够实现价值的最大化。这就需要灵活机动，而不是普遍有效。从社会学和政治学角度看，在评价活动中体现的反映的是主体发展水平、能力、境界等，本质是不同主体的权利问题，因此对于不同主体的不同评价，重要的根本的不是分出对错，而是相互理解、包容和尊重。不懂得认知和评价之间的这些差别，不了解评价活动的这些特点，总习惯于从认识论的模式和框架来对待评价问题，总认为存在一个也是唯一一个科学结论，总希望能够把不同的评价统一起来而且觉得必须统一起来，这是不利于思想解放、不利于改革开放、不利于构建民主法治国家的。

第四，为了更深入地理解评价活动的特点，必须进一步分析评价活动的结构。这个结构可以分两个方面，一是静态结构的，二是动态结构或过程性结构。从静态方面看，与认知活动主体——客体结构（当然这是简化或抽象的）不同，实践中形成的主体-客体之间的价值关系，即实存的价值关系，构成了评价的对象，评价者则与上述的主体合一，既是价值关系主体又是评价主体。换句通俗的话讲，我评价的总是某对象对我或我们的价值。依俗常的看法和理解，我评价一本书，评价一部电影，评价一幅画，书、画、电影是对象，我是评价者，这其实是不对的，是按照认知和认知结构来理解评价活动的。实际上，是这书、这画、这电影先行与我发生了价值关系，我作为评价者再来把握这价值关系，这两个过程可能是重叠的，是同时发生的，但在逻辑意义上是两种关系，两层关系，是不能混同的后者以前者为对象的关系。这里我特别强调了"体验"这个范畴的重要性。以往我们的认识论以认知为对象，只讲感知，没有体验，评价活动中则必须重视体验。体验作为本体或自体经验，是存在论意义上价值关系的确证，也是价值关系转化为评价意识和评价活动的关键。在这里，我在看这书、这画、这电影的过程中所形成的价值关系，通过体验引发我的喜欢或厌恶的情绪情感，再进一步形成它们是好还是坏、何以好何以坏的评价。我们直接说的是这书、这画、这电影，似乎这好和坏是它们本身的属性，实际上说的表现的是我的感受，我基于这种感受体验而拥有的态度，我对它们的分析都是为了支持或说明我的这种态度是合理的，这种分析说明有获得别人认同的普遍化的倾向，但并不必然有这种倾向。评价的动态结构，也就是其过程中各个环节的关系，旨在说明，评价作为一种社会性活动，尤其是作为其典型形态的决策评价，并不是一次性的，往往要通过评价-实践-反馈的多次反复。限于篇幅，这里就不多作介绍了。

《评价活动论》被人大出版社列入"博士文库"于1994年出版，因为是国内关于评价的第一部专著，还是引起了较好较大的反响。1998年获得教育部优秀社科成果三等奖，这对于我这个名不见经传的普通老师来说，还是很受鼓舞的。

问：你在2007年《哲学动态》上发表《重视对规范价值的研究》，引起了争论，还是有一些影响的，说说你的研究心路。

2006年在中国政法大学举办的中国价值哲学研究会成立大会上，我作了重视对规范价值研究的发言，会后《哲学动态》的强乃社同志觉得比较有新意，把文章要去了，发在2007年《哲学动态》第1期上。同期还发了江畅的文章《价值追求的多元性与行为规范的一元化》。胡敏中同志看了后写了商榷文章，我在《再论重视规范价值的研究—兼论如何理解普世价值》作了回应，此后又在《学术研究》上发表《论规范价值在价值体系中的地位》，在《哲学研究》上发表《对规范合理性的论证及其比较》。这些论文中的思想都写进《马克思主义价值理论研究》中。说起研究心路，可以说最早启发我作这方面思考的是人大哲学系马博宣老师，他是研究伦理学的，当然最重视规范。他曾经对我说，你们现在讲的价值，涉及道德方面的，只是讲道德的价值，而没有讲清道德价值。另一个是赖金良，他是最早对价值论研究的主客体关系方式进行质疑的，在一次价值哲学研讨会上，他在发言中提出，从主客体角度理解价值，对物的价值能解释得比较好，但对人的价值问题的解释就有片面性，应该用主体间关系代替主客体关系，因此也引起了价值论研究方法论的争论。我当时的意见，是认为他提的问题非常好，方法论反思很重要，从主客体角度理解人的价值确实有一些问题，但不赞同把主客体关系与主体间关系对立起来，主体间关系角度应该是对主客体关系的一种补充，也是一种深化或具体化。这些都是思想理论层面上的启发，更引起我注意和思考的是社会情况的变化。我们知道，我国价值论研究作为改革开放新时期马克思主义哲学研究的一部分，作为既受思想解放激发又自觉积极推动思想解放运动的力量，始终是与社会实践密切关联的。最初之所以特别强调主体、需要、价值，把主体需要当作价值标准，都是针对多少年来流行的作为正统的哲学理论忽视人、忽视甚至压抑人尤其是个人的需要的弊端的。改革开放，搞市场经济，理论上就必须承认和保护各种主体的权利，激活所有主体的积极性。在这一方面，价值论研究的成果对于国人的价值观念转变是起了很大作用的。但经过20多年之后，市场经济实践已经比较充分地激活了社会细胞（个人、企业）的活力，而由于应对方式不对路，客观上也是由于这个社会转变过程、发展过程过急过快所以难以从容应对，导致各种违规现象丛生，社会秩序紊乱，旧的规矩已然失效而新的规范又没有确立起来，换句话说，纸面上的法律、制度、规章制定了不少，改变了改革初期"无法可依"的状况，但这些规矩却没有形成足够的权威和威信，到处都是"有法不依"的现象。在我看来，我们的价值论研究的重点或重心也需要有个转变，仅仅在价值观念层面讨论，呼吁加强思想教育是远远不够的，需要瞄准制度、规范，从深层次理论上说明问题，配合"依法治国"的总体要求。这方面的观点概述如下。

第一，关于价值分类。价值论是对"是非好歹"现象的研究，如果把好歹与利弊得失联系，从主客体角度，以主体需要为标准，很好地说明了形成利弊得失的根据，解释了好歹何以为好歹，我把这类价值称为"实在性价值"。这里的主体不限于个人，任何层面的主体如家庭、集体、民族、国家等都是主体。对这种"实在性价值"，评价标准（观念）与价值标准（需要）是不同的，分开的，你认为某对象对自己是好，未见得就真是好，到底是不是好，以是否真实地满足了需要为根据。而对于"是非"以及相联系的相对应"对错"问题，则不能从这个角度理解，需要从主体间关系、从社会文化的角度去理解和解释。"是非""对错"只涉及人的行为，是人的言行的"是非""对错"，判定标准就是社会规范，如道德规范、法律规范、各种规章制度等，在这里评价标准与价值标准是重叠的同一的。一个行为是否违法，法律规定是标准，法官判决也以此为准绳，一个行为是否是道德的，也依当时的道德规范是如何而定。这种以规范为标准而言的价值，就是"规范价值"或"规范性价值"。我国价值论研究中关于需要能否作为标准的争论，实际上是把这两类价值相混同的结果。

第二，规范价值的核心问题是规范问题，是规范何以形成及其合理性的问题。历史上大多数思想家所说的"价值"，主要是指规范价值，主要是为人们的社会行为确立是非对错的标准，他们多从宗教、神学或"圣人之言"来为规范的形成及合理性进行论证，也有些思想家从"天地之性""自然法"的角度论证规范的合理性，即使如功利主义、实用主义从人的经验、感受、快乐出发来讨论，也多把人当作无差别的自然人，他们都试图寻找一个终极的永恒不变的根据，所以都不能科学地解决这个问题。马克思主义价值论坚持从现实的人和人的实践活动出发，把规范看作是人们交往过程中的矛盾的社会性的暂时解决方式，突出了规范及其合理性的历史性和实践性，为解决这个问题奠定了坚实基础。规范价值是社会"规定"的价值，而规范则是社会地历史地文化地产生的。规范价值不同于规范的价值，规范的价值属于"实在性价值"，是以能否更好更合理地解决人们交往中的矛盾、形成一定的社会秩序、促进社会发展和人的发展的需要为根据，为标准的。这就为理解规范的历史更替、新的规范为什么能够代替旧的规范提供了合理的可以证实的论据。

第三，由于长期受哲学教科书主观／客观简单二分的思维方式的影响，具体到价值现象研究中，一些人看到价值评价不能像科学真理那样普遍有效，就认为价值是主观的。我们反对价值主观主义，这是对的，可由于缺乏思维方式和方法论的自觉，一些人习惯于按照认识论框架思考问题，认为评价和价值观念等是主观的，价值是客观的，价值观念可以多样，评价可以因人而异，但符合价值的认识或观念只有一个，那就是价值真理，人们都应该统一到价值真理的认识上来。在他们看来，价值体系不包括价值观念和价值认识，现在我们社会出现的各种矛盾和冲突，本质上是价值观念多元化的结果，是精神文明建设没抓紧、放松了思想教育的结果。我对这种观点是持反对态度的。在我看来，价值的客观性仅仅表现在价值不依评价为转移，不是你认为什么有价值什么就有价值，你觉得有多大价值就有多大价值，即使仅仅局限于你与对象的价值关系也是如此，到底有没有价值有多大价值最终还要看是否真正满足了你的整体的发展需要。这是一方面，另一方面，看待和理解社会的价值体系，不能简单以精神／物质、主观／客观来区划，社会价值体系从静态上看是各种价值的结构性关系，但从动态的角度看就是各个环节先行继起的顺序，价值观念、价值规范都是价值实际运动的环节，人们既按照自己信奉的价值观念，也按照社会的价值规范来综合评价从而进行自己的价值选择的，众多个体的价值选择形成了社会实际的价值运动过程。市场经济为什么能够促进经济、社会和人的发展，就在于承认各种主体的权利，在这个基础上解释和要求各自的责任，通过权、责、利的统一普遍交往形成"全面需要和全面生产"的体系，同时又注重各种制度、规范建设，市场经济就是法治经济。很显然，在以市场经济为基础的现代民主社会条件下，价值观念多元化是一种必然，是落实言论自由、信仰自由等宪法规定的基本人权的必然结果。总是以中世纪、专制制度下的一元化为参照，认为多元化是虚无主义，是不正常现象，总想要回归一统，肯定是错误的，也是办不到的。合理的思路，只能是加强制度的建设，加强法治建设，强化社会规范的作用，强化人们对规范的认同和遵从，放开高限，扎紧底线，从而真正打破我们既往的"一管就死，一放就乱"的恶性循环，形成"活而有序""争而不乱"的社会秩序。这里丝毫没有否定、贬低思想政治教育、精神文明建设的意思，而是强调思想政治教育、精神文明建设一定要对路，要顺应人的发展和社会历史发展的总体趋势，要与加强规范建设、制度建设、法治国家建设形成合力，才能取得较好的效果。

问：你曾经申报和承担社会公正、社会信任方面的课题的研究，是否与上述的思路有关？

20世纪90年代，随着社会主义市场经济作为经济体制改革目标的确立，我们结束了长达十多年的关于市场与计划的争论，全方位大规模地快速向市场经济转轨，在这个过程中，各种假冒伪劣、各种违规违法大量涌现出来，造成了比较普遍的社会混乱现象。"道德滑坡"一度成为一个热词，许多人都将之看作是社会乱象的根源。同时，社会分配制度不合理导致的一些人一夜之间暴富的问题，大量社会不公正现象引起人们的普遍不满，人们之间的信任度几乎达到冰点，有些社会学研究者提出已经出现了信任危机。针对这些社会热点问题，21世纪之初，我申报了"社会公正与制度改革研究"（国家社科基金项目）、"社会信任问题与社会主义事业发展"（教育部社科基金项目），都获得了批准。就我个人的研究思路来说，在一篇关于价值论研究情况的综述中我曾提到，经过了十几年的关于价值本质、价值观念的讨论，不同学者的基本观点大致已经形成，再争论也不会出现大的成果，想统一几乎不太可能，所以我们应该转向一些具体社会问题的研究，通过运用价值哲学的基本理论，来证明自己的见解和方法的有效性。这也是体现价值论研究社会作用的一种路径。我关于规范价值的一些观点，就都是在关于制度和社会公正，关于社会信任研究的过程中逐渐形成的。

先说社会信任。我们知道，在这个问题上，伦理学研究者更愿意也更多使用的概念是"诚信"，更多将之当作是一种对个人的道德品质、道德要求，这当然有其合理性。但局限性也很明显，比如，首先是设定，如果每个人都具有了这种道德品质，在对待别人时都能够保持这种诚信，那社会交往、社会秩序就肯定是很和谐的了。问题在于这只是一种逻辑推论，而前提是很难成立、至少是很难保证的。信任则是主体基于各种价值的通盘考量而形成的一种价值态度，或者说是基于主体利益（广义的）安全而选择的一种策略行为。二者的基点是不同的。其次，在传统的农业社会，熟人社会中，舆论贬褒作为道德他律的手段能起到很大作用，而在当今的都市生活形成的生人社会中，舆论就难以起到以往的那种约束作用。在以市场经济和普遍交往的现代社会，传统的人格信任模式几乎已经失效，或者说继续沿用这种人格信任模式，就必然要付出极大的交易成本，因此难以为继，许多家族企业难以扩大就是这个道理。现代社会交往中，经济交往占了极大比例，许多失信问题主要不再是道德问题而变成法律问题，只有启用现代系统信任模式，即通过国家法律系统来作为保障，通过有效地惩治失信行为，才能维护社会的信用体系，提高人们的社会信任度。认识不到时代的这种变化和特点，总是指责老百姓个人道德不好，如网络上调侃的那样"这一届人民群众不行"，总想通过加强思想教育来解决问题，因为应对措施不当，出现"劣币驱逐良币"现象，更加恶化了社会信任状况。

对于社会公正也是如此。"公正"作为一种价值现象，不能仅仅从伦理学角度去理解和研究，需要从广阔的价值视野来考量。如罗尔斯所言，公正是制度的首要价值，即是说，需要首先从公正的维度来考量一定制度的设计和安排。按照历史唯物主义的观点，制度就是一种规范，源于解决现实的人们社会交往中出现的矛盾和冲突，直接的看，技术性的一面，手段价值的一面比较突出，能解决问题的制度就是有效的制度，是好制度，但从深层次看，解决问题的效果总是有暂时之效和长远之效的区别，唯有比较公正的制度才能获得人们较普遍的认同和遵从，不仅能解决问题，而且能够减少矛盾和冲突，并降低制度的维持成本。政策也有一种制度效应，在一定意义上政策与制度就是一回事，政策多变必然失信于民。为什么会多变，就是因为制定政策时考虑不周全，没有较好地照顾到多方面的利益和价值诉求，不科学，不公正，因此既有的问题没解决好还引起了更多的矛盾和反对，依靠强力也维持不下去。政策如此，法律也是如此。我们必须看到，对于制度、法律、政策等社会规范，公正是其形成威信和权威的内在根据，唯有公正才能持久，人们才能信服，才能形成普遍的信任，才能有尊严、威信和力量。从马克思主义价值哲学角度研究公正，公正也是一种规范价值，不存在抽象的终极和永恒不变的公正，不同时代有不同的公正和公正观。在前现代社会，等级制是公正的，合理的，在现代社会，自由与平等是基本人权，也是论证公正的基本依据。但公正既不等于自由，也不等于平等，恰恰是二者矛盾的一种暂时解决方式。马克思主义公正观有两个维度，一是科学理论的维度，即对公正问题的理论解释和说明，二是作为无产阶级价值观或共产主义价值观的维度，二者不能混淆，前者是后者的基础。只有坚持马克思主义科学与价值统一、真理观与价值观统一的基本原则，在对公正问题达到科学的合理的理解基础上，才能既看到无产阶级公正观的历史进步性，又看到实现这种公正观的历史条件性。我们今天还处在社会主义初级阶段，这是中国最大的国情最大的实际，我们必须从这个最大实际出发，任何过度超越这个国情和实际的理论和想法，无论看上去多么美妙多么诱人，最后都会因为脱离实际而形成无数次的来回折腾。在这方面我们有着深刻的教训。

这方面的一个很大误区，就是所谓"公正与效率"的背反，似乎为了公正就得牺牲效率，为了效率就不能那么公正。公正优先兼顾公平，就是建立在这个基础上的。我在《马克思主义公正观的两个向度及基本原则》（载《中国社会科学》2010 年第 6 期）中对此进行了辨析和澄清，引起了较好的社会反响。

问：你的《价值论的视野》获得了北京市优秀成果二等奖，《马克思主义价值理论研究》获得了"吴玉章基金"优秀成果奖，请谈谈这两部著作。

《价值论的视野》是我的论文集，武汉大学出版社纳入"当代中国马克思主义哲学中青年名家文库"2010 年予以出版，《马克思主义价值理论研究》则是作为袁贵仁、杨耕主编的《马克思主义哲学基础理论研究》丛书中的一部由北京师范大学出版社于 2012 年出版。前一部著作选辑了我在价值论方面发表的主要论文，后一部著作则力图比较全面地综合展示我国价值论研究方面的成果。获奖也是表示一种社会承认。这个我就不去多谈了。

几年前，《哲学动态》发表了《大变革时代的价值哲学——访马俊峰教授》（2016 年第 6 期）的访谈文章，我在那篇文章中主要是就一些观点包括争论包括对价值哲学研究的问题表达了我的意见，这篇访谈主要按照时间顺序记叙一些事情，这样两个方面都照顾到了。大家如果有兴趣，可以去看看那篇访谈文章。有些地方说得不准确的，也请提出批评。谢谢。

人名与术语索引

K

L

M

主要参考文献

［1］《马克思恩格斯全集》第 1、2、3、42、46 卷，人民出版社中文
1 版。

［2］《马克思恩格斯选集》第 1~4 卷，人民出版社 1995 年版。

［3］《毛泽东选集》第 1~4 卷，人民出版社 1991 年版。

［4］《邓小平文选》第 1~3 卷，人民出版社 1993~1994 年版。

［5］《毛泽东邓小平江泽民论世界观人生观价值观》，人民出版社
1997 年版。

［6］李连科：《世界的意义——价值论》，人民出版社 1985 年版。

［7］李连科：《哲学价值论》，中国人民大学出版社 1991 年版。

［8］李德顺：《价值论》，中国人民大学出版社 1987 年版。

［9］李德顺：《价值论》第 2 版，中国人民大学出版社 2007 年版。

［10］李德顺：《价值新论》，中国青年出版社 1991 年版。

［11］李德顺主编《价值学大辞典》，中国人民大学出版社 1993
年版。

［12］李德顺主编《人生价值丛书》，河北人民出版社 1996 年版。

［13］李德顺主编《实践价值丛书》，云南人民出版社 2004 年版。

［14］李德顺、马俊峰：《价值论原理》，陕西人民出版社 2002 年版。

［15］袁贵仁：《价值学引论》，北京师范大学出版社 1991 年版。

［16］袁贵仁主编《人的价值问题探索》，北京教育出版社 1995 年版。

［17］袁贵仁：《邓小平价值观研究》，河南人民出版社 1998 年版。

［18］袁贵仁：《价值观的理论和实践》，北京师范大学出版社 2006 年版。

［19］王玉樑：《价值哲学》，陕西人民出版社 1989 年版。

［20］王玉樑：《21 世纪价值哲学：从自发到自觉》，人民出版社 2006 年版。

［21］王玉樑：《价值哲学新探》，陕西人民出版社 2003 年版。

［22］赵馥洁：《中国传统哲学价值论》，陕西人民出版社 1991 年版。

［23］赵馥洁：《价值的历程——中国传统价值观的历史演变》，中国社会科学出版社 2006 年版。

［24］王克千：《价值是什么——价值哲学引论》，中山大学出版社 1992 年版。

［25］王克千：《价值的探求》，黑龙江教育出版社 1989 年版。

［26］江畅：《现代西方价值理论研究》，陕西师范大学出版社 1992 年版。

［27］江畅：《现代西方价值哲学》，湖北人民出版社 2003 年版。

［28］江畅、戴茂堂：《西方价值观念与当代中国》，湖北人民出版社 2002 年版。

［29］陈新汉：《评价论导论》，上海社会科学出版社 1995 年版。

［30］陈新汉：《社会评价论》，上海社会科学出版社 1997 年版。

［31］陈新汉：《权威评价论》，上海社会科学出版社 2006 年版。

［32］冯平：《评价论》，东方出版社 1995 年版。

[33] 冯平主编《价值之思》，中山大学出版社 2003 年版。

[34] 马俊峰：《评价活动论》，中国人民大学出版社 2004 年版。

[35] 马俊峰：《人与己》，河北人民出版社 1996 年版。

[36] 马俊峰：《价值论的视野》，武汉大学出版社 2008 年版。

[37] 汪信砚：《科学：真善美的统一》，中华书局 2009 年版。

[38] 孙伟平：《事实与价值》，中国社会科学出版社 2000 年版。

[39] 孙伟平：《伦理学之后》，江西教育出版社 2004 年版。

[40] 孙伟平：《价值哲学方法论》，中国社会科学出版社 2008 年版。

[41] ［苏］图加林诺夫：《论生活和文化的价值》子幸等译，生活·读书·新知三联书店 1964 年版。

[42] ［苏］B. П. 图加林诺夫：《马克思主义中的价值论》，齐友、王霁、安启念译，中国人民大学出版社 1989 年版。

[43] ［苏］列·斯托洛维奇：《审美价值的本质》，商务印书馆 1984 年版。

[44] ［捷］弗·布罗日克：《价值与评价》，李志林、盛宗范译，知识出版社 1988 年版。

[45] ［匈］H. 维坦依：《文化学与价值学导论》，徐志宏译，中国人民大学出版社 1992 年版。

[46] ［英］罗素：《宗教与科学》，徐奕春、林国夫译，商务印书馆 1982 年版。

[47] ［英］A. J. 艾耶尔：《语言、真理与逻辑》，尹大贻译，上海译文出版社 1981 年版。

[48] ［英］W. D. 拉蒙特：《价值判断》，中国人民大学出版社 1989 年版。

[49] ［英］理查德·麦尔文·黑尔：《道德语言》，万俊人译，商务印书馆 1999 年版。

[50] ［德］马克斯·舍勒：《价值的颠覆》，罗悌伦等译，生活·读

书·新知三联书店 1997 年版。

［51］［德］马克斯·舍勒:《伦理学中的形式主义与质料的价值伦理学》,倪梁康译,生活·读书·新知三联书店 2004 年版。

［52］［日］牧口常三郎:《价值哲学》,马俊峰、江畅译,中国人民大学出版社 1989 年版。

［53］［阿根廷］方迪启:《价值是什么——价值学导论》,台湾经联出版事业公司 1986 年版。

［54］［美］约翰·杜威:《人的问题》,傅统先、邱椿译,上海人民出版社 1965 年版。

［55］［美］J. N. 芬德莱:《价值论伦理学》,刘继译,中国人民大学出版社 1989 年版。

［56］［美］培里:《价值与评价》,中国人民大学出版社 1989 年版。

［57］［美］A·H·马斯洛主编《人类价值新论》,胡万福、谢小庆、王丽、仇美兰译,河北人民出版社 1988 年版。

［58］［美］L. J. 宾克莱:《理想的冲突》,马元德等译,商务印书馆 1983 年版。

［59］［美］A. 塞森斯格:《价值与义务》,中国人民大学出版社 1992 年版。

后　记

　　中国的价值理论或价值哲学研究是实践标准讨论引发的思想解放运动的结果，30多年来，国内学者发表了大量的论文和著作，形成了当代中国马克思主义哲学研究的一个新领域和生长点。当然，其中也有不少争论，从价值理论研究的方法论、对价值本质的规定、对价值与评价关系的看法，到对价值观念结构的分析、对价值体系的理解，等等，都存在着不同的观点。可以这么说，中国马克思主义价值理论或价值哲学领域至今仍然是一个歧见纷呈的领域，而正是这些争论和相互辩难，形成了价值理论研究的繁荣，推动着价值哲学研究不断深入。

　　作为一个国内较早参与价值理论研究的学者，我对这个过程有比较深入的了解，本书就是在吸取各种观点的基础上写成的。书中对有些观点给予了注释，有些则没有特别注明，在此对所有这些观点的作者一并表示衷心的感谢。但本书毕竟不是综述性的，而可看作一派观点或一家之言，自然也涉及对一些不同看法的批评，有不足、不对之处，欢迎予以批评指正。关于价值理论各种观点的争论情况，可参见书末所附的《当代中国价值哲学研究》，这是我和李德顺教授合写的一篇综述性文章，曾发表于《社会科学战线》。

这里还要特别感谢北京师范大学出版社和责任编辑饶涛同志，他们为本书的面世付出了大量心血。

马俊峰

2012 年 10 月于中国人民大学

再版后记

　　《马克思主义价值理论研究》能够再版，并被纳入"社科文献学术文库"，我作为作者，当然是非常高兴的。该书是十多年前作为袁贵仁、杨耕主编的《马克思主义哲学基础理论研究》丛书中的一部，由北京师范大学出版社出版的，曾获得吴玉章基金优秀成果奖，现能再版，都表明了一种社会承认或社会反响。

　　按照常规，在著作再版或第二版时，作者总会根据新的认识和理解对原作进行一些修改，与时俱进地增加一些新的东西，毕竟过了许多年时间，时下的主流话语和提法与当年有了不少变化。但也有不作修改保持原样的。我采取了后一种方式。除了增加了两篇专访，个别地方文字上稍有改动外，都保持了原书的样子。这也不全是出于偷懒，主要还是保持历史原貌的考虑，而书中的基本观点，也确没有发生什么太大改变，尽管说时间过了十多年。

　　马克思主义价值理论属于马克思主义哲学的基础理论，而不是应用性的分支，对于这一点，尽管说在国内哲学界不是都同意，但作为多数人认同的主流观点应该是没什么问题的。经过哲学界同人的长期努力，科学性与价值性的统一作为马克思主义的基本原则也获得了普遍认同。然而，正如当年恩格斯讲辩证法的发展观时所说的那样，在一般形式上得到承认与将之自觉应用于对各种具体问题的分析中，还不是一回事，其间还有相当的距离。党中央提出构建社会主义核心价值体系、培育和践行社会主义核心价值观、构建人类共同价值之后，相关的文章井喷般地出现，但由于不少作者缺乏马克思主义价值理论的基础性知识，概念混淆、逻辑混乱的毛病俯拾皆是；在一些政治学、社会学、管理学、行政学、决策学的著作中，作者参考引证西方相关理论的同时也认同他们价值主观论的观点；在实际的生活和实践中，许多人将应然判断混同于实然判断、以主观想象的价值代替实际的价值考量和权衡、只考虑收益而忽略代价、只盘算利害而不论是非等，更是到处可见。这些都说明，研究、宣传、普及马克思主义价值理论，提高中国人的价值自觉和文化自觉，增强各种实践的主体性意识，依然是很有必要的，也是一个长期的艰巨的任务。

时下建设中华民族现代文明正在理论界、文化界形成热潮。热潮也需要"冷"思考，积极的热情需要以冷静的理性做基底。现代文明与传统文明的本质性区别有哪些？文化与文明是什么关系？文明的地域差别与时代性差别是什么关系？在文明的内容中科学知识、科技发展程度、经济社会发展程度与价值观念、民族精神是什么关系？如何理解人类文明的一般性、整体性与各民族文明的特殊性、局部性的辩证关系？等等，这些都需要我们坚持发扬马克思主义包括马克思主义价值理论指导的优势对之做出合理的理解，而马克思主义价值理论研究也需要以此为契机继续深化、并发挥积极的作用。

本书再版是社会科学文献出版社马克思主义分社社长曹义恒博士一手促成的。本书能够入选当然是一种光荣，在此特别感谢曹博士以及责任编辑吕霞云。希望本书的再版能够对建设中华民族现代文明的伟大工程尽绵薄之力。

2024 年 3 月 23 日于北京

图书在版编目（CIP）数据

马克思主义价值理论研究／马俊峰著 . --北京：
社会科学文献出版社，2024.12. -- （社科文献学术文库
）. --ISBN 978-7-5228-4233-2

Ⅰ . B018

中国国家版本馆 CIP 数据核字第 20246QV845 号

社科文献学术文库·马克思主义研究系列

马克思主义价值理论研究

著　　者／马俊峰

出 版 人／冀祥德
组稿编辑／曹义恒
责任编辑／吕霞云
责任印制／王京美

出　　版／社会科学文献出版社·马克思主义分社（010）59367126
　　　　　地址：北京市北三环中路甲 29 号院华龙大厦　邮编：100029
　　　　　网址：www.ssap.com.cn
发　　行／社会科学文献出版社（010）59367028
印　　装／三河市东方印刷有限公司

规　　格／开 本：787mm×1092mm　1/16
　　　　　印 张：26.75　字 数：357 千字
版　　次／2024 年 12 月第 1 版　2024 年 12 月第 1 次印刷
书　　号／ISBN 978-7-5228-4233-2
定　　价／168.00 元

读者服务电话：4008918866

▲ 版权所有 翻印必究